개정판

영유아교육과정

엄태식 저

태영출판사

머리말

영유아교육과정은 유아교육에 입문하여 교사가 되기 위해 공부하는 학생들에게는 입문서로서 대단히 중요한 핵심 교과목입니다. 특히나 교사가 되어 무엇을 어떻게 현장에서 가르칠 것인가? 연구하고 계획하여 가르치려면 예비교사는 교육계획안을 작성하는 절차를 이해하고 작성할 줄 알아야 합니다.

필자는 28년간 수원여자대학에서 유아교육과정을 강의하면서 이론은 물론 실제 교육계획안을 작성하는 과정을 단계별로 워크숍 활동을 통해 개인별 활동으로 지도해 왔습니다. 그리고 그 결과물을 포트폴리오 자료로 정리하여 제출하게 함으로써 교육계획안을 작성하는 절차를 올바로 이해하고 현장에 나갈 수 있었습니다.

대부분의 대학에서 이론위주의 강의로 그치다 보니, 막상 현장에 취업하여 교육계획안을 작성하는데 많은 어려움을 갖고 있었습니다. 또한 교재의 교육내용이 한 학기에 그 내용을 다루기에는 너무 많은 Chapter로 구성되었습니다. 이러한 문제를 현장에 맞게 조정하여 예비교사들이 교육계획안을 작성하는데 필요한 영유아교육과정의 핵심적인 이론을 이해하도록 제1부 이론편 5장, 제2부 실제편 2장, 총 7장으로 구성되었습니다.

제1부는 이론편으로 제1장에서는 영유아교육과정이 무엇이며 영유아교육과정의 유형과 특성, 그리고 최근 동향을 다루었으며, 제2장은 우리나라의 영유아교육

과정의 흐름을 이해할 수 있는 장으로, 제3장은 유아교육현장에서 많이 적용되는 프로그램을 다루었고, 제4장은 영유아교육과정의 구성 절차에 따른 이론과 제5장은 작성된 계획안을 운영할 때 하루일과 운영시 교사의 역할을 다루었습니다. 제2부는 주제를 선정하고 주제망을 작성하고 그에 따른 개념과 활동을 구성하는 절차와 연간, 월간, 주간, 일안, 시안으로 어떻게 주제가 연결되어 계획안을 작성하는지? 이론을 이해하고 워크샵활동을 통해 유아교육기관의 교육계획안을 작성하는데 참고할 수 있는 누리과정 교육계획안을 수록하였습니다.

늘 열정과 애정으로 집필할 수 있도록 도움을 주시는 김현태 사장님과 오세복 상무님 그리고 태영출판사 직원 여러분들게 감사드리며, 무더위에 건강하시고 풍성한 가을을 기다리며 그 동안 관심과 사랑으로 지켜봐 주시고 도움을 주신 모든 분들게 감사드리며, 언제나 주님의 은총과 은혜가 충만하시길 기원드립니다.

2013년 7월

저자 엄태식 올림

차례

제1부 이론편

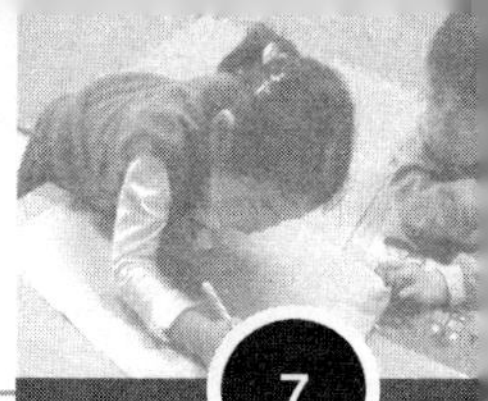

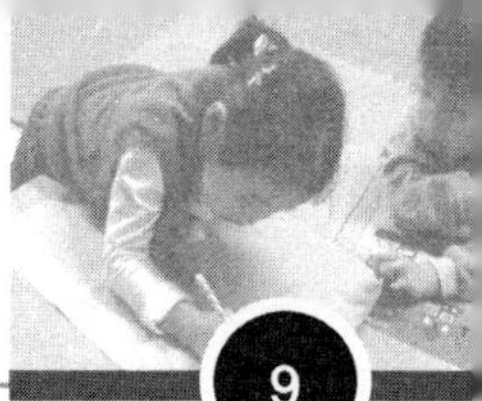

이 론 편

제1부

영유아교육과정의 이해

제 1 장

1. 교육과정의 어의 및 개념
2. 교육과정의 유형
3. 영유아교육과정의 개념 및 특성
4. 영유아교육과정의 최근동향

1. 교육과정의 어의 및 개념

1) 교육과정의 어의

교육과정은 1918년 Bobbit의 the curriculum이란 책이 소개되면서부터 시작되었으며, 영어의 curriculum을 번역한 것이다. 어의는 라틴어의 쿠레레(currere)라는 말에서 유래하였다. currere라는 용어는 '경마장에서 경주말이 달려야 할 경주로(course of race; race course)'에 해당되는 것이다. 이를 보다 구체화하면 경마장에서 경주하기 위해서는 몇 가지 기본 원칙이 선행되어 갖추어야 한다. 즉, 일반말이 아닌 경주말이 있어야 하고, 경주말을 다룰 수 있는 기수가 있어야 하며, 경주말이 출발하여 정해진 목표점에 도달할 수 있는 트랙이 정해져 있어야 하며, 이 외에 경기를 즐길 수 있는 청중이 있어야 하며, 승패를 결정해 주는 심판관이 함께 해야 한다(이영석 외 2인, 2003).

어의상 : 경주로 혹은 달려야 할 과정 (경마 경주의 트랙)

경기장에는 트랙이 그어져 있고 경기 종목에 따라 출발점과 도착점이 다르게 정해질 뿐만 아니라 장애물이나 과제가 부과되기도 한다. 선수들은 해당 종목에 출전하여 출발점에서 도착점까지 경주로를 따라 달리게 되며, 모두가 좋은 성적을 얻으려고 노력한다. 이와 같이 경기장에서 선수들이 경주로를 달리는 것은 학교에서 학생들이 교육과정을 이수하는 것으로 비유된다. 선수들의 연령이나 능력에 따라 경주로가 다르듯이 학생들에게 부과되는 교육과정의 범위나 수준도 달라지게 된다. 또한 선수들의 노력 여하에 따라 그에 상응하는 경기 성적을 얻듯이 학생들 역시 성공적으로 교육과정을 이수하게 되면 졸업장이나 자격증을 취득하게 된다.

2) 교육과정의 개념

교육과정의 개념은 학자에 따라 혹은 시대에 따라 다르게 정의되어 왔다. 이는

근본적으로 교육과정 설계의 기초 자료라 할 수 있는 지식, 인간, 사회를 보는 시각의 차이에서 온다고 볼 수 있다. 학교에서 교육과정의 의미는 학생이 입학해서 졸업할 때까지 죽 달려가는 정해진 코스, 또는 학생이 학습할 내용을 일정한 순서에 따라 조직하고 배열한 것으로 해석할 수 있다. 흔히 교육의 내용을 나타내는 용어로 이해되고 있으나 내용이란 지극히 모호하여, 때로는 교과를 가리키는 말로, 때로는 학문의 영역을 때로는 계획을 가리키는 말로 사용되고 학생이 공부할 과정으로 이해되고 있다.

교육과정이란 교육목표를 달성하기 위하여 교육활동(내용)을 선정, 조직하고 활동을 전개할 때 언제, 어디서, 어떻게 지도해야 할지 지도방법을 계획하고, 실시해 봄으로써 그 결과를 평가해 보는 일련의 process(과정)를 종합하여 the curriculum이라 한다. 즉, 교육목적, 내용, 방법, 평가진행과정, 역할을 구조화한 교육활동으로 정의할 수 있으며, 다음과 같이 다양하게 정의되고 있다.

(1) 교사를 중심으로 보면 교육과정은 가르치는 내용이나 교과 혹은 의도적 계획으로 정의되며, 학생(영 · 유아)을 중심으로 보면 교육과정은 학습경험 또는 학습결과로 정의되는 경향이 있다(이귀윤, 1990).

(2) 학습자에게 교육적인 학습 결과를 의도하고, 이를 성취하기 위하여 일관된 관점으로 무엇을, 어떻게 가르칠 것인가에 대하여 계획된 일련의 사건이다(Eisner, 1994).

(3) 학습자에게 의미 있는 학습경험을 선정하고 조직하여 교육경험의 질을 구체적으로 관리하는 교육의 기본 설계도(를)다(Eisner, 1994).

(4) 교사가 교수계획을 보다 완전하게 실행하고 아동으로 하여금 교육적 혜택을 얻을 수 있도록 고안한 상호작용적 교육환경으로 이루어지는 아동의 배경, 성격, 능력과 교수계획 간의 상호작용의 결과다(Longstreet & Shane, 1993).

(5) 교육과정이란 학습자의 전인적 성장과 발달을 돕기 위해서 학교가 유의미한 교육적 상황을 마련하고 모든 종류의 교수-학습 경험을 체계적으로 구성한 설계도다(방인옥 외 3인, 1999).

종합해 보면 교육과정이 공통적으로 내포하고 있는 특징은 계획성, 목적성, 보편성으로 요약할 수 있다. 즉 교육활동에 들어가기 전 이미 어떤 의도를 가지고 가르칠 내용, 방법, 순서 등이 계획되고, 교육적 경험의 결과로 나타나는 학습자의 성과나 성취에 변화가 있기를 기대하는 목적을 가지고 있으며, 제공된 교육과정이 학생 개인뿐 아니라 부모와 사회가 기대하는 바람직한 행동, 긍정적 산출을 기대하는 보편성을 지니고 있다. 결론적으로 교육과정이란 '학습자에게 의미있는 학습경험을 선정하고 조직하여 교육경험의 질을 구체적으로 관리하는 교육의 기본 설계도(틀)'라 할 수 있다(윤혜경 외 6인 공저, 2005).

2. 교육과정의 유형

교육과정은 시대를 거쳐 오면서 그 당시의 교육 사조나 교육이론 등에 의하여 교육과정의 개념이 변화되어 왔다. 이러한 교육과정을 교육과정의 내용 및 교육사조와 관련하여 분류하면, 교과중심 교육과정, 경험중심 교육과정, 학문중심 교육과정, 인간중심 교육과정, 생태중심 교육과정 등이 있다(이기숙 외 3인, 2008; 김경철 외 3인, 2001).

1) 교과중심 교육과정(Subject-centered curriculum)

교과중심 교육과정은 가장 오랜 역사를 가지고 있는 전통적인 교육과정의 형태다. 교육과정의 개념을 교수요목으로(syllabus; course of study)보는 견해다.

학교교육이 시작된 이래 1920년대 말까지 계속되었다. 교과중심 교육과정의 사상적인 배경은 본질주의 교육사조다. 본질주의는 우리가 지녀온 문화적 전통 가운데서 항구적인 가치를 지닌 본질적인 요소를 찾아 교육해야 한다는 것이다. 따라서 학교는 항상 변하는 일시적인 것보다는 항구적인 것을, 현상적인 것보다 본질적인 것을 단편적인 사실보다 원리 원칙을, 실제적인 것보다 이론적인 것을 중시한다.

이에 따라 교과중심 교육과정은 인류의 문화유산 가운데 항구적인 가치를 지닌 본질적인 요소를 찾아서 학교교육을 통해 다음 세대에 계승시키는 것을 교육의 목적으로 하는 교육과정이다. 교육과정은 성인이 중요하다고 생각하는 주제에서 '무엇을 가르칠 것인가'라는 질문이 가장 먼저 제기되며, 성숙자인 교사는 이에 대한 대답으로 미성숙자인 학습자에게 가르쳐야 한다고 생각되는 주제를 열거하는 식의 교수요목으로 구성되는데 일반 학교교육에서는 교수요목을 국어, 수학, 외국어, 과학 등 이수해야 할 교과별로 작성하기 때문에 교과과정이라고도 부른다.

교과중심 교육과정의 특징은 문화유산의 전달이 주된 교육내용이 되며, 교사중심, 설명위주의 교수법, 한정된 교과영역 내에서의 학습활동 등이 특징을 갖는다. 이러한 교과중심 교육과정은 단편적이며 분과적인 교과조직이 될 가능성이 있고, 성인중심으로 교과내용과 학습방법을 선정하기 때문에 학습자의 흥미나 필요를 고려하지 못한다는 문제점을 갖고 있다.

2) 경험중심 교육과정(Experience-centered curriculum)

1930년대를 전후해서 나타나 1950년대 말까지 지속되었으며, 미국 듀이의 진보주의 교육사조를 배경으로 하고 있다. 진보주의(progressivism) 교육철학에 기초하고 있다. 따라서 이 유형의 교육과정에서는 학습자의 흥미와 경험에 기초해서 개인의 성장과 문제해결 능력을 기르는 것을 교육목적으로 하고 있다.

경험중심 교육과정은 교과보다는 경험을, 지식보다는 행동을, 미래준비보다는 현재생활을, 교사의 일방적인 교수가 아니라 교사-아동간의 상호작용과 아동의 흥미와 요구를 중시하는 입장을 취하고 있다. 경험중심 교육과정은 아동의 흥미와 요구에 바탕을 두는 것은 물론 사회생활에의 적응을 강조하고 있다는 측면에서 아동중심, 흥미중심 및 생활중심 교육과정이라고 말한다.

교육의 관점을 아동의 생활과 경험에 두고 그것의 성장 · 발달을 꾀하려고 하기 때문이다. 따라서 경험중심 교육과정에서의 교사는 조력자, 안내자, 상담자의 위치에서 학습자가 사회 변화에 따른 다양한 문제들을 현명하게 해결해 나갈 수 있는 능력을 배양하는데 중점을 둔다. 이러한 경험중심 교육과정은 학습자의 흥미와 경험을 중시하고, 공식적으로 의도하지는 않았지만 학습자가 교실 안팎의 모든 학교 환경으로부터 직 · 간접적으로 배우게 되는 잠재적 교육과정에 관심을 갖게 했다는데 의의가 있다. 그러나 한편 지식의 체계성을 소홀하게 다루었다는 문제점이 제기되기도 한다.

3) 학문중심 교육과정(Discipline-centered curriculum)

1960년대 들어와 과학기술의 발전과 아울러 지식의 폭발적인 증가로 인해 종래의 경험중심 혹은 생활중심 교육과정 견해에 대한 회의가 나타나게 되었다. 1949년 Tyler는 교육과정의 구성방식을 교육목적 및 목표의 설정, 교육내용의 선정 및 조직, 교수-학습과정의 계획 및 운영, 성취도 평가의 4단계로 나누어 교육계획의 구조화를 강조한 것이 학문중심 교육과정을 제시하게 되었고, 1957년 소련의 인공위성 발사가 미국 안보에 위협을 주었으며, 과학교육 진흥에 박차를 가하게 되었다. 지식의 구조화의 이론적 배경은 듀이, 플라톤, 헤르바르트의 제요소들을 부분적으로 반영하고 있다. 교육과정의 개념을 각 학문에 내재해 있는 지식 탐구 과정의 조직으로 본다.

이 유형의 교육과정에서는 탐구 학습 또는 발견 학습을 통해 체계적 지식과 탐구 능력을 기르는 것을 교육 목적으로 한다. 교육내용은 단편적 사실이나 정보의 축적보다는 지식의 구조, 즉 지식의 기본개념, 기본적인 아이디어, 핵심 개념이며, 교육내용은 나선형 방식으로 조직되며, 교수방법은 교사가 학습자에게 주입하는 것이 아니라 학습자가 학문 자체의 특성에 대해 내재적 흥미를 갖도록 발견학습 및 탐구방법을 강조한다.

학문중심 교육과정은 급속히 변화하는 현대사회에서 유용한 지식을 모두 다루는 것은 불가능하므로 새로운 지식에 접했을 때 전체적인 구조를 통해 개념을 스스로 탐구할 수 있는 능력을 기르는 것에 초점을 두었다는 데 의의가 있으나 학교교육을 지나치게 지식교육에 치중하게 했다는 비판이 있다.

학문중심 교육과정의 특징은 각 교과별 특색을 부각시켜, 각 세부 학문영역의 각각을 특징적으로 분리시켜 조직하는 개념이다. 아동·학생으로 하여금 학문 혹은 교과의 사고방식에 익숙하게 함으로써, 기본적인 규칙과 원리를 새로운 문제에 적용하게 하는데 요구되는 능력인 발견력과 직관력을 길러 주는 것이다.

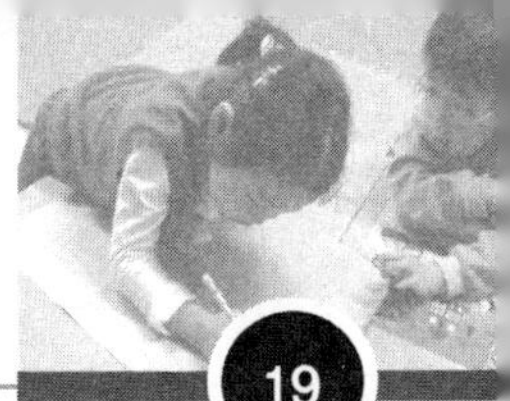

브루너는 교육과정의 개념을 각 교과가 나타내고 있는 지식의 구조를 가장 명백히 표현할 수 있도록 그 지식을 체계적으로 조직해 놓은 것이라고 정의하면서, 지식의 기본 개념은 교사가 학습자에게 주입하는 것이 아니라 학습자 스스로 탐구의 과정을 통해 발견의 기쁨을 경험하는 것이 중요하다고 강조하고 있다.

4) 인간중심 교육과정(Human-centered curriculum)

1970년대에 와서 지식주입식, 점수따기식의 비인간화 교육에 대한 강력한 비판으로 인간성 회복을 주창하는 데서 비롯되었다. 인간중심 교육과정은 감성, 태도, 가치관, 자아실현을 강조하는 인본주의 심리학을 배경으로 한다. 이 유형의 교육과정에서는 인간다움을 회복하고 자아충족감이 넘치는 인간을 육성하는 것을 목적으로 인간의 전체적인 삶의 질을 가치롭게 하는 전인교육을 지향하고 있으며, 인간의 존엄성과 자율성에 강조점을 두고 있다.

교육과정의 핵심요소는 인간과 자아실현의 요소이며, 대화, 약속, 용서, 봉사, 아름다움, 생명력, 정의, 공감 등을 주요 내용으로 한다. 인간중심 교육과정에서는 교사는 학습자를 인간으로서 존중하고 경청하며, 가르치는 과정에서도 인간적인 관계, 정서적인 관계를 갖는 것을 중요시한다. 이러한 인간중심 교육과정은 그 범위가 넓을 뿐 아니라 개인의 주관 및 가치관의 차이에 따라 그에 대한 평가나 해석도 다양하기 때문에 교육 현장에서 구체화된 계획을 하기가 어렵다는 문제가 있다. 따라서 인간중심 교육과정을 실천할 수 있는 구체적인 자료 개발이 필요하고 학교의 비인간화 요소를 제거하려는 교사의 노력이 필요하다.

인간중심 교육과정의 특성은 교육의 본질을 자아실현으로 인간에게 잠재되어 있는 잠재 가능성을 사실화하는 것으로 인간중심 교육과정에서는 교사는 인간주의적이어야 하며, 진실된 교사 한 개인의 학습자에 대한 존중, 공감적 이해, 애정 등을 통한 인간적 관계를 중시한다.

5) 자연생태중심 교육과정(Natural eco-centered curriculum)

생태중심(eco-centered curriculum) 교육과정은 20세기 말 인류가 자연생태계 파멸과 인간성 상실의 위기에 직면하면서 기존의 인간중심 교육과정으로는 더 이상 산업문명의 위기를 극복할 수 없다는 입장에서 추구하고 있는 새로운 패러다임의 교육과정 조류다. 이 같은 생태중심 교육과정은 생명중심이라고도 부른다. 생태중심 교육과정은 인간과 자연이 하나 되는 생명공동체와 사람과 사람이 더불어 사는 사람 공동체를 지향하고 있으며, 천지인(天地人)이 하나로 연계되어 있다고 보고 있는 천인합일사상, 생태론적 세계관 내지 생명론적 세계관에 바탕을 두고 있다.

생태중심 교육과정은 산업문명의 기반인 과학기술의 발전을 위해 학생들의 이성, 합리성, 창의력 등의 개발을 추구하는 기존의 인간중심 교육과정에 대해 근본적인 회의를 가지고 있다. 이러한 생태중심 교육과정은 '아이라는 생명체의 몸, 마음, 영혼 내지 이성, 감성, 영성을 생명의 원리에 따라 모시고 살리는 생활 총체'를 의미하는 매우 넓은 범위의 교육과정이다(임재택, 2005).

자연생태 중심교육과정(natural eco-centered curriculum)은 산업화 · 도시화된 생활공간에서 '자연'과 '놀이'와 '아이다움'을 잃어버리고 살아가는 아이들에게 '자연'과 '놀이'와 '아이다움'을 되찾아 주는데 역점을 두며, 자연의 변화를 이해하고 생명의 순환과 자연물과의 체험을 통해 상호의존적이고 다양성을 가진 자연의 법칙에 따른 인간의 삶의 태도를 갖도록 하는데 목적을 두어 자연의 생명주기를 이해하고 자연과 유아간의 체험활동을 통해 자연을 닮은 삶의 태도를 가지며, 자연과의 상호작용을 통해 올바른 이성과 감성을 기르도록 하는데 역점을 둔 교육과정이라 할 수 있다(엄태식, 2005).

(1) 생태유아교육

생태유아교육은 생태(eco)와 유아교육(early childhood education)이 결합하면서 생긴 말이다. 원래 '생태'를 뜻하는 '에코(eco)'는 희랍어 '오이코스(oikos)'에서 나온 말로, '집'을 뜻한다. 이러한 의미를 갖는 생태와 유아교육이 결합되면서 생태유아교육이라는 말이 생겨나게 되었다.

생태유아교육은 농경사회의 붕괴와 전통문화의 말살, 자연 생태계 파괴와 인간성 상실, 반생태적인 유아교육 현실로 인하여 몸 · 마음 · 영혼이 병들어 가는 아이들을 살릴 수 있는 방안을 모색하려는 교육이라 할 수 있다. 또한 생태유아교육은 모든 생명가치와 그 실현을 존중하고 주어진 상황에서 다른 생명과 조화를 이루면서 아이의 자연성을 실현하는 것에 초점을 두는 교육이다. 동시에 생태유아교육은 '유아교육의 지역화, 유아교육의 민족화'를 삼는 교육으로, 한국아이를 가장 한국적인 아이로 키우자는 교육이라 할 수 있다.

(2) 생태유아교육의 기본관

가. 세계관

생태유아교육은 '생태론적 세계관'에 기초한다. 이는 인간중심주의를 거부하고 인간을 자연의 한 구성 분자로서 보는 자연중심적인 입장을 취한다. 또한 물질과 우주를 포함한 모든 세계를 전일(全一)적으로 바라본다. 결국, 생태적 세계관은 전일적이며 역동적인 생명중심의 세계관에 바탕을 두고 있다고 할 수 있다.

즉 생태론적 세계관은 인간과 인간, 인간과 자연의 관계가 지배관계가 아닌 서로 공존하고 상생하는 관계로 본다. 달리 말하면, 생태적 세계관은 모든 생명이 고립된 존재가 아니라 우주적인 관계의 그물 속에서 상호작용하고 서로 연결되어 있으며, 자연과 조화를 이루면서 진화하고 우주의 궁극적 생명과 합일되어 나가는 것으로 보는 관점이라 할 수 있다.

나. 아동관

우리의 전통사상에서 뿌리를 찾는 생태유아교육은 살아있는 모든 유기체와의 관계망 속에서 아동존중을 추구한다고 보고, 아이를 한 생명체이자 자연의 본성을 지닌 '자연의 아이'로 받아들여야 한다고 주장한다.

다. 발달관

생태유아교육의 발달관의 기초는 불교와 동학과 생명운동가인 함석헌과 윤구병의 사상에서 찾고 있으며, 이들 사상의 공통점은 유한 공간과 무한시간에 기초한 순환성과 관계성, 생명의 시간과 자연의 시간을 강조하고 있는 점이다.

결론적으로, 생태유아교육은 아이들이 가진 저마다의 고유한 성장가능성을 인정한다. 그리고 아이들의 고유한 성장・발달은 자연의 시간 속에서 스스로의 자각과 주체적인 노력에 의해 이루어진다고 본다.

표 1-1 시대와 변화에 따른 교육과정 개념

구분	교과중심 교육과정	경험중심 교육과정	학문중심 교육과정	인간중심 교육과정	자연생태중심 교육과정
시기	1920년-현재	1930년-현재	1960년-현재	1970년-현재	1990년-현재
배경	교과를 가르치는 일에 관심	-학교의 지도하에 학생이 가지게 되는 모든 경험 -듀이의 진보주의 철학 영향	-1957년 10월 4일 소련의 최초 인공위성 스푸트니크 1호 발사 충격 -과학발전, 지식증가로 경험중심 교육의 회의	-지식위주의 비인간화교육에 따른 비판 -인간성 회복을 주장하는 인간중심 교육 대두	-인간중심적 세계관에 대한 반성 -산업화, 도시화의 반작용 -자연생태계의 위기 극복 방안모색
정의	교수요목	지도된 경험	구조화된 지식 탐구과정의 조직	생활하는 동안 가지게 되는 경험의 총체	자연생태계의 생명과 환경탐구
개념의 넓이	대단히 좁다	넓다	좁다	대단히 넓다	대단히 넓다
실체	문서	경험	문서	경험	경험, 실천
특징 강조점	교사중심 교과서 중심	아동중심, 생활중심, 경험중심, 활동중심, 개별화교육	-수학 · 과학활동 강조 -지식의 구조화, 기본개념, 원리 및 탐구방법 강조	-전인교육 지향 -인간의 존엄성, 자율성 강조 -표면적 · 잠재적 교육과정 포함	-생명존중 사상 -산업문명의 위기 극복 -자연성 회복 -인간과 자연의 조화적 발달

* 자료출처 : 김영희, 유경애(2008), 엄태식(2005).

3. 영유아교육과정의 개념 및 특성

1) 영유아교육과정의 개념

영유아교육과정은 영 · 유아를 대상으로 하는 교육과정이다. 장영희(2000)는 영아교육과정은 출생 후 3세까지의 영아를 대상으로 영아의 발달적 특성 및 교육적 요구를 고려하여 구성된 교육과정을 의미하며, 유아교육과정은 유아의 능동적인 참여, 자기 동기화, 성인의 적절한 중재, 또래와의 사회적인 상호작용 등에 초점을 맞추고 물리적 환경은 블록, 역할, 조작, 언어, 음악, 과학 등 여러 흥미영역을 중심으로 구성된다고 하였다. 임재택 등(2000)은 유아교육과정은 유치원 교육과정 혹은 유치원 교육 프로그램의 의미가 강하고, 영유아보육과정은 보육시설 원아들의 보호와 교육에 관한 일련의 활동을 포괄하는 보육 프로그램으로서 대상 어린이의 연령에 따라 영아보육과정, 유아교육과정 그리고 방과 후 아동 교육과정을 모두 포함하는 것으로 구분하고 있다.

필자는 김경철 외 3인(2001)의 견해와 같이 유치원이나 보육시설에서 공통으로 다룰 수 있는 것이 영유아교육과정이라 생각한다. 왜냐하면 유치원이 교육의 기능이 많고 어린이집은 보육의 기능이 많다는 건 사실이나 2009년 현재 유치원도 종일제운영과 방과 후 교육을 담당하고 있는 현실에 따르면 보호의 기능이 당연히 따르고 있으며, 어린이집 또한 교육의 기능을 강화하지 않으면 안 된다. 이렇게 보면 유치원과 보육시설 모두 보호와 교육의 기능을 담당해야 하므로 반드시 교육과정을 분리할 필요는 없다고 본다.

영유아교육과정에 대한 개념 정의 또한 학자에 따라 다양하게 기술하고 있다. 유아교육과정이란 유아기의 전인적 발달을 충실화하기 위해 마련된 일련의 교수-학습 상호작용 계획이라 한다. 유아기는 0~8세의 유아를 의미하며 이에 포함되는 주요 교육적 경험에는 0~2세는 보육경험, 3~5세를 위한 발달경험, 6~8세를 위한 학습경험 등이 포함된다(이영석 외 2인, 2003).

유아들이 학습할 내용(content), 유아들이 교육과정 목표를 달성해 가는 과정(process), 유아들이 이러한 목표 성취를 돕기 위한 교사의 역할, 교수와 학습이 발생하는 상황에 관해 서술한 조직화된 틀(framework)이다(NAEYC & NAECS/SDE, 1991).

학습자에게 학습 경험을 선정하고 조직하여 교육경험의 질을 구체적으로 관리하는 교육의 기본 설계도다(교육부, 1998).

영유아교육과정이란 유아가 어떻게 성장하고 학습하는가에 대한 철학적 · 심리적 · 사회적 관점에 기초하여 의미 있는 경험을 계획 · 조직 · 평가하는 교육의 설계도(틀)라 할 수 있다(윤혜경 외, 2005).

단지 연령을 중심으로 현행법에서는 보육시설은 교육대상이 0세부터 만 5세까지이며, 유치원법에서는 교육대상을 만 3~5세까지로 규정함으로 0~3세 미만의 영아를 대상으로 한 영아교육과정이 별도로 논의되어야 할 것으로 생각되어 다음과 같이 구분짓고자 한다.

영아보육과정은 0~3세 미만의 영아들의 연령과 개인적 적합성 및 문화적 적합성을 고려하여 탐색과 놀이 활동이 순차적 과정으로 이루어지며, 성인의 도움으로 영아 스스로 적극적인 탐색과 놀이 활동이 되도록 지지해 주고 지원해 주는 활동이라 본다.

연령적 적합성이란 영유아는 연령적으로 다른 나이 많은 영유아나 성인과는 신체적, 정서적, 사회적 학습욕구가 다르기 때문에 영유아기의 발달적 특성을 고려해야 함을 말한다.

개인적 적합성이란 영유아의 개별적인 차이가 교수－학습 과정에서 중시되어야 함을 말하는데 영유아는 같은 연령이라도 발달속도, 욕구, 관심, 기질, 그리고 경험에 있어서 많은 차이가 있음을 말한다.

문화적 적합성이란 영유아를 위한 교육에서 개개인의 영유아는 자신이 속한 문화적 집단, 인종, 지역사회, 사회계층, 또는 종교 등의 집단의 문화적 특징에 따라 학습의 욕구가 다르기 때문에 이들의 문화적 요구나 특성을 고려해야 질 좋은 교육이 이루어질 수 있음을 의미한다(윤혜경 외, 2005). 위의 개념을 정리하면 영유아교육과정은 0~8세의 유아를 대상으로 유아들의 발달적 적합성을 고려하여 교육활동과 내용을 선정하고 조직하여 가지게 되는 모든 경험의 총체라 할 수 있다. 즉, 유아의 전인적 성장과 발달을 돕기 위해 유아교육기관이 유의미한 교육환경을 마련하고 모든 종류의 교수-학습 경험을 체계적으로 조직하여 유아의 흥미와 요구를 고려하여 제공하게 되는 모든 경험의 총체라 할 수 있다.

2) 영유아교육과정의 특성

(1) 영유아교육과정은 교육과 보호의 역할을 통해 영유아의 전인적 성장 · 발달에 중점을 둔다. 유아를 대상으로 하는 교육으로 유아의 연령 범위는 0~8세(초등학교

1, 2, 3학년)를 대상으로 하는 모든 교육활동으로 영유아의 기본적 욕구를 해결해 주는 보호 및 양육과 전인적 성장을 돕는 교육이 필요하다.

(2) 영유아교육과정은 대상에 따른 다양한 프로그램 개발과 포괄성이 요구된다. 태교, 양육, 교육의 개념을 포괄하고 있기 때문에 태교의 대상은 부모를 대상으로 하고 있고, 양육 또한 부모의 참여 없이는 효율성을 기대할 수 없기 때문에 유아교육은 유아뿐만 아니라 부모 또는 가족 구성원까지를 대상으로 하는 포괄성의 특성을 가지고 있다.

(3) 영유아교육과정은 가장 중요한 발달적 시기로서 질적인 프로그램이 요구된다. 발달심리학자들은 영 · 유아기가 신체적, 정서적, 지적, 도덕적, 성격적 발달의 결정적 시기라며, 이 시기에 좋은 문화적 환경과 교육경험의 중요성을 강조하고 있다. 그러므로 인간 발달에서 유아기가 가장 중요한 발달적 시기로서의 특성을 가지며, 이를 지지해 주고 이끌어 줄 수 있는 인적 환경과 물리적 환경을 중요시해야 한다.

(4) 영유아교육과정은 개별화 교육과 발달 수준에 중점을 두어야 하며, 놀이중심의 능동적 학습에 특성을 갖는다. 영유아의 다양한 흥미와 요구 속에서 영유아가 능동적 참여가 이루어지도록 반응적 교육이어야 하며, 개인의 요구와 발달에 적합한 내용과 활동이어야 한다.

(5) 영유아교육과정은 교재 · 교구, 교사, 유아와의 다양한 상호작용이 요구된다. 초등, 중등교육에서 가장 중요한 교재는 교과서인데 반해 유아교육에 있어서는 문자 이전의 교육으로, 다양한 교재 · 교구가 중요하며, 또한 유아-교재 교구와의 상호작용, 교사－유아와의 상호작용, 유아-유아와의 상호작용과 같이 환경과의 상호작용이 중요한 교육 내용이 된다는 점이다.

(6) 영유아교육과정은 생활주변에서 경험할 수 있는 생활중심의 주제로 접근하며 주제에 따른 내용 및 활동은 통합적 접근의 특성을 갖는다. 주제 중심의 활동영역 간 통합의 활동으로 연안, 월안, 주안이 연관성 있게 전개되며 일일의 활동 또한 등원에서 귀가할 때까지 통합된 활동으로 이루어진다.

4. 영유아교육과정의 최근동향

1) 영아를 위한 교육

(1) 영아를 위한 교육의 개념 및 필요성

영아를 위한 교육은 만 3세 미만의 영아, 즉 출생 후부터 만 35개월까지의 영아를 대상으로 하는 교육 · 보육을 의미한다. 유아 프로그램과 같은 점은 신체, 인지, 언어, 정서 및 사회발달과 성장이 이루어질 수 있도록 최적의 인적 · 물리적 환경을 통해 지원한다는 것이며, 다른 점은 세부적인 목표, 내용, 방법, 환경, 교사의 역할 등이 개별화 계획에 의해 교육 · 보육을 한다. 즉, 유아교육 · 보육의 큰 틀 안에서 영아의 다양한 특성을 고려한 교육을 하는 것이다.

영아교육은 최근 여성의 경제활동 참가율 증가(표 1-2 참조)와 아기는 태어날 때부터 많은 능력을 가지고 태어나며, 생후 3년간의 초기경험이 앞으로의 성장과 발달에 결정적 역할을 한다는 영아기에 대한 시각의 변화에 따라 1990년대 이후 전 세계적으로 영아를 위한 프로그램의 수요와 필요성이 증가하게 되었다.

표 1-2 2008년 여성가족부 사업보고(경제활동 참가율)

한국	미국	영국	덴마크	호주	OECD평균
54.8%	69.3%	70.3%	76.7%	82.9%	60.8%

* 대졸 여성 취업률 60.2% OECD 평균 82.3%; 2005년.

영아와 영아기 그 자체를 위한 교육과 보육은 미국 저소득층 가정 Early Head Start로 시작되었으며, 이탈리아에서는 1971년 가족지원과 여성취업지원으로 5개월간 유급산후휴가법이 통과되었고, 영아 걸음마기 센터가 1980년대 보건복지부에서 교육부로 이전되고 부모의 사회 경제적 지위나 취업에 관계없이 당연히 누려

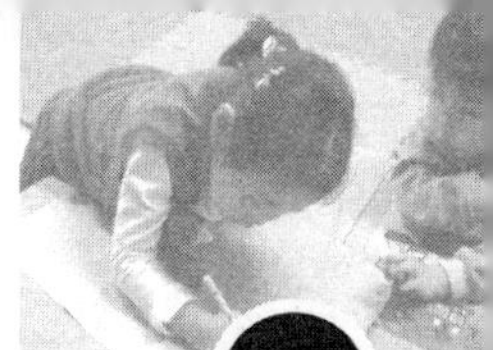

야 할 보편적 서비스로 인식하게 되었다. 이러한 인식의 변화에 따라 영아를 위한 교육과정도 부모의 사회 경제적, 직업적 영향이 아닌 교육적 필요성의 요구로 인식이 확대되었다. 이에 최근에는 영아의 발달적 특성과 요구를 고려한 교육과정 개발에 많은 관심과 연구가 이루어지고 있는 추세다.

(2) 영아 프로그램의 현황

가. 보육시설에서 운영하는 영아반

영아전담시설은 만 3세 미만의 영아 20명 이상을 상시 보육하는 시설로 영유아보육법 시행규칙에 규정된 보육시설 설치 조건 외에 추가로 바닥 난방시설, 냉·온수 샤워시설, 영아용 침대, 우유병 소독기, 소화기, 비상약품, 영아용 보육용품 등 기타 영아보육에 필요한 시설을 갖추도록 규정하고 있다.

나. 대학부속 영아대상 프로그램

이화여자대학교 어린이 연구원, 연세대학교 어린이 생활지도 연구원, 숙명여자대학교 방과 후 프로그램 등이 있다.

다. 사설교육기관에서 운영하는 영아대상 프로그램

애착발달, 창의성, 사회성, 인지, 신체, 언어발달 프로그램을 중심으로 개발된 다양한 프로그램이 운영되고 있다. 애착발달을 위한 베이비마사지 프로그램, 음악－오르다, 유리드믹스, 아마데우스 클래스, 미술－창의성 프로그램, 신체운동－잼보리 등이 있다.

라. 기업에서 개발하여 운영하는 프로그램

삼성복지 재단의 보육 프로그램, 푸른보육경영(www.puruni.com; 대교, 하나은행, 한국IBM), 모아맘(www.moamom.co.kr), 킨더슐레 프로그램인 하바놀이학교의 프로그램, 화이코플레이(Fyko Play), 플레이오리나, 플레이웨이, 짐보리, 짐슐레, 베베궁, 위즈아일랜드, 크래다, 프로벨 영아를 위한 다중지능 통합 프로그램, 웅진, 칼비테, 뮤직가튼, 한솔-신기한 아기나라, 한글나라 등이 있다.

2) 가드너의 다중지능이론; 창의적인 개성교육

21세기는 획일화된 인간상이 아닌 다양한 개성을 지닌 인간상을 요구하고 있다. 최근 가드너는 인간의 지적 능력이 일차원적인 관점에서는 제대로 설명될 수 없다고 보고, 보다 다원적인 측면에서 지능을 평가해야 한다고 했다. 기존의 지능 연구가 인간의 언어 능력과 논리 · 수학적 능력에 국한하여 평가해 왔기 때문에 기존의 지능 이론은 사회적 생활맥락이나 교육요인, 인간의 독창성을 무시해 왔으며, 지능을 종합적인 틀에서 해석하지 못하였다고 비판하였다. 가드너의 다중지능이론은 사회 속에 직면해 있는 산물을 창조하는 능력으로 정의하고 있다. 즉, 문화적으로 가치 있는 물건을 창조하거나 문제를 해결하는 데에, 그 문화에서 유용하게 쓰일 수 있는 정보를 처리하는 생물, 심리학적인 잠재력을 말한다. 또한 개인마다 지니고 태어나는 지능이 모두 다르며 그 구성은 다양성 만큼이나 발휘되는 양상도 다르다고 본다(김혜경, 2008).

21세기는 창의력 있는 인간상을 요구하고 있으며, 유아교육 현장에서는 이러한 요구를 반영하여 가드너의 다중지능 모델을 적용하는 기관이 증가하고 있다. 다중지능 모델을 통한 유아의 창의력(사고) 증진을 위한 적용은 언어적 방식으로부터 공간적, 음악적, 논리 · 수학적 방식 등으로 끊임없이 조정해 가면서 창조적 방법으로 여러 가지 지능을 통합해 간다. 이를 위해 흥미센터를 중심으로 소집단 영유아에게 먼저 활동 소개를 한 후에 그 유아들이 활동을 하는 동안 다른 소집단의 영유아에게 새로운 활동을 소개하면서 교육이 이루어진다. 음악이나 미술에 관한 흥미센터에 대해 조언을 받기 위해 교사는 전문가나 다른 교사들을 초청할 수도 있다(Gardner, 1993).

가드너(1983, 1993)는 과거의 여러 지능 연구들이 인간의 지적 능력을 설명하는 데 한계가 있다고 보고 있다. 즉 지능을 단일요인으로 가정한 것과 지능의 유전을 지나치게 강조한 것, 또한 측정방법을 객관화된 검사인 지필검사에 의존한 것이다. 그는 지능은 다차원적 측면에서 문화적으로 고안된 의미체계로 주요 정보의 형식을 파악하고 전달하는 상징 체계적 관점으로 이해하여야 한다고 한다. 지적 능력은 단일한 하나의 차원이 아닌 어떤 상징체계를 그 대상으로 하느냐에 따라 다르게 작용하는 다차원적 개념이다. 지능이 다수의 지능으로 구성되어 있으며,

각각의 지능은 독립적인 기능이 존재하지만 지능이 요구되는 상황에서는 서로 상호작용하면서 작용한다.

(1) 다중지능이론과 교육과정

다중지능이론에서는 지능의 다원성을 인식해서 획일적인 관점에 의해서 무시되고 있는 많은 개인의 잠재력을 키워 주고, 또 개인의 강점을 최상의 수단으로 이용해서 문제들을 해결케 하는 것이 보다 큰 교육적 시사점이다.

가드너의 MI(Multiple Intelligence)이론을 교육과정에 적용하는 데 있어서는 먼저 주제를 선정하고 그에 따른 하부 단원의 제목을 선정해 구체적인 수업 목표와 다양한 지능적 관점에서 예상되는 학습 효과를 기술해야 한다. 선정된 단원에 맞게 수업 활동을 구성하되 언어적, 논리-수학적, 공간적, 신체-운동적, 음악적, 대인관계, 개인이해 지능을 강화하는 학습 활동을 구성한 후 각 지능별 활동에 따른 수업 결과를 기술하고 전체적으로 이 단원 수업에 대한 학습 결과를 어떻게 평가할 것인지를 결정해야 한다.

다중지능이론이 유아교육에 미친 영향은 매우 크다. 다중지능이론은 모든 유아들은 강점을 지니고 있다는 것을 인식시켜 주었다. 지금까지 교사들은 교육과정에 초점을 맞추어 계획하고 가르쳐 왔으며, 그 교육과정에 유아들이 대처할 수 있도록 돕는 것에 초점을 맞추어 왔다. 하지만, 다중지능이론은 교육과정이 유아에 맞게 개발되는 유아중심의 교육모형을 제시하였다.

(2) 다중지능이론이 교육과정에 미친 영향

가. 통합 주제 단원 중심의 교육과정 개발

다중지능이론을 적용한 교육과정은 통합주제 단원 중심의 교육이 이루어진다. 생활주변에서 주제를 가져오기 때문에 실생활에 필요한 지식의 활성화를 촉진시킬 수 있으며, 다각적인 방향에서 주제를 접근하기 때문에 사고의 폭이 넓어질 뿐만 아니라 고등정신 능력을 향상시킬 수 있다는 것이다. 교육과정이 기존의 교과서 중시에서 벗어나 박물관이나 기업체에서 도제식 교육까지도 할 수 있도록 개발되기 때문이다.

나. 교사와 유아들의 강점에 초점을 맞추어 수업설계

수업설계시 다중지능이론을 적용한다는 것은 교사 자신과 유아들의 강점에 초점을 맞추어 수업설계를 한다는 것이다. 즉 자신은 신체-운동적 지능이 높고 음악적 지능이 낮으며, 이웃반 교사는 음악적 지능이 높고 신체-운동적 지능이 낮다면, 이 두 교사는 팀을 이루어 수업을 한다는 것이다. 기존의 수업들이 유아들의 약점 보완에 초점이 맞추어졌다면, 다중지능이론이 접목된 수업들은 유아들의 강점에 초점이 맞추어졌다는 것이다.

유아들의 강점에 초점을 맞추어 수업을 설계하는 것은 유아들이 직접 자신의 프로젝트를 선정하여 계획하고 시행하는 것에서 볼 수 있다. 흔히, 학습자 중심의 수업을 우리는 강조하면서도 학습 내용은 거의 교사가 획일적으로 제시하는 것이 기존의 교육인데 반하여, 다중지능이론이 접목된 교육에서는 유아들에게 직접 학습내용의 선택권한을 주는 것이다.

다. 도제식 교육 장려

도제식 교육은 주로 세 가지 영역에서 일어나는데, 예능(미술, 음악, 기술)학업, 체육(댄스 또는 스포츠)영역에서 하루의 1/3의 시간을 보낸다는 것이다. 우리나라는 교육목표와 내용, 방법, 평가를 명시하지만, 인간의 능력을 보다 넓게 보기 때문에 무엇을 어떻게 가르칠 것인가를 규정하지 않는다는 것이다. 그렇게 되었을 때 교사는 교육과정 개발에 관한 복합적인 정신적 모형을 창출할 수 있으며 교사로서의 자신을 더욱 성장시킬 수 있다는 것이다. 요구하는 것이 많을수록 교사들에게는 자율성과 창의성이 떨어지고 결국에 가서는 수동적인 교사가 될 수밖에 없는 교육과정을 고시하는 우리 교육에 좋은 시사점이 될 수 있다.

라. 다양한 자료를 활용하여 무엇을 어떻게 학습했는가를 평가

미국에서 다중지능이론의 대두로 기존의 지필검사 중심의 평가가 서서히 그리고 자연스럽게 수행평가로 옮아가게 된 것에 주목할 필요가 있다. 수행평가의 본래의 개념은 교실 수업이 일어나는 상황과 유사한 실생활 상황에서 문제해결 능력을 평가하는 것이다. 즉 수행평가는 교실에서 배운 지식이나 기능을 실제적인 생활 속에서 실제적으로 수행해 내는 것과 관련되어 있다(류현수 · 김주아, 2008).

3) 다양한 목적을 가진 프로그램의 개발

(1) 다문화 교육

가. 다문화 교육의 개념

다문화는 한 사회에서 각 집단들이 독특하게 형성한 문화들이 조합을 이룬 상태를 말하며, 다문화 사회란 각 집단에서 이룩한 다양한 문화가 공존하는 사회를 일컫는다. 그리고 다문화 교육이란 다양한 문화, 민족, 성, 사회적 계층의 배경을 가진 유아들이 공평한 교육적 기회를 가질 수 있도록 교육과정의 변화를 시도하는 총체적인 노력이며, 또한 인종, 윤리, 언어, 종교, 정치, 고용, 사회계층, 경험, 정신적 · 육체적 능력, 성, 기초, 연령 등에 의해 다르게 나타나는 인간 행동에 대한 이해다.

다문화 교육은 소수만을 위한 '특정' 프로그램이 아니라, 모든 유아들이 다문화 사회에서 책임 있는 시민으로 살아가고 시회를 이용할 수 있게 하는 태도, 지식, 기능을 가지게 하는 것을 목표로 하는 교육철학이다.

이러한 다문화 교육과 관련된 개념들로 다민족 교육, 반편견 교육, 평화교육, 국제이해 교육, 세계 이해 교육 등이 있으며 이 개념들은 서로 연관되어 있으면서 강조점이 다르거나 시대적 상황에 따라 다르게 정의되기도 한다.

나. 다문화주의 교육과정

다른 인종, 성, 사회계층, 언어 및 문화적 배경의 사람들을 이해하고 존중하도록 함으로써 다양한 문화의 세계에서 유아들이 공동목표를 향해 생활하고 학습하며 의사소통하고 활동할 수 있도록 준비하는 교육을 말한다(Morrison, 1998).

다. 다문화 가정 대상의 한국문화교육의 필요성

다문화 가정 부모 및 그들의 자녀에 대한 문화교육, 특히 한국어와 한국문화교육을 체계적으로 실시하고 적극적으로 한국사회에 적응하여 통합을 이룰 수 있도록 도와 주어야 한다. 다문화 가정의 부모와 유아기 자녀의 한국어교육 내용에 한국문화 및 다문화 이해증진의 내용을 포함시킴으로써 이들이 한국사회에 능동적으로 통합되어 건강한 구성원으로 성장할 수 있는 기반을 제공하는 프로그램이 필요하다. 다문화 교육 프로그램은 첫째, 다문화 가정 부모와 유아기 자녀의 언어능력 증진에 목적을 두어야 하며 둘째, 다문화 가정의 취약한 언어 환경을 극복하기 위한 실질적 지원을 통해 유아의 학업적응 및 준비도 증진 셋째, 부모-자녀-교사의 상호작용을 통해 다문화 가정에서 제공하기 어려운 언어적 자극과 경험을 보충하고, 유치원 생활 및 학교생활 적응력을 향상한다. 넷째, 다문화 가정의 부모와 교사 간 유대형성을 통해 지속적인 협력체제를 마련하는데 목적을 두어 프로그램을 운영할 필요가 있다(경기도교육청 연수자료, 2008).

(2) 자연주의 생태교육(자연친화교육)

과학기술문명 발달로 인한 자연 파괴는 아이들에게도 직접적인 영향을 미치고 있다. 환경오염으로 안전한 먹거리는 먹을 수 없고, 아토피 피부염 등 환경적 질병에 노출되어 있다. 아이들의 성장 환경도 자연을 접촉하고 자연과 호흡할 수 있는 기회가 적어 자연 속에서 발달한 놀이문화의 가치가 전달되지 못하고 있다.

현대의 어린이들은 급변하는 세계정세와 경쟁의 시대 흐름 속에서 살고 있다. 정보화만이 세계화를 앞당길 수 있다는 국가적 경쟁 논리와 함께 컴퓨터 앞에 앉은 채 자연 환경을 공부하거나 컴퓨터 게임 속의 가상의 환경 속에서 서로 싸우고 죽이고 놀이함으로써, 한창 자연과 접하면서 직접적인 체험을 많이 해야 하는 시간을 대부분 빼앗기고 있다. 현대사회는 생활수준의 향상과 문화생활 증대라는 긍정적 측면도 있지만, 인간과 자연을 배제한 채 추진된 급격한 경제 성장으로 인하여 자연 공간이 점점 좁아지고 있으며, 인공적인 환경 속에서 보고, 듣고, 만지고, 조작해 보는 자연 속에서의 즐거움을 느끼지 못하는 현실 속에서 살아가고 있다.

우리의 유아들은 땅을 밟지 못하고 주변의 나무와 들꽃의 아름다움을 느끼지 못하고 산과 들, 냇가의 변화를 경험할 수 없는 자연의 생활로부터 점점 멀어져 가고 있으며 그에 따른 유아들의 행동에서도 마음이 삭막해져 가고 이기적인 행동 양상들이 많이 나타나고 있는 실정이다.

가. 자연생태교육(자연친화교육)의 정의

자연생태교육은 생태학적 관점과 교육적인 관점으로 나누어 그 의미를 살펴볼 수 있다. 생태학적 관점은 현대의 산업화, 도시화된 생활공간에서 자연과 놀이와 아이다움을 잃어버리고 살아가는 유아들에게 자연과 놀이와 아이다움을 되찾아 주는데 역점을 두고 인간과 자연생태계가 공존, 상생하는 생태중심 내지 생명중심 교육을 지향하는 교육을 의미한다(오복희, 2000). 생태학적 의미에서 넓은 의미로 본다면 자연과의 조화를 이루고 생명을 소중히 여기며 공동체 속에서 행복하게 어울려 살 수 있도록 하기 위해 자연과 교감하는 교육이다. 교육적 관점에서는 유아들이 자연을 공존의 대상으로 받아들이도록 가능한 자연과의 접촉 기회를 많이 제공하는 교육이며, 유아들이 본래 가지고 있는 힘과 능력을 스스로 발휘하고 깨우칠 수 있도록 기다리며 도와 주는 교육이다(정혜란, 2001). 유아가 자연을 하나의 생명으로 인식하고 직접 경험함으로써 자연과 상호적인 교류를 통해 전인적인 발달을 이루도록 하는 교육이라고 정의 내릴 수 있다.

자연생태교육은 우리의 삶 속에 자연과 함께 하여 현대의 비인간적이고 비자연적인 것들을 극복하자는 데 넓은 의의가 있다. 인간은 자연을 떠나서 존재할 수 없으며 자연 역시 인간과의 관계 속에서 영원할 수 있기 때문에 인간과 자연은 불가분의 관계다. 그러므로 생태교육이라 함은 인위적인 교육이 아닌 자연의 순리를 따르는 자연적 교육인 것이다.

나. 자연생태교육의 방향

자연생태교육은 유아들에게 자연의 이치를 일깨워 주며, 그 안에 존재하고 있는 식물과 동물, 그리고 미생물까지도 자기의 맡은 바 역할을 수행하며, 상부상조하고 살아간다는 대자연의 오묘한 진리를 터득하게 하는데 있다.

유아교육 현장에서는 현실로부터 유리된 이론중심의 교육을 지양하고, 유아들로 하여금 그들의 발이 닿은 세계, 즉 지역사회의 모든 환경을 학습장으로 이용하여, 직접 자연을 체험하고, 그 속에서 유아들 스스로 할 일을 찾도록 힘써야 한다. 자연으로부터 얻은 정보와 지식을 통해 자연환경의 이해, 여러 기관의 하는 일의 이해, 사회생활의 이해, 역사와 문화의 이해, 지리 사회문화 분야의 이해에 많은 도움이 된다.

현재 유아교육기관에서는 연간 교육활동을 계획하여 자연과 연계를 갖고 운영할 수 있는 체험 프로그램이 증가하고 있다. 그러므로 유아교사는 자연을 즐길 줄 알아야 하며, 자연 속에서 체험할 수 있는 프로그램을 계획하여 운영하는 생태학적 관점의 교육과정이 필요하다. 또한 농촌체험마을, 체험학교, 테마형 체험학습 프로그램 등 지역사회와 연계한 프로그램의 안내와 연계활동이 절실하다(엄태식, 2005).

다. 자연생태교육과 교육과정

우리나라 생태유아교육 프로그램에서 이뤄지는 주된 교육활동에서는 인공적인 교재 · 교구를 통한 간접 체험보다는 자연과의 직접적인 체험을 강조하며, 정보와 지식전달보다는 삶을 체험하는데 역점을 두며, 감각발달 및 체력향상을 위한 운동놀이를 강조한다. 또한 폐품과 자연물을 이용한 작업활동을 통해 절제 · 절약정신을 기른다.

하루의 일과는 자연과의 직접적인 체험을 강조하며 실외활동을 통해 자연과의 접촉을 촉진하는 놀이와 활동들로 구성되어 있으며, 자연과 더불어 하루를 보내는 가운데 영유아의 건전한 발달을 도모하는데 역점을 두고 있다(서영숙 외 6인, 2007).

(3) 장애우 통합교육

우선 장애에 대한 정의는 크게 협의의 장애와 광의의 장애로 나누어진다. 협의의 장애는 신체 또는 정신기능의 저하 · 이상 · 상실 또는 신체 일부의 결손 등과 같은 의학적 차원의 개념이다. 즉 지체장애, 시각장애, 청각장애, 정신지체 등이다. 광의의 장애는 협의의 장애를 포함하며, 장애로 인해 발생하는 생활 곤란까지를 포함하여 의학적 차원은 물론 사회적 차원까지를 말하는 포괄적인 개념이다(장애우 권익문제연구소, 2002).

장애에 대한 대표적인 정의들을 살펴보면, 우선 1975년 유엔 총회에서 결의한 장애우의 권리선언에 의하면 "장애우는 선천적이든 후천적이든 신체적, 정신적으로 능력이 불완전하여 일상생활 중에서 개인적 또는 사회적으로 필요한 것들을 스스로의 힘으로는 확보할 수 없는 사람을 의미한다."라고 정의하였다. 1997년 이전까지 세계보건기구의 장애에 대한 정의는 기능손상(impairment), 능력장애 혹은 기능저하(disability), 사회적 불리(handicap)의 세 가지로 정의하였다. 기능손상은 생물학적인 장애로, 기능의 감소를 가져다 준 일시적인 병리 상태를 말하는 것으로 시각장애, 청각장애 등을 가리킨다. 능력장애 혹은 기능저하는 일상생활의 기능적 능력 감소로 인한 정신적, 신체적 손상의 결과, 개인적 차원에서 활동 수행 능력이 제한되거나 결여된 경우를 말한다. 사회적 불리는 선천적 또는 노령, 질병, 사고 등으로 인해 신체적, 정신적 상태가 일시적 또는 영구적으로 손상되어, 그 결과 독립생활, 교육, 취직 등이 저해되고 있는 상태를 말한다(오혜경 · 정소영 공저, 2003).

국내에서의 장애에 대한 정의는 2001년 1월부터 시행된 「장애인복지법」 제 2조에 정의되어 있다. 그 내용은 '장애인은 신체적 · 정신적 장애로 인하여 장기간에 걸쳐 일상생활 또는 사회생활에 상당한 제약을 받는 자로서, 대통령령이 정하는 장애의 종류 및 기준에 해당하는 자'로 정의되어 있다. 장애 분류와 관련하여서는 2조 2항에 '신체적 장애라 함은 주요 외부 신체 기능의 장애, 내부기관의 장애 등을 말하고, 정신적 장애라 함은 정신지체 또는 정신질환으로 발생하는 장애'로 명시하였다.

특수교육법(특수교육법 제2조 6항; 2008년 5월부터 시행)에 규정되어 있는 통합교육의 개념은 "통합교육이라 함은 특수교육 대상자가 일반학교에서 장애유형, 장애 정도에 따라 차별받지 않고 또래와 함께 개개인의 교육적 요구에 적합한 교육을 받는 것을 말한다."라고 정의하고 있다.

통합교육의 기본이념은 장애아들도 일반아들과 같이 정상적인 환경에서 인간다운 삶을 영위하고 존엄성과 존재 가치를 가진 자로서 존중되어야 한다는 것이다. 즉, 어떤 아동도 장애로 인하여 교육환경에서 소외되어서는 안 되며, 장애 여부와 관계없이 모든 아동에게 동등한 교육적 혜택을 받을 수 있는 권리가 주어져야 한다. 그러므로 통합교육이 목적하는 바 교사나 정상아, 장애아가 서로서로 가치 있는 인간으로 존중하여 함께 어울려 지내는 인간관계 형성이 무엇보다 중요하다.

가. 통합교육의 개념발달

① 정상화(Normalization)

1960년대 중반에 처음 주장되어, 장애인을 정상인과 동등한 사회 구성원으로 존중해야 한다는 윤리 원칙에 입각한 것으로 장애인의 사회 통합을 향한 첫 움직임이었다. 이는 정상인과 같은 행동이나 특성을 형성하고 유지하기 위해 장애인을 가능한 한 정상적인 사회에 통합한다는 것을 의미한다.

② 최소 제한 환경(The Least Restrictive Environment)

장애아들이 교육받는 특수학급이 일반학급과 가장 유사한 환경을 말한다. 즉 장애아와 일반아와의 교류가 보장된 환경을 의미한다. 다시 말해 최소 제한 환경이란 특수교육이 요구되는 아동에게 제공되는 환경이 제한되거나 빈약해서는 안 되며, 제한이 불가피한 경우라도 환경의 제한을 최소화해야 한다는 것이다. 따라서 이들도 일반아동과 함께 교육받아야 하며, 일반아동과 분리된 환경에서 교육을 받게 되더라도 그 환경의 제한을 최소화해야 한다.

③ 일반학급 주류화 (Main Streaming)

장애아가 주로 특수학교(특수학급)로 등교하여 수업을 받고, 특별한 범위 내에서 일반학급으로 보내어 일반아동과 수업을 받는 것을 말한다.

④ 일반주도 특수교육 (Regular Education Initiative)

1986년 Will에 의해 주창된 것으로 가능한 한 일반교사로부터 교육을 받되 부득이한 경우에만 특수교사로부터 보조교육을 받기 때문에 완전 통합과는 차이가 있다.

⑤ 완전 통합(Full-Inclusion)

장애아가 전적으로 일반학급 내에서 일반교육은 물론 특수교육까지 겸하여 받는 것을 의미한다. 일반학급 내에 일반교사와 특수교사가 서로 협동하여 가르치는 것으로, 장애아를 위한 가장 도덕적, 윤리적이고 인간적인 교육의 장이라는 점에서 주목을 받고 있다.

1994년 개정된 특수교육진흥법 제2조 6항에 따르면, 통합교육은 특수교육 대상자의 정상적인 사회적 능력의 발달을 위하여 일반학교에서 특수교육 대상자를 교육하거나, 특수교육기관의 재학생을 일반학교의 교육과정에 일시적으로 참여시켜 교육하는 것을 말한다. 제15조에는

(가) 일반학교의 장은 특수 교육대상자 또는 그의 보호자나 특수교육기관의 장이

통합교육을 요구하는 경우에는 특별한 사유가 없는 한 이에 응하여야 한다.

(나) 일반학교의 장은 "통합교육의 편의를 위하여 예산의 범위 내에서 특수교육에 필요한 교재 및 교구를 갖추고, 경사로 및 손잡이와 특수교육대상자가 이용하기에 편리한 화장실, 책상 및 의자 등의 편의 시설을 설치하거나 갖추어야 한다."고 규정하고 있어 통합교육의 발전은 더욱 가속화될 것이다.

나. 통합교육의 효과

장애아들은 비슷한 연령의 일반아를 모방하고 상호작용함으로써 사회적 발달이 촉진될 수 있고, 일반아들도 장애아와의 경험을 통해서 사회적 책임감을 학습하게 된다. 장애아 중에서도 경도의 지체유아들은 중등도 및 중도지체 아동들과 달리, 신체, 체중, 운동능력, 협응능력, 시력, 청력 등 신체적 발달 영역에서 정상의 범위에 속한다. 다만 인지, 언어능력, 적응행동, 대인관계, 사회성숙도 등에서 1~2년 정도의 발달적 지체를 보일 뿐 유아기의 경도 지체아는 정상아와 적은 발달 차이를 갖고 있다고 한다.

나이든 아동보다 장애유아의 경우 긍정적인 사회적 상호작용의 증가, 일반 유아의 행동의 모방학습, 사회적 친숙성의 증진 등에 있어서 효과적이라고 밝혀진 것을 보면, 통합교육은 유아기에 시작하는 것이 적절하다고 할 수 있다. 또한 장애유아가 학령기 아동보다 통합교육을 통하여 효과를 거둘 수 있는 이유는, 유아들은 아직 특정 인간 집단에 대한 편견이나 인상이 형성되지 않았고, 어렸을 때의 장애-비장애의 접촉경험은 상호간의 수용 가능성을 훨씬 높여주기 때문이라고 했다(이소현 · 박은혜, 2007).

4) 방과 후 및 종일제 특별 프로그램

(1) 방과 후 프로그램

방과 후 프로그램은 공식적인 교육기관에서의 정규적인 일과를 마치고 돌아오는 초등학교 아동을 대상으로 이루어지는 보육유형이다. 우리나라에서는 1996년 영유아보육법 시행규칙 제8조 제1항에 의거하여 필요한 경우 보육시설의 입소대상을 12세까지 연장하도록 하면서 보육시설에서의 방과 후 교실이 가능하게 되었다.

방과 후 보육에서 이루어지는 활동은 아동의 안전한 보호와 부모역할을 대신하는 활동 및 아동의 욕구와 흥미를 충족시키는 활동, 학교교육을 보충하는 활동으로 숙제지도와 자율학습지도, 특별활동, 기본생활습관지도 등으로 이루어질 수 있다.

최근에는 초등학교 내의 방과 후 아동지도가 늘어나고 있는 추세다. 초등학교 내의 방과 후 아동지도는 사교육비 경감과 방과 후 아동보호를 표방하면서 교육과학 기술부가 1999년부터 계획, 실행하고 있는 방과 후 특기 · 적성 교육과 방과 후부터 귀가할 때까지의 시간 동안 아동을 돌보아 주는 방과 후 에듀케어 교실로 구분될 수 있다(김정원 · 김유정 · 이정아, 2006).

방과 후 프로그램은 방과 후 아동의 안전한 보호를 강조하는 보호적 프로그램의 특성과 아동의 발달적 요구에 부응하는 교육적 프로그램의 특성을 가지고 있으며 방과 후에 학교시설, 보육기관, 종합사회복지관, 그리고 공부방과 같은 장소에서 운영되고 있는 실정이다. 따라서 방과 후 아동보육에 대한 용어는 방과 후 탁아, 방과 후 아동지도, 방과 후 공부방, 열린교실 등 명칭 자체가 혼용되어 사용되고 있다(김수영 외 3인, 2003). 그리고 이순형 등(2005)에 따르면 방과 후 보육의 목적은 일차적으로 성인의 보호 없이 지내는 아동을 위험하고 유해한 환경으로부터 안전하게 보호하는 데 있고, 학교교육의 연장이라기보다는 가정교육의 연장이 되어야 한다. 따라서 학교에서 돌아온 아동들이 가정처럼 편안한 분위기에서 휴식을 취하고 또래와 어울리며 다양한 활동을 할 수 있도록 해야 한다(황해익 외 2008).

(2) 종일제 프로그램

현재 우리나라의 유아교육기관은 유치원과 어린이집의 차별성이 점차 없어져 가고 있다. 어린이집은 일일 12시간 보육이 기본유형이므로 종일제가 운영되고 있으며, 유치원도 일과 시간을 늘려가고 있는 것을 볼 수 있다.

우리나라의 종일제 유아교육 프로그램에 대한 요구가 증가된 것은 유아를 둘러싼 경제적, 사회적 변화, 즉 유아기 자녀를 둔 취업모의 증가, 다양한 조기 집단 경험의 요구, 교육 기회의 확대, 대중매체의 영향, 그리고 초등학교 학업 성취의 효과 등의 이유로 인한 것이다. 또한 현대의 유아들은 점점 더 많은 자극과 경험을 요구하고 있어 자녀 양육을 부모들만이 책임지기보다는 유아교육 전문가에게 요청하기도 한다. 실제로 종일제 프로그램을 이용하거나 필요로 하는 부모들의 요구도

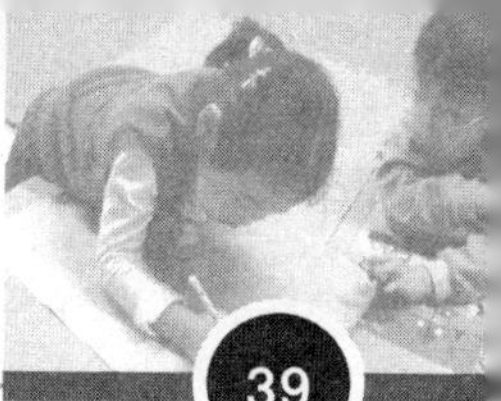

'돌볼 사람이 없어서'라기 보다는 '조기교육의 경험을 주기 위한 것'이라는 반응이 대다수로 나타났다.

이런 변화에 따라 유아들의 양육과 교육을 지원해 줄 법적 지원 체제도 필요하게 되었다. 현재 우리나라는 1993년 행정쇄신위원회에서 종일반 운영을 선정하면서부터 꾸준히 종일반 수가 증가하고 있으며, 유치원도 연장제 프로그램을 포함한 종일제 프로그램을 운영해 나가고 있는 실정이다. 종일제 교육은 반일제 프로그램의 교육과 보호를 포함해 전인적인 발달을 꾀하는 좀 더 확장적인 의미로 1일 8시간 이상 운영하는 것이다(김혜경, 2008).

Memo

우리나라 영유아교육과정의 역사

제 2 장

1. 우리나라 유치원 교육과정의 역사
2. 보육시설 보육과정의 역사

1. 우리나라 유치원 교육과정의 역사

우리나라 유아교육과정은 교육과학기술부에서 제정한 유치원 교육과정과 여성가족부에서 제정한 표준보육과정으로 나눈다. 1969년 2월 19일 문교부령으로 최초의 유치원 교육과정이 제정 · 공포됨으로써 국가수준의 교육과정과 함께 유치원 교육의 질적 수준이 향상되고 유아교육의 방향이 정립되기 시작하였다. 그 후 유치원 교육과정은 1979년, 1981년, 1987년, 1992년, 1998년, 2007년 12월 19일자로 2007년 개정 유치원 교육과정이 고시되었다.

또한 표준보육과정은 1991년 영유아보육법(제정 1991. 1. 14. 법률 제4328호, 개정 1997. 12. 24. 법률 제5472호) 제정 · 개정되었고, 2004년 영유아 보육사업 업무가 보건복지부에서 여성가족부로 이관되었다. 여성가족부는 양적 발전과 더불어 질적 수준 향상에 대한 사회적 요구에 대한 수용을 위해 2004년 1월 29일 전면 개정된 영유아보육법 '제29조 2항'에 표준보육과정을 개발 · 보급하여야 함을 명시하였고 보육과정 개발을 통해 2007년 1월 3일 제정되어 고시가 되었다(문미옥, 2008; 김영희 · 유경애, 2008).

1) 1969년 이전의 유치원 교육과정의 변화(1897~1968년)

(1) 초창기 1897~1945년 광복 이전

우리나라 최초로 부산유치원이 1897년에 설립되면서 유아교육은 시작되었으며, 초창기의 유치원 교육과정은 일제시대의 일본인과 미국인 선교사들의 선교 목적에 영향을 받아 구성되었다고 볼 수 있다. 광복 이전까지 유치원 교육의 철학적 개념은 프뢰벨의 사상이 주가 되었는데, 순수한 프뢰벨의 교육원리 및 방법이 전수되었다기보다는 변화된 형태로 도입되었다. 일제시대를 통하여 일본인에 의해 전파된 프뢰벨 사상은 프뢰벨의 이론 중 자발 활동의 원리와 같이 유아의 자유를 강조하는 면은 부각되지 않고, 통제적이고 규제적이며 집단생활을 강조하는 일본식 프뢰벨 사상을 중심으로 한 이념이었고, 선교사들의 경우에도 프뢰벨 교육론에 근거를 두었다기보다는 기독교 정신을 바탕으로 한 것이었다(이기숙, 2000).

우리나라 최초로 유치원에 관한 규정을 법령으로 둔 것은 1922년 2월 4일 공포된 제2차 조선교육령이었고, 2월 16일에 '유치원 규정'이 포함된 소학교령이 공포되었으며, 이 법령은 일본인에 의해 만들어진 법령이긴 하지만 우리나라 최초의 유치원에 관한 법령으로 해방 후 교육법이 제정되기 전까지 유치원 법령으로 근거하고 있다. 당시의 교육내용은 유희, 창가, 담화 및 수기로 명시되어 있으며 이는 당시 일본의 '유치원 보육 및 설비 규정'과 일치하는 것이었다(이상금, 1987).

또한 1932년 브라운리가 번역, 소개한 패티스미스 힐의 "활동에 기초한 아동교육법"은 우리나라 유치원 교육에 많은 영향을 주었다. 내용구성은 자유선택시간, 간식, 바깥놀이, 휴식, 견학 등으로 생활주변을 돌아보며 유아의 흥미를 유발시키는 활동 내용을 전개하고 있다. 이러한 영향을 받아 아동중심, 생활중심, 경험중심 교육이 소개되어 아동의 흥미, 자발적 활동 운영 원칙이 시작되었다.

(2) 대한민국 수립 후 교육과정 제정 이전(1945~1968년)

1945년 광복과 대한민국 수립 후 우리나라는 민주국가로서의 교육 발전을 위해 그 기본이 되는 교육법을 1949년 법률 제86호로 공포하면서, 제146조, 147조, 148조에 유치원 조항을 포함하였고 전국의 유치원은 이 법령에 근거하여 교육과정을 운영하게 되었다. 관련조항은 다음과 같다.

제146조 유치원은 유아를 보육하고 적당한 환경을 주어 심신의 발육을 조장하는 것을 목적으로 한다.

제147조 유치원 교육은 전 조의 목적을 실현하기 위하여, 다음 각 호의 목표를 달성하도록 노력하여야 한다.

가) 건전하고 즐거운 생활을 하기에 필요한 일상의 습관을 기르고 신체의 모든 조화적 발달을 도모한다.

나) 집단생활을 경험시켜 즐겨 이에 참가하는 태도를 기르며, 협동 자주와 자율의 정신을 싹트게 한다.

다) 신변의 사회생활과 환경에 대한 바른 이해와 태도를 싹트게 한다.

라) 말을 바르게 쓰도록 인도하고 동화, 그림책 등에 대한 흥미를 가진다.

마) 음악, 유희, 회화, 수기, 기타 방법에 의하여 창작적 표현에 흥미를 기른다.

제148조 유치원에 입학할 수 있는 자는 만 4세부터 초등하교 취학시기에 달하기까지의 유아로 한다.

그러나 이 교육법은 1950년의 한국전쟁으로 그 기능을 제대로 발휘하기 어려웠다. 전쟁 이후에는 전쟁으로 인해 부모를 잃은 고아들이 늘어남에 따라 사회복지 차원에서 그러한 아동들을 보호해 주는 기관이 급속하게 늘어났고, 개인이나 교회 단체가 설립하는 유치원도 늘어났으나, 유치원에 대한 정부 차원에서의 행정적 지도나 감독이 없었으며 교육활동을 장학지도할 수 있는 체제도 없었다(이기숙, 2000).

따라서 이 시기에는 미국에서 발달된 유치원 교육내용을 그대로 답습해 왔고, 설립인가 당시에 결정한 내용이 교육과정으로 통용되었으며, 교육내용이 춤과 노래, 재롱잔치, 솜씨자랑 등 전시 효과적 활동에 치중하는 등의 문제가 나타났다(윤희경 외 6인, 2006).

2) 유치원 교육과정 제정~2007 개정 유치원 교육과정(1969년~2012년)

(1) 1차 유치원 교육과정(1969~1979년)

1969년 2월 19일 문교부령 제207호로 유치원 교육과정령이 제정 · 공포되기까지는 행정적 지도 및 감독 체제가 없는 유치원 교육과정의 공백 상태였다. 건강한 신체 및 정신으로 생활하는 유능한 한국인 양성을 강조하고 있으며, 건강, 사회, 자연, 언어, 예능의 내용으로 구성되었다. 이 교육과정은 일본식 용어가 그대로 사용되는 등 해방 전의 교육과정과 유사하다고 평가되었다. 유치원의 교육 목적은 건강한 신체와 건전한 정신으로 행복하게 생활할 수 있는 유능한 한국 국민이 될 기초를 닦는 것으로 교육과정은 5개 생활영역으로 나누어 교육내용을 제시하였다.

제1차 유치원 교육과정에서는 유치원 교육과정의 의미를 '유치원 교육을 통하여 경험하는 모든 학습 활동의 총화'로 규정하고, 적합한 학습 경험 선정의 중요성을 강조하고 있다. 제1차 교육과정이 고시되고 적용된 당시에는 Dewey의 '경험중심 교육과정'의 영향이 강하던 시기로 이러한 교육의 사조를 따르고 있는 것으로 해석된다.

6세 이전 초기 경험의 중요성을 제시하면서 유치원 교육의 필요성과 '어린이의 흥미와 욕구에 맞는 환경'의 제시를 강조하여 유아의 흥미에 기초한 교육과정을 추구하고 있음을 나타내고 있다. 교육과정의 조직은 건강, 사회, 자연, 언어, 예능의 5개 생활영역으로 구분하였다. 이는 당시의 초등학교 교과 구분과 유사한 교과목 형식이어서, 교과목별 지도를 의미하는 것으로 해석될 여지가 있었다. 따라서 지도상의 유의점에 실제 학습에서는 구분 없이 "혼연된 총합체"로 지도함을 명시하여, 유치원 교육은 통합적으로 접근하여야 함을 강조하고 있다.

또한 교육내용의 선정에서 유아 발달 수준의 고려와 생활경험중심, 흥미중심의 학습 형태를 권장하고 있다. 이러한 점은 현재까지도 승계되고 있는 유치원 교육과정의 성격으로 우리나라 최초의 유치원 교육과정에서 유치원 교육의 특징을 명확히 제시하고 있다는 점에서 큰 의미를 지닌다고 하겠다(문미옥, 2008).

교육과정의 목표영역 명칭을 학교교육과정과 유사한 교과영역 명칭으로 하였으며, 일본의 유치원 및 보육원 교육과정의 영향을 많이 받았다.

(2) 2차 유치원 교육과정(1979~1981년)

1979년 3월 1일 문교부 고시 제424호로 개정 · 공포되었다.

자아실현, 국민 주체 의식의 함양 및 민주적 가치를 강조하고 있으며, 사회 정서 발달, 인지, 언어, 신체 및 건강발달 영역의 내용으로 구성되었다. 이 교육과정은 교육내용이 교과영역에서 발달 영역별로 구분되어 유치원 교육이 전인발달을 강조하는 교육으로 바뀌는 전환점이 되었던 것으로 평가되었다.

생활영역으로 구분된 때보다 인지발달 영역이 두드러지게 강조되고 있어 1969년에는 포함되지 않았던 논리 · 수학적 개념 형성, 표상 능력 등이 포함되었다. 이와 같이 인지발달 영역의 첨가와 생활 영역이 발달 영역으로 바뀜에 따라서 일부 일선 교사들은 상당히 혼란을 일으키는 경향이 있었다.

제2차 유치원교육과정 내용은 국민교육헌장 이념의 구현을 위해 국민적 자질의 함양, 인간 교육의 강화, 지식 · 기술 교육의 쇄신을 기본방침으로 하고 있다. 이러한 기본 방침은 지식 구조의 이해, 기본 개념의 파악, 탐구방법을 강조한 점은 제2차 교육과정이 학문중심 교육과정의 성격을 띠고 있음을 보여 준다. 인지발달의 강조는 당시의 세계적 추세로 제2차 유치원 교육과정 개정의 주안점이었다(전선옥, 1977).

제2차 유치원 교육과정부터 국가 주도의 유치원 교사용 지도서를 개발, 보급함으로써 현장의 교사들에게 구체적인 지침을 제시하였다.

(3) 3차 유치원 교육과정(1981~1987년)

1981년 12월 31일 문교부 고시 제422호로 다시 개정 · 공포되었다. 이 교육과정 개정은 그 이전과 달리 유치원에 한해서 이루어진 것이 아니라 처음으로 초 · 중등학교 교육과정의 개정에 발맞추어 상호 연계성 속에서 함께 개정되었다는 데에도 의의가 있다. 교육과정 개발 과정에는 한국교육개발원이 주축이 되었고, 유아교육 전문가, 심리학자, 문교부 관계 담당관, 현장교사 등이 한 팀이 되어 상당한 심의를 거쳐 수정 · 보완되었으며, 1979년도의 교육과정을 개정한다기보다는 수정 · 보완한다는 입장에서 연구 · 개발이 이루어졌다(한국교육개발원, 1981).

교육과정의 교육목표는 유치원 아동에게 알맞은 교육 환경을 마련해 줌으로써 그들이 전인적으로 성장할 수 있도록 도와주는 것이었고, 건강한 심신의 육성, 지력과 기술의 배양, 조화로운 인격의 형성, 공동체 의식의 고양을 강조하며, 신체, 정서, 언어, 인지, 사회의 5개 영역으로 세분화되었다. 이것은 1979년도 유치원 교육과정에서 사회 · 정서적 발달 영역이 함께 묶여 있던 것을 사회성 발달과 정서 발달로 분리하여 5개 발달 영역으로 한 것이다.

교육일수는 연간 200일에서 180일로 줄였는데 이러한 수업 일수는 아동의 발달 단계에 비추어 그 동안 무리했던 것을 조절한 것이다. 시간 배당은 각 영역별로 균형을 유지하되 적절히 조절할 수 있으며, 관련 영역끼리 통합하여 지도하도록 하였다.

유치원 아동의 교육은 각 영역을 분리할 수 없고 통합하여 지도하게 됨으로써 원칙적으로 시간을 각 영역별로 엄밀하게 배당할 수 없으며 각각 활동에 따라 강조하는 영역이 달라질 수 있기 때문이다. 하루의 교육시간은 3~4시간을 기준으로 하되, 지역사회의 특성, 아동의 발달수준과 흥미 · 기후 · 계절 및 과제의 특성

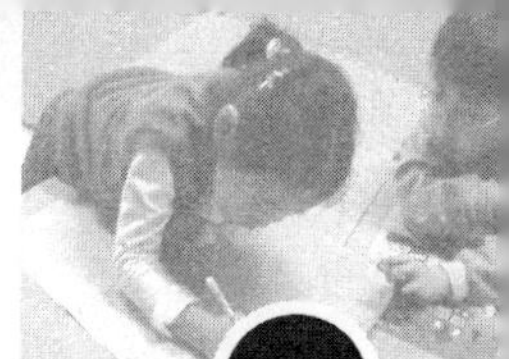

등을 고려하여 실정에 맞도록 조정했다.

초등학교와의 연계성을 고려해 문자 학습 기능의 기초를 첨가하였으며, 아동의 발달상황을 이해하고 도와준다는 긍정적 측면에서 목표 지향적인 평가를 하도록 하면서 유치원 교육과정 사상 처음으로 평가에 대한 지침을 제시하였다. 또한 문교부는 새로 개정된 교육과정을 해설하기 위하여 한국교육개발원의 도움을 얻어 「유치원 새 교육과정 개요」를 발간하였다.

(4) 4차 유치원 교육과정(1987~1992년)

문교부 고시 제87-9호로 1987년 6월 30일 개정 · 공포되어, 1989년 3월 1일부터 시행되었다. 이 개정은 주기적인 교육과정 개정의 필요와 시대적 · 사회적 변화에 따른 교육과정의 개정 요구, 제3차 유치원 교육과정의 내용 및 운영상에 나타나는 문제점 개선 등을 위하여 개정하게 되었다. 이 교육과정은 교육목표의 재구성 및 조정, 교육내용 선정 및 구성의 융통성 확대, 교육자료의 풍부화 및 다양화, 평가활동의 정상화 등 구체적인 방향에 따라 개정이 이루어졌다(이기숙 · 김정원 · 이현숙 · 전선옥, 2008).

교육과정 영역은 신체, 언어, 인지, 정서, 사회성의 5개 발달영역이었으며, 전인발달을 위한 교육을 강조하기 위하여 각 발달 영역별 내용 영역은 없이 목표 수준만 제시하여 각 일반 목표와 하위목표를 바로 연결시켜 놓은 점이다. 또한 교사들이 교육내용을 자율적으로 선정할 수 있도록 하였다.

교육시간은 3~4시간에서 3시간으로 조정 · 운영되었으며, 제4차 유치원 교육과정은 유치원 교사들이 자율적으로 교육내용을 선정할 수 있게 된다는 장점이 있었으나 교육현장에서 교사들이 교육내용을 선정하는 데에는 큰 폭의 차이를 보였으므로, 구체적인 내용 수준의 제시가 필요하다는 시사점을 던져 주었다. 제3차에서는 제외되었던 '지도상의 유의점'을 다시 첨가하여 유치원 교육과정 운영에서 생겨날 수 있는 문제들을 해결할 수 있게 하였다.

(5) 제5차 유치원 교육과정(1992~1998년)

1992년 9월 30일 교육부 고시 제1992-15호로 개정 · 고시되어, 1995년 3월 1일부터 시행되었다. 기본생활 교육, 유아의 흥미와 개별성 존중, 놀이중심의 교육, 전인적 성장과 발달을 중점으로 하고 있다.

제5차 유치원 교육과정은 교육법에 명시된 유치원 교육목적과 목표를 기본으로 건강한 사람, 자주적인 사람, 창의적인 사람, 도덕적인 사람을 이상적인 인간상으로 추구하였으며, 기본생활 교육의 강조, 창의적인 문제해결 능력의 신장 등을 강조하였다.

교육과정의 영역은 이전의 교육과정들이 발달영역별로 구성되었던 것과는 달리 건강생활영역, 사회생활, 표현생활, 언어생활, 탐구생활로 나누어 5개 생활영역으로 구성되었다.

제5차 유치원 교육과정은 각 발달 영역별 목표와 수준별(내용 I 수준, 내용 II수준, 공통)내용을 제시하였다. 또한 유아의 사회성 발달을 중요하게 여겨 기본생활 교육과 사회적 관계를 강조하였다. 발달 영역별 목표 수준의 교육과정에서 야기되는 문제를 해결하기 위해 발달 영역과 생활 영역을 통합하였고, 1992년 3월부터 만 3세의 어린이가 취원할 수 있게 되므로 3~5세를 위한 교육내용의 발달 수준별 운영을 위하여 교육활동 내용을 발달 수준에 따라 I 수준과 II 수준으로 나누어 제시하였다.

제4차 유치원 교육과정에서 명료한 지침이 없어 혼란스러웠던 글자 교육에 대한 문제를 해결하기 위해 글자 교육에 대한 지침을 제시하였으며, 유아기 어린이에게 적합한 놀이중심의 교수-학습방법에 대한 지침을 제시하였다.

또한 유치원의 교수-학습방법에 대한 지침으로 교육활동의 통합적 운영, 민주적이고 수용적인 활동 분위기의 조성, 균형 있는 일과 활동, 실물을 통한 직접경험, 부모와의 관계 등을 강조하였고, 구체적인 평가의 내용과 방법, 유의점 등에 대해서도 제시하였다. 종전의 유치원 교육과정과 달리 교육내용을 상세하게 구성하였고, 3세 유아를 유치원의 교육 대상으로 포함하게 됨에 따라 내용수준을 제시하여 교사들에게 교육활동을 위한 구체적 지침을 제공한 데에 있다.

(6) 제6차 유치원 교육과정(1998~2007년)

1998년 6월 30일 교육부 고시 제1998-10호로 고시되어, 2000년 3월부터 시행되었다.

제6차 유치원 교육과정은 초·중등교육법 제23조 제2항에 의거한다. 제6차 유치원 교육과정은 21세기의 세계화, 정보화시대를 주도할 자율적이고 창의적인 한국인 육성을 기본 방향으로 하고, 건강생활, 사회생활, 표현생활, 언어생활, 탐구생활의 5개 생활영역으로 내용을 구성하였고, 제5차 유치원 교육과정 구성을 구체화하여 제시하였다.

제6차 유치원 교육과정은 교육과정 개정 배경 및 개정 중점은 첫째, 수준별 교육내용의 적절성 도모를 위해 수준별 교육내용이 3, 4, 5세 유아들의 발달적 특성과 차이를 반영할 수 있으며, Ⅰ수준·Ⅱ수준 간의 연속성을 타당화하였다. 둘째, 21세기 급변하는 사회구조를 반영한 종일반 운영과 유치원 교육 운영시간의 다양화를 위한 구체적인 지침을 마련하였다. 셋째, 기본생활 습관 및 협동적인 생활태도 강조로 21세기에 살아갈 사람들에게 인간존중의 가치관 교육이 더욱 강화되어야 하므로 협동적인 태도를 길러 줄 수 있는 구체적인 교육내용을 마련하여 인성교육의 방향을 제시하였다. 넷째, 감성 계발 교육의 강조로 자연스럽게 감정을 표현하고 수용하며, 생각을 나누고, 감정조절의 방식을 배우며, 서로 격려하고 어울려 지내는 정서적 경험을 통해 유아기부터 감성 계발하는 교육을 통해 성공적인 인간 형성의 지름길이 되도록 제6차 유치원 교육과정은 건강생활·사회생활·표현생활·언어생활·탐구생활 등의 전 영역에 걸쳐 유아의 감성을 계발할 수 있는 내용들이 경험되도록 하였다.

다섯째, 창의성 함양 교육의 강화로 제6차 유치원 교육과정은 전 영역에 걸쳐 창의적 경험을 할 수 있는 환경조성, 창의적 표현의 기회제공이 이루어지도록 강조하였으며, 탐구생활 영역은 내용체제에 창의적 탐구 내용을 두어 유아들이 창의적으로 사고과정을 경험하도록 하였다. 여섯째, 세계화에 대비한 전통문화 교육의 충실화를 위해 우리 민족의 전통문화를 귀중히 여기고 계승·발전시킬 수 있는 구체적인 교육내용을 마련하였다.

제6차 유치원 교육과정에서는 교수-학습방법으로 생활을 중심으로 유아 스스로 배우는 방법을 터득하도록 도와주고, 배우려는 성향을 길러 주며, 배우는 태도를 바르게 형성하도록 돕는 다양한 교수-학습원리를 강조하였다. 평가상의 유의점으로는 유아의 행동관찰, 일화기록, 유아의 작품분석, 유아와의 면담 등 다양한 방법을 사용할 수 있도록 하였으며, 유아평가, 교육과정 운영평가, 교사 자신의 평가를 통해, 교육과정의 질 관리를 위한 평가 실시를 명시하고 있다.

제5차와 같이 생활영역별 구성은 5개 생활영역별로 기본방향 및 개정중점, 성격, 최근 동향, 목표, 내용선정 및 조직, 교수－학습방법, 평가로 이루어져 있다. 교육내용은 Ⅰ수준 73항, Ⅱ수준 105항, 그리고 공통수준 71항이 제시되어 있다.

(7) 제7차 유치원 교육과정(2007년~2012년)

제7차 유치원 교육과정은 교육인적자원부 고시 제1998-153호(2007. 12. 19)로 고시되어 2009년 3월부터 적용되었다.

교육과정 구성방향은 21세기 지식정보화 시대를 주도할 "사람과 자연을 존중하고 사랑하는 한국인 육성"을 기본방향으로 하고 초·중등 2007개정 교육과정과 동일한 인간상으로 6차 교육과정의 인간상에다 '폭넓은 교양을 바탕으로 진로를 개척하는 사람'의 항복이 추가되었다.

제1장 교육과정의 편성과 운영에서 기본생활습관은 모든 영역에서 강조해야 하되 건강을 위한 습관이 보다 일차적으로 시급하다고 보고 목표 "가"항에 배치하였고, 전통문화를 사랑하는 마음을 강조하였다.

2007 개정 유치원 교육과정의 개정 배경은 시대의 변화를 반영한 교육과정 운영의 필요성, 사회적 요구를 반영한 교육시간 운영의 필요성, 초·중등학교 교육과정과의 연계 필요성, 제6차 유치원 교육과정의 문제점 개선 등으로 요약할 수 있다.

이와 관련지어 본 2007 개정 유치원 교육과정의 개정 중점 사항은 다음과 같다.

첫째, 사람과 자연을 존중하는 가치관을 강조하였다. 정보화 시대의 도래와 사회의 급격한 발전으로 사람들은 자연을 경시하게 되었고, 사회 전반에는 이기주의가 만연하게 되었다. 이에 교육과정 전반에 사람과 자연을 존중하는 가치관을 강조함으로써 인간성을 회복할 수 있도록 하였다.

둘째, 다양한 교육시간 운영을 강화하였다. 핵가족화와 여성의 취업증가로 다양한 교육시간 운영에 대한 필요성이 증가함에 따라 반일제, 시간 연장제, 종일제 등으로 교육시간 운영을 다양화하였다.

셋째, 초·중등학교 교육과정과의 연계를 강화하였다. 기존에 발달과업에만 치중했던 교육과정에서 벗어나, 유치원의 생활영역별 내용이 계속성과 계열성을 유지하여 초·중등학교 교육과정과 연계가 될 수 있도록, 형식과 내용의 두 측면

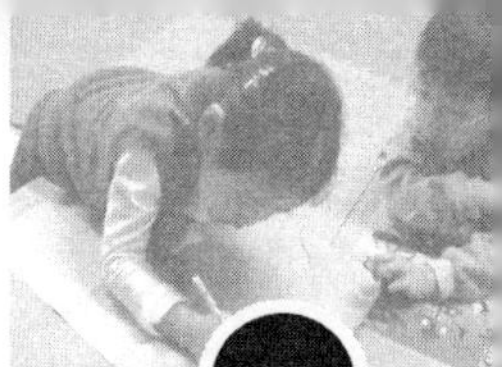

모두를 강화하였다.

넷째, 교육과정 내용체계를 개선하였다. 제6차 유치원 교육과정에서 사용하였던 '구분'이라는 용어 대신 '내용'이라는 용어를 사용하여, 내용체계의 명칭을 '내용－하위내용－수준별 내용'으로 개선하였다.

이상에서 살펴본 제1차 유치원 교육과정에서부터 2007 개정 유치원 교육과정을 정리하면 〈표 2－1〉과 같다.

표 2-1 제1~7차 교육과정 내용의 비교

구분	제 1차	제2차	제3차	제4차	제5차	제6차	제7차
공 포 공 시	1969년 2월 19일 문교부령 제207호	1979년 3월 1일 문교부 고시 제424호	1981년 12월 31일 문교부 고시 제442호	1987년 6월 30일 문교부 고시 제87-9호	1992년 9월 30일 교육부 고시 제1992-15호	1998년 6월 30일 교육부 고시 제1998-10호	2007년 12월 19일 교육인적사원부 고시 제2007-153호
궁극적 인간상	전인아동	전인아동	전인아동	전인아동	전인아동	전인아동	전인아동
교육목적	건강한 신체와 건전한 정신으로 생활할 수 있는 유능한 한국인 양성	1. 자아실현 2. 국가발전을 위한 주체의식 확립 및 사명감 인식 3. 민주적 가치의 강조	아동들의 전인적인 성장조력	아동들의 전인적인 발달조력	유치원의 교육목적 (교육법 제146, 147조)을 달성하는 것	유아의 전인적 성장을 위한 기초교육 (초 · 중등교육법 제35조)	유아의 전인적 성장을 위한 기초교육 (초 · 중등교육법 제35조) 초 · 중등 교육과정과 동일한 인간상
교육목표	1. 건강 및 안전교육 철저 2. 기초적인 생활습관과 기능 익히기 3. 자연과 사회의 제 현상에 관심을 가지며 과학적이고 민주적인 사고력 싹트기 4. 바르게 듣고 말하기 5. 심미적인 태도와 창조적인 표현력 기르기	1. 사회화에 필요한 경험 습득하기 2. 사회와 자연현상에 대하여 흥미를 가지고 다양하게 표현하기 3. 탐구력과 적응력 기르기 4. 언어습관 및 태도 기르기 5. 신체건강 및 안전에 대한 습관 및 태도 기르기	1. 감각 및 운동기능을 기르고 신체의 조화로운 발달 이루기 2. 긍정적인 자아 개념형성 및 창의적으로 표현하기 3.기초적인 언어기능 습득하기 4. 자연과 사회현상에 대한 기초적인 이해와 문제해결능력 기르기	1.건강 및 안전생활에 대한 올바른 습관과 신체의 조화로운 발달 도모 2. 언어 이해 및 언어표현의 기초 기능 습득 3. 주변현상에 대한 관심 및 탐구 태도 배양 4. 자부심 및 생활주변에서의 느낌과 생각을 자주	1. 기본적인 감각운동 기능을 길러 신체와 정신의 조화로운 발달을 이루며 건강하고 안전한 생활을 하도록 한다. 2. 기초적인 자기조절 능력을 기르고 사회적 지식과 태도를 익히게 하여 자신과 다른 사람을 존중하며 즐겁게	1. 몸과 마음이 건강하게 자랄 수 있는 경험을 가진다. 2. 기본생활 습관을 기르고, 다른 사람과 더불어 생활하는 태도를 가진다. 3. 생각과 느낌을 창의적으로 표현하는 경험을 가진다. 4. 바르게 언어	1. 몸과 마음을 건강하게 하며 기본생활습관을 기른다. 2. 더불어 사는 태도와 우리 전통문화를 사랑하는 마음을 가진다. 3. 자신의 생각과 느낌을 자유롭게 창의적으로 표현하는 경험을 가진다. 4. 의사소통을 위한 언어 능력을 기르며, 바른 언어 사

구분	제 1차	제2차	제3차	제4차	제5차	제6차	제7차
교육목표			5. 가족과 이웃을 사랑하는 태도 및 일상생활에 필요한 기본적인 예절과 규범 지키기	적으로 표현하기 5. 기본적인 생활습관 및 가족과 이웃을 사랑하는 태도 배양	더불어 생활할 수 있게 한다. 3. 풍부한 감성과 상상력을 기르고, 자신이 느끼고 경험한 자를 창의적으로 표현하게 한다. 4. 말과 글에 관심을 가지게 하고 기초적인 언어능력을 기르게 함으로써 즐거운 언어생활을 할 수 있게 한다. 5. 여러 가지 사물과 현상을 탐구하여, 기초적인 사고능력과 창의적인 문제해결 능력을 기르게 한다.	를 사용하는 경험을 가진다. 5. 일상생활의 문제에 대하여 스스로 궁리하는 태도를 가진다.	용 습관을 가진다. 5. 자연을 존중하며 논리적으로 사고하고 탐구하는 능력을 기른다.
편제	1. 건강 2. 사회 3. 자연 4. 언어 5. 예능	1. 사회·정서 발달 영역 2. 인지발달 영역 3. 언어발달 영역 4. 신체발달 및 건강 영역	1. 신체발달 영역 2. 정서발달 영역 3. 언어발달 영역 4. 인지발달 영역 5. 사회성발달 영역	1. 신체발달 영역 2. 정서발달 영역 3. 언어발달 영역 4. 인지발달 영역 5. 사회성발달 영역	1. 건강생활 2. 사회생활 3. 표현생활 4. 언어생활 5. 탐구생활	1. 건강생활 2. 사회생활 3. 표현생활 4. 언어생활 5. 탐구생활	1. 건강생활 2. 사회생활 3. 표현생활 4. 언어생활 5. 탐구생활
연간 교육일수 및 하루의 교육시간	1. 연간 200일 이상 2. 하루 3시간 (180분) 기준 기후, 계절,	1. 연간 200일 2. 주당 18~24 시간 3. 하루 3~4 시간 기준 (조정가능)	1. 연간180일 이상 2. 하루 3~4 시간 기준 (조정 가능)	1. 연간180일 이상 2. 하루 3~4 시간 기준 (조정 가능)	1. 연간 180일 기준(조정 가능) 2. 하루 180분 기준(교육과정 편성,	1. 연간 180일 이상 2. 하루 180분 기준(조정 가능 : 1일 3시간 이상	1. 연간 180일 2. 하루 180분 최소기준으로 하되, 연간교육일수 및 하루 교육시간

구분	제 1차	제2차	제3차	제4차	제5차	제6차	제7차
	유아의 발달 정도, 교육 내용의 특성을 감안하여 시간 단위 조절				운영지침에 의하여 교육일수와 시간에 관하여 따로 제시 가능)	5시간 미만의 반일제, 5시간 이상 8시간 미만의 시간연장제, 8시간 이상의 종일제로 구분하여 운영)	은 시·도 교육청의 지침과 유치원 실정에 따라 자유조정
평가			아동의 발달을 이해하고 도와주는 긍정적 측면의 목표지향적 평가가 이루어지도록 한다.	유아의 발달을 이해하고 도와주기 위한 교육의 과정으로 실시하며 평가의 대상과 내용에 따라 다양한 방법을 사용한다.	각 영역별 목표에 준하여 교육내용, 교육환경 및 교육자료, 교육방법 그리고 유아에 대하여 평가한다.	교육과정 영역별 목표와 내용을 준거로 하여 유아의 성취정도를 평가한다.	교육과정 영역별 목표와 내용을 준거로 하여 유아의 성취정도를 평가한다.

3) 누리 교육과정 제정(2012년 이후~)

2011년 정부는 유치원 교육과정과 어린이집 표준보육과정을 일원화해 누리과정을 만들었다. 2012년 3월부터 만 5세 유아는 유치원과 어린이집에서 하루 3~5시간씩 공통 누리과정을 실시했다.

유아교육법 제13조 제2항에 의거하여 유치원 교육과정을 교육과학기술부 고시 제2012-16호(2012년 7월 10일)로 고시되었다. 이 교육과정은 2013년 3월 1일부터 시행되었으며, 교육과학기술부 고시 제2011-30호 유치원 교육과정(2011. 9. 5)은 2013년 2월 28일로 폐지되었다.

2013년부턴 만 3~4세로 확대 시행되었다. 누리과정은 신체운동·건강, 의사소통, 사회관계, 예술경험, 자연탐구의 5개 영역을 중심으로 구성되었다.

누리과정은 만 3~5세 발달과정에 맞춰 공통분모를 뽑아냈다. 요즘의 교육 트렌드인 질서와 배려, 협력 같은 창의인성을 강화했다. 만 5세 연령에 해당하는 내용은 초등학교 저학년 교육과정과 긴밀하게 연계된 것이 특징이다. 만 3세 연령 내용은 아래 단계인 0~2세 표준보육과정과의 연계를 고려해 내용을 체계화했다.

(1) 누리과정의 총론

가. 구성 방향

누리과정의 구성 방향은 다음과 같다.

① 질서, 배려, 협력 등 기본생활습관과 바른 인성을 기르는 데 중점을 두어 구성한다.
② 자율성과 창의성을 기르는 데 중점을 두고, 전인발달을 이루도록 구성한다.
③ 사람과 자연을 존중하고, 우리 문화를 이해하는 데 중점을 두어 구성한다.
④ 만 3~5세아의 발달 특성을 고려하여 연령별로 구성한다.
⑤ 신체운동 · 건강, 의사소통, 사회관계, 예술경험, 자연탐구의 5개 영역을 중심으로 구성한다.
⑥ 초등학교 교육과정과 0~2세 표준보육과정과의 연계성을 고려하여 구성한다.

나. 목적과 목표

① 목적

누리과정은 만 3~5세 유아의 심신의 건강과 조화로운 발달을 도와 민주시민의 기초를 형성하는 것을 목적으로 한다.

② 목표

(가) 기본 운동 능력과 건강하고 안전한 생활 습관을 기른다.
(나) 일상생활에 필요한 의사소통 능력과 바른 언어 사용 습관을 기른다.
(다) 자신을 존중하고 다른 사람과 더불어 생활하는 능력과 태도를 기른다.
(라) 아름다움에 관심을 가지고 예술 경험을 즐기며, 창의적으로 표현하는 능력을 기른다.
(마) 호기심을 가지고 주변세계를 탐구하며, 일상생활에서 수학적 · 과학적으로

생각하는 능력과 태도를 기른다.

다. 편성과 운영

① 편성

(가) 1일 3~5시간을 기준으로 편성한다.
(나) 5개 영역의 내용을 균형 있게 통합적으로 편성한다.
(다) 유아의 발달 특성 및 경험을 고려하여 놀이를 중심으로 편성한다.
(라) 반(학급) 특성에 따라 융통성 있게 편성한다.
(마) 성별, 종교, 신체적 특성, 가족 및 민족 배경 등으로 인한 편견이 없도록 편성한다.
(바) 일과 운영 시간에 따라 심화·확장할 수 있도록 편성한다.

② 운영

(가) 연간, 월간, 주간, 일일 계획에 의거하여 운영한다.
(나) 실내·외 환경을 다양한 흥미 영역으로 구성하여 운영한다.
(다) 유아의 능력과 장애정도에 따라 조정하여 운영한다.
(라) 부모와 각 기관의 실정에 따라 부모교육을 실시한다.
(마) 가정과 지역사회와의 협력과 참여에 기반하여 운영한다.
(바) 교사 재교육을 통해서 누리과정 활동이 개선되도록 운영한다.

③ 교수·학습 방법

(가) 놀이를 중심으로 교수·학습활동이 이루어지도록 한다.
(나) 유아의 흥미를 중심으로 활동을 선택하고 지속할 수 있도록 한다.
(다) 유아의 생활 속 경험을 소재로 하여 지식, 기능, 태도 및 가치를 습득하도록 한다.
(라) 유아와 교사, 유아와 유아, 유아와 환경 간에 능동적인 상호작용이 이루어지도록 한다.
(마) 주제를 중심으로 여러 활동이 통합적으로 이루어지도록 한다.
(바) 실내·실외활동, 정적·동적활동, 대·소집단활동 및 개별활동, 휴식 등이

균형 있게 이루어지도록 한다.

(사) 유아의 관심과 흥미, 발달이나 환경 특성 등을 고려하여 개별 유아에게 적합한 방식으로 학습하도록 한다.

④ 평가

(가) 누리과정 운영 평가

㉮ 운영 내용이 누리과정의 목표와 내용에 근거하여 편성 · 운영되었는지 평가한다.

㉯ 운영 내용 및 활동이 유아의 발달수준과 흥미 · 요구에 적합한지를 평가한다.

㉰ 교수 · 학습 방법이 유아의 흥미와 활동의 특성에 적합한지를 평가한다.

㉱ 운영 환경이 유아의 발달특성과 활동의 주제, 내용 및 효율성 등을 고려하여 구성되었는지를 평가한다.

㉲ 계획안 분석, 수업 참관 및 모니터링, 평가척도 등 다양한 방법을 활용하여 평가한다.

㉳ 운영 평가의 결과를 반영하여 운영계획을 수정 · 보완하거나 이후 누리과정 편성 · 운영에 활용한다.

(나) 유아 평가

㉮ 누리과정 목표와 내용에 근거하여 유아의 특성과 변화 정도를 평가한다.

㉯ 유아의 지식, 기능, 태도를 포함하여 평가한다.

㉰ 유아의 일상생활과 누리과정 활동 전반에 걸쳐 평가한다.

㉱ 관찰, 활동 결과물 분석, 부모면담 등 다양한 방법을 사용하여 종합적으로 평가하고, 그 결과를 기록한다.

㉲ 유아평가 결과는 유아에 대한 이해와 누리과정 운영 개선 및 부모 면담 자료로 활용할 수 있다.

(2) 연령별 누리과정

가. 3~5세 누리과정의 영역별 목표

① 신체운동 · 건강

기본 운동 능력과 건강하고 안전한 생활 습관을 기른다.

(가) 감각 능력을 기르고, 자신의 신체를 긍정적으로 인식한다.
(나) 신체를 조절하고 기본 운동 능력을 기른다.
(다) 신체 활동에 즐겁게 참여한다.
(라) 건강한 생활 습관을 기른다.
(마) 안전한 생활 습관을 기른다.

② 의사소통

일상생활에 필요한 의사소통 능력과 바른 언어 사용 습관을 기른다.

(가) 다른 사람의 말을 주의 깊게 듣는 태도와 이해하는 능력을 기른다.
(나) 자신의 생각과 느낌을 말하는 능력을 기른다.
(다) 글자와 책에 친숙해지는 경험을 통하여 글자 모양을 인식하고 읽기에 흥미를 가진다.
(라) 말과 글의 관계를 알고 자신의 생각, 느낌, 경험을 글로 표현하는 데 관심을 가진다.

③ 사회관계

자신을 존중하고 다른 사람과 더불어 생활하는 능력과 태도를 기른다.

(가) 자신을 소중히 여기며 자율성을 기른다.
(나) 자신과 타인의 감정을 알고, 자신의 감정을 적절하게 표현하고 조절한다.
(다) 가족과 화목하게 지내며 서로 협력한다.

(라) 친구, 공동체 구성원들과 서로 돕고, 예의 · 규칙 등 사회적 가치를 알고 지킨다.
(마) 우리 동네, 우리나라, 다른 나라에 관심을 가진다.

④ 예술경험

아름다움에 관심을 가지고 예술경험을 즐기며, 창의적으로 표현하는 능력을 기른다.

(가) 자연과 주변 환경에서 발견한 아름다움과 예술적 요소에 관심을 갖고 탐색한다.
(나) 자신의 생각과 느낌을 음악, 움직임과 춤, 미술, 극놀이를 통해 창의적으로 표현하는 것을 즐긴다.
(다) 자연과 다양한 예술 작품을 감상하며, 풍부한 감성과 심미적 태도를 기른다.

⑤ 자연탐구

호기심을 가지고 주변세계를 탐구하며, 일상생활에서 수학적 · 과학적으로 생각하는 능력과 태도를 기른다.

(가) 주변의 사물과 자연 세계에 대해 알고자 하는 호기심을 가지고 탐구하는 태도를 기른다.
(나) 생활 속의 여러 상황과 문제를 논리 · 수학적으로 이해하고 해결하기 위한 기초 능력을 기른다.
(다) 주변의 관심 있는 사물과 생명체 및 자연현상을 탐구하기 위한 기초능력을 기른다.

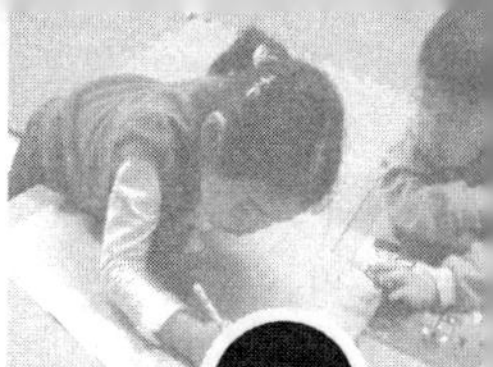

나. 3~5세 누리과정의 영역별 내용

① 3세 누리과정

(가) 신체운동 · 건강

㉮ 내용체계

내용범주	내용
신체인식하기	감각능력 기르고 활용하기
	신체를 인식하고 움직이기
신체 조절과 기본 운동하기	신체 조절하기
	기본 운동하기
신체 활동에 참여하기	자발적으로 신체 활동에 참여하기
	바깥에서 신체 활동하기
	기구를 이용하여 신체 활동하기
건강하게 생활하기	몸과 주변을 깨끗이하기
	바른 식생활하기
	건강한 일상생활하기
	질병 예방하기
안전하게 생활하기	안전하게 놀이하기
	교통안전 규칙지키기
	비상 시 적절히 대처하기

㉯ 세부내용

내용범주	내용	세부 내용
신체 인식하기	감각능력 기르고 활용하기	감각적 차이를 경험한다.
		감각기관을 인식하고, 활용해 본다.
	신체를 인식하고 움직이기	신체 각 부분의 명칭을 알고, 움직임에 관심을 갖는다.
		자신의 신체를 긍정적으로 인식하고 움직인다.

내용범주	내용	세부 내용
신체 조절과 기본 운동하기	신체 조절하기	신체균형을 유지해 본다.
		공간, 힘, 시간 등의 움직임 요소를 경험한다.
		신체 각 부분의 움직임을 조절해 본다.
		눈과 손을 협응하여 소근육을 조절해 본다.
	기본 운동하기	걷기, 달리기 등 이동운동을 한다.
		제자리에서 몸을 움직여 본다.
신체 활동에 참여하기	자발적으로 신체 활동에 참여하기	신체 활동에 자발적으로 참여한다.
		다른 사람과 함께 하는 신체 활동에 참여한다.
	바깥에서 신체 활동하기	규칙적으로 바깥에서 신체 활동을 한다.
	기구를 이용하여 신체 활동하기	여러 가지 기구를 이용하여 신체 활동을 한다.
건강하게 생활하기	몸과 주변을 깨끗이하기	손과 이를 깨끗이 하는 방법을 알고 실천한다.
		주변을 깨끗이 한다.
	바른 식생활하기	음식을 골고루 먹는다.
		몸에 좋은 음식에 관심을 갖는다.
		바른 태도로 식사한다.
	건강한 일상생활하기	규칙적으로 잠을 자고, 적당한 휴식을 취한다.
		하루 일과에 즐겁게 참여한다.
		스스로 화장실에서 배변한다.
	질병 예방하기	질병의 위험을 알고 주의한다.
		날씨에 맞게 옷을 입는다.
안전하게 생활하기	안전하게 놀이하기	놀이기구나 놀잇감, 도구를 안전하게 사용한다.
		안전한 놀이장소를 안다.
		TV, 인터넷, 통신기기 등을 바르게 사용한다.
	교통안전 규칙 지키기	교통안전 규칙을 안다.
		교통수단을 안전하게 이용한다.
	비상 시 적절히 대처하기	학대, 성폭력, 실종, 유괴상황을 알고 도움을 요청한다.
		재난 및 사고 등 비상 시 적절하게 대처하는 방법을 안다.

(나) 의사소통

㉮ 내용체계

내용범주	내용
듣기	낱말과 문장 듣고 이해하기
	이야기 듣고 이해하기
	동요, 동시, 동화 듣고 이해하기
	바른 태도로 듣기
말하기	낱말과 문장으로 말하기
	느낌, 생각, 경험 말하기
	상황에 맞게 바른 태도로 말하기
읽기	읽기에 흥미 가지기
	책읽기에 관심 가지기
쓰기	쓰기에 관심 가지기

㉯ 세부내용

내용범주	내용	세부 내용
듣기	낱말과 문장 듣고 이해하기	낱말의 발음에 관심을 가지고 듣는다.
		일상생활과 관련된 낱말과 문장을 듣고 뜻을 이해한다.
	이야기 듣고 이해하기	다른 사람의 이야기를 관심 있게 듣는다.
	동요, 동시, 동화 듣고 이해하기	동요, 동시, 동화를 다양한 방법으로 듣고 즐긴다.
	바른 태도로 듣기	말하는 사람을 바라보며 듣는다.

내용범주	내용	세부 내용
말하기	낱말과 문장으로 말하기	친숙한 낱말을 발음해 본다.
		새로운 낱말에 관심을 가진다.
		일상생활에서 일어나는 일들을 간단한 문장으로 말한다.
	느낌, 생각, 경험 말하기	자신의 느낌, 생각, 경험을 말해 본다.
	상황에 맞게 바른 태도로 말하기	상대방을 바라보며 말한다.
		바르고 고운 말을 사용한다.
읽기	읽기에 흥미 가지기	주변에서 친숙한 글자를 찾아본다.
		읽어 주는 글의 내용에 관심을 가진다.
	책 읽기에 관심 가지기	책에 흥미를 가진다.
		책의 그림을 단서로 내용을 추측해 본다.
쓰기	쓰기에 관심 가지기	말을 글로 나타내는 것에 관심을 보인다.
		자기 이름의 글자에 관심을 가진다.

(다) 사회관계

㉮ 내용체계

내용범주	내용
나를 알고 존중하기	나를 알고, 소중히 여기기
	나의 일 스스로 하기
나와 다른 사람의 감정 알고 조절하기	나와 다른 사람의 감정 알고 표현하기
	나의 감정 조절하기
가족을 소중히 여기기	가족과 화목하게 지내기
	가족과 협력하기
다른 사람과 더불어 생활하기	친구와 사이좋게 지내기
	공동체에서 화목하게 지내기
	사회적 가치를 알고 지키기
사회에 관심 갖기	지역사회에 관심 갖고 이해하기
	우리나라에 관심 갖고 이해하기

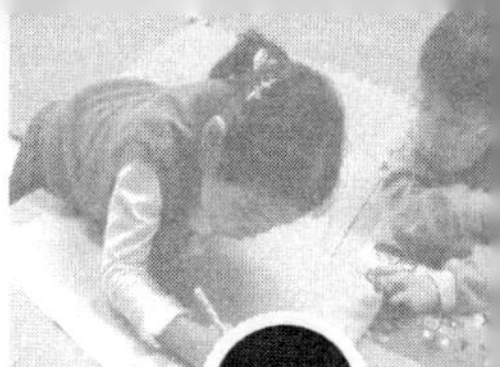

㉯ 세부내용

내용범주	내용	세부 내용
나를 알고 존중하기	나를 알고, 소중히 여기기	나에 대해 관심을 갖는다.
		나와 다른 사람의 차이에 관심을 갖는다.
		나를 소중하게 여긴다.
	나의 일 스스로 하기	내가 할 수 있는 일을 알아본다.
		내가 하고 싶은 일을 선택해 본다.
나와 다른 사람의 감정 알고 조절하기	나와 다른 사람의 감정 알고 표현하기	자신에게 여러 가지 감정이 있음을 안다.
		다른 사람의 감정에 관심을 갖는다.
	나의 감정 조절하기	자신의 감정을 조절해 본다.
가족을 소중히 여기기	가족과 화목하게 지내기	가족의 소중함을 안다.
	가족과 협력하기	가족 구성원을 알아본다.
		가족을 위하여 내가 할 수 있는 일을 알아본다.
다른 사람과 더불어 생활하기	친구와 사이좋게 지내기	친구와 함께 놀이한다.
		나와 친구의 의견에 차이가 있음을 안다.
	공동체에서 화목하게 지내기	교사 및 주변 사람과 화목하게 지낸다.
	사회적 가치를 알고 지키기	다른 사람의 소유물을 존중한다.
		약속과 규칙을 지켜야 함을 안다.
사회에 관심 갖기	지역사회에 관심 갖고 이해하기	우리 동네의 이름을 안다.
		우리 동네 사람들에 관심을 갖는다.
	우리나라에 관심 갖고 이해하기	우리나라를 상징하는 것에 관심을 가진다.
		우리나라의 전통놀이와 풍습에 관심을 갖는다.

(라) 예술경험

㉮ 내용체계

내용범주	내용
아름다움 찾아보기	음악적 요소 탐색하기
	움직임과 춤 요소 탐색하기
	미술적 요소 탐색하기
예술적 표현하기	음악으로 표현하기
	움직임과 춤으로 표현하기
	미술 활동으로 표현하기
	극놀이로 표현하기
	통합적으로 표현하기
예술 감상하기	다양한 예술 감상하기
	전통예술 감상하기

㉯ 세부내용

내용범주	내용	세부 내용
아름다움 찾아보기	음악적 요소 탐색하기	다양한 소리, 음악의 셈여림, 빠르기, 리듬 등에 관심을 갖는다.
	움직임과 춤 요소 탐색하기	움직임과 춤의 모양, 힘, 빠르기 등에 관심을 갖는다.
	미술적 요소 탐색하기	자연과 사물의 색, 모양, 질감 등에 관심을 갖는다.
예술적 표현하기	음악으로 표현하기	간단한 노래를 듣고 따라 부른다.
		전래동요를 즐겨 부른다.
		리듬악기로 간단한 리듬을 표현해 본다.
		간단한 리듬과 노래를 즉흥적으로 만들어 본다.

내용범주	내용	세부 내용
예술적 표현하기	움직임과 춤으로 표현하기	신체를 이용하여 주변의 움직임을 자유롭게 표현한다.
		움직임과 춤으로 자신의 생각과 느낌을 표현한다.
		도구를 활용하여 다양한 움직임으로 표현한다.
	미술 활동으로 표현하기	다양한 미술활동을 경험해 본다.
		미술활동에 필요한 재료와 도구에 관심을 가지고 사용한다.
	극놀이로 표현하기	일상생활의 경험을 극놀이로 표현한다.
	통합적으로 표현하기	예술 활동에 참여하여 표현과정을 즐긴다.
예술 감상하기	다양한 예술 감상하기	다양한 음악, 춤, 미술작품, 극놀이 등을 듣거나 본다.
		나와 다른 사람의 예술 표현을 소중히 여긴다.
	전통예술 감상하기	우리나라의 전통예술에 관심을 갖는다.

(마) 자연탐구

㉮ 내용체계

내용범주	내용
탐구하는 태도 기르기	호기심을 유지하고 확장하기
	탐구과정 즐기기
수학적 탐구하기	수와 연산의 기초개념 알아보기
	공간과 도형의 기초개념 알아보기
	기초적인 측정하기
	규칙성 이해하기
	기초적인 자료 수집과 결과 나타내기

내용범주	내용
과학적 탐구하기	물체와 물질 알아보기
	생명체와 자연환경 알아보기
	자연현상 알아보기
	간단한 도구와 기계 활용하기

㉯ 세부내용

내용범주	내용	세부 내용
탐구하는 태도 기르기	호기심을 유지하고 확장하기	주변 사물과 자연세계에 대해 호기심을 갖는다.
	탐구과정 즐기기	궁금한 점을 알아보는 과정에 흥미를 갖는다.
수학적 탐구하기	수와 연산의 기초개념 알아보기	생활 속에서 수에 관심을 갖는다.
		구체물 수량의 많고 적음을 비교한다.
		다섯 개 가량의 구체물을 세어 보고 수량에 관심을 갖는다.
	공간과 도형의 기초개념 알아보기	나를 중심으로 앞, 뒤, 옆, 위, 아래를 알아본다.
		물체의 모양에 관심을 갖는다.
	기초적인 측정하기	두 물체의 길이, 크기를 비교해 본다.
	규칙성 이해하기	생활주변에서 반복되는 규칙성에 관심을 갖는다.
	기초적인 자료 수집과 결과 나타내기	같은 것 끼리 짝을 짓는다.
과학적 탐구하기	물체와 물질 알아보기	친숙한 물체와 물질의 특성에 관심을 갖는다.
	생명체와 자연환경 알아보기	나의 출생과 성장에 대해 관심을 갖는다.
		주변의 동식물에 관심을 가진다.
		생명체를 소중히 여기는 마음을 갖는다.

내용범주	내용	세부 내용
	자연현상 알아보기	돌, 물, 흙 등 자연물에 관심을 갖는다.
		날씨에 관심을 갖는다.
	간단한 도구와 기계 활용하기	생활 속에서 간단한 도구와 기계에 관심을 갖는다.
		도구와 기계의 편리함에 관심을 갖는다.

② 4세 누리과정

(가) 신체운동 · 건강

㉮ 내용체계

내용범주	내용
신체인식하기	감각능력 기르고 활용하기
	신체를 인식하고 움직이기
신체 조절과 기본 운동하기	신체 조절하기
	기본 운동하기
신체 활동에 참여하기	자발적으로 신체 활동에 참여하기
	바깥에서 신체 활동하기
	기구를 이용하여 신체 활동하기
건강하게 생활하기	몸과 주변을 깨끗이하기
	바른 식생활하기
	건강한 일상생활하기
	질병 예방하기
안전하게 생활하기	안전하게 놀이하기
	교통안전 규칙지키기
	비상 시 적절히 대처하기

㉯ 세부내용

내용범주	내용	세부 내용
신체 인식하기	감각능력 기르고 활용하기	감각적 차이를 구분한다.
		여러 감각기관을 협응하여 활용한다.
	신체를 인식하고 움직이기	신체 각 부분의 특성을 이해하고 활용하여 움직인다.
		자신의 신체를 긍정적으로 인식하고 움직인다.
신체 조절과 기본 운동하기	신체 조절하기	다양한 자세와 움직임에서 신체균형을 유지한다.
		공간, 힘, 시간 등의 움직임 요소를 활용하여 움직인다.
		신체 각 부분을 협응하여 움직임을 조절한다.
		눈과 손을 협응하여 소근육을 조절해 본다.
	기본 운동하기	걷기, 달리기, 뛰기 등 다양한 이동운동을 한다.
		제자리에서 몸을 다양하게 움직인다.
신체 활동에 참여하기	자발적으로 신체 활동에 참여하기	신체 활동에 자발적이고 지속적으로 참여한다.
		다른 사람과 함께 하는 신체 활동에 참여한다.
		자신과 다른 사람의 운동능력의 차이에 관심을 갖는다.
	바깥에서 신체 활동하기	규칙적으로 바깥에서 신체 활동을 한다.
	기구를 이용하여 신체 활동하기	여러 가지 기구를 이용하여 신체 활동을 한다.
건강하게 생활하기	몸과 주변을 깨끗이하기	손과 이를 깨끗이 하는 방법을 알고 실천한다.
		주변을 깨끗이 하는 습관을 기른다.
	바른 식생활하기	음식을 골고루 먹는다.
		몸에 좋은 음식을 알아본다.
		음식을 소중히 여기고 식사예절을 지킨다.
	건강한 일상생활하기	규칙적으로 잠을 자고, 적당한 휴식을 취한다.
		하루 일과에 즐겁게 참여한다.
		바른 배변습관을 가진다.
	질병 예방하기	질병을 예방하는 방법을 알고 실천한다.
		날씨와 상황에 알맞게 옷을 입는다.

내용범주	내용	세부 내용
안전하게 생활하기	안전하게 놀이하기	놀이기구나 놀잇감, 도구를 안전하게 사용한다.
		안전한 장소를 알고 안전하게 놀이한다.
		TV, 인터넷, 통신기기 등의 위해성을 알고, 바르게 사용한다.
	교통안전 규칙지키기	교통안전 규칙을 알고 지킨다.
		교통수단을 안전하게 이용한다.
	비상 시 적절히 대처하기	학대, 성폭력, 실종, 유괴상황 시 도움을 요청하는 방법을 알고 행동한다.
		재난 및 사고 등 비상 시 적절하게 대처하는 방법을 알고 행동한다.

(나) 의사소통

㉮ 내용체계

내용 범주	내용
듣기	낱말과 문장 듣고 이해하기
	이야기 듣고 이해하기
	동요, 동시, 동화 듣고 이해하기
	바른 태도로 듣기
말하기	낱말과 문장으로 말하기
	느낌, 생각, 경험 말하기
	상황에 맞게 바른 태도로 말하기
읽기	읽기에 흥미 가지기
	책읽기에 관심 가지기
쓰기	쓰기에 관심 가지기
	쓰기 도구 사용하기

㉯ 세부내용

내용범주	내용	세부 내용
듣기	낱말과 문장 듣고 이해하기	낱말의 발음에 관심을 가지고 듣는다.
		일상생활과 관련된 낱말과 문장을 듣고 뜻을 이해한다.
	이야기 듣고 이해하기	다른 사람의 이야기를 듣고 이해한다.
		이야기를 듣고 궁금한 것에 대해 질문한다.
	동요, 동시, 동화 듣고 이해하기	동요, 동시, 동화를 다양한 방법으로 듣고 즐긴다.
		전래 동요, 동시, 동화를 듣고 우리말의 재미를 느낀다.
	바른 태도로 듣기	다른 사람의 이야기를 주의 깊게 듣는다.
말하기	낱말과 문장으로 말하기	친숙한 낱말을 정확하게 발음해 본다.
		다양한 낱말을 사용하여 말한다.
		일상생활에서 일어나는 일들을 간단한 문장으로 말한다.
	느낌, 생각, 경험 말하기	자신의 느낌, 생각, 경험을 말한다.
		주제를 정하여 함께 이야기를 나눈다.
		이야기를 지어 말한다.
	상황에 맞게 바른 태도로 말하기	듣는 사람의 생각과 느낌을 고려하여 말한다.
		차례를 지켜 말한다.
		바르고 고운 말을 사용한다.
읽기	읽기에 흥미 가지기	주변에서 친숙한 글자를 찾아본다.
		읽어 주는 글의 내용에 관심을 가진다.
	책읽기에 관심 가지기	책 보는 것을 즐기고 소중하게 다룬다.
		책의 그림을 단서로 내용을 이해한다.
		궁금한 것을 책에서 찾아본다.
쓰기	쓰기에 관심 가지기	말이나 생각을 글로 나타낼 수 있음을 안다.
		자기 이름을 써 본다.
		자신의 느낌, 생각, 경험을 글자와 비슷한 형태로 표현한다.
	쓰기 도구 사용하기	쓰기 도구에 관심을 가지고 사용해 본다.

(다) 사회관계

㉮ 내용체계

내용범주	내용
나를 알고 존중하기	나를 알고, 소중히 여기기
	나의 일 스스로 하기
나와 다른 사람의 감정 알고 조절하기	나와 다른 사람의 감정 알고 표현하기
	나의 감정 조절하기
가족을 소중히 여기기	가족과 화목하게 지내기
	가족과 협력하기
다른 사람과 더불어 생활하기	친구와 사이좋게 지내기
	공동체에서 화목하게 지내기
	사회적 가치를 알고 지키기
사회에 관심 갖기	지역사회에 관심 갖고 이해하기
	우리나라에 관심 갖고 이해하기
	세계와 여러 문화에 관심 가지기

㉯ 세부내용

내용범주	내용	세부 내용
나를 알고 존중하기	나를 알고, 소중히 여기기	나에 대해 알아본다.
		나와 다른 사람의 차이점을 알아본다.
		나에 대해 긍정적으로 생각하고 나를 소중하게 여긴다.
	나의 일 스스로 하기	내가 할 수 있는 일을 해 본다.
		하고 싶은 일을 계획하고 해 본다.
나와 다른 사람의 감정 알고 조절하기	나와 다른 사람의 감정 알고 표현하기	자신의 감정을 알고 표현한다.
		다른 사람의 감정을 안다.
	나의 감정 조절하기	자신의 감정을 조절해 본다.

내용범주	내용	세부 내용
가족을 소중히 여기기	가족과 화목하게 지내기	가족의 소중함을 안다.
	가족과 협력하기	가족 구성원의 역할에 대해 알아본다.
		가족을 위하여 내가 할 수 있는 일을 알아보고 실천한다.
다른 사람과 더불어 생활하기	친구와 사이좋게 지내기	친구와 협동하며 놀이한다.
		친구와의 갈등을 긍정적인 방법으로 해결한다.
	공동체에서 화목하게 지내기	도움이 필요할 때 다른 사람과 도움을 주고받는다.
		교사 및 주변 사람과 화목하게 지낸다.
	사회적 가치를 알고 지키기	정직하게 말하고 행동한다.
		다른 사람의 생각, 행동을 존중한다.
		친구와 어른께 예의 바르게 행동한다.
		다른 사람과 한 약속이나 공공규칙을 지킨다.
		자연과 자원을 아끼는 습관을 기른다.
사회에 관심 갖기	지역사회에 관심 갖고 이해하기	우리 동네에 대해 알아본다.
		우리 동네 사람들이 하는 일에 관심을 갖는다.
		물건을 살 때 돈이 필요함을 안다.
	우리나라에 관심 갖고 이해하기	우리나라를 상징하는 것을 안다.
		우리나라의 전통놀이와 풍습에 관심을 갖는다.
		우리나라에 대해 자부심을 갖는다.
	세계와 여러 문화에 관심 가지기	세계 여러 나라에 대해 관심을 갖는다.
		다양한 인종과 문화에 관심을 갖는다.

(라) 예술경험

㉮ 내용체계

내용범주	내용
아름다움 찾아보기	음악적 요소 탐색하기
	움직임과 춤 요소 탐색하기
	미술적 요소 탐색하기
예술적 표현하기	음악으로 표현하기
	움직임과 춤으로 표현하기
	미술 활동으로 표현하기

내용범주	내용
	극놀이로 표현하기
	통합적으로 표현하기
예술 감상하기	다양한 예술 감상하기
	전통예술 감상하기

㊏ 세부내용

내용범주	내용	세부 내용
아름다움 찾아보기	음악적 요소 탐색하기	다양한 소리, 음악의 셈여림, 빠르기, 리듬 등에 관심을 갖는다.
	움직임과 춤 요소 탐색하기	움직임과 춤의 모양, 힘, 빠르기 등에 관심을 갖는다.
	미술적 요소 탐색하기	자연과 사물의 색, 모양, 질감 등에 관심을 갖는다.
예술적 표현하기	음악으로 표현하기	노래로 자신의 생각과 느낌을 표현한다.
		전래동요를 즐겨 부른다.
		리듬악기를 연주해 본다.
		간단한 리듬과 노래를 즉흥적으로 만들어 본다.
	움직임과 춤으로 표현하기	신체를 이용하여 주변의 움직임을 자유롭게 표현한다.
		움직임과 춤으로 자신의 생각과 느낌을 표현한다.
		도구를 활용하여 다양한 움직임으로 표현한다.
	미술 활동으로 표현하기	다양한 미술활동으로 자신의 생각과 느낌을 표현한다.
		협동적인 미술활동에 참여한다.
		미술활동에 필요한 재료와 도구를 다양하게 사용한다.
	극놀이로 표현하기	일상생활의 경험이나 간단한 이야기를 극놀이로 표현한다.
		소품, 배경, 의상 등을 사용하여 협동적으로 극놀이를 한다.
	통합적으로 표현하기	음악, 움직임과 춤, 미술, 극놀이 등을 통합하여 표현한다.
		예술 활동에 참여하여 표현과정을 즐긴다.

내용범주	내용	세부 내용
예술 감상하기	다양한 예술 감상하기	다양한 음악, 춤, 미술작품, 극놀이 등을 듣거나 보고 즐긴다.
		나와 다른 사람의 예술 표현을 소중히 여긴다.
	전통예술 감상하기	우리나라의 전통예술에 관심을 갖는다.

(마) 자연탐구

㉮ 내용체계

내용범주	내용
탐구하는 태도 기르기	호기심을 유지하고 확장하기
	탐구과정 즐기기
	탐구기술 활용하기
수학적 탐구하기	수와 연산의 기초개념 알아보기
	공간과 도형의 기초개념 알아보기
	기초적인 측정하기
	규칙성 이해하기
	기초적인 자료 수집과 결과 나타내기
과학적 탐구하기	물체와 물질 알아보기
	생명체와 자연환경 알아보기
	자연현상 알아보기
	간단한 도구와 기계 활용하기

㉯ 세부내용

내용범주	내용	세부 내용
탐구하는 태도 기르기	호기심을 유지하고 확장하기	주변 사물과 자연세계에 대해 지속적으로 호기심을 갖는다.
	탐구과정 즐기기	궁금한 점을 알아보는 탐구과정에 관심을 가지고 참여한다.

내용범주	내용	세부 내용
	탐구기술 활용하기	일상생활의 문제를 해결하는 과정에서 탐색, 관찰 등의 방법을 활용해 본다.
수학적 탐구하기	수와 연산의 기초개념 알아보기	생활 속에서 사용되는 수의 여러 가지 의미를 안다.
		구체물 수량에서 '같다', '더 많다', '더 적다'의 관계를 안다.
		열 개 가량의 구체물을 세어 보고 수량을 알아본다.
	공간과 도형의 기초개념 알아보기	위치와 방향을 여러 가지 방법으로 나타내 본다.
		기본 도형의 특성을 인식한다.
		기본 도형을 사용하여 여러 가지 모양을 구성해 본다.
	기초적인 측정하기	일상생활에서 길이, 크기, 무게 등을 비교해 본다.
	규칙성 이해하기	생활주변에서 반복되는 규칙성을 알아본다.
		반복되는 규칙성을 인식하고 모방한다.
	기초적인 자료 수집과 결과 나타내기	필요한 정보나 자료를 수집한다.
		한 가지 기준으로 자료를 분류해 본다.
과학적 탐구하기	물체와 물질 알아보기	친숙한 물체와 물질의 특성을 알아본다.
		물체와 물질을 여러 가지 방법으로 변화시켜 본다.
	생명체와 자연환경 알아보기	나의 출생과 성장에 대해 관심을 갖는다.
		관심 있는 동식물의 특성을 알아본다.
		생명체를 소중히 여기는 마음을 갖는다.
		생명체가 살기 좋은 환경에 대해 관심을 갖는다.
	자연현상 알아보기	돌, 물, 흙 등 자연물의 특성과 변화를 알아본다.
		날씨와 기후변화에 관심을 갖는다.
	간단한 도구와 기계 활용하기	생활 속에서 간단한 도구와 기계를 활용한다.
		도구와 기계의 편리함에 관심을 갖는다.

③ 5세 누리과정

(가) 신체운동 · 건강

㉮ **내용체계**

내용범주	내용
신체인식하기	감각능력 기르고 활용하기
	신체를 인식하고 움직이기
신체 조절과 기본 운동하기	신체 조절하기
	기본 운동하기
신체 활동에 참여하기	자발적으로 신체 활동에 참여하기
	바깥에서 신체 활동하기
	기구를 이용하여 신체 활동하기
건강하게 생활하기	몸과 주변을 깨끗이하기
	바른 식생활하기
	건강한 일상생활하기
	질병 예방하기
안전하게 생활하기	안전하게 놀이하기
	교통안전 규칙지키기
	비상 시 적절히 대처하기

㉯ **세부내용**

내용범주	내용	세부 내용
신체 인식하기	감각능력 기르고 활용하기	감각으로 대상이나 사물의 특성과 차이를 구분한다.
		여러 감각기관을 협응하여 활용한다.
	신체를 인식하고 움직이기	신체 각 부분의 특성을 이해하고 활용하여 움직인다.
		자신의 신체를 긍정적으로 인식하고 움직인다.
신체 조절과 기본 운동하기	신체 조절하기	다양한 자세와 움직임에서 신체균형을 유지한다.
		공간, 힘, 시간 등의 움직임 요소를 활용하여 움직인다.
		신체 각 부분을 협응하여 움직임을 조절한다.

내용범주	내용	세부 내용
		눈과 손을 협응하여 소근육을 조절해 본다.
		도구를 활용하여 여러 가지 조작운동을 한다.
	기본 운동하기	걷기, 달리기, 뛰기 등 다양한 이동운동을 한다.
		제자리에서 몸을 다양하게 움직인다.
신체 활동에 참여하기	자발적으로 신체 활동에 참여하기	신체 활동에 자발적이고 지속적으로 참여한다.
		다른 사람과 함께 하는 신체 활동에 참여한다.
		자신과 다른 사람의 운동능력의 차이를 이해한다.
	바깥에서 신체 활동하기	규칙적으로 바깥에서 신체 활동을 한다.
	기구를 이용하여 신체 활동하기	여러 가지 기구를 이용하여 신체 활동을 한다.
건강하게 생활하기	몸과 주변을 깨끗이하기	스스로 몸을 깨끗이 하는 습관을 기른다.
		주변을 깨끗이 하는 습관을 기른다.
	바른 식생활하기	적당량의 음식을 골고루 먹는다.
		몸에 좋은 음식을 선택할 수 있다.
		음식을 소중히 여기고 식사예절을 지킨다.
	건강한 일상생활하기	규칙적으로 잠을 자고, 적당한 휴식을 취한다.
		하루 일과에 즐겁게 참여한다.
		규칙적인 배변습관을 가진다.
	질병 예방하기	질병을 예방하는 방법을 알고 실천한다.
		날씨와 상황에 알맞게 옷을 입는다.
안전하게 생활하기	안전하게 놀이하기	놀이기구나 놀잇감, 도구의 바른 사용법을 알고 안전하게 사용한다.
		안전한 장소를 알고 안전하게 놀이한다.
		TV, 인터넷, 통신기기 등의 위해성을 알고, 바르게 사용한다.

내용범주	내용	세부 내용
	교통안전 규칙지키기	교통안전 규칙을 알고 지킨다.
		교통수단을 안전하게 이용한다.
	비상 시 적절히 대처하기	학대, 성폭력, 실종, 유괴상황 시 도움을 요청하는 방법을 알고 행동한다.
		재난 및 사고 등 비상 시 적절하게 대처하는 방법을 알고 행동한다.

(나) 의사소통

㉮ 내용체계

내용범주	내용
듣기	낱말과 문장 듣고 이해하기
	이야기 듣고 이해하기
	동요, 동시, 동화 듣고 이해하기
	바른 태도로 듣기
말하기	낱말과 문장으로 말하기
	느낌, 생각, 경험 말하기
	상황에 맞게 바른 태도로 말하기
읽기	읽기에 흥미 가지기
	책읽기에 관심 가지기
쓰기	쓰기에 관심 가지기
	쓰기 도구 사용하기

㉯ 세부내용

내용범주	내용	세부 내용
듣기	낱말과 문장 듣고 이해하기	낱말의 발음에 관심을 가지고 비슷한 발음을 듣고 구별한다.
		다양한 낱말과 문장을 듣고 뜻을 이해한다.
	이야기 듣고 이해하기	다른 사람의 이야기를 듣고 이해한다.
		이야기를 듣고 궁금한 것에 대해 질문한다.

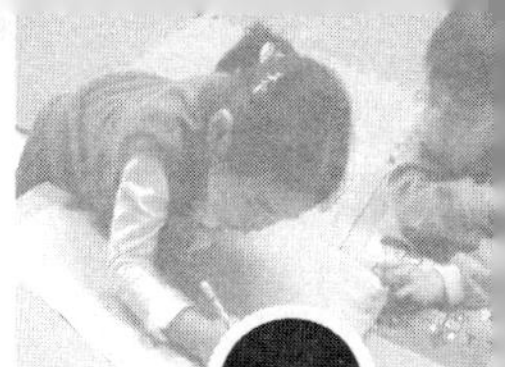

내용범주	내용	세부 내용
	동요, 동시, 동화 듣고 이해하기	동요, 동시, 동화를 다양한 방법으로 듣고 이해한다.
		전래 동요, 동시, 동화를 듣고 우리말의 재미를 느낀다.
	바른 태도로 듣기	다른 사람의 이야기를 끝까지 주의 깊게 듣는다.
말하기	낱말과 문장으로 말하기	정확한 발음으로 말한다.
		다양한 낱말을 사용하여 상황에 맞게 말한다.
		일상생활에서 일어나는 일들을 다양한 문장으로 말한다.
	느낌, 생각, 경험 말하기	자신의 느낌, 생각, 경험을 적절한 낱말과 문장으로 말한다.
		주제를 정하여 함께 이야기를 나눈다.
		이야기 지어 말하기를 즐긴다.
	상황에 맞게 바른 태도로 말하기	듣는 사람의 생각과 느낌을 고려하여 말한다.
		때와 장소, 대상에 알맞게 말한다.
		바르고 고운 말을 사용한다.
읽기	읽기에 흥미 가지기	주변에서 친숙한 글자를 찾아 읽어 본다.
		읽어 주는 글의 내용에 관심을 가지고 읽어 본다.
	책 읽기에 관심 가지기	책 보는 것을 즐기고 소중하게 다룬다.
		책의 그림을 단서로 내용을 이해한다.
		궁금한 것을 책에서 찾아본다.
쓰기	쓰기에 관심 가지기	말이나 생각을 글로 나타낼 수 있음을 안다.
		자신의 이름과 주변의 친숙한 글자를 써 본다.
		자신의 느낌, 생각, 경험을 글자와 비슷한 형태나 글자로 표현한다.
	쓰기 도구 사용하기	쓰기 도구의 바른 사용법을 알고 사용한다.

(다) 사회관계

㉮ 내용체계

내용범주	내용
나를 알고 존중하기	나를 알고, 소중히 여기기
	나의 일 스스로 하기
나와 다른 사람의 감정 알고 조절하기	나와 다른 사람의 감정 알고 표현하기
	나의 감정 조절하기
가족을 소중히 여기기	가족과 화목하게 지내기
	가족과 협력하기
다른 사람과 더불어 생활하기	친구와 사이좋게 지내기
	공동체에서 화목하게 지내기
	사회적 가치를 알고 지키기
사회에 관심 갖기	지역사회에 관심 갖고 이해하기
	우리나라에 관심 갖고 이해하기
	세계와 여러 문화에 관심 가지기

㉯ 세부내용

내용범주	내용	세부 내용
나를 알고 존중하기	나를 알고 소중히 여기기	나에 대해 알아본다.
		나와 다른 사람의 신체적, 사회적, 문화적 차이를 존중한다.
		나에 대해 긍정적으로 생각하고 나를 소중하게 여긴다.
	나의 일 스스로 하기	내가 할 수 있는 일을 스스로 한다.
		하고 싶은 일을 계획하고 해 본다.
나와 다른 사람의 감정 알고 조절하기	나와 다른 사람의 감정 알고 표현하기	자신의 감정을 알고 표현한다.
		다른 사람의 감정을 알고 공감한다.
	나의 감정 조절하기	자신의 감정을 상황에 맞게 조절한다.

내용범주	내용	세부 내용
가족을 소중히 여기기	가족과 화목하게 지내기	가족의 의미와 소중함을 안다.
		가족과 화목하게 지낸다.
	가족과 협력하기	다양한 가족구조에 대해 알아본다.
		가족은 서로 도와야 함을 알고 실천한다.
다른 사람과 더불어 생활하기	친구와 사이좋게 지내기	친구와 협동하며 놀이한다.
		친구와의 갈등을 긍정적인 방법으로 해결한다.
	공동체에서 화목하게 지내기	다른 사람과 도움을 주고받고, 서로 협력한다.
		교사 및 주변 사람과 화목하게 지낸다.
	사회적 가치를 알고 지키기	정직하게 말하고 행동한다.
		다른 사람을 배려하여 행동한다.
		친구와 어른께 예의 바르게 행동한다.
		다른 사람과 한 약속이나 공공규칙을 지킨다.
		자연과 자원을 아끼는 습관을 기른다.
사회에 관심 갖기	지역사회에 관심 갖고 이해하기	우리 동네에 대해 알아본다.
		다양한 직업에 관심을 갖는다.
		일상생활에서 돈의 쓰임에 대해 안다.
	우리나라에 관심 갖고 이해하기	우리나라를 상징하는 것을 알고 예절을 지킨다.
		우리나라의 전통, 역사, 문화에 관심을 갖는다.
		우리나라에 대해 자부심을 갖는다.
	세계와 여러 문화에 관심 가지기	세계 여러 나라에 대해 관심을 갖고, 서로 협력해야 함을 안다.
		다양한 인종과 문화를 알아보고 존중한다.

(라) 예술경험

㉮ 내용체계

내용범주	내용
아름다움 찾아보기	음악적 요소 탐색하기
	움직임과 춤 요소 탐색하기
	미술적 요소 탐색하기
예술적 표현하기	음악으로 표현하기

내용범주	내용
	움직임과 춤으로 표현하기
	미술 활동으로 표현하기
	극놀이로 표현하기
	통합적으로 표현하기
예술 감상하기	다양한 예술 감상하기
	전통예술 감상하기

㉯ 세부 내용

내용범주	내용	세부 내용
아름다움 찾아보기	음악적 요소 탐색하기	다양한 소리, 악기 등으로 음악의 셈여림, 빠르기, 리듬 등을 탐색한다.
	움직임과 춤 요소 탐색하기	움직임과 춤의 모양, 힘, 빠르기, 흐름 등을 탐색한다.
	미술적 요소 탐색하기	자연과 사물에서 색, 모양, 질감, 공간 등을 탐색한다.
예술적 표현하기	음악으로 표현하기	노래로 자신의 생각과 느낌을 표현한다.
		전래동요를 즐겨 부른다.
		리듬악기를 연주해 본다.
		리듬과 노래 등을 즉흥적으로 만들어 본다.
	움직임과 춤으로 표현하기	신체를 이용하여 주변의 움직임을 다양하게 표현하며 즐긴다.
		움직임과 춤으로 자신의 생각과 느낌을 표현한다.
		다양한 도구를 활용하여 창의적으로 움직인다.
	미술 활동으로 표현하기	다양한 미술활동으로 자신의 생각과 느낌을 표현한다.
		협동적인 미술활동에 참여하여 즐긴다.
		미술활동에 필요한 재료와 도구를 다양하게 사용한다.
	극놀이로 표현하기	경험이나 이야기를 극놀이로 표현한다.
		소품, 배경, 의상 등을 사용하여 협동적으로 극놀이를 한다.
	통합적으로 표현하기	음악, 움직임과 춤, 미술, 극놀이 등을 통합하여 표현한다.
		예술 활동에 참여하여 창의적으로 표현하는 과정을 즐긴다.

내용범주	내용	세부 내용
예술 감상하기	다양한 예술 감상하기	다양한 음악, 춤, 미술작품, 극놀이 등을 듣거나 보고 즐긴다.
		나와 다른 사람의 예술 표현을 소중히 여긴다.
	전통예술 감상하기	우리나라의 전통예술에 관심을 갖고 친숙해진다.

(마) 자연탐구

㉮ 내용체계

내용범주	내용
탐구하는 태도 기르기	호기심을 유지하고 확장하기
	탐구과정 즐기기
	탐구기술 활용하기
수학적 탐구하기	수와 연산의 기초개념 알아보기
	공간과 도형의 기초개념 알아보기
	기초적인 측정하기
	규칙성 이해하기
	기초적인 자료 수집과 결과 나타내기
과학적 탐구하기	물체와 물질 알아보기
	생명체와 자연환경 알아보기
	자연현상 알아보기
	간단한 도구와 기계 활용하기

㉯ 세부내용

내용범주	내용	세부 내용
탐구하는 태도 기르기	호기심을 유지하고 확장하기	주변 사물과 자연세계에 대해 지속적으로 호기심을 갖고 알고자 한다.
	탐구과정 즐기기	궁금한 점을 알아보는 탐구과정에 참여하고 즐긴다.
		탐구과정에서 서로 다른 생각에 관심을 갖는다.
	탐구기술 활용하기	일상생활의 문제를 해결하는 과정에서 탐색, 관찰, 비교, 예측 등의 탐구기술을 활용해 본다.

내용범주	내용	세부 내용
수학적 탐구하기	수와 연산의 기초개념 알아보기	생활 속에서 사용되는 수의 여러 가지 의미를 안다.
		구체물 수량의 부분과 전체 관계를 알아본다.
		스무 개 가량의 구체물을 세어보고 수량을 알아본다.
		구체물을 가지고 더하고 빼는 경험을 해 본다.
	공간과 도형의 기초개념 알아보기	위치와 방향을 여러 가지 방법으로 나타내 본다.
		여러 방향에서 물체를 보고 그 차이점을 비교해 본다.
		기본 도형의 공통점과 차이점을 알아본다.
		기본 도형을 사용하여 여러 가지 모양을 구성해 본다.
	기초적인 측정하기	일상생활에서 길이, 크기, 무게, 들이 등의 속성을 비교하고, 순서를 지어 본다.
		임의 측정 단위를 사용하여 길이, 면적, 들이, 무게 등을 재 본다.
	규칙성 이해하기	생활주변에서 반복되는 규칙성을 알고 다음에 올 것을 예측해 본다.
		스스로 규칙성을 만들어 본다.
	기초적인 자료 수집과 결과 나타내기	필요한 정보나 자료를 수집한다.
		한 가지 기준으로 분류한 자료를 다른 기준으로 재분류해 본다.
		그림, 사진, 기호나 숫자를 사용해 그래프로 나타내 본다.
과학적 탐구하기	물체와 물질 알아보기	주변의 여러 가지 물체와 물질의 기본 특성을 알아본다.
		물체와 물질을 여러 가지 방법으로 변화시켜 본다.
		나와 다른 사람의 출생과 성장에 대해 알아본다.
	생명체와 자연환경 알아보기	관심 있는 동식물의 특성과 성장 과정을 알아본다.
		생명체를 소중히 여기는 마음을 갖는다.
		생명체가 살기 좋은 환경과 녹색환경에 대해 알아본다.
	자연현상 알아보기	돌, 물, 흙 등 자연물의 특성과 변화를 알아본다.
		낮과 밤, 계절의 변화와 규칙성을 알아본다.
		날씨와 기후변화 등 자연현상에 대해 관심을 갖는다.

내용범주	내용	세부 내용
	간단한 도구와 기계 활용하기	생활 속에서 간단한 도구와 기계를 활용한다.
		변화하는 새로운 도구와 기계에 관심을 갖고 장단점을 안다.

2. 보육시설 보육과정의 역사

우리나라의 보육제도는 여성과 아동에 대한 복지라는 측면에서 발전되어 왔다. 우리나라 보육사업의 역사는 1921년 태화기독교 사회관에서 처음으로 탁아 프로그램이 개설된 이래 빈민아동 구제 사업시기(1921~45년 이전), 아동복리법 제정 시기(1961~81년), 후생시설 운영요령 시기(1945~1960), 아동복지법 시기(1961~1981), 유아교육진흥법 제정 시기(1982~90), 영유아보육법 제정 이후 시기(1991~현재)로 구분할 수 있다.

1991년 영유아보육법이 제정되고 2004년 1월 영유아보육법이 개정되어, 2005년 1월 30일부터는 개정된 영유아보육법이 시행되기 시작하였다. 국가수준의 표준보육과정이 2007년 1월 3일 제정되어 고시가 되어 시행되었다.

1) 빈민아동 구제 사업시기(1921~1945년 이전)

우리나라의 보육 사업은 해방 이전에 일본의 총독부 관할로 사회사업 분야의 지도 및 통제역할로 시작되어, 사회사업 시설로서 일본 구호령에 명시되어 법령적 근거가 미비하였다. 1921년 태화기독교사회관에서 빈민아동을 위한 구제사업의 일환으로 시작되었으며, 이후 1926년 부산공생탁아소와 대구탁아소의 2개 시설이 배치된 것을 계기로 1939년에는 전국에 관립 1개소, 공립 2개소 등 11개소의 공·사립 보육시설에서 435명의 어린이가 보육을 받은 것으로 기록되어 있다(김영숙, 2005).

2) 후생시설 운영요령 시기(1945~1960년)

광복 이후 1960년까지는 6 · 25 전쟁을 전후한 정치적 · 사회적 혼란기로서 정부가 보육사업에 대한 뚜렷한 방침을 세우지 못한 시기였고, 당시 대량으로 발생한 전쟁고아, 기 · 미아 등 요보호아동에 대한 각종 수용보호시설이 주로 외국인 원조에 의하여 여러 곳에 설치되었으나 이 때의 탁아사업은 예방적 기능보다는 사후처리적이고 구호적인 복지정책이었다. 이러한 시설들을 합리적으로 지도할 행정적 필요에 따라 정부에서 1952년 10월 「후생시설 운영요령」을 시달하게 되었다.

그러나 1953년 부산에 시립 탁아소가 설치된 것을 비롯하여 주로 빈민층 가정의 자녀를 단순히 보호해 줄 목적으로 설치된 당시의 보육시설들은 육아시설 '고아원'과 큰 차이가 없이 시대적 요청에 따라 임시 구호적 성격을 강하게 띠고 있어 보육의 제 기능을 다하지 못하였다(강영욱, 2002).

3) 아동복지법 시기(1961~1981년)

본격적으로 보육사업이 실시된 것은 1961년 아동복리법이 제정 · 공포되면서부터다. 이 법은 '탁아소'를 법정 아동복지시설로 인정하고 보육시설의 설치기준, 종사자 배치기준, 보육시간, 보호내용 등을 구체적으로 규정하였다. 1960년에 24개이던 보육시설은 이후 고아, 기 · 미아의 수용보호를 목적으로 설립된 육아시설 등이 사업목적을 보육사업으로 바꾸면서 계속 증가하여 1966년 말에는 116개소, 1968년에는 202개소에 이르게 되었으며, 보육아동도 25,443명에 이르렀다.

1960년대 후반에는 경제개발 5개년 계획의 추진으로 도시화, 산업화가 진전되면서 보육수요가 늘어남에 따라 시설이 부족하게 되자 1968년 3월 14일 정부는 아동복리법 시행령에 근거한 「미인가 탁아시설 임시조치령」을 공포하여 민간시설의 설치에 용이하게 하였다. 이를 계기로 종전에 법인체만이 설치할 수 있었던 보육시설의 운영주체를 대폭 완화하여 많은 시설을 인가하였고, '탁아소'라는 명칭도 '어린이집'으로 고쳐 부르게 되었다.

아울러 주로 외국 원조에 주로 의존하던 이들 시설에 대한 정부지원이 시작되었

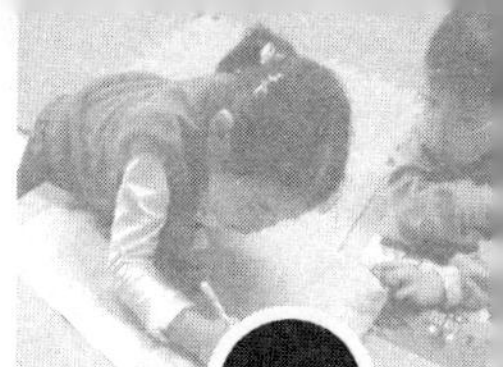

다. 이러한 과정에서 어린이집이 수적으로 크게 늘어나서 1976년에는 60개소에 이르게 되었으나 보육의 질적인 수준은 매우 미흡하여 여러 가지 부작용과 폐단을 낳게 되었다.

이에 따라 정부는 보육시설의 질적 향상을 제고하기 위한 조치로 1977년 2월 24일 사회복지사업법 시행규칙을 개정하여 보육시설의 법인 전환에 많은 편의를 제공하여 모든 시설의 법인화를 장려하면서 1968년「미인가 탁아시설 임시조치령」을 폐지하였다.

그러나 법인조치는 사유재산의 법인귀속이 수반되므로 오히려 시설운영자들의 법인 전환 기피 등으로 보육시설이 수적으로 크게 위축되는 결과를 초래하였다.

한편, 정부는 경제개발 정책의 지속적인 추진으로 보육수요가 계속 늘어남에 따라 1978년 4월 23일 '탁아시설 운영개선안'을 마련하여 보육시설을 일반아동에게도 개방하는 대신 이들에게 보육료를 받을 수 있도록 하였다. 이에 따라 극빈 저소득층이 아닌 중산층의 아동도 어린이집을 이용할 수 있게 되었다.

1981년 4월 13일「아동복리법」이「아동복지법」으로 전면 개정됨에 따라 무료 탁아시설은 법인 이외의 사람도 신고만으로 시설을 설치 · 운영할 수 있게 되었다.

4) 유아교육진흥법 시기(1982~1990년)

제5공화국이 출범하면서 유아교육이 크게 강조되어 어린이집 대신에 새로운 유아교육체제를 모색하게 되었다. 1982년 2월 22일 아동복지법 시행령을 개정하여 보육시설의 설치근거를 삭제하고 내무부가 주관 부서가 되어 1982년 3월 26일 '유아교육진흥종합계획'이 수립되었다.

정부는 유아교육진흥법을 제정하여 기존에 보건복지부에서 관장하던 691개소의 어린이집, 농촌진흥청에서 관장하던 382개소의 농번기 탁아소, 1980년 12월부터 내무부에서 설치 · 관장하던 263개소의 새마을협동유아원 및 38개소의 민간유아원 등 1,374개소의 보육관련시설을 '새마을유아원'으로 통합하였다.

새마을유아원에 대한 종합계획 수립, 장학지도, 재정지원, 교사양성, 교재 · 교구 개발 보급은 교육부에서, 설치 · 운영 및 행정지도는 내무부에서, 영유아들에 대한 급식 및 보건 · 의료지원은 보건복지부에서 각각 맡도록 하였다.

새롭게 출범한 새마을유아원은 계속적인 양적 확대에도 불구하고 늘어나는 보육수요를 충족시키기에는 시설이 크게 부족하였고, 설치목적이 맞벌이부부 자녀를 보호하고 저소득층 자녀를 교육하는 역할을 병행하도록 되어 있었으나, 실제 운영에 있어서 많은 경우 종일제가 아닌 반일제로 운영되었으며, 그 내용에 있어서도 기존의 유치원과 유사하여 저소득층 맞벌이 근로자의 보육부담을 덜어 주는 데에는 한계가 있었다.

이 과정에서 노동부는 1987년 12월 4일 남녀고용평등법의 제정에 따라 공단지역을 중심으로 근로자 자녀를 위한 21개소의 시범 직장 탁아소를 설치하게 되었고, 서울시에서는 1988년 9월 영세민 생활안정을 돕기 위해 보육시설이 없는 달동네 등 저소득층 밀집지역 33개 지역에 탁아원 140개소를 설치 · 운영하게 되었다.

보건복지부에서는 새마을 유아원의 한계를 극복할 수 있는 새로운 대안을 모색할 필요성이 제기됨에 따라 1989년 9월 19일 아동복지법 시행령을 개정하여 1982년 삭제된 보육시설의 설치 · 운영 근거를 부활하고, 1990년 1월 9일 동법 시행규칙을 위한 세부지침인 '탁아시설의 설치 · 운영규정', '보건복지부 훈령'(제586호, 1990. 1. 15)을 마련하여 본격적인 사업을 도모하게 되었다.

그러나 아동복지법 시행령은 시설 설치의 주체가 법인으로 한정되었고 보육사업의관장 부서가 보건복지부, 내무부, 교육부, 노동부 등으로 다원화되어 있어 예산의 중복투자, 시설과 종사자 기준의 상이 등 많은 제약요인이 있었다.

이에 날로 급증하는 보육수요에 적극적으로 대처하고 체계적으로 효율적인 보육사업의 추진을 위해 보육관련 법령의 통합과 주관 부서의 일원화 등 보육정책의 일대 쇄신이 필요하다는 각 계층의 요구가 점증하기에 이르렀다.

5) 영유아보육법 시기(1991~2005년)

유아교육진흥법에 의거하여 설치 · 운영되어 온 새마을유아원이 국민의 보육욕구를 충족시킬 수 없는 한계에 직면하게 되자 1990년 11월 내무부, 교육부, 보건복지부 3부 장관은 새마을유아원을 1993년까지 교육법에 의한 유치원이나 보육시설로 전환토록 합의하게 되었다.

이와 함께 각 계층의 의견을 폭넓게 수렴한 영유아보육법이 1991년 1월 14일의원입법으로 제정 · 공포되어 아동복지법(보건복지부), 유아교육진흥법(내무부, 교육부), 남녀고용평등법(노동부)으로 분산 · 다원화되어 있던 법체계와 주관 부서를 통합 · 일원화하고, 이어서 동법 시행령 「'91. 8. 1」 및 시행규칙 「'91. 8. 8」이 제정됨으로써 보육정책은 기존의 파행적인 운영에서 탈피하여 새로운 발전과 도약의 전기를 마련하게 되었다.

영유아보육법은 그 당시 야당의 「탁아복지법 '안'」과 각 계층의 의견을 수렴하여 신영순, 이윤자, 김장숙 의원 외 20인의 이름으로 [영유아의 보호 · 교육에 관한 법률(안)이 1990년 11월 20일 국회에 제출되었으며, 법률 명칭을 「영유아의 보호 · 교육에 관한 법률」에서 「영유아보육법」으로 하고 보육교사의 자격을 직접 법률에서 규정하는 등 몇 가지 수정을 거쳐 확정되었다.

영유아보육법이 지향하는 보육정책의 기본이념은 전통적인 아동의 가정양육 원칙과 자유민주주의 이념에 따라 보육정책 대상을 보호자가 보호하기 어려운 영아 및 유아 (보육위원회 의결을 거쳐 12세까지 연장 가능)로 한정하여 불필요한 국가 개입을 최소화하고 교육법에 의한 유아교육제도와의 구분을 명확히 하였다.

또한, '보호'냐 '교육'이냐로 그 동안 계속되어 온 논란에 종지부를 찍고 보호와 교육을 통합한 '보육'이라는 진일보된 개념으로 전환하였다. 이러한 기본이념에 따라 보육의 내용도 아동에 대한 교육, 영양, 건강, 안전 등 보호와 교육뿐만 아니라 부모에 대한 서비스와 지역사회와의 교류까지 포괄하는 종합적인 서비스를 제공하도록 하였다. 결국 보육정책을 통하여 아동복지, 여성복지, 가정복지 및 지역사회의 발전을 동시에 도모하려는 생산적인 복지사업을 지양하게 된 것이다.

다음으로 국가와 지방자치단체는 부모와 함께 영유아를 건전하게 보육할 책임을 지도록 명시하였다. 이에 따라 보육에 관한 기획 · 조사 등 필요한 사항을 심의하기 위한 중앙보육위원회를 보건복지부에 두고 지방에는 시 · 도 및 시 · 군 · 구에 지방보육위원회를 두도록 하였고, 보육에 대한 정보제공 및 상담을 위하여 시 · 군 · 구에 보육정보센터를 의무적으로 설치 · 운영토록 하였으며, 저소득층 자녀의 보육비용은 정부가 부담토록 하여 보육문제에 대한 국가와 지방자치단체의 책임을 강화하였다.

동시에 전통적인 사회복지정책의 기본이념에 따라 부담능력이 있는 계층의 자녀는 보호자가 보육비용을 부담하도록 하여 아동에 대한 부모의 책임도 명시함으로써 결국 영유아보육 문제는 국민 모두에게도 책임을 지도록 하였다.

아동복지법상 사회복지법인 등 비영리법인만이 설치할 수 있도록 되어 있던 보육시설 설치요건을 완화하여 개인, 기업, 단체까지도 일정한 요건을 갖추면 보육사업에 참여할 수 있도록 함으로써 보육수요에 비하여 부족한 보육시설의 활성화를 도모하였다.

이후 보건복지부에서는 10차례 법령을 개정하였으며, 2004년 1월 8일자로 영유아보육법을 전면적으로 개정하여 공포함으로써 보육서비스의 다양화와 질적 수준 향상, 그리고 보육에 대한 공적 책임 강화를 통하여 보육사업이 더욱 발전할 수 있는 계기를 마련하였다. 2004년 6월부터 영유아보육 업무가 보건복지부에서 여성가족부로 이관되었고, 2005년 1월 30일부터는 개정된 영유아보육법이 시행되기 시작하여 보육서비스의 질적 수준향상과 보육의 공공성 강화 등을 통해 보육사업이 발전할 수 있는 계기를 마련하였다(이기숙, 2008).

6) 표준보육과정의 제정(2007)

영유아보육법의 개정과 더불어 보육업무의 주관부처가 과거의 보건복지부에서 2004년 6월부터 여성가족부로 그리고 2008년 4월에는 보건복지가족부로 이관되었고, 개정 영유아보육법에 '여성부 장관은 표준보육과정을 개발 · 보급'하여야 하고(제29조제2항), 보육시설은 '표준보육과정에 따라 영유아를 보육하도록 노력하여야 한다(제29조 제3항)'라고 명시되어 있어 국가 수준의 보육지침이 개발되는 토대를 제시하였다.

이에 국가 수준에서 보육과정을 제시하여 보편적 내용 수준으로 영유아의 발달적 특성에 적합하고, 시대적 · 문화적 가치나 태도 측면에서 적절한 1차 표준보육과정은 2007년 1월 3일 제정되어 고시가 되었고, 보건복지부는 영유아보육법 제29조 보육과정에 근거하여 2012년 2월 29일자로 제2차 표준보육과정을 보건복지부 고시 제2012-28호로 개정 · 고시하였다. 최근 보육과정은 보건복지부 고시 제2013-8호(2013년 1월 21일)로 영유아보육법 시행규칙 제30조에 의거하여 만 0~5세 보육과정의 영역 및 구체적 내용 등 필요한 사항을 고시하면서 "제3차 어린이집 표준보육과정 고시"로 발표하였고 이 고시는 2013년 3월 1일부터 시행되었다. 보건복지부는

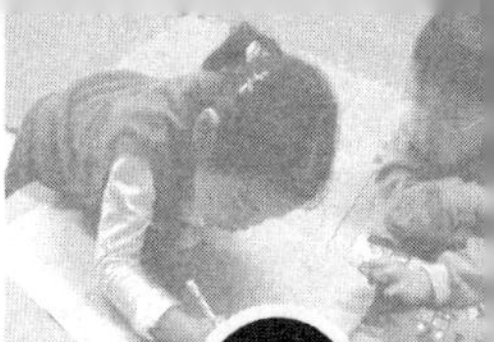

어린이집에서의 보육활동이 원활하게 이루어지도록 지원하기 위해 3차어린이집 표준보육과정에 기초한 0~2세 영아보육 프로그램을 보급하고, 3~4세의 경우에는 유치원과 공통으로 사용하는 3~4세 누리과정 교사용 지도서(DVD포함, 교과부 어린이집 프로그램)를 참고하여 수업에 활용하도록 하였다(보건복지부, 2013).

(1) 어린이집 표준보육과정 총론

어린이집 표준보육과정(이하, '표준보육과정'이라 함)은 어린이집의 만 0~5세 영유아들에게 국가수준에서 제공하는 보편적이고 공통적인 보육의 목표와 내용을 제시한 것이다. 어린이집 표준보육과정은 0~1세 보육과정, 2세 보육과정, 3~5세 보육과정(누리과정 포함)으로 구성한다. 국가수준의 어린이집 표준보육과정을 시행함으로써 영유아의 전인적 발달과 우리 문화에 적합한 내용을 일관성 있고 연계적으로 실천하며, 궁극적으로 사회에서 추구하는 인간상을 구현하고 전국 어린이집의 질적 수준을 높이는데 기여하고자 한다.

가. 표준보육과정의 기초

① 추구하는 인간상
(가) 심신이 건강하고 행복한 사람
(나) 자율적이고 창의적인 사람
(다) 자신과 타인을 존중하고 배려하는 사람
(라) 자연과 우리문화를 사랑하는 사람
(마) 다양성을 인정하는 민주적인 사람

② 표준보육과정의 기본전제
(가) 영유아는 개별적인 특성을 지닌 고유한 존재이다.
(나) 영유아는 연령에 따라 발달적 특성이 질적으로 다르다.
(다) 영유아는 그 자체로서 존중받아야 하는 존재이다.
(라) 영유아는 직접적으로 경험할 때 의미 있는 지식, 기술 및 바람직한 태도를

형성해 간다.

(마) 영유아는 일상생활이 편안하고 학습과 경험이 놀이중심으로 이루어질 때, 최대의 능력이 발휘된다.

(바) 영유아는 민감하고 반응적인 성인과의 신뢰로운 관계 속에서 최적의 발달을 이룬다.

(사) 영유아가 속한 가정, 지역사회가 함께 협력할 때 영유아에게 가장 긍정적인 영향을 미친다.

③ 구성 방향 및 체계

(가) 구성방향

㉮ 영유아의 발달 특성과 개인차를 고려하여 연령 및 수준별로 구성한다.

㉯ 어린이집에서 편안하고 행복한 일상생활이 되도록 중점을 두어 구성한다.

㉰ 질서, 배려, 협력 등 기본생활습관과 바른 인성을 기르는 데 중점을 두어 구성한다.

㉱ 자율성과 창의성을 기르는 데 중점을 두고, 전인발달을 이루도록 구성한다.

㉲ 사람과 자연을 존중하고, 우리 문화를 이해하는 데 중점을 두어 구성한다.

(나) 구성 체계

㉮ 어린이집 표준보육과정은 0~1세 보육과정, 2세 보육과정, 3~5세 보육과정으로 구성한다.

㉯ 어린이집 표준보육과정은 영역, 내용범주, 내용, 세부 내용으로 구분하고, 내용 간에 연계가 이루어지도록 구성한다.

㉰ 세부내용이라 함은 0~1세 보육과정, 2세 보육과정에서는 수준별 세부내용을 의미하고 3~5세 보육과정에서는 연령별 세부내용을 의미한다.

㉱ 0~1세 보육과정은 기본생활, 신체운동, 의사소통, 사회관계, 예술경험, 자연탐구의 6개 영역을 중심으로 구성한다.

㉲ 2세 보육과정은 기본생활, 신체운동, 의사소통, 사회관계, 예술경험, 자연탐구의 6개 영역을 중심으로 구성한다.

㉥ 3~5세 보육과정은 신체운동 · 건강, 의사소통, 사회관계, 예술경험, 자연탐구의 5개 영역을 중심으로 구성한다.

㉦ 3~5세 보육과정은 초등학교 교육과정과의 연계성을 고려하여 구성한다.

나. 목적과 목표

① 목적

영유아의 심신의 건강과 전인적 발달을 도와 행복을 도모하며 민주시민의 기초를 형성하는 것을 목적으로 한다.

② 목표

(가) 0~1세 보육과정

㉮ 건강하고 안전한 일상생활을 경험한다.
㉯ 감각 및 기본 신체운동 능력을 기른다.
㉰ 말소리를 구분하고 의사소통의 기초를 마련한다.
㉱ 친숙한 사람과 관계를 형성한다.
㉲ 아름다움에 관심을 가진다.
㉳ 보고, 듣고, 만지면서 주변 환경에 관심을 가진다.

(나) 2세 보육과정

㉮ 건강하고 안전한 생활습관의 기초를 마련한다.
㉯ 감각, 신체조절 및 기본 운동 능력을 기른다.
㉰ 의사소통 능력의 기초를 기른다.
㉱ 나를 인식하고 다른 사람과 더불어 생활하는 경험을 한다.
㉲ 아름다움에 관심을 가지고 예술경험을 즐긴다.
㉳ 주변 환경에 호기심을 갖고 탐색하기를 즐긴다.

(다) 3~5세 보육과정

㉮ 기본 운동 능력과 건강하고 안전한 생활 습관을 기른다.
㉯ 일상생활에 필요한 의사소통 능력과 바른 언어 사용 습관을 기른다.
㉰ 자신을 존중하고 다른 사람과 더불어 생활하는 능력과 태도를 기른다.
㉱ 아름다움에 관심을 가지고 예술경험을 즐기며, 창의적으로 표현하는 능력을 기른다.
㉲ 호기심을 가지고 주변세계를 탐구하며, 일상생활에서 수학적 · 과학적으로 생각하는 능력과 태도를 기른다.

다. 편성과 운영

① 편성

(가) 어린이집의 운영시간에 맞추어 편성한다.
(나) 표준보육과정에 제시된 각 영역의 내용을 균형 있게 통합적으로 편성한다.
(다) 영유아의 발달 특성 및 개인차, 경험을 고려하여 놀이를 중심으로 편성한다.
(라) 영유아의 일과 중 일상생활을 포함하여 편성한다.
(마) 어린이집과 보육실의 특성에 따라 융통성 있게 편성한다.
(바) 성별, 종교, 신체적 특성, 가족 및 민족 배경 등으로 인한 편견이 없도록 편성한다.

② 운영

(가) 보육계획(연간, 월간, 주간, 일일 계획 등)에 의거하여 운영한다.
(나) 실내 · 외 환경을 다양한 흥미 영역으로 구성하여 운영한다.
(다) 영유아의 능력과 장애정도에 따라 조정하여 운영한다.
(라) 부모와 각 기관의 실정에 따라 부모교육을 실시한다.
(마) 가정과 지역사회와의 협력과 참여에 기반하여 운영한다.
(바) 교사 재교육을 통해 어린이집 표준보육과정 운영을 개선해 나간다.

③ 교수 · 학습 방법

(가) 주도적인 놀이를 중심으로 교수 · 학습활동이 이루어지도록 한다.

(나) 흥미를 중심으로 활동을 선택하고 지속할 수 있도록 한다.

(다) 생활 속 경험을 소재로 하여 지식, 기술, 바람직한 태도를 기르도록 한다.

(라) 교사와 신뢰감을 형성하고 개별적인 활동이 이루어지도록 한다.

(마) 교사, 환경, 또래와 능동적인 상호작용이 이루어지도록 한다.

(바) 주제를 중심으로 여러 활동이 통합적으로 이루어지도록 한다.

(사) 만 0~1세아, 만 2세아는 일상생활 및 개별 활동, 휴식 등이 균형 있게 이루어지도록 한다.

(아) 만 3~5세아는 실내 · 실외활동, 정적 · 동적활동, 대 · 소집단활동 및 개별 활동, 일상생활 및 휴식 등이 균형 있게 이루어지도록 한다.

④ 평가

(가) 운영평가

㉮ 어린이집 표준보육과정의 목표와 내용에 근거하여 보육내용이 적절히 편성 · 운영되는지 평가한다.

㉯ 어린이집 표준보육과정의 운영 내용 및 활동이 영유아의 발달 수준과 흥미, 요구에 적합한지 평가한다.

㉰ 영유아의 발달수준, 흥미, 요구에 적합한 경험 및 학습을 촉진할 수 있는 다양한 활동과 교수 · 학습 방법이 계획되고 통합적으로 운영되는지 평가한다.

㉱ 일과 운영 및 보육활동 구성 시 놀이 활동과 일상생활 활동의 양과 내용이 영아 및 유아 각 연령의 발달에 적합하게 계획되고 운영되는지 평가한다.

㉲ 만 0~1세아, 만 2세아는 집단 활동보다 개별적인 상호작용과 교수법을 중심으로 상호작용이 진행되는지를 평가한다.

㉳ 어린이집 표준보육과정 운영 평가 결과를 수시로 반영하여 보육과정 운영 계획을 수정 · 보완하거나 다음 연도의 계획 수립 및 운영에 반영하는지 평가한다.

(나) 영유아평가

㉮ 어린이집 표준보육과정의 목표와 내용에 근거하여 영유아의 특성과 변화 정도를 평가한다.
㉯ 지식, 기술, 태도 등을 평가한다.
㉰ 일상생활과 보육과정 활동 전반에 걸쳐 평가한다.
㉱ 관찰, 활동 결과물 분석, 부모면담 등 다양한 방법을 사용하여 종합적으로 평가하고, 그 결과를 기록한다.
㉲ 평가 결과는 영유아에 대한 이해와 어린이집 표준보육과정 운영 개선 및 부모 면담 자료로 활용한다.

(2) 0~1세 보육과정

가. 0-1세 보육과정의 영역별 목표

① 기본생활
건강하고 안전한 일상생활을 경험한다.

(가) 건강하고 편안한 일상생활을 경험한다.
(나) 안전한 생활을 경험한다.

② 신체운동
감각 및 기본 신체운동 능력을 기른다.

(가) 감각기능을 발달시키고 자신의 신체를 탐색한다.
(나) 대·소근육을 조절하고 걷기 등의 능력을 기른다.
(다) 규칙적으로 신체활동에 참여한다.

③ 의사소통

말소리를 구분하고 의사소통의 기초를 마련한다.

(가) 주변의 소리와 말소리 듣기에 관심을 보인다.
(나) 표정, 소리, 몸짓으로 자신의 생각과 느낌을 표현한다.
(다) 짧은 그림책이나 친숙한 환경 인쇄물에 관심을 가진다.
(라) 끼적이기에 관심을 가진다.

④ 사회관계

친숙한 사람과 관계를 형성한다.

(가) 자신과 다른 사람을 구별된 존재로 인식한다.
(나) 기본 정서를 표현하고 다른 사람의 감정에 주의를 기울인다.
(다) 안정적인 애착을 형성하고 또래나 교사와 함께 지낸다.

⑤ 예술경험

아름다움에 관심을 가진다.

(가) 자신의 신체와 주변의 감각 자극에 호기심을 가지고 반응한다.
(나) 소리와 움직임으로 반응하고, 단순한 미술을 경험하며, 모방 행동을 즐긴다.
(다) 친근한 소리나 노래를 즐겨 듣고, 자연물, 사물, 주변 환경에 관심을 가진다.

⑥ 자연탐구

보고, 듣고, 만지면서 주변 환경에 관심을 가진다.

(가) 주변 사물에 대한 탐색을 시도한다.
(나) 주변에서 일어나는 수학적 상황을 지각한다.
(다) 감각과 조작을 통하여 주변 사물과 자연환경에 대해 지각한다.

나. 0~1세 보육과정의 영역별 내용

① 기본생활

(가) 내용체계

내용범주	내용
건강하게 생활하기	몸을 깨끗이 하기
	즐겁게 먹기
	건강한 일상생활하기
안전하게 생활하기	안전하게 지내기
	위험한 상황에 반응하기

(나) 세부내용

<table>
<tr><th>내용범주</th><th>내용</th><th>1수준</th><th>2수준</th><th>3수준</th><th>4수준</th></tr>
<tr><td rowspan="10">건강하게 생활하기</td><td rowspan="3">몸을 깨끗이 하기</td><td colspan="4">몸이 깨끗해졌을 때 기분이 좋음을 안다.</td></tr>
<tr><td colspan="4">도움을 받아 손을 씻는다.</td></tr>
<tr><td></td><td colspan="3">도움을 받아 이를 닦는다.</td></tr>
<tr><td rowspan="3">즐겁게 먹기</td><td>편안하게 안겨서 우유(모유)를 먹는다.</td><td>이유식에 적응한다.</td><td>고형식에 적응한다.</td><td>다양한 음식을 먹어 본다.</td></tr>
<tr><td colspan="2"></td><td colspan="2">도구로 음식을 먹어 본다.</td></tr>
<tr><td colspan="4">즐겁게 먹는다.</td></tr>
<tr><td rowspan="4">건강한 일상생활 하기</td><td colspan="4">수면을 충분히 취한다.</td></tr>
<tr><td colspan="4">편안하게 쉰다.</td></tr>
<tr><td colspan="4">하루 일과에 편안하게 참여한다.</td></tr>
<tr><td colspan="2"></td><td colspan="2">배변 의사를 표현한다.</td></tr>
</table>

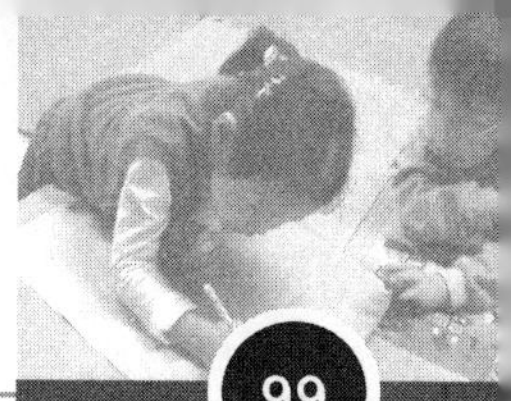

<table>
<tr><th>내용범주</th><th>내용</th><th>1수준</th><th>2수준</th><th>3수준</th><th>4수준</th></tr>
<tr><td rowspan="4">안전하게 생활하기</td><td rowspan="3">안전하게 지내기</td><td colspan="3">안전한 상황에서 놀이한다.</td><td>놀잇감을 안전하게 사용한다.</td></tr>
<tr><td colspan="4">안전한 장소에서 놀이한다.</td></tr>
<tr><td colspan="4">차량 승하차 시 안전 장구를 착용한다.</td></tr>
<tr><td>위험한 상황에 반응하기</td><td></td><td>위험하다는 말에 반응을 보인다.</td><td colspan="2">위험하다고 알려주면 주의한다.</td></tr>
</table>

② 신체운동

(가) 내용체계

<table>
<tr><th>내용범주</th><th>내용</th></tr>
<tr><td rowspan="3">감각과 신체 인식하기</td><td>감각적 자극에 반응하기</td></tr>
<tr><td>감각기관으로 탐색하기</td></tr>
<tr><td>신체 탐색하기</td></tr>
<tr><td rowspan="4">신체조절과 기본운동하기</td><td>신체 균형잡기</td></tr>
<tr><td>대근육 조절하기</td></tr>
<tr><td>소근육 조절하기</td></tr>
<tr><td>기본운동하기</td></tr>
<tr><td rowspan="3">신체활동에 참여하기</td><td>몸 움직임 즐기기</td></tr>
<tr><td>바깥에서 신체 움직이기</td></tr>
<tr><td>기구를 이용하여 신체활동 시도하기</td></tr>
</table>

(나) 세부내용

<table>
<tr><th>내용범주</th><th>내용</th><th>1수준</th><th>2수준</th><th>3수준</th><th>4수준</th></tr>
<tr><td rowspan="5">감각과 신체 인식하기</td><td rowspan="2">감각적 자극에 반응하기</td><td colspan="4">시각, 청각, 촉각, 후각, 미각으로 자극을 느낀다.</td></tr>
<tr><td colspan="4">시각, 청각, 촉각, 후각, 미각으로 자극에 반응한다.</td></tr>
<tr><td>감각기관으로 탐색하기</td><td colspan="4">감각기관으로 주변 환경을 탐색한다.</td></tr>
<tr><td>신체 탐색하기</td><td>손과 발 등을 바라보며 탐색한다.</td><td colspan="3">주요 신체 부분의 움직임을 탐색한다.</td></tr>
<tr style="display:none"></tr>
<tr><td rowspan="5">신체 조절과 기본운동하기</td><td>신체 균형잡기</td><td>몸의 균형을 잡기 위한 자세를 시도한다.</td><td>붙잡고 서 있기 등의 자세를 취한다.</td><td colspan="2">안정되게 서 있기 등의 자세를 시도한다.</td></tr>
<tr><td>대근육 조절하기</td><td>뒤집기 등 몸을 조절하여 위치를 바꾼다.</td><td colspan="3">누웠다 앉기 등 몸의 움직임을 조절한다.</td></tr>
<tr><td>소근육 조절하기</td><td>보이는 물체에 손을 뻗는다.</td><td colspan="3">눈과 손을 협응하여 소근육을 활용해 본다.</td></tr>
<tr><td rowspan="2">기본운동하기</td><td>배밀이 등 이동운동을 시도한다.</td><td>기기, 걷기 등 이동운동을 시도한다.</td><td colspan="2">걷기 등 이동운동을 시도한다.</td></tr>
<tr><td colspan="2">팔 다리 뻗기, 흔들기 등 제자리 운동을 시도한다.</td><td colspan="2">서 있기, 앉기 등 제자리 운동을 시도한다.</td></tr>
<tr><td rowspan="3">신체활동에 참여하기</td><td>몸 움직임 즐기기</td><td colspan="2">몸을 활발히 움직인다.</td><td colspan="2">몸의 움직임을 다양하게 시도한다.</td></tr>
<tr><td>바깥에서 신체 움직이기</td><td colspan="2">규칙적으로 바깥환경을 경험한다.</td><td colspan="2">규칙적으로 바깥에서 신체활동을 한다.</td></tr>
<tr><td>기구를 이용하여 신체활동 시도하기</td><td></td><td colspan="3">간단한 기구를 이용하여 신체활동을 시도한다.</td></tr>
</table>

③ 의사소통

(가) 내용체계

내용범주	내용
듣기	주변의 소리와 말소리 구분하여 듣기
	경험과 관련된 말 듣고 알기
	운율이 있는 말 듣기
	말하는 사람을 보기
말하기	발성과 발음으로 소리내기
	표정, 몸짓, 말소리로 말하기
	말할 순서 구별하기
읽기	그림책과 환경 인쇄물에 관심 가지기
쓰기	끼적이기

(나) 세부내용

<table>
<tr><th>내용범주</th><th>내용</th><th>1수준</th><th>2수준</th><th>3수준</th><th>4수준</th></tr>
<tr><td rowspan="8">듣기</td><td rowspan="3">주변의 소리와 말소리 구분하여 듣기</td><td colspan="3">여러 가지 소리와 말소리 듣기에 흥미를 보인다.</td><td>친숙한 낱말의 발음에 흥미를 보인다.</td></tr>
<tr><td colspan="4">익숙한 목소리를 듣고 그것에 반응한다.</td></tr>
<tr><td colspan="2"></td><td colspan="2">높낮이와 세기 등 말소리의 차이에 반응한다.</td></tr>
<tr><td rowspan="2">경험과 관련된 말 듣고 알기</td><td colspan="4">눈 앞에 보이는 경험과 관련된 말에 반응한다.</td></tr>
<tr><td></td><td colspan="3">자신의 이름이 불리면 듣고 반응한다.</td></tr>
<tr><td>운율이 있는 말 듣기</td><td colspan="4">운율이 있는 짧은 말소리를 관심 있게 듣는다.</td></tr>
<tr><td>말하는 사람을 보기</td><td colspan="2">말하는 사람의 눈을 마주 바라본다.</td><td colspan="2">말하는 사람의 표정, 몸짓을 관심 있게 본다.</td></tr>
</table>

내용범주	내용	1수준	2수준	3수준	4수준
말하기	발성과 발음으로 소리내기	여러 가지 소리를 내고 옹알이를 한다.		여러 말소리를 즐겁게 내 본다.	
				의미 있는 음절을 내 본다.	
	발성과 발음으로 소리내기	옹알이와 말소리에 대해 말로 반응해 주면 모방하여 소리 낸다.		교사의 말을 모방하여 발음한다.	
	표정, 몸짓, 말소리로 말하기	표정과 소리로 의사표현을 한다.	표정, 몸짓, 소리로 의사표현을 한다.	표정, 몸짓, 말소리로 의사표현을 한다.	
	말할 순서 구별하기	말할 순서에 따라 표정, 몸짓, 말소리로 반응한다.			
읽기	그림책과 환경 인쇄물에 관심 가지기	다양한 감각 책을 탐색해 본다.			
				사물과 주변의 친숙한 환경 인쇄물에 관심을 가진다.	
		읽어주는 짧은 그림책에 관심을 가진다.			
쓰기	끼적이기		끼적이기에 관심을 가진다.		

④ 사회관계

(가) 내용체계

내용범주	내용
나를 알고 존중하기	나를 구별하기
	나의 것 인식하기
나와 다른 사람의 감정 알기	나의 감정을 나타내기
	다른 사람에게 주의 기울이기
더불어 생활하기	안정적인 애착형성하기
	또래에 관심 갖기
	자신이 속한 집단 알기
	사회적 가치를 알기

(나) 세부내용

<table>
<tr><th>내용범주</th><th>내용</th><th>1수준</th><th>2수준</th><th>3수준</th><th>4수준</th></tr>
<tr><td rowspan="3">나를 알고 존중하기</td><td>나를 구별하기</td><td colspan="2">거울 속의 나에게 관심을 가진다.</td><td colspan="2">거울 속의 나를 알아본다.</td></tr>
<tr><td rowspan="2">나의 것 인식하기</td><td colspan="4">자기 이름을 부르는 소리에 반응한다.</td></tr>
<tr><td colspan="2"></td><td colspan="2">친숙한 자기 물건을 안다.</td></tr>
<tr><td rowspan="2">나와 다른 사람의 감정 알기</td><td>나의 감정을 나타내기</td><td colspan="4">나의 욕구와 감정을 나타낸다.</td></tr>
<tr><td>다른 사람에게 주의 기울이기</td><td colspan="2">다른 사람의 말과 표정, 몸짓에 주의를 기울인다.</td><td colspan="2">다른 사람이 나타내는 여러 가지 감정에 주의를 기울인다.</td></tr>
<tr><td rowspan="6">더불어 생활하기</td><td rowspan="2">안정적인 애착형성하기</td><td>양육자와 시선을 맞춘다.</td><td colspan="3">양육자에게 적극적으로 관심과 욕구를 표현한다.</td></tr>
<tr><td colspan="2">주변의 친숙한 사람의 얼굴과 목소리를 인식한다.</td><td colspan="2">주변의 친숙한 사람에게 애정을 표현한다.</td></tr>
<tr><td>또래에 관심갖기</td><td colspan="4">다른 영아와 함께 지내는 것을 경험한다.</td></tr>
<tr><td>자신이 속한 집단 알기</td><td colspan="2">담임교사를 구별한다.</td><td colspan="2">자기 반에서 지내며 안정감을 가진다.</td></tr>
<tr><td rowspan="2">사회적 가치를 알기</td><td colspan="2"></td><td colspan="2">친숙한 물건의 자리를 안다.</td></tr>
<tr><td colspan="4">만나고 헤어지는 인사를 해 본다.</td></tr>
</table>

⑤ 예술경험

(가) 내용체계

<table>
<tr><th>내용범주</th><th>내용</th></tr>
<tr><td>아름다움 찾아보기</td><td>예술적 요소에 호기심 가지기</td></tr>
<tr><td rowspan="4">예술적 표현하기</td><td>리듬 있는 소리로 반응하기</td></tr>
<tr><td>움직임으로 반응하기</td></tr>
<tr><td>단순한 미술 경험하기</td></tr>
<tr><td>모방행동 즐기기</td></tr>
<tr><td>예술 감상하기</td><td>아름다움 경험하기</td></tr>
</table>

(나) 세부내용

내용범주	내용	1수준	2수준	3수준	4수준
아름다움 찾아보기	예술적 요소에 호기심 가지기	주변의 소리와 움직임에 호기심을 가진다.			
		주변 환경에서 색, 모양에 호기심을 가진다.			
예술적 표현하기	리듬 있는 소리로 반응하기	리듬 있는 소리에 관심을 가진다.		노래를 부분적으로 따라 부른다.	
		리듬과 노래에 소리로 반응한다.		리듬과 음높이에 맞추어 소리를 낸다.	
	움직임으로 반응하기	손발 흔들기와 몸 움직임으로 반응한다.			
				간단한 도구를 활용하여 움직인다.	
	단순한 미술 경험하기			감각적으로 단순한 미술경험을 한다.	
	모방행동 즐기기	소리나 얼굴 표정, 몸 움직임 등을 모방한다.		단순한 모방 행동을 놀이처럼 즐긴다.	
예술 감상하기	아름다움 경험하기	일상생활에서 반복되는 소리와 노래에 관심을 가진다.		일상생활에서 리듬 있는 소리와 노래를 즐겨 듣는다.	
		일상생활에서 자연이나 사물의 아름다움을 경험한다.			

⑥ 자연탐구

(가) 내용체계

내용범주	내용
탐구하는 태도 기르기	사물에 관심 가지기
	탐색 시도하기
수학적 탐구하기	수량 지각하기
	주변 공간 탐색하기
	차이를 지각하기
	간단한 규칙성 지각하기
과학적 탐구하기	물체와 물질 탐색하기
	주변 동식물에 관심 가지기
	주변 자연에 관심 가지기
	생활도구 탐색하기

(나) 세부내용

<table>
<tr><th>내용범주</th><th>내용</th><th>1수준</th><th>2수준</th><th>3수준</th><th>4수준</th></tr>
<tr><td rowspan="2">탐구하는 태도 기르기</td><td>사물에 관심 가지기</td><td></td><td colspan="3">주변 사물에 관심을 가진다.</td></tr>
<tr><td>탐색 시도하기</td><td>나와 주변 사물을 감각으로 탐색한다.</td><td colspan="3">주변의 사물에 대해 의도적인 탐색을 시도한다.</td></tr>
<tr><td rowspan="5">수학적 탐구하기</td><td>수량 지각하기</td><td></td><td>있고 없는 상황을 지각한다.</td><td>‘있다’와 ‘없다’를 구별한다.</td><td>‘한 개’와 ‘여러 개’를 구별한다.</td></tr>
<tr><td rowspan="2">주변 공간 탐색하기</td><td></td><td colspan="3">도움을 받아 주변의 공간을 탐색한다.</td></tr>
<tr><td colspan="4">주변 사물의 모양을 지각한다.</td></tr>
<tr><td>차이를 지각하기</td><td colspan="2"></td><td colspan="2">주변 사물의 차이를 지각한다.</td></tr>
<tr><td>간단한 규칙성 지각하기</td><td colspan="2"></td><td colspan="2">일상과 놀이에서 간단한 규칙성을 경험한다.</td></tr>
<tr><td rowspan="5">과학적 탐구하기</td><td>물체와 물질 탐색하기</td><td colspan="4">일상생활 주변의 몇 가지 친숙한 것들을 양육자와 함께 탐색한다.</td></tr>
<tr><td>주변 동식물에 관심 가지기</td><td colspan="2"></td><td colspan="2">주변 동식물의 모양, 소리, 움직임에 관심을 가진다.</td></tr>
<tr><td rowspan="2">주변 자연에 관심 가지기</td><td></td><td colspan="3">생활 주변의 자연물을 감각으로 느껴 본다.</td></tr>
<tr><td></td><td colspan="3">바람, 햇빛, 비 등을 감각으로 느껴 본다.</td></tr>
<tr><td>생활도구 탐색하기</td><td colspan="2"></td><td colspan="2">도움을 받아 생활도구를 탐색한다.</td></tr>
</table>

(3) 2세 보육과정

가. 2세 보육과정의 영역별 목표

① 기본생활
건강하고 안전한 생활습관의 기초를 마련한다.

(가) 건강한 생활습관의 기초를 경험한다.
(나) 안전한 생활습관의 기초를 경험한다.

② 신체운동
감각, 신체조절 및 기본 운동 능력을 기른다.

(가) 감각능력을 기르고, 자신의 신체 움직임을 탐색한다.
(나) 안정된 자세로 대·소근육을 조절하고 기본 운동 능력을 기른다.
(다) 규칙적으로 신체활동에 참여한다.

③ 의사소통
의사소통 능력의 기초를 기른다.

(가) 다른 사람의 말과 짧은 이야기 듣는 것을 즐긴다.
(나) 자신의 생각과 느낌을 말로 주고받기를 즐긴다.
(다) 그림책이나 환경 인쇄물에 관심을 가지며 글의 내용에 흥미를 가진다.
(라) 글자 형태 끼적이기에 관심을 가진다.

④ 사회관계
나를 인식하고 다른 사람과 더불어 생활하는 경험을 한다.

(가) 자기 존중감을 형성한다.
(나) 자신의 감정을 알고 다른 사람의 감정에 반응을 보인다.

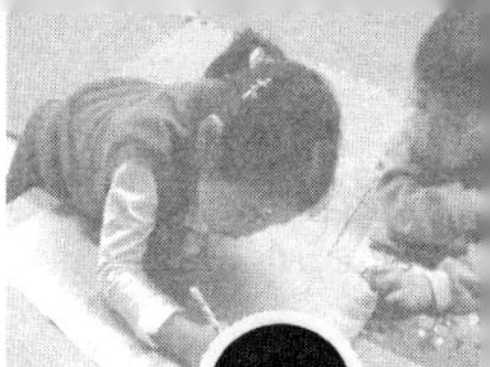

(다) 가족을 사랑하고 또래, 교사와 즐겁게 지내며 간단한 규칙 등을 지킨다.

⑤ 예술경험

아름다움에 관심을 가지고 예술경험을 즐긴다.

(가) 주변 생활에서 예술적 요소를 발견하고 흥미롭게 탐색한다.
(나) 간단한 리듬이나 노래, 움직임, 자발적인 미술활동을 자유롭게 시도하고 모방이나 상상놀이로 표현한다.
(다) 주변의 환경과 자연 및 다양한 표현에서 예술적 요소를 관심 있게 보고 즐긴다.

⑥ 자연탐구

주변 환경에 호기심을 갖고 탐색하기를 즐긴다.

(가) 호기심을 가지고 주변 세계에 대해 다양하게 탐색한다.
(나) 주변에서 경험하는 수학적 상황을 인식한다.
(다) 다양한 탐색을 통하여 주변 사물과 자연환경을 인식한다.

나. 2세 보육과정의 영역별 내용

① 기본생활

(가) 내용체계

내용범주	내용
건강하게 생활하기	몸을 깨끗이 하기
	바르게 먹기
	건강한 일상생활하기
	질병에 대해 알기
안전하게 생활하기	안전하게 놀이하기
	교통안전 알기
	위험한 상황알기

(나) 세부내용

<table>
<tr><th>내용범주</th><th>내용</th><th>1수준</th><th>2수준</th></tr>
<tr><td rowspan="10">건강하게 생활하기</td><td rowspan="2">몸을 깨끗이 하기</td><td colspan="2">스스로 손과 몸씻기를 시도한다.</td></tr>
<tr><td colspan="2">스스로 이닦기를 시도한다.</td></tr>
<tr><td rowspan="3">바르게 먹기</td><td colspan="2">음식을 골고루 먹는다.</td></tr>
<tr><td colspan="2">도구를 사용하여 스스로 먹는다.</td></tr>
<tr><td colspan="2">정해진 자리에서 먹는다.</td></tr>
<tr><td rowspan="4">건강한 일상생활하기</td><td colspan="2">일과에 따라 규칙적으로 잠을 잔다.</td></tr>
<tr><td colspan="2">정해진 시간에 알맞게 휴식한다.</td></tr>
<tr><td colspan="2">하루 일과에 즐겁게 참여한다.</td></tr>
<tr><td>정해진 곳에서 배변한다.</td><td>화장실에서 배변한다.</td></tr>
<tr><td>질병에 대해 알기</td><td colspan="2">질병의 위험을 안다.</td></tr>
<tr><td rowspan="5">안전하게 생활하기</td><td rowspan="2">안전하게 놀이하기</td><td colspan="2">놀이기구나 놀잇감을 안전하게 사용한다.</td></tr>
<tr><td colspan="2">안전한 장소에서 놀이한다.</td></tr>
<tr><td>교통안전 알기</td><td>교통수단의 위험을 안다.</td><td>교통수단의 위험을 알고 조심한다.</td></tr>
<tr><td rowspan="2">위험한 상황알기</td><td>위험한 상황과 위험한 것을 안다.</td><td>위험한 상황과 위험한 것을 알고 조심한다.</td></tr>
<tr><td colspan="2">위험한 상황 시 어른의 지시에 따른다.</td></tr>
</table>

② 신체운동

(가) 내용체계

<table>
<tr><th>내용범주</th><th>내용</th></tr>
<tr><td rowspan="3">감각과 신체 인식하기</td><td>감각능력 기르기</td></tr>
<tr><td>감각 기관 활용하기</td></tr>
<tr><td>신체를 인식하고 움직이기</td></tr>
<tr><td rowspan="2">신체조절과 기본운동하기</td><td>신체 균형잡기</td></tr>
<tr><td>대근육 조절하기</td></tr>
</table>

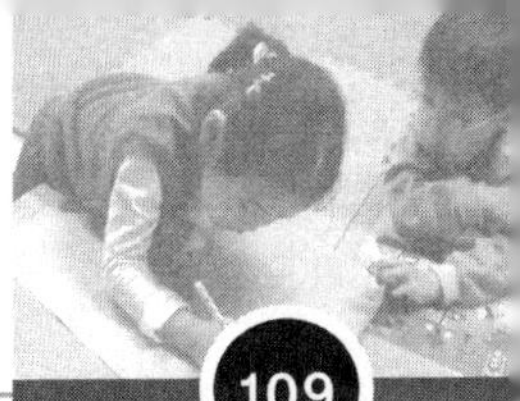

내용범주	내용
	소근육 조절하기
	기본운동하기
신체활동에 참여하기	신체활동에 참여하기
	바깥에서 신체활동하기
	기구를 이용하여 신체활동하기

(나) 세부내용

내용범주	내용	1수준	2수준
감각과 신체 인식하기	감각능력 기르기	다양한 감각적 차이에 반응한다.	
	감각 기관 활용하기	감각기관으로 주변 환경을 탐색한다.	
	신체를 인식하고 움직이기	신체 각 부분의 명칭을 안다.	
		신체 각 부분의 움직임을 탐색한다.	
신체 조절과 기본 운동하기	신체균형잡기	안정된 자세를 취하려고 시도한다.	
	대근육 조절하기	팔, 다리, 목, 허리 등 움직임을 조절한다.	
	소근육 조절하기	눈과 손을 협응하여 소근육을 조절해 본다.	
	기본운동하기	걷기, 계단 오르기 등 이동운동을 한다.	
		제자리에서 몸을 움직여 본다.	
신체 활동에 참여하기	신체활동에 참여하기	신체활동에 자발적으로 참여해 본다.	
	바깥에서 신체활동하기	규칙적으로 바깥에서 신체활동을 한다.	
	기구를 이용하여 신체활동하기	간단한 기구를 이용하여 신체활동을 한다.	

③ 의사소통

(가) 내용체계

내용범주	내용
듣기	말소리 구분하여 듣고 의미알기
	짧은 문장 듣고 알기
	짧은 이야기 듣기
	말하는 사람을 주의 깊게 보기
말하기	낱말과 간단한 문장으로 말하기
	자신이 원하는 것을 말하기
	상대방을 바라보며 말하기
읽기	그림책과 환경 인쇄물에 흥미 가지기
쓰기	끼적이며 즐기기

(나) 세부내용

내용범주	내용	1수준	2수준
듣기	말소리 구분하여 듣고 의미알기	친숙한 낱말의 발음에 흥미를 보인다.	친숙한 낱말의 발음에 관심을 가지고 듣는다.
		다양한 말소리의 차이를 구분한다.	
	짧은 문장 듣고 알기	낱말을 듣고 친숙한 사물과 사람을 찾아본다.	일상생활과 관련된 친숙한 낱말을 듣고 뜻을 이해한다.
		친숙한 짧은 문장을 듣고 반응한다.	
	짧은 이야기 듣기	짧은 이야기와 노랫말 등을 즐겁게 듣는다.	
	말하는 사람을 주의 깊게 보기	말하는 사람의 표정, 몸짓, 억양 등을 주의 깊게 보고 듣는다.	
말하기	낱말과 간단한 문장으로 말하기	눈앞에 보이는 친숙한 사물의 이름을 발음해본다.	친숙한 낱말을 발음해 본다.
		일상생활에서 경험한 새로운 낱말에 관심을 가진다.	

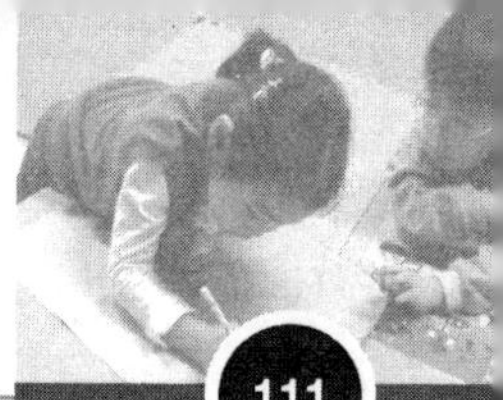

내용범주	내용	1수준	2수준
		일상생활의 반복적인 일이나 친숙한 상황을 한두 낱말이나 간단한 문장으로 말해 본다.	
	자신이 원하는 것을 말하기	표정, 몸짓, 말소리로 의사표현을 한다.	
		자신이 원하는 것을 한 두 낱말로 말해 본다.	자신이 원하는 것을 낱말이나 짧은 문장으로 말해 본다.
	상대방을 바라보며 말하기	말할 순서에 상대방을 바라보며 말을 주고받는다.	
읽기	그림책과 환경 인쇄물에 흥미 가지기	그림책과 환경 인쇄물에 있는 그림과 내용에 관심을 가진다.	
		친숙한 그림과 환경 인쇄물을 보고 읽는 흉내를 내 본다.	
		선호하는 그림책들을 읽어 주면 집중하여 듣는다.	
쓰기	끼적이며 즐기기	의도적으로 끼적인다.	
		자기 이름 끼적이기에 관심을 가진다.	

④ 사회관계

(가) 내용체계

내용범주	내용
나를 알고 존중하기	나를 구별하기
	좋아하는 것 해보기
나와 다른 사람의 감정 알기	나의 감정을 나타내기
	다른 사람의 감정에 반응하기
더불어 생활하기	내 가족 알기
	또래와 관계하기
	자신이 속한 집단 알기
	사회적 가치를 알기

(나) 세부내용

내용범주	내용	1수준	2수준
나를 알고 존중하기	나를 구별하기	나와 다른 사람의 모습을 구별한다.	
	좋아하는 것 해보기	내가 좋아하는 것을 찾아본다.	
		좋아하는 놀이나 놀잇감을 선택해 본다.	스스로 선택한 놀이나 놀잇감을 즐긴다.
나와 다른 사람의 감정 알기	나의 감정을 나타내기	여러 가지 감정을 말과 행동으로 나타낸다.	
	다른 사람의 감정에 반응하기	다른 사람이 나타내는 여러 가지 감정에 반응을 보인다.	
더불어 생활하기	내 가족 알기	내 가족에게 애정을 표현한다.	내 가족에게 다른 사람과는 구별된 특별한 감정을 갖는다.
	또래와 관계하기	또래에게 관심을 보인다.	또래의 모습과 행동을 모방한다.
		또래의 이름을 안다.	또래가 있는 곳에서 놀이를 한다.
	자신이 속한 집단 알기	자신이 속한 반과 교사를 안다.	자신이 속한 반의 활동에 즐겁게 참여한다.
	사회적 가치를 알기	도움 받아 물건을 정리한다.	스스로 물건을 정리한다.
		자기 순서를 안다.	순서를 기다린다.
		바른 태도로 인사한다.	
		간단한 약속을 지킨다.	

⑤ 예술경험

(가) 내용체계

내용범주	내용
아름다움 찾아보기	예술적 요소 탐색하기
예술적 표현하기	리듬 있는 소리와 노래로 표현하기
	움직임으로 표현하기

내용범주	내용
예술적 표현하기	자발적으로 미술활동하기
	모방과 상상놀이하기
예술 감상하기	아름다움 즐기기

(나) 세부내용

<table>
<tr><th>내용범주</th><th>내용</th><th>1수준</th><th>2수준</th></tr>
<tr><td rowspan="2">아름다움 찾아보기</td><td rowspan="2">예술적 요소 탐색하기</td><td colspan="2">주변 환경에서 나는 다양한 소리와 움직임을 탐색한다.</td></tr>
<tr><td colspan="2">주변 환경에서 색, 모양을 탐색한다.</td></tr>
<tr><td rowspan="7">예술적 표현하기</td><td rowspan="2">리듬있는 소리와 노래로 표현하기</td><td colspan="2">친근한 노래를 따라 부른다.</td></tr>
<tr><td colspan="2">신체, 사물, 리듬악기 등을 이용하여 간단한 리듬과 소리를 만든다.</td></tr>
<tr><td rowspan="2">움직임으로 표현하기</td><td colspan="2">노래나 리듬에 맞춰 몸으로 표현한다.</td></tr>
<tr><td colspan="2">간단한 도구를 활용하여 몸으로 표현한다.</td></tr>
<tr><td rowspan="2">자발적으로 미술활동하기</td><td colspan="2">자발적으로 그리기, 만들기를 한다.</td></tr>
<tr><td colspan="2">간단한 도구와 미술재료를 다룬다.</td></tr>
<tr><td>모방과 상상놀이하기</td><td>모방행동을 놀이처럼 즐긴다.</td><td>일상생활 경험을 상상놀이로 즐긴다.</td></tr>
<tr><td rowspan="3">예술 감상하기</td><td rowspan="3">아름다움 즐기기</td><td colspan="2">자연이나 생활의 소리나, 움직임, 친근한 음악과 춤을 관심 있게 듣거나 본다.</td></tr>
<tr><td colspan="2">일상생활에서 자연과 사물의 아름다움에 관심을 가지고 즐긴다.</td></tr>
<tr><td colspan="2">자신과 또래가 표현한 노래, 춤, 미술품 등에 관심을 가지고 즐긴다.</td></tr>
</table>

⑥ 자연탐구

(가) 내용체계

내용범주	내용
탐구하는 태도 기르기	호기심 가지기
	반복적 탐색 즐기기

<table>
<tr><th>내용범주</th><th>내용</th></tr>
<tr><td rowspan="5">수학적 탐구하기</td><td>수량 인식하기</td></tr>
<tr><td>공간과 도형에 관심 가지기</td></tr>
<tr><td>차이에 관심 가지기</td></tr>
<tr><td>단순한 규칙성에 관심 가지기</td></tr>
<tr><td>구분하기</td></tr>
<tr><td rowspan="4">과학적 탐구하기</td><td>물체와 물질 탐색하기</td></tr>
<tr><td>주변 동식물에 관심 가지기</td></tr>
<tr><td>자연을 탐색하기</td></tr>
<tr><td>생활도구 사용하기</td></tr>
</table>

(나) 세부내용

<table>
<tr><th>내용범주</th><th>내용</th><th>1수준</th><th>2수준</th></tr>
<tr><td rowspan="2">탐구하는 태도 기르기</td><td>호기심 가지기</td><td colspan="2">주변 사물과 자연 세계에 호기심을 가진다.</td></tr>
<tr><td>반복적 탐색 즐기기</td><td colspan="2">관심 있는 사물을 반복하여 주도적으로 탐색하기를 즐긴다.</td></tr>
<tr><td rowspan="8">수학적 탐구하기</td><td rowspan="3">수량 인식하기</td><td colspan="2">많고 적음을 구별한다.</td></tr>
<tr><td>두 개 가량의 수 이름을 말해 본다.</td><td>세 개 가량의 구체물을 말하며 세어 본다.</td></tr>
<tr><td colspan="2">구체물을 일대일로 대응해 본다.</td></tr>
<tr><td rowspan="2">공간과 도형에 관심 가지기</td><td colspan="2">나를 중심으로 익숙한 위치, 장소를 인식한다.</td></tr>
<tr><td colspan="2">주변 사물의 모양에 관심을 가진다.</td></tr>
<tr><td>차이에 관심 가지기</td><td colspan="2">주변 사물의 크기(속성의 차이)에 관심을 가진다.</td></tr>
<tr><td>단순한 규칙성에 관심 가지기</td><td colspan="2">주변에서 단순하게 반복되는 규칙성에 관심을 가진다.</td></tr>
<tr><td>구분하기</td><td colspan="2">주변 사물의 같고 다름에 따라 구분한다.</td></tr>
<tr><td rowspan="2">과학적 탐구하기</td><td>물체와 물질 탐색하기</td><td colspan="2">친숙한 물체와 물질을 능동적으로 탐색한다.</td></tr>
<tr><td>주변 동식물에 관심 가지기</td><td colspan="2">주변 동식물의 모양, 소리, 움직임에 관심을 가진다.</td></tr>
</table>

내용범주	내용	1수준	2수준
	자연을 탐색하기	돌, 물, 모래 등의 자연물을 탐색한다.	
		날씨를 감각으로 느낀다.	
	생활도구 사용하기	생활 속에서 간단한 도구에 관심을 가진다.	
		간단한 도구를 사용한다.	

(4) 3~5세 보육과정(누리과정)

3~5세 누리과정은 공통교육과정으로 어린이집과 유치원의 동일한 교육과정으로 운영되므로 앞에 기술한 3-5세의 누리과정을 참조하기 바란다.

Memo

현장 적용 프로그램

제 3 장

1. 몬테소리 프로그램
2. 프로젝트 접근법
3. 레지오 에밀리아 접근법
4. 자유 발도로포 프로그램
5. 숲 유치원 프로그램

1. 몬테소리 프로그램

1) 몬테소리 생애와 역사적 배경

1870년 8월 31일 이탈리아의 안코바(Ancova)지방의 기웨라엘(Chiaravalle)이라는 마을에서 귀족 출신의 아버지 알레산드로(Alessandro Montessori)와 교육자 가정출신인 어머니 레논데 스토파니(Renilde stoppani)의 외동딸로 태어났다.

1883년 13세 가을 국립공과학교를 입학하여 3년 후 공과학교 졸업 후 엔지니어가 되는 게 소망이었으나 부모의 극심한 반대로 도중에 포기하였다.

1890년 국립공과대학(레오나르도 다빈치 대학) 졸업. 특히 수학을 좋아했으며, 생물과학에도 흥미가 있어 의학 공부를 원했지만 집에서 강하게 반대했다.

1890년 여학생이란 이유로 로마대학 의과대학에 입학을 거절당했다. 그 후 이탈리아 왕과 교황을 만나 의과대학에 입학 할 수 있었으며, 장학금을 받으며 의학공부를 하게 되었다.

1896년 26세 이탈리아 최초의 여의사가 되었다. "피해망상의 연구" 의학 박사학위취득.

1897년 로마대학 정신과 임상진료소 보조의사 임명. 정신 지체자에 대한 흥미를 갖게 됨.

1898년 지체 어린이의 교육을 위한 국내 연맹 지도자가 됨. 아들(Mario Montessori) 출산.

1900년 특수교육교사 양성학교 설립 초대 교장.

1901년 로마대학에 재입학하여 교육학, 철학, 심리학, 실험 심리학 연구함.

1904년 4년간 로마대학의 교수 인류학과의 학과장직 역임.

1907년 산 로렌조의 어린이집(Casa dei Bambini) 설립.

1909년 몬테소리학교 설립.

1911년 영국, 이탈리아 몬테소리학회 설립.

1912년 로마 최초로 몬테소리 교사훈련과정 개설.

1913년 영국에 시범 몬테소리학교 설립. 스페인에 몬테소리학교 설립. 미국에 몬테소리학교 설립. 미국에서 몬테소리교육협회 결성. 「교육학적 인류학」(Pedagogical Anthropology) 저술.

1914년 이탈리아에서 국제몬테소리회의 개최.
「Dr. Montessori's own Hand Book」 저술.

1915년 샌프란시스코에서 국제교사 훈련과정 개최. 몬테소리협회 탄생.

1916년 뉴욕에 국제 몬테소리진흥재단 설립.

1917년 네덜란드 암스테르담 교육협회에서 강의. 독일, 오스트리아, 미국, 폴란드, 뉴질랜드, 멕시코, 캐나다, 일본, 중국, 이탈리아, 인도 등지에 몬테소리 교육기관 또는 학교 세움.

1919년 영국 런던에서 국제교사 훈련과정 개최.

1922년 베를린 대학, 암스테르담 대학 강의.

1923년 영국의 타라무 대학(Durhan)에서 명예 박사학위받음.

1924년 암스테르담에서 국제적인 훈련과정 개최.

1926년 제네바에 있는 국제연맹에서 연설.

1927년 아르헨티나에 몬테소리협회 창설.

1929년 덴마크에서 국제몬테소리협회 창설.

1930년 니스(Nice)에서 두 번째 국제몬테소리회의 개최.

1932년 「Peace & Education」, 「The Mass Explained to children」 저술.

1933년 제3회 국제 몬테소리 대회 네덜란드 암스테르담 개최.

1934년 이탈리아 로마 제4회 국제몬테소리 대회 개최.

1936년 암스테르담에 국제몬테소리협회(AMI : Association Montessori International) 본부설립. 「The Child in Family」, 「The Secret of Childhood」 저술.

1937년 덴마크 코펜하겐 제6회 국제몬테소리 대회 개최.

1938년 영국 에딘버러 제7회 국제몬테소리 대회 개최.

1939년 독일에 의한 오스트리아 합병으로 세계 제2차 대전 후까지 몬테소리

운동 전면 중단. 인도에서는 간디, 네루, 드골 등으로부터 지원받아 인도 양성 코스를 아들 마리오와 함께 개최.

1945년 인도에서 전국 몬테소리회의 개최.

1946년 2차대전이 종식되자 인도에서 네덜란드로 다시 옴. 런던과 스코틀랜드에 교사훈련과정 개최. 「Education for a New World」 저술.

1947년 이탈리아 해방과 함께 정부초청으로 몬테소리학교 재설립.

1949년 네덜란드 몬테소리 지부 설립. 이탈리아의 산레모에서 제8회 국제몬테소리회의 개최. 파키스탄에 몬테소리협회 창설. 「The Absorbent Mind」 저술. 프랑스의 솔로몬 대학으로부터 십자훈장받음.

1950년 노벨 평화상 후보 추천. 플로렌스에서 UNESCO회의의 대표가 됨. 암스테르담 네덜란드 대학에서 명예박사학위받음. 「The Formation of Man」 저술.

1951년 영국 런던에서 제9회 몬테소리대회 개최."탄생에서부터 대학생까지의 어린이의 정신의 자연적 발달을 돕는 교육" 주제 강연을 마지막으로 이듬해 사망.

1952년 5월 6일 네덜란드의 노르트웨크안제에서 뇌출혈로 82세의 생애 마침. 그 후 그녀의 아들 Mario Montessori가 계속 그녀의 업적과 방법을 전개해 나갔다. 프랑스에서 제10회 대회가 열림. 사망 이후 몬테소리의 손녀 레린드(Renilde Montessori)가 A.M.I.를 관장하고 있다.

1968년 본격적으로 참여하여 아버지 마리오의 조교 역할. 현재 캐나다 토론토의 교사양성학교의 훈련자가 됨.

1991년 21회 국제몬테소리 대회가 일본에서 개최. 주제; 새로운 세계를 향한 인간교육.

1994년 22회 국제몬테소리 대회 미국 워싱턴에서 개최. 주제; 어린이, 가족 그리고 미래, 21세기를 향한 가족 본연의 자세였다.

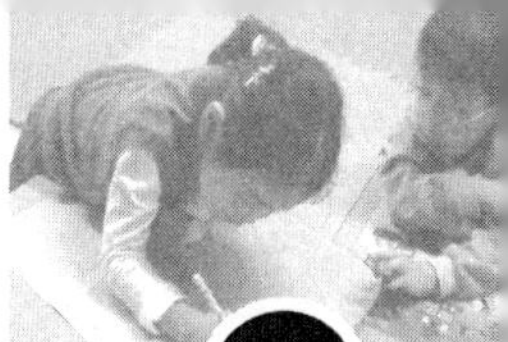

2) 몬테소리 교육학의 이해

(1) 아동관

몬테소리는 인간은 본래 선하게 태어났으므로 환경에 의해 잘못된 점을 교육을 통하여 도와 주어야 한다고 성선설을 주장하였다. 1907년에 개설한 어린이집에서 어린이와 함께 작업을 하며, 어린이들이 갖고 있는 내면에 자연의 법칙을 관찰하게 되었다.

몬테소리는 여러 교육학자들이 주장하는 아동관 중에서 어린이는 놀이를 통해서 학습한다는 사상과는 다르게 새로운 아동관을 주장하였다.

몬테소리가 주장하는 아동관은 세 가지로 구분될 수 있다.

첫째, 유아를 존중하고 유아의 작업을 중시하는 사상에 근원을 두고 새로운 아동관을 발견하는 것으로부터 출발되었다.

둘째, 유아는 자발성을 갖고 태어난다고 보았다. 즉, 인간은 외부 환경에 의해 스스로 탐색하고 발견해 가는 능동적인 존재이며, 특히 유아는 선천적으로 특유한 정신적 본능을 지니고 태어나며 성인에 의해 배우기보다는 유아 자신이 스스로 환경과 접하면서 경험을 통해서 배운다고 보았다.

셋째, 유아는 성인의 축소형이 아니고 개별적인 생명을 지닌 존재로 인식되어야 한다고 보고 있다.

유아는 어른이 되기 위한 과도기의 존재라는 하나의 단계가 아니고 인간성이라고 하는 다른 한편의 끝이다. 몬테소리는 성인이 유아를 인격체로서 존중해야 하며 유아는 발달단계에 따라 성장·발달 속도에서 개인 차이가 있다는 사실을 인정해야 함을 강조했다. 그리고 개개의 유아가 갖는 성장의 가능성 및 준비성의 실현을 위하여 각 유아의 발달단계에 따른 교육적 활동인 개별교육을 실시해야 한다고 보았다. 이와 같이 몬테소리는 교육은 유아 중심의 자유가 보장된 선택활동의 분위기에서 유아에 대한 관찰에 기초하며, 이러한 환경을 창조해 나가는 것이 유아교육의 역할이라고 주장하였다.

(2) 교육관

몬테소리의 교육관은 교수－학습이론으로서 작업이론을 기초로 하고 있다. 몬테소리는 유아의 자발적인 활동을 작업 혹은 일이라고 지칭하고 놀이라는 단어는 별로 사용하지 않았다. 그러나 몬테소리는 작업이라고 호칭했지만 일반적인 놀이의 특징의 요소가 포함되어 있음을 알 수 있다. 인간은 작업을 통해서 인성을 형성하고 자신을 완성시키게 된다. 그러므로 기본적인 인성을 위해 유아에게 바람직한 작업의 제시가 중요하다. 따라서 몬테소리는 작업을 향한 내적 본능을 지니고 있는 인간을 위해 환경이 잘 갖추어져야 한다고 보았다. 유아가 작업에 진정한 흥미를 가지고 집중 반복하여 만족감을 가짐으로써 자신의 내적 훈련과 자신감을 발달시키고 목적 지향적인 작업을 선택하게 되는 것이다.

몬테소리에 의하면 작업은 성인에 의해 압력을 받은 것이 아니고 유아가 본능적으로 즐거워하면서 행하는 활동이다. 몬테소리는 이와 같이 놀이=작업이라는 독자적인 이론을 발판으로 유아가 작업을 자유롭게 행할 수 있는 환경을 정비했다. 유아가 성인으로 성장·발달하는 데는 성인 모방 행동에 의한 것이 아니고 능동적으로 작업에 참여하는 실제 작업자로서의 성인으로 발달해 나가는 것이다. 다시 말해서 유아가 무엇을 하였는가 보다는 유아가 무엇을 하고 있는가 하는 사실에 초점을 맞추어야 한다.

(3) 교수-학습방법

몬테소리 프로그램은 교구를 통하여 스스로 배우는 자동교육에 의해 학습한다. 유아는 교구와의 관계를 통하여 배우게 되며 이러한 몬테소리의 자동교육은 전통적인 교육방법에서 가르친다는 관점에서 교실의 역할을 탈피하여 유아와 환경과의 촉매자로서의 역할을 하는 존재로 유아의 자율성을 향상시킬 수 있게 된다.

몬테소리 프로그램은 교사와 유아와의 상호관계를 통해 학습이 이루어진다. 교사는 유아를 하나의 인격체로 보고 유아의 성장·발달에 도움을 주는 관찰자, 보호자, 이해자, 촉진자로서 도움을 준다. 몬테소리 프로그램은 유아와 유아 간의 상호관계를 통해서 학습이 이루어진다.

유아들의 사회성 발달을 위한 건전한 기회를 제공하기 위해 학급 편성을 5~6세 연령의 혼합으로 하였다. 혼합연령에서 오는 학습 현상은 나이 많은 유아가 나이 적은 유아의 모범이 될 수 있고, 형제애를 느끼며, 사랑, 협동을 학습하여 또래 집단에서 흔히 볼 수 있는 지나친 경쟁의식을 배제할 수 있다는 이점이 있다.

몬테소리 프로그램에서는 교구를 지도하는데 3단계 교수법, 일명 세강(Sequin)교수법을 사용한다.

제1단계 : 사물과 명칭을 일치시키는 단계

예) "이것은 000입니다."라고 사물과 이름을 연합시킨다.

제2단계 : 명칭에 해당되는 사물을 지적해 보고 인지하는 단계

예) 이것들 중에서 000은 어느 것인가? ~를 주세요. ~를 보여 주세요.

제3단계 : 사물과 명칭을 기억하고 발음해 보는 단계

예) 이것은 무엇일까요? 대상물의 명칭을 기억시키고 발음시켜 본다.

3) 몬테소리 프로그램의 기본 개념

"어린이의 학습방식은 어른과 다르다."

몬테소리 어린이는
질서와 배움을 사랑하고
조용하고 집중력 있게 활동하며
독립심을 가지고
무엇이든 스스로 하려 하고
타인을 배려할 줄 아는
행복한 어린이로 자란다.

어린이의 학습방식은 어른과 다르다.

어린이는 스폰지가 물을 흡수하며
스스로 지식을 구성하는 정신적 능력을
가지고 있으며 이 능력은 어린 시절에만
가지고 있는 신비스러운 능력이다.

마리아 몬테소리(1870–1952)

(1) 아동에 대한 존중(Respect for the Children)

아동존중은 모든 몬테소리 원리들의 기초다. 유아가 스스로 일하고 학습할 수 있는 능력을 기르도록 유아의 독립심을 격려하고 촉진하며, 자율적으로 작업하고자 하는 욕구와 자기 조절에 대한 욕구를 존중한다. 유아에게 선택할 수 있는 자유가 허락된다면 유아는 효과적으로 학습하고 자율성과 긍정적인 자존감을 형성할 수 있다는 믿음이 있기 때문이다. 유아는 이렇게 작업에 진정한 흥미를 가지고 집중하고 반복하는 과정을 거쳐 내적 훈련과 자신감을 발달시키게 되면서 스스로에 대하여 만족감을 가지게 되고 즐겁고 행복한 생활을 할 수 있게 되는데 이러한 상태를 몬테소리는 정상화된 상태라고 하여 이를 유지하는 것을 교육의 목적으로 하였다(이기숙 외 3인, 2008).

* 정상화란 몬테소리는 유아는 흡수정신을 가진 자유로운 존재로서 환경으로부터 스스로를 발달시킬 수 있는 능력을 가지고 있다고 보았으며, 이러한 능력을 온전히 보여주는 유아가 정상화(Normalization)된 유아라고 설명하였다. 즉, 정상화란 유아가 스스로 작업을 선택하여 집중하고 반복함으로써 내적 훈련을 쌓고 독립적인 인격을 갖추도록 하는 과정을 말한다. 그러므로 몬테소리는 정상화된 유아는 모두 다음과 같은 특징을 가지게 된다고 하였다(Estes, 2004).

유아는 활동을 반복함으로써 즐거움을 얻는다.
유아는 자발적으로 활동에 참여하였을 때 오랜 기간 동안 집중한다.
유아는 감각적인 자극에 민감한 반응을 보인다.
유아는 학습에 대해 자발적인 흥미를 보인다(김정원 외 5인, 2006).

(2) 흡수정신(Absorbent Mind)

몬테소리는 유아의 정신을 "바싹 마른 스펀지 또는 카메라 앵글과 같은 정신"으로 비유했다. 이는 유아가 잠재해 있는 흡수하는 정신능력을 통하여 환경을 받아들이며 스스로 경험하여 배우게 되는 유아의 특성을 말한다.

몬테소리에 의하면 흡수정신은 의식적인 단계와 무의식적 단계로 발달한다.

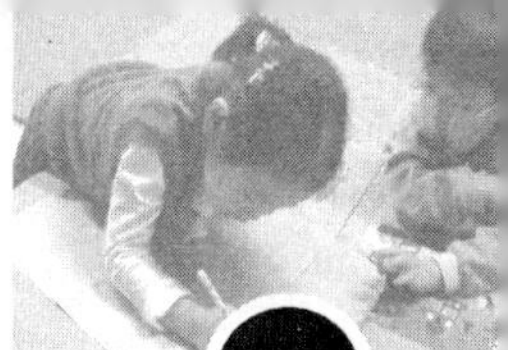

가. 무의식적 흡수정신(0~3세)

이 시기의 영유아는 무의식적인 흡수정신에 의하여 주위 환경에서 접하게 되는 거의 모든 정보를 흡수한다. 이러한 무의식적인 흡수를 위하여 보기, 듣기, 맛보기, 냄새 맡기, 촉감 등 오감이 발달하게 된다.

나. 의식적인 흡수정신(3~6세)

이 시기의 유아는 의식적이고 계획적으로 환경과 상호작용하며 환경에서 접하게 되는 다양한 정보를 선택적으로 경험하며 학습한다. 이 단계의 유아는 무의식적 흡수단계에서 이루어진 기본능력을 통합하고 좀 더 정교화하기 위하여 필요한 자극을 적극적으로 요구하면서 감각을 발달시킨다.

(3) 민감기(Sensitive Period)

민감기라는 말은 네덜란드의 생물학자 드브리스(Devries)에 의해 처음으로 쓰여진 말로서, 민감기라는 생물학적인 사실을 교육에 채택한 것은 몬테소리가 처음이다. 민감기란 학습이 가장 잘 일어날 수 있는 비교적 짧은 기간으로 결정적 시기라고도 불린다. 몬테소리는 유아가 발달하면서 특정 행동에 대한 감수성이 예민해져서 특정 기술을 보다 쉽게 학습할 수 있는 민감기가 있다고 믿었다.

(4) 자동교육(Auto Education)

몬테소리 교육에서 어린이는 스스로 자신을 교육시킨다고 본다. 전 세계적으로 행해져 오던 교사가 가르치고 어린이들이 그에 따라 배운다는 보편적인 인식을 부정하고 어린이 스스로 학습할 수 있다는 인간 능력에 관심을 집중시켰다. 교사가 줄 수 있는 것보다 어린이는 자동교육을 통해 더 많은 것을 배울 수 있다. 이것은 교육이 교사중심에서 어린이의 자발적인 활동을 중심으로 하는 아동중심으로 나아가야 한다는 것을 시사한다.

(5) 준비된 환경(The Prepared Environment)

몬테소리는 영유아의 성장과 발달을 이끌 수 있는 자극을 주는 교육적 환경을 준비된 환경이라고 하였으며, 이는 영유아의 자기형성 욕구를 충족시켜 주며 인격과 성장 유형을 발달시키기 위해 성인에 의해 계획된 환경을 말한다. 준비된 환경에는 몬테소리 교구와 연습, 환경을 준비하는 교사 등이 포함된다.

(6) 작업(Occupation)

몬테소리는 영유아의 작업을 그들의 정신발달을 향상시키기 위한 가장 중요한 일로 생각하였다. 이는 영유아들의 흡수정신이 가장 활발한 민감기에 작업을 제공함으로써 영유아가 자신의 일에 몰두하고 집중하게 되고 스스로 심신의 조화로운 안정을 찾아나가도록 해야 함을 강조하는 것이다.

모든 움직임과 활동은 영유아의 성장과 발달로 이어지는데, 영유아의 정신발달은 무의식적인 흡수정신만으로는 충분한 발달을 가져오지 못하므로 의식적으로 손을 사용하는 환경에서의 작업을 통해서 발달되며, 작업을 통해 인성을 형성하고 자신을 완성하게 된다. 특히 영유아의 성장·발달에 있어 손은 아동의 지능발달과 밀접한 관련이 있으며, 따라서 손을 통한 작업은 영유아의 정신발달을 더 높은 수준으로 이끄는 운동력이 된다(신화식, 2006; 조옥희, 1991; Montessori, 1981, 1995; 황해익 외 5인, 2008).

4) 몬테소리의 교육과정

(1) 일상생활 영역

일상적인 생활의 내용을 실제로 하는 것으로 한 나라의 지리적인 환경조건과 문화적인 환경조건의 맥락에서 성인들이 실제로 일상생활에서 행하고 있는 다양한 생활양식을 어린이의 인격형성에 필요한 작업으로 받아들여, 준비된 환경에서 자발적으로 반복 연습하는 작업이다. 예) 실제 그릇, 유리컵을 사용한다.

가. 교육의 의의 및 목적

일상생활 영역의 목적은 크게 문화 인류학적 입장과 생물학적 입장으로 나누어 설명할 수 있다.

첫째, 문화 인류학적인 입장에서의 일상생활 영역의 목적은 문화유산에 개인을 동화시켜 유아로 하여금 하나의 인격체로 인격형성을 돕는데 있다.

둘째, 생물학적인 입장에서의 일상생활 영역은 운동을 통한 뇌의 감각과 근육의 미묘한 메커니즘의 발달에 있다. 이러한 문화인류학적 입장과 생물학적인 입장에서의 목적이 서로 균형을 이루도록 하는데 있다. 즉, 유아가 운동을 조정하면서 스스로의 인격형성을 이룰 수 있도록 돕는 내용으로 되어 있다.

나. 일상생활 영역의 활동

영역	활동
사람에 대한 배려	손씻기, 머리 빗기, 옷 입고 벗기, 코 풀기, 모자 쓰기와 벗기, 신발, 양말 등 신기와 벗기, 장갑 끼고 벗기, 구두닦기
환경에 대한 배려	물 따르기, 곡물 따르기, 말기와 펴기, 자르기, 껍질 벗기기, 물건 옮기기, 청소하기, 먼지 털기, 바로 쓸기, 수건 빨기, 금속 제품 광내기, 다리미질하기, 스펀지 사용하기, 상차리기와 상 치우기, 도시락 싸기와 풀기, 책꽂이에 책꽂기, 꽃꽂이하기, 동식물 키우기
사회적 관계	인사하기, 감사하기, 친구에게 도움 청하기, 사과하기, 초대하고 초대받기, 축하하기 등과 같은 예절교육
동작의 조정과 분석	선위를 걷기, 균형유지와 같은 이동활동, 침묵게임과 같은 조정하는 능력, 집중할 수 있는 능력

① 사람에 대한 배려

어린이가 자신을 보호하기 위한 기회를 가질 수 있는 활동과 또 자신을 깨끗하게 함으로써 다른 사람에게 불쾌감을 주지 않도록 배우게 하는 것이다.

② 환경에 대한 배려

어린이가 환경을 보호하기 위한 배려. 예) 주스 따르기

어린이들이 할 수 있도록 환경을 조성해 준다.

③ 사회관계에 대한 배려

사회생활을 원만하게 하기 위한 예의범절이나 규칙이나 같은 활동을 하며 매일매일의 일상생활에서 반복되는 사회적인 예의범절을 익혀 조화롭고 원만한 사회적인 관계를 형성할 수 있다. 예) 교실의 규칙, 양해 구하기, 매트 밟지 않기 등

말로 가르치는 게 아니다. 실제 상황으로 보여준다.

질적인 사회성을 길러 주는 것이 몬테소리교육이다.

④ 활동의 조정 · 분석

다른 사람과 교제를 할 때 좋은 행동을 할 수 있는 능력을 키우도록 하는 것이며 자신을 조절 · 통제할 수 있는 능력이다. 그리고 신체를 움직여서 일상생활의 습관이 생기고 질서감, 독립심, 성취감을 느낀다.

다. 일상생활 영역 활동내용

① 교구 활동을 위한 준비

매트 사용하기, 교구 나르기, 의자에 앉고 서기, 의자 옮기기, 책상 옮기기, 물 떠오기

② 예의범절

걷기, 문 열고 닫기, 인사하기, 도움 청하기, 양해 구하기, 감사의 말 사용하기 위험한 물건 다루기

③ 소근육 발달

숟가락 사용하기, 젓가락 사용하기, 핀셋 사용하기, 물 따르기, 스펀지 짜기, 스포이드 사용하기, 빨래집게 사용하기, 나사 돌리기, 자물쇠 열기, 거품 만들기, 가루내기, 망치질하기, 구슬 끼우기, 바느질하기, 가위질하기

〈젓가락 사용하기〉

〈핀셋 사용하기〉

④ 자기 몸을 돌보기

거울 보기, 머리 빗기, 옷 입고 벗기, 신발 신고 벗기, 손씻기, 이닦기, 코 풀기, 구두닦기, 단추 잠그기, 벨트 잠그기, 지퍼 올리기, 리본 매기, 운동화 끈 매기

〈지퍼 올리기〉

〈리본 매기〉

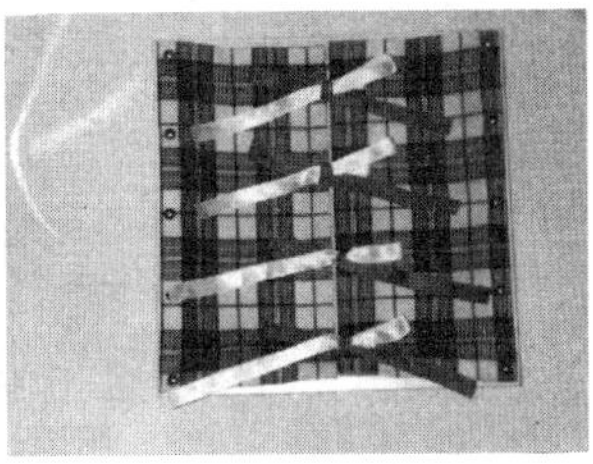

〈운동화 끈 매기〉

⑤ 환경을 돌보기

먼지 닦기, 바닥 쓸기, 책상 닦기, 빨래하기, 그릇 닦기, 거울 닦기, 나무 닦기, 은그릇 닦기, 식물에 물주기, 나뭇잎 닦기, 꽃꽂이

〈그릇 닦기〉

〈거울 닦기〉

⑥ 음식을 준비하기

상차리기, 차 대접하기, 빵 썰기, 잼 바르기, 과일 채소 자르기 등

(2) 감각영역

가. 교육의 의의 및 목적

몬테소리의 감각교육은 유아에게는 천부적으로 감각적인 능력이 준비되어 있다는 것에서 출발하고 있다. 또한 감각교육의 목적은 유아들이 감각기관을 통해서 받아들인 많고 다양한 인상들을 분류하는 것을 돕는데 있다. 이와 같은 목적을 달성하기 위하여 몬테소리는 시각, 촉각, 청각, 미각, 후각의 다섯 종류의 감각교구를 고안하여 사용하였다.

감각교구들은 일상생활 교육영역의 확장과 근육조절, 주의집중, 시간의 길이, 심신의 발달을 이루게 한다. 교구의 차이와 크기, 소리, 형태, 감각, 색상, 무게 등의 감각교육은 신체의 오관을 통해 주의를 집중시키고, 세련된 근육의 균형 및 지적 발달을 돕는다. 교구는 이러한 감각교육 방법을 유아들에게 제공해 준다.

① 감각교육의 의의

감각적 민감기(아동의 발달이 어느 때는 폭발적으로 어떤 자극에 주의가 끌리는 일정한 시기)에 있는 아동은 가능한 모든 감각적 능력을 습득한 욕구를 갖게 되고, 그러한 아동의 감각적인 탐색을 위해서 그리고 아동이 흡수정신을 통해 환경으로 무질서하게 받아들였던 수많은 인상들을 명확하고 질서 있게 하기 위해 감각교구를 교육환경에 준비시킬 필요가 있다는 것이다.

② 감각교육의 목적

감각교육의 목적은 감각교구로 인한 자극으로, 감각적 기능의 발달을 돕는 동시에 아동 스스로 물체를 비교할 수 있는 판단력, 논리적 사고력, 문제 해결 능력을 훈련하면서 자기교육 (Self-Education)을 하는데 있다.

나. 감각교육의 내용

① 시각교육

물체의 크기나 색, 형을 시각적으로 변별하는 교육을 한다.

② 촉각교육

물체를 손으로 만지는 것에 의해서 지각할 수 있는 피부 감각, 온도감각, 실체인식감각이나 손으로 떠받치거나, 들어 올리는 것에 의해서 지각할 수 있는 무게의 감각을 교육한다.

③ 청각교육

음의 강약, 고저를 구별하는 청각을 교육한다. 일상생활 안에서 나는 여러 가지 음이나 악기 음을 들어서 구별하는 연습을 한다.

④ 미각교육

혀로 느끼는 미각을 교육한다. 기본적인 맛(달다, 짜다, 시다, 쓰다)이다.

⑤ 후각교육

코로 느끼는 후각을 교육한다.

다. 감각교구의 제시방법

일상생활 연습에서는 대집단 제시 · 소집단 제시 · 약간의 개인 제시를 하게 되지만 감각교육으로 도입할 때는 본격적인 개인 제시가 시작된다.

제시의 순서는 준비, 시범제시, 정리로 구성되어 있고 그 모두를 제시라고 한다.

〈꼭지원기둥〉

〈분홍탑과 갈색계단〉

〈빨간막대〉

〈구성삼각형 상자〉

(3) 수 영역

가. 교육의 의의 및 목적

① 수 교육의 의의

수 교육은 유아들에게 지적 발달을 자극하기 위하여 논리적으로 사물을 생각하는 힘을 몸에 익히도록 하는데 의의가 있다. 좀 더 직접적인 목적은 유아가 생활경험을 통하여 수와 양을 논리적으로 학습할 수 있도록 돕는데 있다. 예를 들어 몬테소리는 유아들의 사고력이 구체적인 개념에서 추상적인 개념으로 옮겨가도록 여러 가지의 교구를 고안하여 사용하였다.

② 수 교육의 목적

물건을 헤아리는 수세기 활동과 같은 구체적 · 조작적 활동을 통하여 양과 숫자를 연관하여 수 개념을 육성하도록 하였다. 이처럼 수 교육은 수와 양의 학습이라는 직접적인 목적과 함께 수학적 정신의 육성을 통한 추리력, 이해력, 판단력 등의 정신력을 기르는데 수학교육의 간접적인 목표를 두고 있다.

몬테소리의 수 교육에 있어서의 수학이란 총합적인 의미에서의 수학이 아니고, 기초적인 산수를 말하고 있다.

(가) 직접 목적

유아기의 생활경험을 통해서 막연하게 익숙해지고 수량에 대해서 논리적으로 배운다.

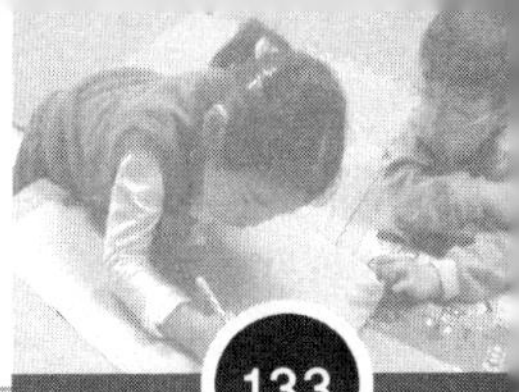

(나) 간접 목적

유아가 문화 전체를 흡수하고 습득하기 위해서 또한 인격을 형성하기 위해서 필요하게 되는 추상력, 상상력, 이해력, 판단력 등을 가른다. 몬테소리 전체의 방향성으로서 모나지 않고 원만한 인격형성이라는 큰 목표와도 관계가 있다.

나. 수 영역의 활동내용

- 수의 기본개념 이해 (1~10)－수 막대, 모래판 숫자 , 수 막대와 숫자카드, 셈 막대 상자
- 십진법 (1~9000)－받아 올림의 연습, 받아 올림이 있는 덧셈
- 연속수－색구슬 , 짧은 구슬 사슬, 긴 구슬 사슬, 연속수 쓰기
- 사칙연산 (+, −, X, %)－은행놀이, 우표놀이, 점놀이, 작은구슬 틀
- 암산을 위한 사칙 연산－수 막대 덧셈, 색구슬 덧셈, 뎃셈판, 색구슬 덧셈, 곱셈판, 빽셈판, 나눗셈판
- 분수－분수봉, 분수판, 분수 철판도형

다. 수 교구의 제시방법

몬테소리의 수 교육은 교수 그 자체에 순서성이 있고 '교구 교육과정'에 기초를 두고 수의 이해를 기본적인 사항을 거쳐서 진행해 가는 것으로, 손에 만질 수 있는 교구를 사용하면서 수의 학습이 진행되어 간다. 수 교구 교육과정인 계통성에 따라서 어린이를 지도하면서 어린이의 이해도에 맞추어서 서서히 제시하고 가르쳐 가는 것이 필요하고 중요한 포인트다.

제시의 방법으로서 반드시 1대 1의 개인 제시가 아니고, 그룹제시의 경우도 많이 있으며, 또 잘못의 정정으로 그것은 반드시 교구 자체에만 있는 것이 아니고, 활동을 체크하는 교사 측에 있는 경우도 있고, 때로는 잘못의 정정 그 자체가 교구의 제시가 되는 경우도 있다.

〈수 막대〉

〈구슬과 나무 숫자판을 이용한 10단위 서수 기본제시〉

〈은행놀이 기본제시〉

〈은행놀이〉

(4) 언어영역

가. 교육의 의의 및 목적

① 언어교육의 의의

몬테소리는 언어는 출생과 동시에 전 생애에 걸쳐 큰 영향을 주는 창조적 활동으로서 사회생활의 기초라고 하였다. 언어는 인간을 다른 동물과 구별하는 특징들 중의 하나라고 하고, 언어는 지성의 표현이라 하였다. 언어는 자신의 생각을 표현해 내는 수단일 뿐만 아니라 타인의 생각을 받아들여 자신의 사고의 폭을 넓혀가고 자신의 경험을 정리, 기억하고, 축적하는 역할을 하는 지성의 도구라고 하였다.

몬테소리 언어교육 내용은 크게 음성언어와 읽기, 쓰기의 문자언어로 대별할 수 있다. 몬테소리는 뇌 속의 청각증후는 언어를 위해서 준비되어 있는 것으로 사람이 하는 말에만 반응하는 것이라고 하였다. 따라서 언어교육은 사람의 말을 들려주는 것에서 시작되어야 한다. 또한 몬테소리의 언어교육은 실제로 사물을 경험시키는 것으로 언어를 가르치고 올바른 개념을 구성시켜 어휘를 넓히는 방법

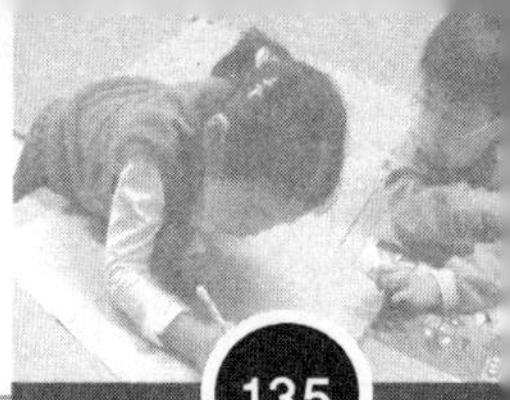

으로 언어발달을 돕도록 하고 있다. 구두 언어교육으로 풍부한 어휘를 확장시키기 위해 노래하기, 새로운 계절에 대해 말하기, 질문하기, 게임, 사건이나 활동을 이야기하기, 경험에 대해 이야기하기, 게임에 대해 논의하기 등이 있다.

음성언어에서는 청각기관의 발달이 중요하기 때문에 유아에게 주변환경에서의 자연음이나 소음 등을 듣고 차이점을 분별할 수 있는 능력을 기르는데 역점을 둔다. 몬테소리는 문자언어의 발달을 위하여 읽기와 쓰기의 기술 발달을 직 · 간접적으로 도울 수 있는 언어교구를 개발하여 사용하였다. 쓰기를 위해서 촉각의 발달이 도움이 된다는 것을 깨닫고 손가락으로 따라 쓸 수 있는 문자를 고안 · 제작하여 사용하였다.

② 언어교육의 목적

언어교육의 직접적인 목적은 모국어를 정확하게 이해하고 표현할 수 있는 기본능력을 육성하는데 있고, 간접적인 목적은 모국어를 존중하는 태도를 기르고 문화의 전승과 창조의 힘을 발달시키며 사고력, 이해력의 증진을 통한 논리적 과학적인 사고의 확립에 있다.

유아들의 모국어를 정확하게 이해하고 표현할 수 있는 기본능력을 기르고 나아가 모국어에 대한 존중심, 문화의 전승과 창조, 논리적 사고의 확립 등을 목적으로 한다.

◐ 몬테소리 언어교육의 특징과 목적 ◑

- 유아 전기의 심신의 활동, 발달을 중요시하고 있다.
- 유아에게는 대단한 정신 능력이 부여되고 있다.
- 단순한 교육학적 입장만이 아니고 생리적, 심리학적 관점에 관한 연구 하에 교수 내용이 체계적으로 준비되어 있다.
- 조기에도 지적인 활동이 가능하다.
- 교육내용이 조직화되어 있다(일상생활, 감각영역을 기초 연습으로 언어교육이 포함되어 있다).
- 언어교육을 통해서 인격 완성을 도모해 간다.
- 자발적으로 작업을 할 수 있도록 흥미나 경향을 잘 고려하면서 작업이 전개되고 있다.
- 쓰기 작업이 읽기 작업보다 선행된다.

나. 언어영역 활동내용

- 말하기－물체의 이름 익히기, 그림의 명칭 말하기, 일상적인 대화, 발표하기, 질문에 대답하기, 순서카드
- 듣기－ 이야기나누기, 동화 듣기, 구두의 명령게임, 말소리 듣고 전달하기, 수수께끼 놀이, 첫소리 듣기, 물체상자와 시작 음, 끝말 이어가기
- 읽기 준비－ 물체와 물체 짝 맞추기, 그림과 물체 짝 맞추기, 그림과 그림 짝 맞추기, 도형 짝 맞추기, 글자 짝 맞추기, 조각 그림 맞추기, 패턴활동 기억놀이
- 읽기－모래 글자, 움직이는 글자, 어휘 카드 읽기, 그림과 단어 짝 맞추기, 단어장 읽기, 환경 명칭 카드 읽기, 명령카드, 문장읽기, 짧은 책
- 쓰기－선 그리기, 칠판 도형, 글씨 쓰기
- 문법－명사 소개, 형용사 소개, 동사 소개, 부사 소개, 문장구성, 문장분석

다. 언어교구의 제시방법

듣기, 말하기, 쓰기, 읽기, 문법 훈련 등으로 이루어지고 있다.

〈그림과 물체 짝 맞추기〉

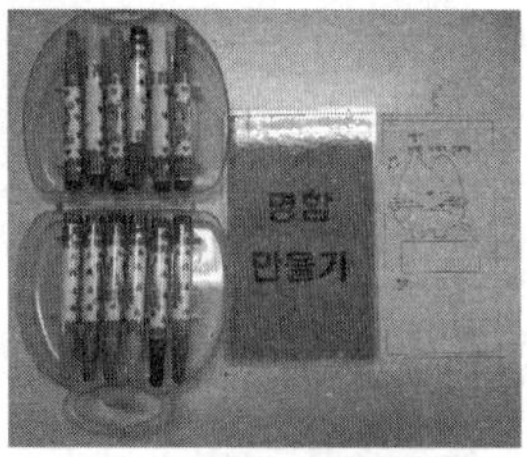

〈명함 만들기〉

〈모래글자 쓰기〉

(5) 문화영역

가. 교육의 의의 및 목적

① 문화교육의 의의

문화교육은 지리, 역사, 생물, 미술, 과학, 음악 등의 여러 영역을 포함하고 있다. 이러한 학습을 통해 유아가 사회 속의 한 인간으로서 받아들여야 할 모든 양식,

습관, 예술, 문학, 삶의 형태 등을 이해할 수 있는 자세와 태도, 능력 등을 기르는데 있다. 이러한 문화교육 활동은 주로 인간의 경향과 각 경향에 해당하는 문화적 요인들로 구성되어 있다. 자연 학습은 자연현상을 섬세하게 경험할 수 있도록 하는데 있다. 즉, 단순히 자연 현상을 관찰하는 데서부터 추상적인 자연현상을 이해할 수 있는 능력을 기르는데 있다.

② 문화교육의 목적

가) 풍부하고 적극적인 상호작용과 경험을 통해 유아에게 더욱 분명한 공간 개념을 형성시키는데 도움을 줄 수 있고, 유아가 여러 문화를 경험함으로써 다른 문화를 인식하는데 도움을 줄 수 있다.

나) 분명한 시간의 흐름을 알게 하며 지구의 역사와 인류의 역사 속에서 자아를 살펴볼 수 있는 소중한 마음을 기를 수 있다.

다) 생물의 기본 개념을 습득하는 것으로 자연의 법칙에 눈뜨면서 생명의 위대함과 아름다움을 알게 되며, 자연을 사랑하면서 자연의 그 일부분인 나의 가족, 친구, 이웃을 사랑하는 마음을 갖는다.

나. 문화영역 활동내용

① 지리학

세계 여러 나라와 우리나라의 이해를 돕는 세계지도 퍼즐 , 대륙지도 퍼즐, 여러 나라의 국기, 의상, 생활풍속 등의 소개이다.

② 지질학

돌 관찰, 돌 따르기, 돌 옮기기, 돌 짝 맞추기, 돌 분류하기, 지구 내부 모형 소개, 지구의 지층구조 실험, 돌의 이용, 보석의 종류 등이다.

③ 역사학

- 시간개념의 이해(3~6세) – 시계, 달력, 나이
- 역사의 이해(6~9세) – 우주의 역사, 지구의 역사, 인류의 역사, 언어의 역사, 수의 역사, 우리나라의 역사, 과학/미술/음악/의학/종교의 역사

④ 동식물학

동물과 식물의 분류, 과일채소의 분류, 동물의 부분 명칭, 식물의 부분 명칭 알기 등이다.

다. 문화 교구의 제시방법

- 감각적 소개
- 간단한 기초 – 복잡한 것으로 순서 제시
- 전체 – 부분으로 제시
- 아는 것 – 모르는 것으로 제시(구체적 – 추상적)

예) "식물과 동물 모으기" 제시방법

① 이야기 나누기를 하여 본다.

· 살아있는 것들 중에 무엇이 있을까? 식물/ 동물

· 식물의 특징은 무엇일까? 혼자 움직일 수 없다.

· 동물의 특징은 무엇일까? 혼자 움직일 수 있다.

· "오늘은 동물과 식물을 찾아보기로 해요."

② 주위에서 식물과 동물을 찾아온다.

③ 러그를 깐다.

④ 흰 종이 위에 매직으로 반을 나누어 긋고 식물 · 동물이라고 쓴다.

⑤ 찾아온 것들을 식물과 동물로 나누어 분류한다.

⑥ 정리한다.

⑦ 러그를 정리한다.

〈태양계 소개〉

〈동물(새) 기르기〉

〈올챙이 기르기〉

5) 몬테소리 교구

(1) 몬테소리 교구의 목적

아동의 자아형성과 정신적 발달을 내적으로 돕기 위한 것이다.

(2) 몬테소리 교구의 구성 원리

가) 몬테소리 교구를 사용하는 과정에서 일어날 수 있는 오류는 교구 중 한 측면에서만 나타난다.
나) 교구는 디자인이나 사용방법에 있어서 단순한 것부터 시작하여 복잡한 것으로 진행되도록 구성되어 있다.
다) 교구는 아동이 앞으로 학습할 것에 대해 간접적으로 준비되도록 고안되어 있다.
라) 어떤 개념을 구체적으로 표현하는 교구사용으로 시작하여 점차 추상적으로 표현하는 교구로 옮겨 간다.
마) 몬테소리 교구는 스스로 학습하도록 만들어져 있고, 오류의 통제는 교사가 하는 것이 아니고 교구에 내재되어 있다.

(3) 교구제시의 전제조건

가) 항상 제시에 아동이 관찰할 수 있도록 초대하라.
나) 선생님은 제시하는 동안 아동의 지배적인 위치(오른쪽)에 앉는다.
다) 책상 위에서 작업을 할 때, 항상 두 손으로 작업물을 나르고, 그것을 책상 위에 놓은 다음 의자를 빼서 앉는다. 그리고 일어선 다음 의자를 집어넣고 작업물을 들고 반 제자리에 갖다 놓는다.
라) 선생님은 다른 특별한 경우가 없는 한 제시하는 동안에는 지배적인 손을 사용한다.
마) 바닥에서 작업을 할 때는 매트를 가져다 편 후에, 작업물을 가지러 간다.

바) 작업 영역은 작업을 하기 위해 필요한 아동 바로 앞에 있는 공간을 말한다.

사) 모든 작업은 활동을 하기 위한 모든 것이 어느 장소에 또는 쟁반에 있어야 한다.

아) 교사가 제시하는 동안 새로운 기술은 한 번에 한 가지씩만 제시하고 가능한 적은 단계들을 사용한다.

자) 새로운 것을 강조하고 선생님은 중요부분을 두드러지게 하기 위해 잠시 쳐다 본다.

차) 제시전이나 후에 활동의 명칭을 말해 준다.

카) 아동이 활동에 흥미를 잃었을 때 그만 두는 것을 허용한다. 학습계획안은 단지 하나의 안내서이므로 꼭 그대로 따라 하는 것은 아니다.

(4) 몬테소리 교구사용의 기본규칙

가) 아동 자신이 선택한 교구 스스로 가져다 사용, 사용 후에 원위치에 정리한다.

나) 아동이 교구를 사용하는 동안 교사, 다른 아동에 의해 방해받지 않을 권리가 있다.

다) 처음 교구 사용시 기초 수업을 통해 교구 소개 후 기본적인 사용법을 보여 주고, 창의적인 활용방법을 아동이 스스로 생각해 내도록 한다.

(5) 몬테소리 교육 준비

아동이 자신에게 부여된 자유를 활용하는데 필요한 자기수양을 갖추려면 시간과 경험이 필요하므로 아동에게 교육 프로그램을 적용하기 이전에 교사가 모델이 되어 준비훈련을 하게 된다.

(6) 환경구성

가) 자유로움

나) 구조와 질서

다) 현실과 자연에 대한 이해

라) 아름다움

마) 공동체의식

(7) 교사역할

가. 관찰자로서의 역할

교구에 대한 정확한 지식과 작업시 유아의 작업능력이 못 미치는 부분이 무엇이고, 어느 정도 집중할 수 있는지 어떤 특별한 제시가 필요한 지 관찰하고서 도움을 준다.

나. 보호자로서의 역할

교구와 자료가 빠진 부분이나 부족한 부분이 없도록 완벽하게 준비하고 다른 유아가 작업을 끝내고 교구를 제자리에 갖다 놓을 때까지 기다릴 줄 아는 것도 배울 수 있도록 돕는다.

다. 촉진자로서의 역할

교구 활동을 시범을 보임으로써 유아와 교구간의 상호작용이 촉진되도록 하며, 유아가 활동을 파악하지 못할 때 재시범을 보이고 또한 유아의 흡수정신과 민감기를 파악하여 유아의 지적 구조가 바르게 성장할 수 있도록 돕는다.

2. 프로젝트 접근법

1) 프로젝트 접근법의 배경 및 이론적 기초

(1) 역사적 배경

프로젝트의 구체적 체계화는 1919년 Kilpatrick이 Dewey의 이론에 바탕하여 저술한 프로젝트법(The project method : The use of the purposeful act in the educative process)에 의해서다. Kilpatrick이 프로젝트를 발표한 후 이를 실제에 적용하고 그 효과를 검증하는 많은 연구들이 수행되었는데 그 대표적 연구로 Collings(1923)의 연구를 들 수 있다. 그는 4년간의 연구를 수행한 결과 아동들의 교육과정은 생활의 필요나 문제에 기초하여 전적으로 프로젝트 중심으로 구성될 수 있다고 결론지었다. 한때 프로젝트법은 진보주의 교육 운동의 쇠퇴와 함께 쇠퇴하기 시작하다가 1970년대에 들어와 인간중심교육을 비롯한 여러 가지 교육운동이 전개되면서 인성계발, 지적 교육과 정의적 교육이 균형을 이루는 교육 등에 대한 관심과 함께 프로젝트 학습 활동에 대한 관심도 다시 대두되었다. 결국 프로젝트법은 Dewey의 이론적 바탕 위에 Kilpatrick이 체계화한 프로젝트법을 1989년 Katz와 Chard가 "유아들의 마음 사로잡기"(Engaging children's mind : The project approach)를 발표한 후 project approach 라는 용어로 오늘날 유아교육의 현실에 맞게 재조직화한 것이라고 할 수 있다.

우리나라에서는 1990년 초부터 관심을 끌어오다가 1995년 Chard교수가 초청되어 워크숍을 실시하는 등의 활동을 통해 확산되었음을 알 수 있다.

(2) 프로젝트의 개념

프로젝트는 한 명 또는 둘 이상의 유아가 어떤 주제에 대해 깊이 탐구하는 것을 의미한다. 예를 들면 '곤충', '소리' 등과 같은 특정 주제를 선정하여 교사의 지도와 안내를 받으며, 유아들이 적어도 1주일 이상 지속적으로 탐구할 수 있을 만큼 의미있는 주제를 가지고 공동 연구를 하는 것이다.

(3) 프로제트의 목적

유아의 정신계발로 정신은 지식, 기능뿐 아니라 정서적, 도덕적, 심미적인 감수성까지 포함하는 개념이다. 유아의 능동적인 학습참여를 통해 전인격적인 성장·발달을 도모하고자 하는데 목적이 있다. 구체적인 목적은 다음과 같다.

가) 유아의 주변세계에 대한 이해를 증진시킨다.

나) 긍정적인 학습 성향을 발전시킨다.

다) 체계적 교수나 자발적인 놀이를 통해 학습한 내용을 프로젝트 활동으로 보완

하고 강화한다.

라) 집단에 대한 소속감과 공동체 의식의 발달을 돕는다.

마) 학교에서의 학습과 유아의 삶이 분리되지 않도록 실제 생활과 연결시킨다.

바) 교사로 하여금 도전감을 가지고 자신의 일을 수행할 수 있도록 한다.

(4) 프로젝트 접근법의 특성

가) 학습내용 선정 및 방법을 교사와 유아가 함께 정한다.

나) 학습의 전 영역이라고 할 수 있는 지식 기능, 성향, 느낌의 상호 보완적이고 유기적인 관계를 통한 인격적 통합을 강조한다.

다) 학습내용 선정 및 활동이 유아중심이므로 학습내용이 유아들에게 유의미하며 직접 체험으로 개념에 대한 이해가 용이하다.

라) 교수-학습 과정 면에서 프로젝트 접근법은 시작, 전개, 마무리의 3단계 과정으로 구분되는데 각 단계마다, 중심 사건과 과정, 그리고 아동들의 활동 내용이 다르며, 이와 유기적인 관계 속에서 교사의 관심 및 역할이 달라진다. 그러므로 아동의 활동을 촉진시킬 수 있다.

마) 주변 사람들, 지역사회 구성원들과의 협력적 관계를 강조한다.

바) 교사와 유아, 유아와 유아 간의 적극적인 사고의 교류와 상호작용, 학습의 협조적 관계를 강조한다.

2) 프로젝트 준비단계

프로젝트에 들어가기 전에 교사가 여러 가지를 계획하고 준비하는 과정으로서 유아는 참여하지 않은 단계다. Katz와 Chard는 프로젝트 준비단계에서 교사가 할 일로 주제망 구성과 자원목록 작성을 들고 있다. 그러나 우리나라 교육현장에서는 이 단계에서 교사가 할 일은 이 외에 예상되는 내용/활동조직표 작성하기, 기본 어휘 및 중심개념 선정하기, 이에 따라 자원을 준비하기, 부모들에게 알리기 등이 추가되고 있다.

(1) 프로젝트 주제선정하기

프로젝트 주제는 보다 구체적이고, 탐구·탐색할 수 있는 현재에 관한 것이어야 한다.

동일한 주제라고 해도 교사, 유아, 부모 및 지역사회 변인 등이 프로젝트 전개 방향 및 활동 내용에 영향을 미치지만 적합한 주제를 선정하는 것은 우선적으로 중요하게 고려되어야 한다. 주제에 따라 프로젝트가 활성화되지 않을 염려도 있기 때문이다.

가. 주제선정 기준

① 유아들의 일상생활, 직접경험과 관련된 친숙한 주제인가?
② 주제와 관련된 실물이나 현장견학 및 함께 활동할 수 있는 전문가 등을 주변에서 쉽게 구할 수 있는가?
③ 여러 교과 영역이나 학문영역을 통합적으로 다룰 수 있도록 하는 주제인가?
④ 유아들간에 서로 더 잘 이해하고 도울 수 있는 상호 협동의 기회를 제공하는 주제인가?
⑤ 탐구와 조사활동, 문제해결을 위한 충분한 기회를 제공하는 주제인가?
⑥ 그리기, 쓰기, 만들기, 구성하기, 극화 활동하기, 음률 활동하기 등 다양한 표현활동을 위한 아이디어를 제공하는 주제인가?
⑦ 유아들이 문자나 수의 가치를 인식하도록 하는 주제인가?
⑧ 유아들이 원 밖에서도 쉽게 정보원을 찾을 수 있는 주제인가?
⑨ 부모와의 의사소통을 촉진하는 주제인가?
⑩ 교사의 입장에서도 관심과 흥미가 느껴지는 주제인가?

나. 주제선정 방법

① 교사가 선정하는 경우
② 유아들이 먼저 여러 가지 주제를 뽑은 후 최종적으로 교사와 유아가 협의하여 선정하는 경우
③ 생활주제의 하위 주제들 중 유아의 흥미에 따라 선정하는 경우

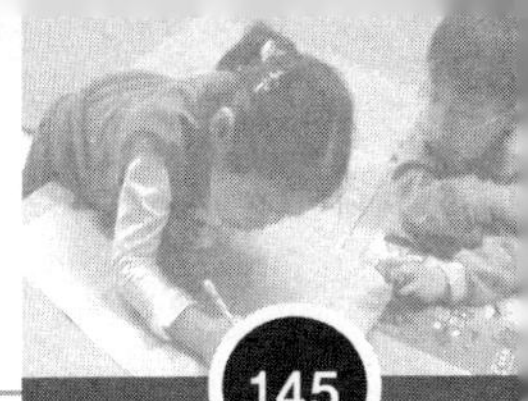

④ 유아들의 과거 경험에 기초해 도출하는 경우
⑤ 유아들의 일상생활 장면이나 문제상황에서 도출하는 경우
⑥ 유아들이 관심 있어 하는 책 내용을 프로젝트 주제로 하는 경우

(2) 주제망 예비구성

주제선정 후 주제에 관한 생각을 나름대로 조직해 보는 것으로, 이 때의 주제망은 유아들 수준에 맞추어 쉽게 작성하는 것이 아닌 교사수준에서 알고 있는 것, 생각나는 것을 총망라하여 가능한 한 자세한 주제망을 구성해 보는 것이 바람직하다. 이렇게 함으로 교사 스스로도 그 주제에 흥미가 느껴지는 부분은 무엇인지, 잘 모르는 부분은 어떤 것인지 하는 점에 대한 파악이 가능하며 그런 부분은 미리 조사해 보거나 자원을 찾아 놓을 수 있기 때문이다. 또한 프로젝트에 들어갔을 때 유아들의 생각이나 활동을 적절히 확장시켜 줄 수도 있다.

가. 브레인스토밍(brainstorming)

가장 작은 크기의 포스트잇 100장에 어떤 방식으로든 토픽과 관련된 단어들을 최대한으로 적되, 1장에 한 가지씩 주제에 관해 떠오르는 것을 적는다. 단어들은 가능한 한 구체적인 것이어야 한다(소요시간 약 7~8분).

나. 유목화

단어들을 그 유사성과 차이점에 따라 몇 개의 그룹으로 분류한다. 이렇게 하고 난 뒤에 보면 각 그룹에 포함되어 있는 항목들 수가 같지 않음을 발견하게 된다. 나누어진 그룹 각각을 위한 표제나 제목을 쓴다. 각 그룹 안의 항목들을 연결하는 개념으로서 가장 적합하게 보이는 단어나 짧은 구절을 선택한다.

다. 주제망 그리기

종이 한 장 위에 그룹을 지어 놓은 단어들을 망의 형태로 재배치하는 일이다. 이러한 주제망은 단계적인 학습 순서를 보여주는 플로우차트에 우선하여 작성되는 것이다 . 주제를 중심으로 유목화한 것을 몇 개의 소주제로 나누어 망 형태로 원 중앙에 주제를 적는다. 주제를 중심으로 소그룹화된 제목을 적고 가지 형태로 나열한다.

(3) 기본 어휘 및 중심개념 선정

기본 어휘는 그 주제가 다루어지는 동안 유아들이 자주 접하게 되리라고 예상한 어휘이며, 중심개념은 교사가 자기반 유아들을 위해 중요하다고 판단한 개념이다. 중심개념 선정시는 대상 유아의 연령, 경험이나 배경 정도, 지역적 특성을 고려하여 신중히 하여야 하며 학습 활동에 반영하는 것 또한 프로젝트 진행 과정을 살피면서 하여야 한다. 기본 어휘를 제시해 주는 방법으로는 벽면에 게시해 주기, 그림카드로 만들어 주기, 수수께끼판 활용하기 등의 방법을 생각할 수 있으며, 중심개념은 교사가 자원을 마련해 주고 활동을 유도해 주는 방법, 관련된 이야기가 나오거나 탐구활동이 이루어질 때 강조해 주는 방법, 특별히 교사가 계획한 활동 시간을 통해 전해 주는 방법 등을 생각해 볼 수 있다.

가) 유아가 기본적으로 알아야 활동에 도움이 되리라고 생각되는 어휘들을 교사가 미리 제시해 주도록 조사한다.
나) 기본어휘를 그림카드로 만들어 프로젝트 초기에 제시하거나 또는 언어영역에 비치하여 전체 유아가 활용하도록 한다.
다) 진행됨에 따라 추가하거나 첨가해 준다.
라) 중심개념은 주제와 관련되어 유아가 꼭 알면 좋겠다고 생각되는 개념이다.

(4) 학습내용/활동조직표 작성

이 과정은 두 단계로 이루어지는 것이 바람직하다. 먼저 교육과정 각 영역별로 학습 내용안을 예상해 보고 다시 유치원의 전형적인 활동 유형별로 활동안을 예상해 보는 것이다. 학습/활동안이 작성되었어도 그대로 이루어지는 것은 아니다. 자원의 수집 정도나 교사, 유아, 부모 변인에 따라 새로운 활동이 첨가되기도 하고 예상했던 것보다 훨씬 심화된 활동으로 연결되기도 한다. 따라서 실제 프로젝트 진행 중 예상안에 있는 활동이 이루어진 경우에는 밑줄을 긋고 날짜를 적는다. 또한 예상치 못했던 활동이 이루어진 경우에는 다른 색깔펜으로 활동명과 날짜,

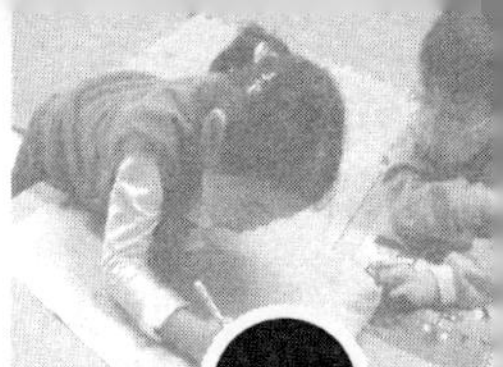

활동이 유발되게 된 동기를 간단히 기술해 놓도록 한다. 그렇게 해 놓으면 학습내용/활동안의 프로젝트가 끝난 후 평가할 때 하나의 평가 자료가 될 것이며, 다음 해 동일한 주제의 프로젝트를 하고자 할 때 유익한 자료가 될 수 있다. 교육과정의 각 영역이 고르게 다루어져 있는지 고려하여 작성한다.

(5) 자원목록 작성 및 필요한 자원 준비

1, 2차 자원목록을 작성할 때 그냥 단순히 명칭만 기록하기보다 정확한 출처를 밝혀 두는 것이 유용하다. 책인 경우도 저자, 출판 연도, 출판사 등의 기본적 정보와 함께 이것이 단순한 정보를 주는 책인지, 동화책인지 등을 구분하여 기록해 놓는다면 다음 해에 같은 주제로 프로젝트를 할 때 유용한 자원이 될 수 있다.

① 자원 목록표를 교실에 부착하여 유아들이 지속적으로 필요한 자원에 관심을 갖고 자원 모으기에 참여할 수 있도록 유도한다.
② 부모들간의 긴밀한 협조를 통하여 필요한 자원을 충원한다.
③ 이전 프로젝트 활동에서 쓰여진 자원의 재활용을 한다. 프로젝트를 진행하다 보면 크고 작은 크기의 상자곽, 필름 빈 통, 고무줄, 나무젓가락, 털실, 철사, 병 등과 같이 유아들 의 구성활동을 촉진하는 물품들이 수시로 필요하게 된다.
④ 근처 슈퍼마켓이나 공장과의 연계를 통해 재활용품을 수집하여 유아들의 표현 활동에 적절히 활용되도록 한다.

- 1차적 자원－직접경험, 실제사물, 주제와 관련된 일을 하는 사람, 현장 견학 장소 등
- 2차적 자원－간접경험이 가능한 주제에 관한 책, 팜플렛, 사진, 비디오나 녹음 테이프 등

(6) 환경구성

환경구성은 유아들이 프로젝트 활동을 보다 활발하게 할 수 있도록 여러 가지

자원을 영역별로 적절하게 배치하거나 벽면에 게시하는 등의 일을 말한다. 그러나 수집된 자료들을 각 영역별로 모두 분류해 준다는 의미는 아니다. 교사는 일단 모인 자원의 활용 가능성 등을 검토해 본 후 프로젝트가 진행되어 가는 과정에 따라 가장 적절하다고 판단되는 시기에 자원을 추가해 주는 것이 바람직하다.

프로젝트 준비 단계에서는 교사가 환경 구성의 주도적 역할을 하지만 이후 프로젝트가 진행되어 가는 과정에서는 유아(부모)들도 자원을 모으는 일에 참여함으로써 교사와 함께 환경구성에 주도적 역할을 하게 되며 또 그렇게 될 때 프로젝트 진행에 대한 보다 능동적인 참여자가 된다는 점에서 장려될 필요가 있다.

(7) 부모에게 알리기

부모들에게 프로젝트에 대해 안내하고 필요한 부분은 협조를 얻도록 하는 것이다. 준비단계 뿐 아니라 프로젝트 진행 중에도 주 별로 프로젝트 진행 사항 및 예상 방향, 부모들의 도움이 필요한 자원 등을 가정통신문으로 보내거나 원에 게시하는 형식을 빌어 안내할 수 있다.

3) 프로젝트 시작단계

주제에 대해 유아들이 경험한 것을 여러 가지 표현 방법을 통해 발표하므로 교사나 유아들 서로 간에 경험이나 지식을 공유하여 학급 전체 이해 정도를 파악한다.

교사, 유아가 공동 주제망을 작성, 조사, 탐구하고 질문목록을 작성한다.

(1) 유아의 이전 경험 표현

교사가 먼저 자신의 경험을 이야기하고, 몇 명의 유아들에게 경험을 이야기하게 하여 표현하고자 하는 동기를 유발한다. 유아들의 이전 경험 표현은 말, 그림 그리기, 동시짓기, 만들기, 역할극 등을 통해 이루어질 수 있다. 여러 가지 표현 결과물들은 서로 공유되는 과정을 통해 또 다른 활동을 자극하는 매체로서 작용하게 된다.

(2) 교사와 유아의 공동 주제망 구성

유아들의 이전 경험 표현활동이 어느 정도 이루어지고 나면 교사와 유아가 공동으로 주제망 구성을 하게 된다. 이전 경험 표현활동과 주제망 구성, 질문끼리 구성 등 모두 병행하여 이루어질 수도 있기 때문이다. 특히 만 4세 반의 경우 긴 시간 동일한 작업에 몰두하는 것이 불가능하므로 브레인스토밍이나 유목화가 며칠에 걸쳐 계속되기도 한다.

가. 주제망 구성방법

① 교사와 전체 유아가 함께 하는 방법

프로젝트를 처음 실시해 보거나 교사를 돕는 다른 보조 인력이 없을 경우, 또는 유아들이 주제망 구성 과정을 잘 이해하지 못할 때 교사가 전체 유아들과 함께 이야기 나누면서 할 수 있는 방법이다. 시간차 운영을 할 수 있다면 유아들을 2조로 나누어 하는 것이 바람직하다.

② 유아들끼리 조별로 하는 방법

유아들이 주제망 구성 과정에서 어느 정도 익숙해졌을 때 활용할 수 있는 방법이다. 교사는 조별 유아들의 수를 4~5명 정도로 조정해 주어 구성원들간에 활발한 상호작용이 이루어지도록 한다. 조별 구성시에는 유아들의 특성을 고려하여 글을 쓸 수 있는 유아와 잘 못쓰는 유아, 적극적인 유아와 소극적인 유아가 고르게 구성되도록 배려한다.

③ 유아 개별로 하는 방법

유아들이 주제망 구성 과정에 충분히 익숙해져 혼자 해 보기를 원할 때 활용할 수 있는 방법이다. 이 경우 각 유아의 결과물을 복사해 둔다면 이후 그 유아에 대한 평가 자료로 활용할 수 있다.

나. 주제망 구성의 진행과정

① 브레인스토밍하기(생각 모으기)

교사의 설명과 안내가 필요하며, 처음 시도하는 주제망 구성시 브레인스토밍은 생각 모으기, 유목화는 친구 찾기 등으로 유아가 쉽게 이해할 수 있는 용어로 소개한다. 4, 5세반(25명)인 경우 처음 시도시 브레인스토밍에서 주제망 그리기까지 대략 3~4일 정도 소요된다.

② 유목화(친구찾기)

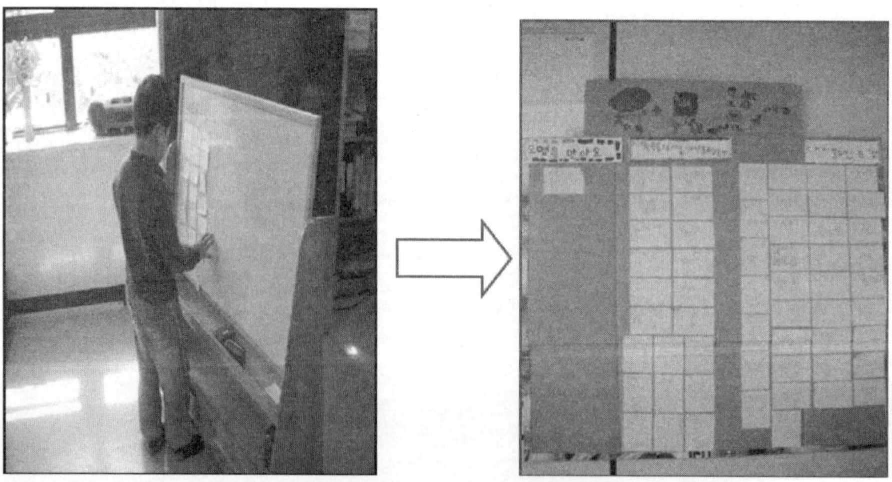

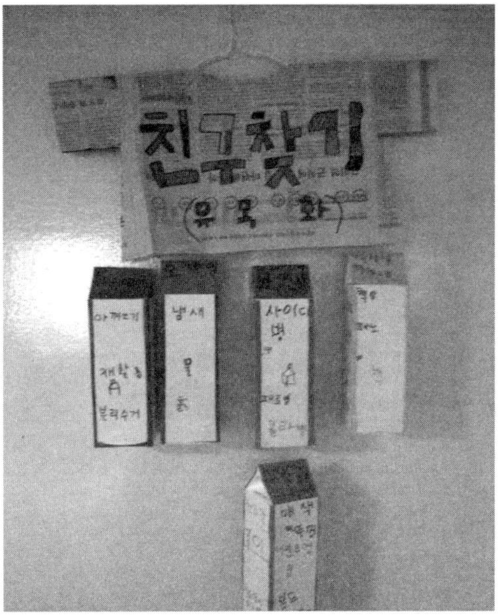

③ 주제망 그리기

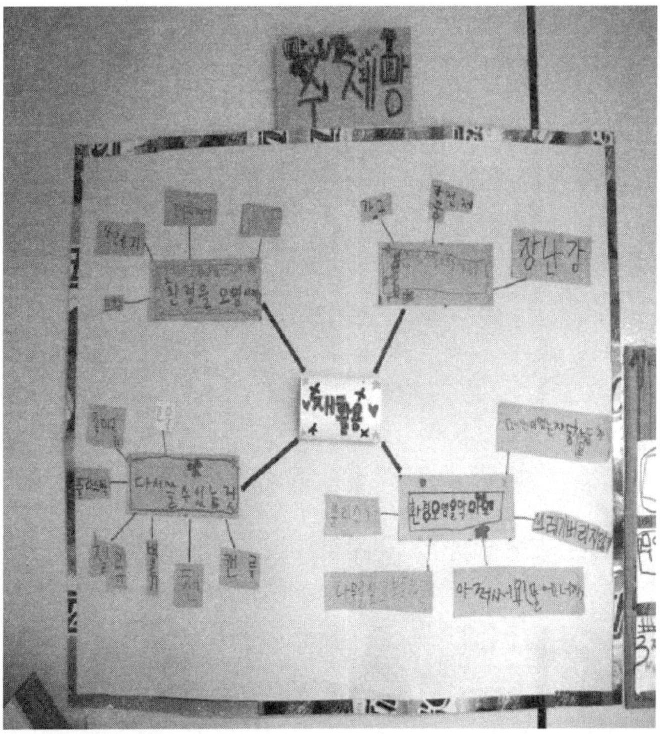

(3) 질문목록작성

주제망이 구성되고 난 후 유아들이 궁금해하는 것을 소주제별로 분류하여 주제망에 적어 놓는다. 유아들의 질문을 장려하기 위해, 궁금이 상자나 궁금이 로봇을 이용하여 궁금한 것이 생각날 때마다 적어 넣도록 한다. 질문해결을 위해 활용할 수 있는 방법으로는 책을 통한 조사, 실물자원을 통한 관찰 및 탐구 부모님이나 선생님께 여쭈어 보기, 선생님의 의견 조사하기, 현장견학을 가서 질문하거나 관찰하기, 실험하기, 전문가 방문시 물어 보기 등으로 해결하도록 한다. 질문거리 찾기 방법은 다음과 같다.

가) 궁금이(질문상자) 이용

나) 질문 게시판 이용

다) 매력적인 질문 종이 이용

라) 질문과 해결방법을 표시할 수 있는 기록양식 이용

마) 주제망 자체를 이용

바) 교사가 질문하는 모습이나 질문을 적는 모습을 보임으로써 동일시 모델이 되어 주는 방법

-재활용을 안하면 어떻게 되나요?
-무엇이 환경을 오염시키나요?
-재활용품으로 무엇을 할까요?

-왜 재활용을 할까요?
-왜 분리수거를 해야 하나요?
-매연은 어떻게 환경을 오염시킬까요?

4) 프로젝트 전개단계

교사는 프로젝트가 전개되면 유아들에게 줄 수 있는 새로운 내용은 무엇인가? 유아들이 획득할 수 있는 새로운 이해는 무엇인가? 어떻게 하면 교육과정목표를 가장 잘 이룰 수 있는가? 어떻게 하면 개인의 흥미를 학습요구에 맞도록 활동을 다양화시킬 수 있는가에 관심을 가지고 유아들의 능동적인 참여가 이루어지도록 한다. 이 때는 프로젝트 1단계에서 구성한 주제망과 질문꺼리에 기초한 조사활동, 탐구활동, 현장견학, 책 찾아보기, 전문가와 함께 활동하기, 전문가 면담하기 등의 활동이 심도 있게 전개된다.

(1) 프로젝트 전개 방법

가. 질문에 대한 조사 탐구활동

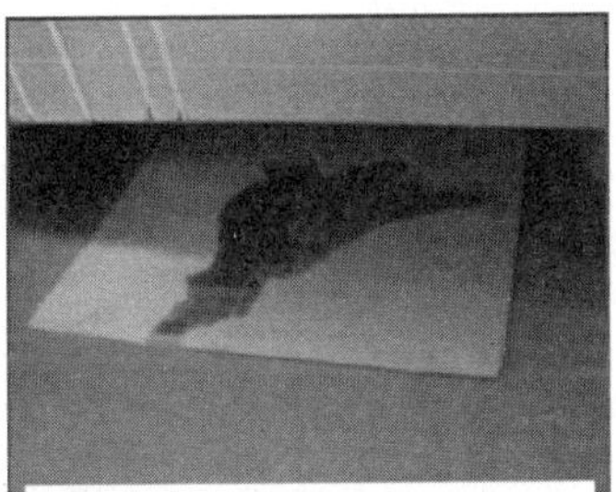
개수대 밑에 놓은 기름 종이

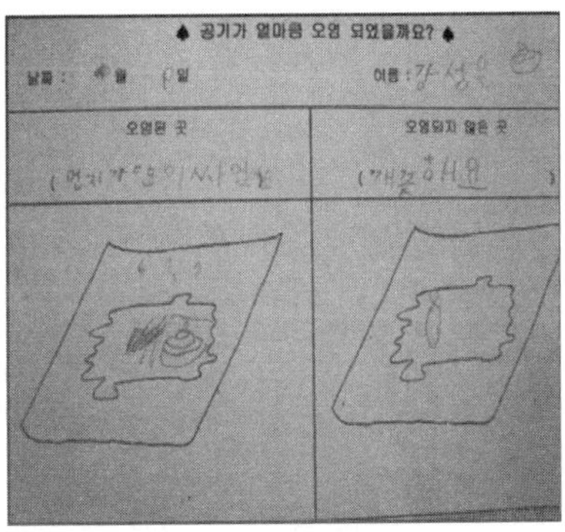

교구장에 놓은 기름 종이

☹ 교구장에 놓은 먼지종이는 깨끗할 것 같아요.
☺ 원래 교실에는 먼지가 많아요. 우리가 뛰어 다녀서요.

나. 책이나 인터넷을 통한 조사활동

다. 부모님 등 주변의 사람들에게 물어 보기

재활용을 하지 않으면 어떻게 될까요?

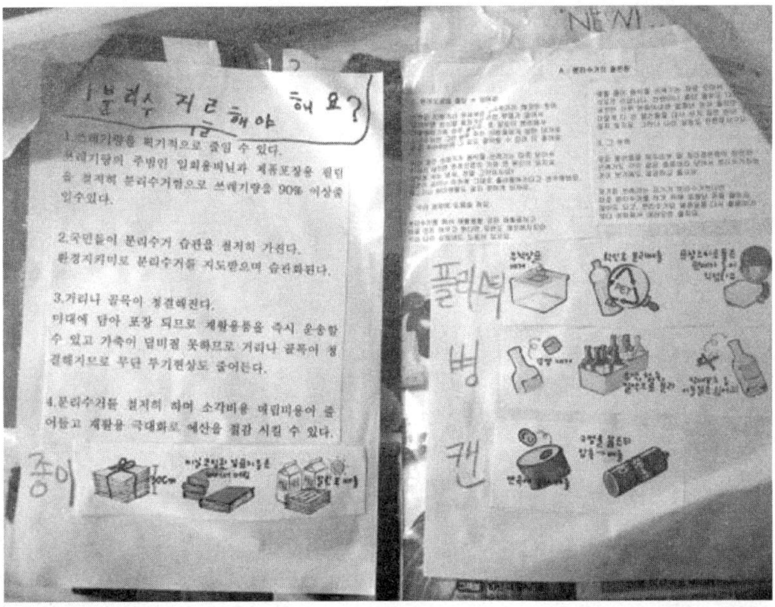
1.쓰레기량을 획기적으로 줄일 수 있다.
2.국민들이 분리수거 습관을 철저히 가진다.
3.거리나 골목이 청결해진다.
4.분리수거를 철저히 하며 소각비용 매립비용이 줄어들고 재활용 극대화로 예산을 절감 시킬 수 있다.
종이
플라스틱
병
캔

라. 실험하기

-사과껍질이 없어졌어요.
-캔은 100년이 지나야 없어질 것 같아요.

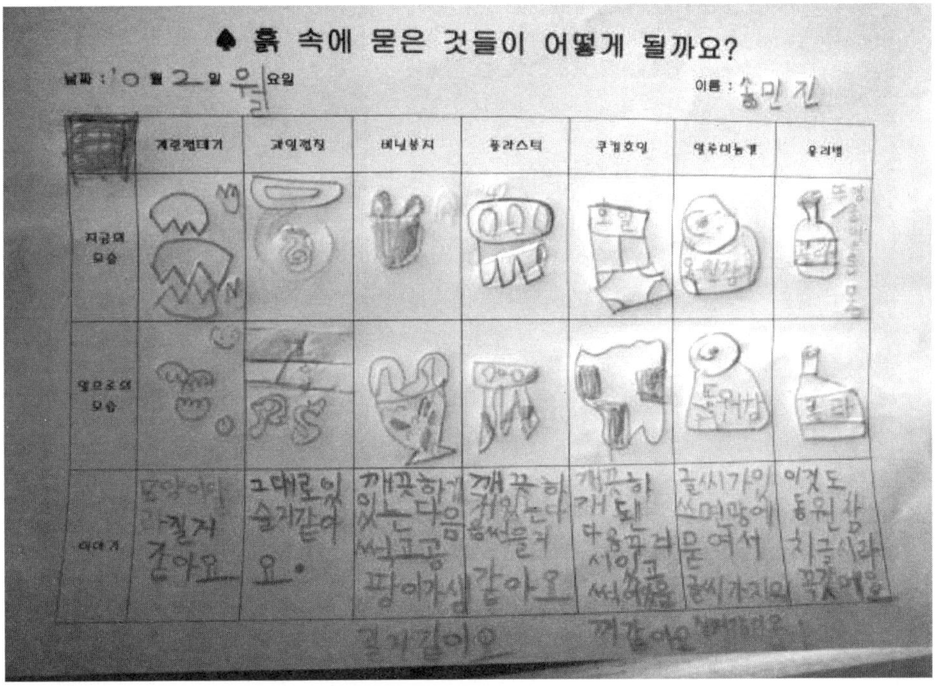

마. 의견조사하기

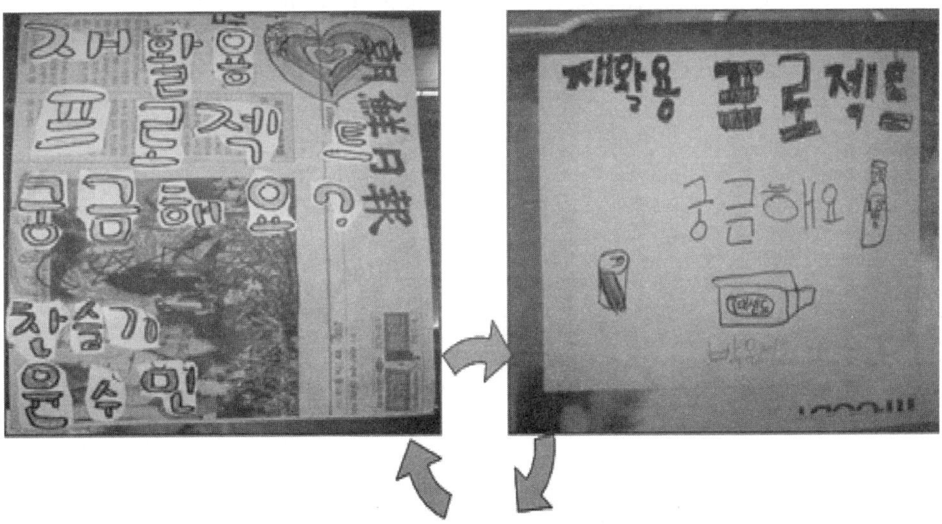

바. 전문가의 설명듣기

① 언어적 표현활동

현장에서의 느낌이나 경험을 말로 표현하기와 사진이나 스케치해 온 것, 간단히 메모해 온 내용, 또는 현장에서 가지고 돌아온 물품 등을 보고 정리하여 동시 쓰기, 그리고 현장 견학지에 있는 분들께 감사의 편지나 새로 생긴 질문에 대한 부탁의 편지를 쓰기도 한다.

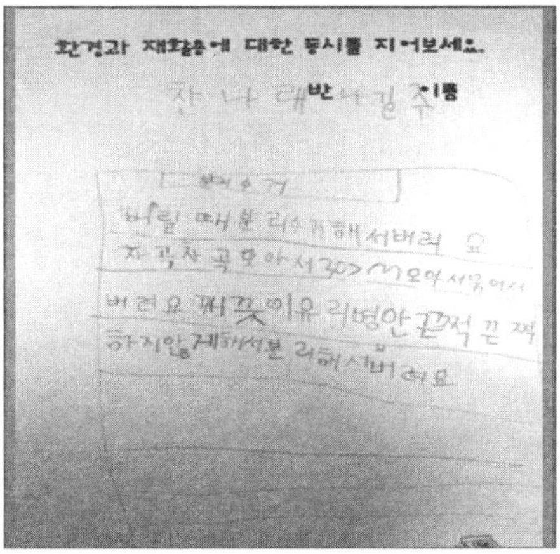

② 미술적 표현활동

자세히 그리기, 만들기 등이다.

③ 수학적 표현활동

- 부분과 전체로 나타내기 – 어떤 사물이 어떤 부분으로 이루어져 있는가를 조사하여 부분과 전체로 나타내는 것을 말한다.
- 수나 측정단위를 사용하여 나타내기 – 관심 있는 부분을 자세히 관찰, 조사하여 수나 측정단위로 나타내는 것을 말한다.
- 비교 도표 만들기 – 공통점과 차이점을 가지고 있는 어떤 사항이나 사물에 대하여 비교하여 표현하고자 할 때 사용한다.
- 분류하기 – 현장에서 조사해 온 물품의 종류별로 나누어 보거나 여러 가지 자료를 용도에 따라 종류별로 분류한다.
- 막대그래프 그리기 – 어떤 사실에 대한 의견이나 사실을 조사하여 막대그래프로 나타낸다.
- 이분법 – 어떤 현상이나 사물, 혹은 일의 과정을 명확한 준거에 따라 두 가지로 구분하여 표현해 보는 것이다.

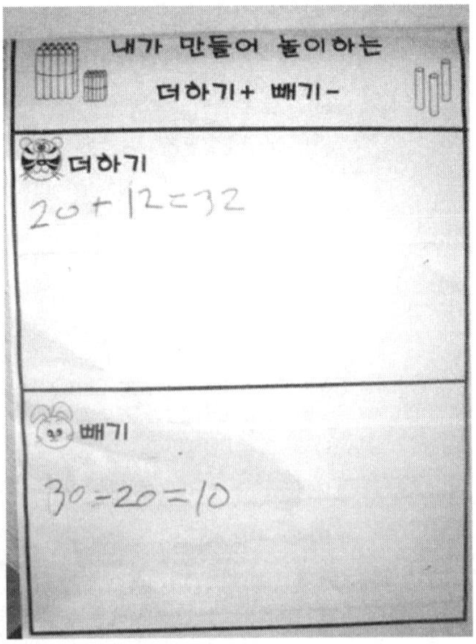

④ 사회 · 과학적 표현

유아들이 현장에서 조사한 내용 중에서 어느 곳에 위치하는지, 어떤 일의 과정이 어떻게 이루어지는지, 사람들은 어디서 어떤 일을 하는지 등에 관한 내용들을 말하며, 과학적 표현방법에는 지도 그리기, 순서도 그리기, 망 · 단면도 그리기, 비교도표 만들기 등이 있다.

⑤ 게임활동

게임은 처음에는 교사가 제안하나 차츰 교사와 유아와의 논의에 의해서 그리고 유아들에 의해서 독창적으로 고안될 수 있다.

⑥ 노래와 극화활동

노랫말 바꾸어 부르기, 간단한 노래 만들기, 음악에 맞추어 몸으로 표현해 보기, 악기 활용하기, 극화활동에 음악을 활용하기, 역할극이나 인형극의 표현활동을 한다.

(2) 교사의 역할

조사활동을 위해서는 유아들과 함께 질문 내용을 정리하여 활동으로 연결하기, 조사 내용 및 방법 조정해 주기, 적합한 자원조달하기, 조사활동 결과 공유하기, 조사결과물 게시해 주기, 적합한 추후 활동 연결해 주기 등의 활동이 필요하다. 그리고 구성활동을 위해서는 지속적이고 발전적인 구성 활동이 이루어지도록 적절한 제안해 주기, 필요시 함께 만들기에 참여하기, 필요한 자원 제공해 주기 등의 역할이 요구되는 것이다.

또한 극화활동의 경우는 극화활동 내용 조정이나 보완해 주기, 필요한 자원 마련해 주기, 적합한 도움 주기-대본작성, 녹음, 인형 만들기 등 유아들의 활동 촬영 및 이를 시청할 수 있는 기회를 주어 유아들에게 스스로의 평가 기회 마련해 주기 등의 활동이 뒷받침되어야 한다. 아울러 표현활동을 위해서는 적합한 표현방법 지도 및 안내해 주기, 자원 확보해 주기 등의 역할이 필요하다.

5) 프로젝트의 마무리단계

프로젝트 3단계인 마무리 단계에서는 마무리 행사를 중심으로 준비, 전개, 정리 활동이 이루어진다. 마무리를 위한 전형적인 행사로는 전시회나 발표회, 또는 이 둘을 조화시켜 함께 하는 것을 생각해 볼 수 있다. 어떤 형태를 취할 것인가는 프로젝트 주제에 따라 또는 여러 가지 상황과 조건에 따라 달라질 수 있을 것이다. 그러나 유아들의 경우 단순히 어떤 결과물에 대한 전시만 하게 하거나 발표만 하게 하기보다는 전시를 하면서 부분적으로 발표도 할 수 있게 하는 것이 이상적인 형태라고 생각한다.

(1) 준비

가. 전체토의

① 프로젝트 전과정 돌아보기

② 전시회 및 발표회의 날짜 정하기

③ 전시회 및 발표회의 형식과 초대 대상 정하기

④ 전시 및 발표할 항목 정하기

⑤ 준비일정표 만들기

⑥ 유아 각자의 역할 정하기

나. 교실 꾸미기

다. 초대장 만들어 보내기

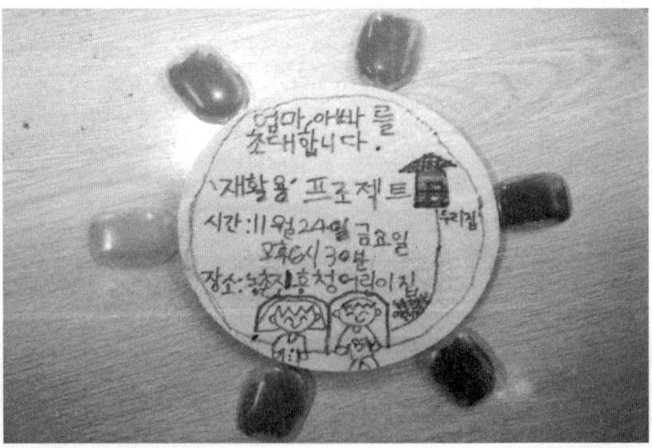

(2) 전시회 및 발표회 개최

가) 손님맞이하며, 안내하기

나) 특정영역에 대한 안내 및 설명

다) 준비된 프로그램 발표하기

동극이나 노래 부르기, 노래와 합주 그리고 비디오를 짧게 보여줄 정도 등 주제에 관련된 간단한 활동들이다.

(3) 전시회 및 발표회 이후 마무리

가. 마무리 토의

① 전시회 과정에서 잘된 점과 잘못된 점을 검토·평가한다.

② 전시된 여러 결과물이나 자료 등의 정리에 관한 것으로 전시된 것 중에서

집으로 가져가야 할 것인지, 원에 남겨둘 것인지, 재활용이나 정리하여 버려야 할 것인지, 자료장에 비치되어야 할 것인지 등의 일과 여러 가지 일을 효율적으로 분담하는 것 등이다.

나. 정리하기

마무리 토의가 끝나고 전시된 작품정리와 교실정리가 이루어져야 한다.

개인작품을 떼어내 개인 파일에 정리하는 것이 있고 구성물들은 재활용할 것과 폐기할 것, 또는 교구장에 돌려 놓을 것 등으로 나누어 정리한다. 구성 작품은 사진을 찍어 파일에 정리해 준다. 교실의 정리는 전시되었던 작품을 떼어 내고 정리 후 청소하는 일, 교재·교구를 정리하고 재배열하는 일, 특정 물건을 씻는 일까지 포함된다.

3. 레지오 에밀리아 접근법

1) 레지오 에밀리아 프로그램의 역사적 배경

1945년 봄 빌라첼라(Villa Cella)라는 마을에서 사람들과 함께 일명 덩크유치원을 세우면서 시작되었다. 로마에서 심리학을 공부한 로리스 말라구찌(Loris Malaguzzi)는 이태리 북부에 있는 레지오 메밀리아 시로 돌아와 정신 건강센터를 시작했고 작은 유치원에서 자원 교사로 일하게 되었다. 말라구찌는 "어린이에 대한 것과 어린이를 위한 것은 어린이들로부터 배울 수 있다"라는 철학을 정립하고 1963년 최초의 시립 유치원 설립에 참여하였다. 그 당시 천주교의 독점에서 벗어난 비종교적인 최초 유치원 설립이 되었다.

1971년 교사만을 위한 국가적 모임을 조직하여 유아교육을 주제로 한 「어린이를 위한 새로운 학교를 위한 경험」, 「유치원의 지역사회 중심의 운영」이라는 책을 출간하였다.

1976~1984년 0~6세까지와 어린이를 교육하는 교사를 위한 〈Bambini〉 저널지에 참여하였다.

1980년 "눈이 벽을 뛰어넘을 때"라는 제목으로 스웨덴에서 전시회 개최 후 세계 여러 나라에서 전시회를 개최하였다. 말라구찌는 듀이의 진보주의, 피아제의 어린이의 관찰을 통한 자료와 인식론을 통한 인지적 구성주의에 관심을 가졌으며, 비고스키의 사회적 구성주의의 근접발달대의 개념을 적용하였다.

- 근접발달대란 어린이가 현재 보여주는 능력과 성인이나 조금 앞선 또래의 도움으로 도달할 수 있는 잠재적인 발달 수준간의 거리를 의미한다.

2) 레지오 에밀리아의 철학적 기본 가정

레지오 교육자들이 말하는 교육목적은 표현적, 의사소통적, 인지적인 언어를 통합하여 스스로 사고하는 힘을 구축해 갈 수 있는 재통합된 유아를 길러 내는 것이다. 이 재통합된 유아는 언제나 학습의 주체다.

레지오 에밀리아의 접근법은 듀이의 교육철학, 피아제와 비고츠키의 인식론뿐만 아니라 미쉘의 학습에 영향을 주는 지역사회의 가치를 강조한 이론, 가드너의 다양한 상징 매체의 활용을 강조하는 다원적 지능의 형성 이론, 부론펜브레너의 발달의 생태학적 접근, 부루너, 호킨스의 교육사상 등에 영향을 받았다.

레지오 에밀리아는 학습자는 인지적 갈등을 통해 능동적으로 지식을 구축해 간다고 보는 구축주의, 또래나 성인과의 사회적 상호작용을 교육의 과정으로 보는 사회적 구축주의, 성인과 유아가 함께 언어적 의미의 맥락을 구성해 가는 과정을 중시하는 사회 언어적 이론에 기초하여 표현을 교육의 수단 또는 도구로 활용하는 상징적 상호작용주의에 체계적으로 초점을 맞춤으로써 유아의 지적 발달을 도모하고 있다.

레지오 접근법의 교육관은 인간 행위의 창의적이고 주체적인 힘을 무시하는 문화전승주의나 인간 본연의 내재적, 생득적 능력이 자연적으로 계발된다고 하는 낭만주의 사상보다는 학습자가 사회 또는 환경과의 부단한 상호작용을 통해 능동적으로 성장·발달하는 것으로 보는 진보주의의 범주에 해당하는 것으로 개념화할 수 있다.

레지오 접근법에서의 유아관은 학습자가 독립적으로 지식을 구축하고자 하는 자발적 · 내재적 동기를 가지고 있다고 보는 개인주의적 관점을 넘어서서 또래나 성인, 사회 문화적 환경과의 관계로부터 동기가 유발되며, 학습하는 풍부한 잠재력과 권리를 가진 주체자로서의 사회적 구축주의자로 인식한다.

레지오의 발달은 비고스키의 인식론에 영향을 받아 발달은 유아가 또래나 성인과 상호작용하는 활동과정에서 외적 환경을 변화시킬 뿐만 아니라 자신도 변화, 통합되어 가는 구축과정으로 보기 때문에 발달은 기존에 주변 세계를 재조직하는 과정으로 보며, 외적 도움이 필요함을 가정한다.

3) 레지오 에밀리아 접근법의 소개

이태리의 레지오 에밀리아 시(인구 13만 명) 당국에서 운영하는 프로그램으로서, 이태리 북부 지역의 공동체는 6세 이하의 영유아들의 질 좋은 돌봄을 위하여 시 전체 예산의 12%를 투자해 왔다.

레지오 에밀리아 접근법은 3~6세를 위한 유치원 22개와 0~3세를 위한 13개의 영유아 보육센터에서 실시되고 있다. 레지오 에밀리아 접근법은 이태리 내외적으로 다른 도시들과 구분되는 전세계적인 관심을 집중시키는 아동복지(돌봄)와 유아교육(교육)에서의 통합적인 접근법이 가능해졌다.

이 프로그램에서 부모의 역할은 지역 공동체의 역할을 반영한다. 학부모들은 학교 정책과 아동발달 문제와 교육과정 계획과 평가에 대한 토론에 참여하기를 기대한다. 대다수의 학부모들이-어머니를 포함하여 직업을 가지고 있기에 교육위원회의 모임은 저녁 시간에 이루어지고 있다.

교육과정을 지도하는 전문가인 페다고지스타들이 있는데 페다고지스타들은 5~6개 정도의 교육센터에 속한 교사들과 협력하는 교육 전문가들이다. 각각의 교육센터는 한 학급에 12명의 영아나 18명의 유아, 24명의 학령전 유아들로 구성되어 두 명의 교사가 담당하는데 교육과정 개발과 기록과 관련된 문제해결을 위한 미술을 전공한 아뜰리에리스타 한 명과 몇 명의 보조원들이 함께 일한다. 교사들의 책임은 통상적으로 한 명이 체계적으로 관찰하고 기록하며 아동의 대화를 기록하는 직무를 담당하도록 해 준다. 관찰된 사실은 다른 교사나 아뜰리에리스타나 부모들과 의견을 교환하여 교육과정을 만들거나 보충하는 자료가 된다.

교실은 중앙의 피아자(Piazza)라는 공동 광장과 연결되며, 부엌을 볼 수 있도록 설계되고 주변의 환경은 벽 전체가 창문인 통로로 연결된다. 입구는 아동과 성인 모두를 위한 공간으로 벽과 마루와 천장에 거울을 배치하고 사진과 아동들의 토의의 기록물이 붙어 있는 작품으로 전시되어 모두의 관심으로 이끈다. 중앙에는 큰 규모의 아틀리에가 있고 교실에는 작은 규모의 아틀리에가 있다. 학교 전체는 서로 상호작용을 할 수 있도록 배려하고 있다.

이와 같이 레지오 에밀리아에서는 교육적이고 보호적인 공간이 구성되어 있음을 강조해야 한다. 특히 레지오 에밀리아의 공간은 건축학적으로 설계된 공간, 문화를 반영하여 건축된 공간, 사회적, 개인적, 그리고 여백을 활용한 공간, 연령과 발달수준을 고려한 공간, 기록하거나 작품을 만들고 전시하는 공간의 배려를 특징으로 들 수 있다.

프로젝트의 주제는 교사나 아동들이나 부모들이나 당시의 이슈들 가운데에서 관심을 끄는 지적 호기심이나 사회적 관심거리에 근거하여 선택한 프로젝트 활동으로 진행되는데 프로젝트는 유아들이 스스로 가설을 세운 뒤, 현장을 확인하고 관찰해 가설을 꾸준히 수정, 보완해 결론을 얻는 방식으로 진행된다. 교사는 그 과정을 사진, 비디오 등으로 기록해 아이들에게 다시 보여 준다.

인지력과 창의성을 높이기 위한 이 프로그램은 발현적 교육과정과 사회적 구성주의를 실행하고 있다.

수업료는 매달 0~3세가 96만원, 3~6세가 76만원인데 시에서 80% 가량을 보조한다.

(1) 페다고지스타(pedagogista : 교육조정자)의 역할

유치원에서 일어나는 모든 일과 이론과 실제의 새로운 경향과 정치적이거나 행정적인 문제들에 대한 정보를 끊임없이 전달하고 교환하며 상호작용을 통하여 스스로 변하고 성장하는 전문가로서 스스로 인식하는 사람을 말한다.

페다고지스타는 교사의 태도를 증진시키고 어린이의 생활과 관련된 모든 문제를 상담하고 해결하는 중재자로서의 역할을 하기도 한다. 또한 교사와 가정, 교사와 지역사회를 상호 연결시켜 주는 역할을 담당하기도 한다.

(2) 아뜰리에리스타(Atelierista : 미술전문가)의 역할

교사들과 진단 토의 및 개별 토의를 통해 아이디어를 교환하며 교사들이 분명히 인식하지 못하는 주제나 다 상징적인 가능성들을 교사가 볼 수 있도록 도와 준다. 때로는 어린이들의 표상화를 직접 도와 주기도 한다. 교사나 어린이들의 문화적인 공간인 아틀리에의 자료나 작품을 평가하고 창의적인 방향으로 작업할 수 있도록 도와 주는 미술을 전공한 전문가로서의 역할을 담당한다.

(3) 발현적 교육과정(Emergent Curriculum)

일반적인 교육목표와 목표는 세우지만 수행하여야 할 프로젝트나 세부 목표는 세우지 않고 즉흥적인 발상에 착안하여 교육의 방향을 제시하고 이끌어 가는 교육방법을 의미한다. 이러한 활동은 유아들의 잠재가능성과 창의성을 증진시키며, 유아들을 독특한 개체로 인식하여 유아 스스로 학습할 수 있는 공간과 생각과 상황을 준비하고 계획해야 어린이와 성인간의 상호작용과 의사소통이 이루어질 수 있다는 이론에 따른다.

(4) 사회적 구성주의(Social Constructionism)

어린이가 자아를 형성하는데 기본이 되는 요소는 행동과 집단화이기에 어린이는 또래와 함께 적극적인 역할을 담당해서 자신의 사회화 과정을 스스로 성장시켜 나가야 한다는 사상을 의미한다. 레지오 에밀리아에서는 어린이를 역사 또는 사회 문화적인 환경 속에서의 개체로 어린이 스스로를 강조하고 있다. 즉 어린이 사회의 조직망 사이의 관계를 적극 활용하여 어린이의 창의성과 잠재력을 계발하고자 하는 것이다.

4) 레지오 에밀리아의 활동방법

(1) 발현적 교육과정에 따른 주제선정 방법

유아의 흥미나 교사의 경험에 따라 또는 유아와 교사의 상호 협상 과정을 통해 주제가 선정된다. 사전 성찰을 토대로 프로젝트 운영을 위한 가설적 계획을 세우고 유아의 흥미나 욕구에 부합되는 융통성 있는 목표를 설정한다.

(2) 프로젝트 전개방법 (상징화의 주기)

프로젝트가 시작되면 유아들은 한 가지 상황이나 개념을 언어로 토의하고 그 토의 내용을 그림으로 그리고 탐색한다. 그리고, 탐색한 내용을 바탕으로 다시 그리고 대상물을 복사하여 가상의 모형을 만든다. 이와 같은 과정을 통해 자신의 초기 가설과 아이디어를 표상한다. 일차적으로 표상한 것을 실제 장면을 방문하여 다시 표상한다. 이렇게 거듭하여 표상과정을 거치는 과정을 상징화의 주기라 한다.

가. 주기 1 : 아는 것을 말로 표현하기

소그룹으로 편성된 유아들이 협동으로 수행할 프로젝트 주제를 선정하고 주제가 갖는 제반 특성을 이해하기 위해서 각자의 생각이나 느낌, 경험한 바를 말로 표현하는 단계다.

나. 주기 2 : 첫 그림과 토론

말로 표현한 것을 상기하면서 그림으로 표현해 본다. 그림을 그리면서 유아들은 새로운 아이디어를 생각해 내고 토의하면서 생각의 불일치나 문제점을 발견해 낸다.

다. 주기 3 : 가상해 보기(시뮬레이션)

전에 시행한 내용이 실제 상황에 접근한 것인지를 알기 위해 가상적인 모의 상황을 마련하여 예측해 보게 한다. 가능한 실물을 이용하거나 실제적인 직접 경험을 통한 학습이 효율적이다. 그렇지 못한 경우 축소된 모형을 통해서 실험하거나 모의 상황에서 주어진 과제를 해결하기 위한 학습활동을 전개한다.

라. 주기 4 : 그림을 대체물로서 이용하기(그림을 통한 개념 정의)

현상에 대해 생각하는 바를 그림을 그릴 때 좀더 심사숙고하게 되었다. 개념에 대한 인식을 명확하게 한다.

바. 주기 5 : 실제 경험

주제의 성격을 바르게 이해하기 위해 실제 경험을 해 보는 것이다. 주제 “눈 속의 도시에서는” 눈이 오는 날 눈이 어떻게 내리며, 눈이 내린 미끄럼틀을 탈 때 잘 미끄러지지 않는 느낌, 눈송이의 구조 등을 관찰한다. 비체험적인 사전활동이 실제 경험을 통해서 그 차이점이 발견되고, 그것이 새로운 지식을 구성하게 하는 것이다.

사. 주기 6 : 경험후의 그리기

실제 경험을 한 후에 주제에 관해 그림을 다시 그려보는 것이다. 그림을 그리는 동안 자신들이 발견한 것을 다른 유아와 같이 이야기하고 자신이 이미 알고 있었던 것을 수정해서 표현하게 한다.

아. 주기 7 : 확장하기

현재하고 있는 활동을 다른 부분까지 연결해 보는 것을 말한다. 시각적인 것을 시각적으로 표상하는 것으로 예를 들면, 눈에 물체가 닿을 때 어떻게 되는지 의문이다.

교사가 눈에 닿을 때 나는 다양한 소리를 들려주고 무슨 소리인지 이야기하고, 어떤 소리인지 합의를 한 후 소리를 그림으로 표상하게 한다. 소리를 그림으로 표현하면서 좀더 창의적으로 생각해 보게 되었다.

- 교차양식 표상(cross-modal representation)이란 비시각적 경험(소리)을 시각적 표상(그림)으로 나타내는 것이다.

자. 주기 8 : 심화

표상하고, 경험하고, 재표상하므로 유아들은 사실을 자신들에게 이해가 되는 하나의 관계로 재구성하는 것이다. 종이에 자신들의 이론을 그리면서 다른 어린이의 생각을 알게 되고 소그룹 내의 토론을 거쳐 자신의 사고를 수정하게 된다.

차. 발전된 확장과 심화

유아의 흥미와 이해를 계속 확장 심화하는 과정으로, 예를 들면 물이 얼음으로 변하는 과정에 대해 그림을 그려보고 실제로 실험을 해 보고, 구름과 눈 만드는 기계를 그렸고, 실외와 스키장에서 눈과 비가 오는 것을 관찰해 보는 것이다.

(3) 다상징화 방법

다양한 매체의 활용은 다양한 경험이나 개념을 접하도록 하는데 목적을 두는 일반적 방식과는 차이가 있다. 매체마다 표상적 잠재력이 있기 때문에 표상과정에서 서로 다른 인지적 기능을 불러일으킨다. 한 가지 주제를 다루는 프로젝트 학습에서 한 가지 개념을 깊이 있게 다루기 위해 여러 가지 매체를 나선형적, 반복적으로 활용하면 주제에 대해 서로 다른 측면에서 사고하게 되기 때문에 다면적인 학습효과가 통합, 축적되어져서 결국 심화된 학습이 이루어지는데 있다.

*** 다상징화 방법의 예**

멀리뛰기의 순서에 대해 자신이 아는 것을 구성해 보는데 사용한 상징화의 방법은 사람의 그림, 발자국의 그림, 손가락으로 표시하기, 인쇄된 말, 몸으로 실제로 해 보기, 사진 참고하기, 소형 나무 인형으로 움직여 보기 등의 방법이 있다.

가. 언어적 표상

언어적 표상은 유아가 말로 자신의 이전 기억을 재방문하는 것이다. 언어적 매체는 유아 가 이전 경험을 쉽게 기억하게 하고 자유롭게 분출해 낼 수 있게 한다. 사고를 자유롭게 제어할 수 있는 말의 표상적 힘을 사소한 것에서 깊이가 있는 것에 이르기까지 유아가 통찰하는 것에 대한 표상을 가능케 하여 어떤 결과를 도출해 낼 수 있는 무한한 사상을 창안할 수 있게 한다.

나. 그리기 표상

그리기는 비반응적이며, 활동방법이 비구조화되어 있어서 다양하게 시도해 볼 수 있기 때문에 학습과정에서 유아가 자신의 이해를 표현하고 이론을 계획할 수 있게 하는 좋은 매체다. 그리기는 언어적 설명의 모호한 부분을 보완하여 유아의 이해와 이론의 세부 내용을 명확하게 만든다. 뿐만 아니라 그리기 매체는 지속성을 가지고 있으므로 유아가 자신의 이해를 재방문하여 고찰하고 반성하는 수단으로 활용될 수 있다. 단 그리기 매체는 기능적인 맥락에서 사고할 수 없다는 단점이 있다.

다. 3차원적 표상

점토, 철사, 스티로폼, 나무 등과 같은 3차원적 구성자료들로 유아가 모형을 만들어 보는 활동을 통해 자신의 이론을 검증해 볼 수 있다.

① 언어적 표상과 2차원적 표상의 관계

(가) 언어적 표상은 프로젝트의 맥락과 동기를 설정해 주며, 2차원적 표상은 유아의 정확한 이론을 알게 한다.

(나) 언어적 표상은 의미화가 명확하지 않은 반면, 그림은 시각적 표상을 영상적으로 의미화할 수 있음으로 해서 유아의 잘못된 개념을 발견할 수 있게 한다.

(다) 언어적 매체는 지속성이 부족하므로 직접적으로 반성할 수 없는 반면, 그림 표상은 기록과 같은 역할을 제공하므로 반복적으로 재방문할 수 있는 매체로 활용된다.

② 그리기 표상과 3차원적 표상의 관계

(가) 그리기 표상과 3차원적 표상은 모두 시상적 문식성이 필요하나 다양한 매체를 사용하는 3차원적 표상은 보다 높은 인지적 조정 능력이 요구된다.

(나) 그리기 표상은 이론을 구축하도록 하는 반면 3차원적 표상은 이론을 검증하게 한다.

(다) 그림표상은 대상물의 형태, 크기, 색깔, 구조 등에 초점을 두게 하는 반면, 3차원적 표상은 대상물의 작동 원리 등 기능적 맥락에서 사고하게 한다.

4. 자유 발도로프 프로그램

1) 슈타이너 자유 발도로프 자연주의 교육접근법

(1) 자유 발도로프 프로그램의 배경

1919년 독일의 슈타트가르트 시에 설립되었다. 루돌프 슈타이너(1861-1925)는 새로운 정의사회구현을 위하여 이 학교를 설립했다. 1차 세계대전 직후 발도로프 아스토리아 담배 공장의 사장 에밀 몰트가 슈타이너의 보다 나은 미래사회를 위하여 유능한 인간을 양성하면 사회를 더 좋은 방향으로 변화시킬 수 있다고 생각하는 교육사상에 동조하며 혼란스러운 사회실상을 극복하고 그 곳의 노동자 자녀들을 위하여 학교를 설립했고 그 지도와 운영을 슈타이너에게 의뢰하였다.

루돌프 슈타이너(1861-1925)

첫째, 슈타이너는 모든 어린이에게 학교를 개방했으며 둘째, 12년의 교육과정을 제공하고 셋째, 종교적 성향에서 어떤 종파여서도 안 된다는 조건을 제시했다. 그러한 조건이 동의가 이루어지고 에밀 몰트는 시설을 마련하여 슈타이너의 사상을 기초로 한 학교가 설립되었다. 학교설립을 위하여 슈타이너는 교사를 모집·선발하고 직접 교육했다. 그는 국가의 교육과정이나 시험 규정은 따를 수 있지만 교사를 선택하는 것만큼은 자유로운 입장을 주장했다. 1919년 9월 7일 최초의 자유 발도로프 학교가 8학급 256명의 학생과 12명의 교사로 출발했다. 모든 과목 속에는 예술적 요소가 포함되었고 특히 저학년 아동들을 위해서는 그림, 노래 등이 프로그램 속에 끼어 있었다. 가르치는 지식들은 아동의 지적 발달에만 국한되지 않고 항상 아동의 감정과 의지에 관련된 진정으로 전인적인 교육방식을 추구하고 있다.

또한 교육은 외부의 권위로부터 자유로워야 한다는 슈타이너의 생각에 따라 교사협의회, 학부모회, 학생들이 함께 책임을 지는 독립적이고 자치적인 자유로운 학교가 운영되기 시작했다. 발도로프 학교는 슈타이너의 사상과 교육론을 기초로 한 만인을 위한 학교, 즉 남녀나 인종, 계층차별 없이 모든 사람이 평등하게 배울 수 있는 최초의 학교였다.

발도로프 교육은 1994년 스위스 제네바에서 열린 유네스코 제44차 세계교육장관회의 때에 21세기 개혁 교육의 모델로 선정된 교육이다.

발도로프 프로그램은 19세기 중엽 유럽의 자유학교 운동의 흐름 속에서 개혁교육학자인 슈타이너의 인지학적 인간학에 기초하여 설립되었다. 최초의 발도로프 유치원은 슈타이너에게 영향을 받은 엘리자베스 그린레스가 1926년 슈투트가르트에 설립하였으며, 현재는 독일의 150여 개의 학교와 유럽, 남미, 오세아니아, 아시아 등의 전 세계 50여 개국에 걸쳐 약 640여 개의 학교가 있다. 최초의 학교가 생긴 이래로 오늘날까지 개혁교육, 대안교육의 모델이 되고 있다.

(2) 자유 발도로프 프로그램의 정의

발도로프 교육은 예술로서의 교육, 통합적이고 균형 있는 교육과정, 공동체적 삶의 체험, 자율적 독립적인 학교운영, 노작과 실천을 통한 교육, 예술가로서의 교사역할 재인식, 교과 없는 도덕교육을 강조하였다.

현재 우리나라에서도 발도로프 교육에 대해 많은 관심을 가지고 있는데 유아 및 유치원 교육관련자들, 초·중등학교의 교육관련자들 뿐만 아니라 학부모들에게도 발도로프 교육은 관심의 대상이다. 발도로프 교육은 인간본성에 관한 바른 인식과 그것에 기초하여 예술로서의 교육을 실천하는 것이라고 할 수 있다.

2) 자유 발도로프 프로그램의 이론

(1) 인지학(Anthroposophy) = Anthropos + Sophia (인간 + 사랑)

"인간에 대한 사랑 (개인의 자유의지 존중)"

교육은 무엇보다도 인간에 대한 올바른 인식에 기초를 두었으며 인간 본성에 숨겨진 인간이란 무엇이며 이 세상에 존재하는 의미나 목적이 무엇인지 한 사람 한 사람의 인간을 어떻게 이해할 것인가 하는 것에서 생겨난 것이 인지학이다.

인지학은 사람의 존재에 대한 편견 없는 이해로 인간이 자신의 인간성을 의식하고 그 삶의 본질을 탐구하고 인간의 능력을 최대한 발전시킬 수 있도록 인간 영혼에 지혜를 부여하는 것을 의미하는 역동성을 지닌 개념이다.

인지학의 특징은 물질적인 것을 초월한 초감각적이고 영적인 세계를 인간과 우주의 근원으로 보고 중요시했다. “모든 인간에게는 능력이 잠자고 있고 그 능력을 개발함으로써 인간은 상급세계의 지식을 얻을 수 있다.”

(2) 발달단계론

슈타이너의 그의 발달이론에 따르면 인간은 7년의 리듬 속에서 이루어지며 유아에서 청년기에 이르기까지 분명히 구별 가능한 특수한 학습과 소질의 성향들이 있다는 것이다. 제1의 7년기는 출생에서 7세까지며 제2의 7년기는 7~14세, 제3의 7년기는 14~21로서 개인차는 있으나 이 3단계를 거치게 된다고 설명한다. 이에 따라 발도로프학교는 3~6세를 위한 유치원 교육, 7~14를 위한 1~8학년 교육, 14세 이후를 위한 9~13학년 교육으로 분류하고 있다.

가. 물질체(Physischerleib)의 탄생(출생~7세)

이 시기에 속한 아이의 몸 전체는 하나의 감각기관이다. 감각이 외부세계로 열려 있다. 따라서 교육은 말이나 개념이 아닌 5감의 반응, 온몸에 의한 모방에 의하여 행해진다. 이때 생명체는 보호막 속에 있어야 신체적 발육을 관장하는 일에 전념하고 있을 수 있는 것이다. 그리고 드디어 생명체는 어린이의 이를 만든다. 이렇게 되면 생명체의 막 속에서의 일이 완료되고 바깥 세상에 가도록 좋은 산월이 된다. 밖에 나온 생명체는 기억력을 관장한다. 4세 정도의 어린이가 다소 기억을 보이기 시작했다 하더라도 그것은 단편적인 것이고 기억의 태동이므로 이것을 강제로 조신시키는 것은 위험하다(한진이, 1998 : 15). 예를 들면 4세 유아들은 거짓말을 하는데, 흔히 나타나는 증상이다. 이는 기억과 관련된 상상력인 경우가 많다. 7세까지는 생명체를 있게 하여 신체와 5감의 발육을 도모함이 중요하다. 이것이 어른이 된

후의 행동력, 의지력의 근원이 된다.

나. 에테르체(Aetherleib) – 생명체(Lebensleib)의 탄생(7~14세)

이를 갈기 시작하면서 생명체가 외계에 나온 것을 뜻하며 생명체는 기억, 습관, 기질, 성향을 관장한다. 그러므로 어린이는 학습을 시작해도 좋다. 특히 이 시기는 예술에 대한 감각이 눈을 뜨게 된다. 예술 중에도 생명체의 진동과 같은 음악에 대한 감각이 깨어나기 시작한다. 감정체는 아직 막 속에 있다. 감정체는 사고력을 관장하는데 초등학교 고학년이 되면 태동을 시작한다. 그러나 역시 조산시키면 안 되며 기다려야 한다. 그러므로 제2의 7년기 동안, 학교 공부의 본질은 모두가 감정을 통한 것이어야 한다.

다. 아스트랄체(Astralleib) – 영혼육체(Seelenleib)/감정체의 탄생(14~21세)

사춘기가 되었을 때 감정체가 산월을 맞이 한다. 청소년은 개인의 관심과 취미를 발달시키는 능력과 인식 문제에서 독립적인 판단을 얻으려 노력하며 영혼의 기초가 눈뜬다. 또한 세계와 인간에 대한 더 깊은 인식욕구가 나타나고 추상적 사고능력이 생기며 자신의 영혼의 힘, 즉 감정과 의지로 환경과 더 자유롭고 더 독립적으로 맞선다. 따라서 학교는 수업을 심층적으로 학문적 생활태도에서 기초를 닦는데 기여한다. 상상력과 권위에 기초하여 받아들여진 그 이전의 지식을 자신의 논리로 확신을 가지고 말할 수 있게 되어야 한다(한진이, 1998).

(3) 인간의 기질론

교사 자신이 스스로의 기질을 잘 알고 표출하지 않게 주의해서 어린이들의 기질을 인정하고 배려하여 조화를 이루어 실천해 가는 것이 필요하다.

표 3-1 인간의 4가지 기질

기 질	특징	단점	연령	구성체	사상의학
다혈질	성격이 밝고 천진난만하고 낙천적, 호기심이 많고 자유스러움	침착성 결여, 주의 산만하고 변덕스러움	유년기	아스트랄체	태양인

담즙질	고집이 세고 독단적이며 행동적이고 결단력 용기가 있고 타인에 대한 불평이 없음.	타인에 대한 인정 결여, 자신의 정의감을 타인에게 강요 공격적임	청소년기	자아체	소양인
우울질	내성적, 통찰력, 사려깊고 감상적이고 자아중심적이며 의지가 강하고 진실에 따르려고 노력함	사소한 일에 신경을 많이 쓰며 여유가 없고 주위 사람까지 우울하게 한다.	성년기	물질체	태음인
점액질	기분의 움직임이 적고 침착, 평안, 외부와 조화롭기는 하나 무관심하며 자기 자신에게만 관심이 많음	까다롭고 힘든 일을 싫어하며 게으르고 냉소적이거나 방관적이기 쉽다.	노년기	에테르체	소음인

3) 자유 발도르프 프로그램의 교육목적

(1) 교육의 목적

가) 의지, 사고, 감정이 골고루 발달한 인간으로 교육하기

나) 아동의 발달단계에 따라 변화하는 요구에 맞추어 자기 교육의 길을 걷게 하는 것

다) 예술로서의 가르침

라) 공통체로 만들기

마) 자녀를 위한 교육

바) 통합성을 추구하는 교육

사) 영적 회복을 위한 교육

(2) 자유 발도르프 유치원의 교육목적

가) 전인적인 인간 교육의 추구

나) 자유로운 상태에서 유아의 잠재능력을 최대한 확장

4) 자유 발도로프 프로그램의 교육의 원리

(1) 발도로프 유아교육에서는 모방이 학습원리가 된다.

교육학 이론에서 아동발달에 대하여 일반적으로 거론되고 있는 것에는 아동의 유전적인 측면, 인적 환경을 포함한 교육환경, 그리고 이들과의 상호작용 측면이 있다. 그러나 슈타이너는 한 어린이가 이 세상에 태어나는 것은 천상의 세계에서 이 지구상에서 이루고자 하는 나름대로의 과업을 가진 "개별성"(Individuality)으로서 지구상의 육신을 도구로 삼아 태어나는 인간의 본질적인 측면을 강조한 바 있다. 바로 그 과업의 실현, 즉 인간으로서의 삶을 살아갈 수 있게 하기 위해 우리 부모는 개별성에 육신을 선사하였으며, 인간적인 환경과 상호작용이라는 여건을 마련해 주어야 한다는 것이다. 슈타이너는 인간으로 되어 가기 위한 존재인 어린이의 주변에는 반드시 인간의 사회가 있어야 하며, 인간과의 상호작용 측면에 있어서 특별히 모방과 모범을 중요시하고 있다. "물리적 육체"가 형성되는 0~7세의 어린이들은 주로 모방을 통하여 학습을 하고 있기 때문에 모방의 대상이 되는 주변 환경과 관계인(부모, 교사)의 영향을 대단히 중요하게 지적하고 있다.

인간은 동물과 달리 태어나면서 인간으로서의 완전한 형태를 갖추고 태어나지 못한다. 영아기(0~3세)에 머리부분이, 유아기(3~5세) 때에는 몸통부분이, 취학전인 5~7세경에는 신진대사부분과 사지부분이 시차적으로 발달하여, 비로소 "사람다운" 신체를 지니게 된다. 그런데 언어습득에서 어린이가 가장 사랑하는 사람의 언어를 주로 모방하듯이, 신체발달 및 근육발달 또한 어린이가 가장 사랑하는 사람의 움직임을 모방함으로써 이루어진다. 예를 들어 아버지의 걸음걸이를 아들에게서 발견할 수 있다. 즉, 인간은 동물과는 달리 인간이 없는 환경에서는 "인간답게" 성장할 수 없다는 것이다. 슈타이너는 영아가 세상에 완전히 열려 있고 그 세상 안에서 모방을 통해 배워 가는 과정을 이렇게 표현하였다. 즉 "어린이가 자신을 세상 안으로 형성하며, 세상을 자신의 내면에 형성한다".

교육적인 의미에서 모방은 학습의 '본원적인 형태'로서 어린이가 건강하게 모방할 수 있는 주변 환경과 어른의 모범적인 생활태도가 중요하다고 한다. 왜냐하면 어린이는 성인의 영혼 깊숙이 있는 곳까지 볼 수 있기 때문이다. 교사와 부모는 어린이의 물리적 육체가 건강하게 탄생되도록 "보호막"을 형성하여 모태와 같은 교육환경을 형성해야 한다. 따라서 발도로프 유치원에서 교사가 가르치지 않고 진지한 자세로 삶에 필요한 작업을 하고, 어린이들이 모방을 통해 계절, 일상생활을 체험하면서 자신의 신체 형성에 충분히 몰두할 수 있게 하고 있다.

(2) 발도로프 유아교육은 감각교육을 중요시한다.

슈타이너는 인간의 감각을 12가지로 보고 그 중 "하위감각" 또는 "신체감각" 4 가지, 즉 "생명감각", "균형 및 방향감각", "촉각", "고유운동감각"이 영유아기 때 발달한다고 했다. 그런데 현대의 — 특히 문명이 발달한 나라의 — 어린이들에게 이 네 가지 "신체감각"이 많이 손상되고 있다고 한다. 행동불안, 행동과다증, 공격적인 행위의 증가, 소심하거나 자기표현이 없는 어린이 등의 "문제행동"에 대하여 많은 부모나 교사들이 고민하고 있으며, 학령기 아동 중에는 독서곤란증이나 글씨를 제대로 잘 못쓰는 아동이 늘어가고 있다고 한다. 최근 학자들의 연구에 의하면 이러한 "문제행동"의 원인이 감각작용의 저해에 있다고 한다. 문명의 발달로 말미암아 일찍부터 TV, 컴퓨터, 카세트 녹음기 등의 기계와 플라스틱 놀잇감들을 많이 접하면서 성장하는 어린이들에게 이러한 기계가 영유아기 때 잘 발달되어야 할 "신체감각"을 마비시키고 있기 때문이라 한다.

감각교육을 위해 발도로프 유치원에서는 어린이들로 하여금 자연물로 이루어진 놀잇감(줄, 나무토막, 나뭇가지, 헝겊, 돌, 조개껍데기, 마른 나무열매 등)을 많이 접하게 하고, 어린이에게 적합한 색깔로 된 환경을 구성하며, 어린이의 신체적 동작감각을 충분히 경험할 수 있는 라이겐(Reigen; 시, 노래와 율동이 담긴 리듬적인 놀이)을 하고 있다. 슈타이너가 그의 저서 여러 곳에서 "어린이는 온전한 감각기관"이라 표현하고 있듯이, 주변에서 일어나고 있는 모든 일, 즉 어른의 제스처, 움직임, 환경이 어린이의 내면적인 감각기관으로 체험하게 되므로, 어른의 영적, 도덕적 행위나 표현까지도 중요하다고 했다. 위에서 언급한 "문제행동"을 예방하고 치료한다는 의미에서 감각교육은 현대에 와서 더욱 부각되고 있는 부분이다.

(3) 발도로프 유아교육은 리듬적으로 구성된 생활교육이다.

영유아기 때에 리듬 있는 생활을 하는 것은 신체적 리듬을 형성할 뿐 아니라, 이후의 삶을 위한 저력을 길러 주는 것이다. 교육자는 리듬 있는 생활을 구성하기 위해 우선 자신이 먼저 리듬적인 생활이 가져다 주는 힘을 체험하면서, 어린이들을 위해 라이겐과 같은 리듬적인 놀이를 하는 것도 중요하지만 무엇보다도 리듬적인 분위기를 조성하여 생활습관을 형성해야 한다.

리듬적인 분위기는 들숨과 날숨이 반복되는 하루일과로 형성된다. 예를 들어 아침에 어린이들이 유치원에 올 때에는 각자 자신만의 충동을 함께 가지고 오기 때문에 자신을 충분히 표현해도 되는(날숨) 자유놀이가 적합하고, 그 다음엔 짧은 들숨과정인 라이겐을 다함께 하고, 두 번째의 날숨인 자유놀이로 실외놀이나 산책을 하게 되며, 다시 이야기 들려주기와 같은 들숨과정을 체험하게 하면서 오전시간이 마무리된다.

주로 첫 번째 자유놀이 시간에 교사는 생활에 필요한 작업을 리듬적이고 반복적으로 하고 있는데, 이 때 어린이들에게 안정감을 주도록 3~4주 동안 한 가지 일을 계속해서 반복하는 '기간적'인 활동을 하기도 한다. 이렇게 발도로프 유치원 생활은 어린이들의 내적인 호흡작용을 고려한 반복적인 리듬이 담긴 하루 일과로 구성되어 있다.

(4) 발도로프 유아교육은 어린이의 상상력 발달을 중요시한다.

발도로프 유아교육기관에서는 어린이들의 상상력을 중요시한다. 그래서 감각교육에서 잠시 언급했던 것처럼 자동차와 같이 기능이 이미 주어진 놀잇감이나, 사람모양을 그대로 지니고 있는 인형과 같은 완벽하게 만들어진 놀잇감을 피하고 있다. 왜냐하면 나뭇가지가 또는 단순하게 만들어진 인형이 어린이들의 상상력을 최대한 자극하기 때문이다. 모형에서 빠진 부분은 어린이다운 상상력으로 보완되는데, 단순한 모형일수록 어린이의 내면적인 움직임을 최대한 촉진한다. 동화도 가능하면 책을 읽어 주지 않고 들려준다. 그림이 이야기 내용을 이미 결정하여 보여주기 때문이다. 인형극에서 사용되는 인형 또한 인물의 성격을 얼굴의 생김새로 결정하지 않고, 대신 인형 옷의 색깔을 가지고 상징적으로 표현함으로써 어린이들이 내면적으로 인물의 성격을 스스로 창조하게 한다. 인형을 다루는 것도 조심스럽게 하여 인형의 빠른 움직임이 어린이들의 영적인 부분에 지나치게 작용하지 않도록 한다.

5) 자유 발도르프 유아교육 프로그램

슈타이너는 인간이 태어나 어른으로 성장하는 과정을 7년 주기로 나누어 설명하고 이를 바탕으로 한 교육이 이루어져야 한다고 하였다. 그 첫 주기의 영유아기에는 모방할 수 있는 환경, 리듬감 있는 반복적 활동, 동화듣기와 놀이로 다양한 언어를 습득하는 환경, 라이겐, 자유놀이를 통해 사고, 느낌 등을 키울 수 있다.

(1) 자유 발도르프 유치원의 운영

독일 유아교육에서 가장 강조되는 것은 놀이중심의 교수방법이고, 인성교육, 생활습관 교육, 친구 사귀기를 비롯한 사회성 교육을 강조하고 있다.

일과운영은 월요일부터 목요일까지 오전 7시부터 오후 5시까지 운영하고, 금요일은 오전 7시부터 오후 4시까지 운영한다. 취업모가 아닌 자녀의 경우는 12시까지 시설에서 보육하고 집으로 돌아가며, 취업모 자녀들은 1시간 정도 휴식을 취한 후에 부모들이 직장에서 자녀를 데리러 올 때까지 오전과 유사하게 상황중심 교육을 실시한다. 대략적으로 독일에서는 10세 미만의 자녀를 둔 여성의 취업률은 38% 정도이고 이 중에서 21% 정도는 시간제로 일하고 있다. 오전반은 8시부터 12시까지고, 오후반은 13시부터 17시까지며, 종일반은 오전 6시 30분부터 17시까지다. 최근에는 종일반이 늘어나는 추세다. 유치원의 오전반의 일과운영은 8시부터 10시 15분까지 자유놀이 시간으로 유아들은 집단으로 활동하거나 보조교사 혹은 교사와 상호작용하고 자유롭게 아침식사를 한다. 종일반의 경우에는 6시 30분에서 9시까지 유치원 도착, 잠자기, 자유놀이가 이루어진다. 10시 15분에서 10시 45분까지는 그날의 주제에 대한 이야기 나누기를 실시하고, 10시 45분부터 11시 30분까지는 요일별로 다르게 작업을 하고, 11시 30분에서 12시까지는 함께 모여서 그날의 활동을 교사와 나누면서 정리활동을 하거나, 모두 참여할 수 있는 놀이를 하는 등 마무리 활동 및 귀가지도를 실시한다. 오전반의 경우에는 보통 12시 정도에 부모가 자녀들을 데려간다. 오후반과 종일반의 경우에는 12시부터 점심 및 휴식을 실시하고 13시부터 종일반은 낮잠을 자고, 오후반의 경우는 이야기 나누기가 시작된다. 14시부터 영역별 혹은 집단별 작업이 시작되고, 15시부터 16시 30분까지 야외활동 혹은 방문 등의 특별 프로그램이 운영된다. 16시 30분부터 마무리 활동, 귀가지도를 실시한다.

유치원(Kindergarten)의 집단편성과 교과운영은 1~3년에 걸쳐 3~6세를 대상으로 오전반은 4시간, 오후반은 4시간, 종일반 8시간으로 운영된다. 설립주체는 가톨릭, 개신교, 사회단체, 개인이 설립하여 운영할 수 있다. 학습방법은 놀이중심, 유아의 생활중심에 바탕을 둔 학습활동을 제공하고, 개인의 관심사에 따라 자신의 활동에 몰두 할 수 있는 활동시간의 융통성을 지니고 있다. 집단의 구성은 학급당 20명 정도이고 대부분 혼합연령으로 운영된다.

초등학교 병설유치원(Schulkindergarten)은 1~2년 과정으로 초등학교 입학할 나이에도 불구하고 신체, 심리적으로 학교생활에 적합하지 않은 유아들을 위한 시설로 한 반에 20명씩으로 오전반 3시간, 오후반 3시간으로 운영된다. 설립주체는 주로 국가, 공공기관이며 초등학교의 한 부분으로 주로 대도시의 초등학교 안에 설치되어 있다. 1년 뒤 학습능력이 개선되면 초등학교 1학년에 입학할 수 있고, 일반 유치원의 놀이중심 방법과는 달리 읽기, 쓰기, 셈하기 중심의 초등학교 학습준비에 역점을 둔다. 몬테소리 교구를 많아 사용한다.

시작학급(Vorklasse)은 1~2년간 초등학교 1학년과 연결지어 하나의 단위를 이룬다. 5~6세 유아들을 대상으로 학급당 20명씩 하루에 3시간 정도 교육되며, 국가, 초등학교 안에 설치된다. 보통 재능이 있는 유아를 위한 곳으로 첫 1년 동안은 유치원과 비슷한 놀이중심으로 이루어지고, 2년째에는 초등학교 1학년에서 요구되는 교과중심의 학급으로 전환된다.

(2) 하루일과

반구성은 통합연령 만 3~6세까지 25~30명의 아이들로 구성되며, 주교사 한 명과 부교사 한 명이 반을 맡게 된다(낮은 연령 유아의 수, 높은 연령 유아의 수).

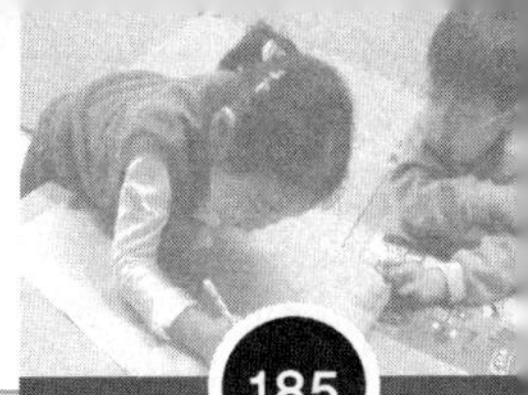

가. 자유놀이 시간

발도로프 유치원에서의 자유놀이는 다양한 활동들이 보여지는데, 유아들은 각자 자기가 좋아하는 놀이를 선택하여 놀이를 하게 된다.

나. 정리시간

교구는 항상 일정한 자리에 배치해 둠으로써, 유아들이 항상 제 위치에 교구들을 놓아둘 수 있게 한다. 매일매일 교구의 위치를 바꾸는 것보다는 항상 일정한 자리에 놓아 둠으로써 유아들에게 안정감과 이를 통한 보호막이 형성되어진다.

다. 손씻기와 기름 바르기

정리시간이 마치면 유아들은 손을 씻고, 교사는 유아들에게 기름을 발라 준다. 장미기름은 유아들의 피부에 보습의 역할도 하지만, 문지르고 냄새를 맡는 활동들을 통하여 더욱 유아들의 감각기관을 촉진시키는 역할을 하는 것이다.

라. 아침기도

교사와 함께 원으로 둘러서서 동작과 함께 아침기도를 한다. 아침을 깨우는 이러한 아침모임은 인간의 호흡의 형태로 비유하자면 '들숨'의 모습으로 볼 수 있다. 이러한 아침시간의 내용은 인지학의 근본적인 내용으로 구성되어지고, 유아들에게는 하루를 여는 마음의 준비를 하도록 해 준다.

마. 라이겐

아침기도가 끝나면 교사들과 유아들이 원의 형태를 계속 그리며 라이겐을 하게 된다. 라이겐은 '주제가 있는 움직임'이라고 할 수 있다. 주제는 주로 '계절의 변화'라든가 '인간 활동' 등이 그 주요 중심 주제라고 할 수 있다. 이러한 주제에는 리듬적인 시와 노래들이 첨가되어지고, 주제와 노래에 맞는 움직임들이 조화를 이루게 된다. 그 주제는 우리 주변에서 볼 수 있고, 느끼는 어떠한 주제도 리듬적인 내용과 음을 첨가한다면, 유아들과 함께 할 수 라이겐으로 구성할 수 있는 것이다.

바. 아침식사

발도로프 유치원에서는 각 요일별로 주가 되는 곡식이 있다. 예를 들어 월요일에는 쌀, 화요일은 보리, 수요일은 기장, 목요일은 호밀, 금요일은 귀리, 토요일은 수수, 일요일은 밀이다. 독일에서는 이러한 각 요일의 곡식을 이용하여 아침식사를 교사와 함께 자유놀이 시간에 준비하게 되는 것이다.

사. 바깥놀이

계절과 날씨에 변함없이 바깥놀이는 아침식사 후에 일어나는 활동이다. 비가 오면 우의와 장화를 신고 놀이를 하고 가까운 숲 속을 산책하기도 한다.

아. 동화시간

바깥놀이가 끝나고 교실로 들어온 유아들은 원으로 둘러앉아 동화를 들을 준비를 한다.

자. 귀가시간

동화듣기가 마치면 부모님들이 오실 때까지 교사와 함께 다양한 놀이를 하게 된다. 이러한 놀이는 0~7세의 유아들에게 감각기간을 활성화시키는 놀이들인데, 예를 들어 천안에 감추어진 친구를 손으로 만져 본 뒤에 친구의 이름을 알아맞추는 놀이, 자루에 여러 가지 재질의 물건들을 섞어 놓고 손으로 만져 본 뒤에 무엇인지 알아내는 게임 등을 한다.

(3) 특별활동

일주일에 한번 물에 젖은 도화지로 수채화를 그린다. 빨강, 파랑, 노랑의 기본적인 색을 이용하여 유아 스스로 색깔의 배합을 체험하게 된다.

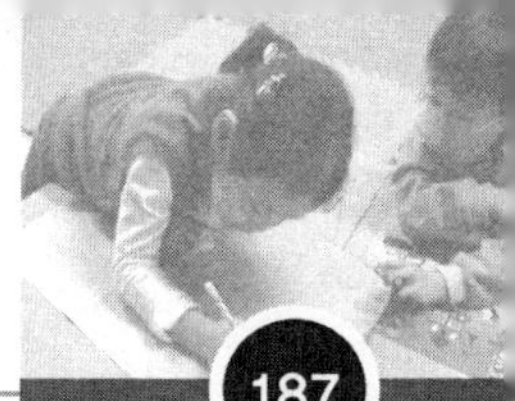

6) 자유 발도로프 프로그램이 유아교육에 주는 시사점

(1) 발도로프 유아교육은 교육과정이나 교육 프로그램에 따라 교사의 '가르침'을 통한 교육의 외적 측면이 강조되는 전통적인 교육방법과는 달리, 어린이의 본질적인 성장 · 발달을 기초로 한 인간의 내적 교육이다. 어린이의 건강한 성장 · 발달이며 미래의 삶을 준비하는 힘을 길러 주는 데에 있다.

(2) 발도로프 유아교육은 기억력을 강요하는 공부를 멀리하고, 예술적으로 자극하며 놀이를 하게 함으로써 어린이 고유의 재주와 본성(인간의 본질)을 이끌어 내어 주고, 육체적 조직을 강화시키며 자신의 의지를 통제하는 것을 배우게 하는 것이다. 이렇게 자란 아이들은 학교에 가서 더욱 집중을 잘할 수 있고 학교 공부를 할 준비를 하게 된다. 왜냐하면 후의 인생에게 요구되어지는 힘과 건강이 축적되어 있기 때문이다.

(3) 발도로프 교육은 아동의 "문제행동"을 예방하고 치료하는 데 중요한 역할을 한다. 학교 폭력이라던지, 청소년 비행문제가 점차 유아기 문제행동에서도 나타나는 사회문제로 종종 대두되고 있는데 이러한 영유아기 교육으로부터 예방할 수 있다는 점에서 그 의미가 크다 하겠다.

(4) 발도로프 교육은 우리나라의 유치원에서 필요한 어린이의 내적 리듬을 중요시하는 '생활교육'이라는 측면에서 시사하는 바가 크다.

(5) 발도로프 교육은 컴퓨터나 수를 헤아릴 수 없는 장난감과 같은 최첨단 시설과 장비를 갖추어야만 현대를 살아가는 어린이들에게 적당한 교육이라 여겨진다. 그러나 과연 우리 성인이 '어른의 문화'를 일찍 전달하는데 교육에 목적을 두고 있는지 아니면 어린이들의 내적인 건강을 위한 것인지 진지하게 성찰하게 한다. 아직은 부모의 사교육비로 운영되는 사립교육기관 및 보육시설이 많은 우리나라의 교육현실에서, 학교교육을 준비할 수 있도록 어린이의 내적인 건강을 손상시키지 않는 교육방법에 대하여는 보다 연구되어야 할 부분이다. 왜냐하면 발도로프 교육이 한국적 현실에서 교육문제를 치유할 잠재력을 얼마만큼 지니고 있느냐는 바로 우리 한국 사람들의 노력여부에 달려 있기 때문이다.

5. 숲 유치원 프로그램

1) 숲 유치원의 역사와 배경

숲 유치원은 스웨덴의 자연교육학이 그 발원지라 할 수 있는데, 그것은 스웨덴의 한 민간 협회가 모든 연령층이 사시사철 숲에서 활동할 수 있는 자연교육 프로그램을 제고한 민중운동에서 확산되었고 그 뒤 덴마크에까지 영향을 미쳤기 때문이다(Ingrid Miklitz, 2005; 정희정, 2011).

숲 유치원은 덴마크의 좋레로드에 사는 엘라 홀라타우(Ella Flatau)부인이 자신의 아이와 이웃아이를 데리고 매일 숲에서 활동한 것이 계기가 되어 세워진 것이 숲 유치원이다. 덴마크에서는 지역의 공립학교가 마음에 들지 않으면 학부모가 주도해서 학교를 세우는 제도가 보편화되어 있었기 때문에 유아 대안교육으로 숲 유치원이라는 교육기관이 설립될 수 있었다. 바로 이러한 숲 유치원이 부모 주도형 대안교육으로 자리잡는 계기가 되었다. 덴마크의 숲 유치원은 1990년대에 기존 유치원 교육의 대안으로 확고히 자리를 잡았고, 2004년도에 이미 100여 개의 숲 유치원이 성공적으로 운영되고 있다.

독일의 공식적인 숲 유치원은 1933년 덴마크와 인접한 홀렌스부르그(Flensburg)에 세워졌다. 이곳은 일반유치원 교사였던 페트라 예거(Petra Jager)와 케르스타인 엡센(Kerstein Jebsen)이 덴마크 숲 유치원에 6개월간 머물며 현장연구를 한 후 2년간의 준비기간을 거쳐 공공법인이 운영하는 정식 유아교육기관으로 설립되었다. 그 뒤 숲 유치원은 이론적으로 체계화되었을 뿐 아니라 설립조건 등 운영을 위한 법령까지 만들어졌다. 독일 숲유치원 설립조건에는 덴마크와는 달리 악천후에 아이들이 몸을 피할 수 있는 대피소를 두는 것을 법으로 정해 놓았다(숲 유치원 국제세미나 자료집, 2012).

스위스에서는 1998년에 취리히 주의 부루텐과 상갈렌에 전형적인 숲 유치원이 설립되었다. 상갈렌 유치원에서는 초등학교 1, 2학년 과정, 방과 후 숲 유치원, 숲 놀이 그룹, 숲 유치원 교사를 위한 다양한 프로그램을 제공하고 있다. 2003년에

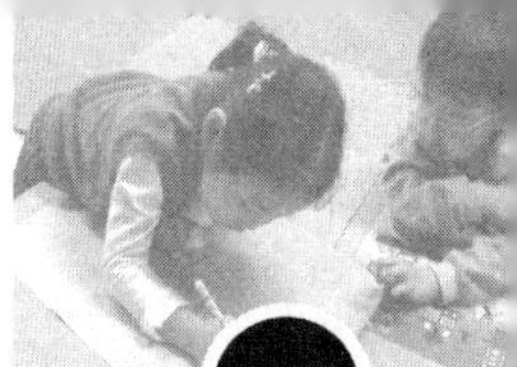

는 바덴 숲 유치원에서도 상갈렌 숲 유치원을 모델로 하는 초등학교 1, 2학년 과정의 두 번째 사립학교가 문을 열었다. 스위스와 오스트리아에서는 다양한 연령층을 위한 자연 체험형 숲 학교가 숲 유치원보다 더 활발하게 운영되었다. 그 뒤 숲 유치원은 영국, 스코틀랜드, 벨기에 핀란드에 이어 미국, 캐나다, 일본, 한국 등으로 확산되었다.

일본에서는 1986년 나가노 숲에 우치다 고이치로부터 설립된 '어린이의 숲 유치원'이 1995년 일본 정부로부터 인정받으면서 숲 유치원 교육이 활기를 띠기 시작했다.

우리나라에서는 2008년부터 북부지방 산림청에서 일반 유치원과 어린이집을 대상으로 숲 해설가들이 이끄는 '숲 유치원 프로그램'을 제공하면서 숲 유치원에 대한 관심이 커지기 시작했다. 북부지방 산림청은 국내에 숲 유치원을 홍보하고 확산시키는데 가장 큰 역할을 한 공공기관이다. 그 뒤 2010년에는 서울시 송파구청에서도 구립어린이집에서 영아와 유아를 대상으로 하는 숲 유치원 시범운영을 시작했다. 이처럼 공공기관이 주도하여 숲 유치원 활동 장소와 프로그램을 제공하는 경우는 세계에서 우리나라가 처음이다. 숲 유치원은 그 밖에도 연구소와 민간단체에서 여러 유형으로 운영되고 있다(정희정, 2012).

2) 숲 유치원의 개념 및 의미

(1) 숲 유치원의 개념

숲 유치원의 개념을 체계화하기 위해 우선되어야 할 주제들은 교육이념, 교육목표, 교육방법, 교육내용 등이다.

맨 먼저 숲 유치원의 교육의 올바른 이념 정립이 이루어져야 한다. 그 동안 '자연교육', '녹색교육', '생태교육', '환경교육', '야외교육' 등 비슷하면서도 경계가 분명한 내용이 혼재되어 왔다. 교육과정, 교육방법, 교육이념 등 서로 다른 개념이 같은 주제 안에서 논의되고 있음을 알 수 있다. 물론 숲 유치원의 교육 이념은 총체적이고 포괄적인 의미를 내포하기 때문에 언어로 규정하는데 어려움이 따른다.

2008년 산림청 연구 용역인 '숲 유치원의 효율적 운영 방안과 프로그램개발'의 결과 보고서에 한국형 숲 유치원의 교육 이념으로 '생태대안 교육철학'이라는 여러 교육이념을 통합한 개념을 제시했다. '생태대안 교육철학'의 의미를 분석 및 평가하는 공동 작업이 앞으로 국내에서 만들어지는 숲 유치원의 교육이념 정립의 시작점이 될 수 있을 것으로 생각한다.

숲 유치원의 교육 목표는 아이들이 결정한다. '아이들이 배우고 깨우치는 만큼'이 될 수 있고, '숲 속 다른 생명과 친구하기'라는 것만으로도 모든 것을 품을 수 있다.

생태는 생명과 모든 현상 그리고 사물의 상호관계이다. 아이들이 숲에서 활동하며 생태를 중심으로 인성과 창의성의 바탕이 되는 영성을 키우고 정의로운 사회인으로 성장하기 위한 공동체성을 함양하는 교육목표들은 전인교육 양성 목표와 다르지 않다.

(2) 숲 유치원의 의미

숲에서 하루를 시작하고 마무리하는 숲 유치원 아이들은 주위 모든 대상에 대해 끝없는 관심을 보인다. 살아 있는 자연의 움직임을 살피면서 계절에 따른 자연 변화와 뭇 생명의 생존 방식을 체험하게 된다.

아이들은 풀잎과 거미줄에 맺힌 이슬방울에 빠져들고 진흙놀이를 알고부터는 비를 기다리며, 날씨에 따라 달라지는 동식물의 움직임을 배운다. 이렇게 끊임없이 변하는 자연 요소들은 아이들에게 호기심과 탐구심을 불러일으키며 인지력을 강화시킨다. 이 모든 것은 아이들이 자연 섭리와 질서에 다가가는 과정이다.

도시생활을 하던 아이들은 처음 숲 유치원에 들어올 때는 소박한 숲 생활이 낯설고 불편할 수 있다. 그러나 아이들은 언제 그랬냐는 듯이 금세 자연에 동화되며 자기 세계를 발견해 가며, 아이들은 스스로 놀이를 찾아 나가는 과정에서 창의성과 긍정적인 사고, 자아의식을 형성해 가기 때문이다.

숲에 가서 활동한다는 것은 단순히 교육 장소가 바뀌는 것이 아니라, 아이와 교사와 부모의 생활 습관이 근본적으로 변하는 실마리가 된다. 부모는 아이의 숲 활동을 돕기 위해 날씨 변화에 주의를 기울이게 되고, 흙이 더러운 것이 아님을 인식하게 된다.

숲이 교과서가 되고, 놀이 그 자체가 배움이고, 삶이며, 교육인 숲 유치원의 기본 교육철학은 '교사 없는 교육, 프로그램 없는 교육'이다.

여기에서 말하는 교사 없는 교육이란 아이들이 스스로 행동하도록 하고 동기를 부여하는 것을 뜻하며, '프로그램 없는 교육'이란 아이들이 자연환경 요소의 변화와 생태순환의 고리를 스스로 깨닫게 하는 것을 뜻한다. 다시 말해 '프로그램 없는 교육'은 교사나 교육 도구를 통한 인위적인 개입보다는 아이들이 스스로의 힘으로 자연에서 배움을 얻는 부분이 더 크다.

숲 유치원은 생태교육, 환경교육, 생명교육, 대안교육을 근간으로 하는 생태대안 교육철학이 바탕을 이루고 있다(정희정, 2011).

아이들은 숲 유치원 교육과정을 통해 자신을 에워싼 환경을 이해하며 그 환경과 하나가 되어 나름의 세계를 넓혀 간다. 기존의 환경교육, 생태교육의 여러 가지 관찰 프로그램에서는 '나'는 관찰자로서 그리고 '나를 에워싸고 있는 환경'은 관찰 대상으로, '나'와 '환경'을 분리하여 이해하게 한다. 그러나 '환경과 하나가 되는 나름의 세계'라는 것은 숲에서의 놀이를 통해 통합적인 이해와 학습이 가능함을 뜻한다. 아이들의 놀이는 삶의 문화, 곧, 생활방식으로 이어지기 때문에 그 중요성이 강조되는 것이다. 숲이라는 대자연에서 자라는 아이들보다 폐쇄적인 건물 안에서 자라는 아이들은 도시화로 말미암아 놀이 공간이 좁아지고 놀이 대상이 인위적인 것으로 바뀜으로써 아이들의 심신에 부정적인 영향을 미친다는 사실이 문제가 되고 있다. 숲 유치원은 이에 대한 해결 방안을 숲과 자연에서 찾아낸 대안교육이다. 숲에서는 무엇을 가르쳐야 한다거나 아이들이 무엇을 배워야 한다는 교육 압력이 없다. 좋은 교육 도구나 교사 혹은 특별한 교수법이 좋은 교육의 바탕이라는 등식도 성립되지 않는다. 그 대신 공동체적인 유대 관계와 자연과의 공존, 그리고 생명과 생태를 중시하는 교육이념으로써 행해지기에 시대적 요구와도 그 맥을 같이한다. 이러한 숲 유치원은 성인들에게도 자연이 교과서가 되는 숲 교육의 필요성에 대한 인식이 확산되는 계기가 되고 있다.

3) 숲 유치원의 필요성 및 교육적 효과

(1) 숲 유치원의 필요성

숲 유치원은 자연 속에서 놀이를 중심으로 자연체험 활동을 하면서 모든 활동을 통합적으로 구성하여 유아의 전인적인 성장 · 발달을 돕는데 있다.

현대 유아들은 대부분의 시간을 실내에서 보내며, 실외활동을 경험할 기회를 잃어가고 있다. 이는 전자, 비디오 게임과 TV의 출현, 실외놀이가 가능한 야외공간이 많이 사라진 현실과 야외활동은 상해의 위험과 교통사고의 가능성이 있다는 부모들의 인식 등에 기인한다. 특히 우리나라의 경우 입시위주의 교육풍토 및 부모의 과도한 교육열로 유아기부터 조기교육이 성행하고, 가정과 유아교육기관에서 컴퓨터가 중요한 매체로 사용됨에 따라 유아들의 야외 활동 부족은 매우 심각한 수준이다.

요컨대, 유아들이 자유롭게 움직일 수 있는 자유가 교통량 증가와 컴퓨터, TV 등의 매체에 의하여 제한을 받고 있으며, 이러한 외형적 변화는 유아의 성장에 있어 '자세결함'과 '비만' 등 건강상의 문제를 야기할 뿐만 아니라, 신경질과 무질서, 산만함, 언어의 빈곤, 감정 표현능력의 부재 등 정신적인 면에서도 많은 악영향을 미치고 있다.

이와 같은 문제들을 해결하기 위한 방안으로 세계 각국에서는 생태중심 유아교육이 새로운 패러다임으로 부상하고 있으며, 그 일환으로 숲 유치원이 확산되고 있다. 자연으로부터 이탈된 현대문명의 문제점을 극복하고, 자연과의 조화로운 관계를 어린 시기부터 형성시켜 나감으로써 유아의 신체와 정신을 전인적으로 성장 · 발달시키는데 목표를 두고 설립된 일종의 대안유치원인 것이다.

숲 유치원은 바로 이러한 미래 지향적인 교육을 제공한다. 생태대안 교육철학을 바탕으로 하는 숲 유치원 교육이 필요한 이유를 알아보고자 한다(정희정, 2012).

① 야성을 일깨우고 자기감정을 조절하는 능력을 키울 수 있다.

숲에서 활동하는 아이들은 자기 마음대로 몸을 움직이며 자신 안에 잠재된 욕구를 행동으로 옮기며 야성을 발견한다. 여기에서 말하는 야성이란 억압되지 않은 움직임으로써 행동 실천의 결과 범위를 인식하며 자신의 한계를 아는 것을 뜻한다. 야성을 통해 아이들은 자신의 한계점을 깨우치게 되고 그 한계를 뛰어넘으려는 시도를 하게 된다. 이처럼 아이들이 자기 한계를 인식할 때, 비로소 내면 욕구를 행동으로 실행할 힘이 생기고 더불어 감정으로 표출하는 것을 절제하는 힘도 생긴다.

② 자연을 통해 통합적으로 사고하는 것을 배운다.

숲 유치원은 피교육자가 스스로 깨닫는 교육방식이다. 날씨에 상관없이 야외에서 활동하는 숲 유치원 아이들에게 자연의 변화는 오감과 마음으로 느끼고 인지하는 당연한 일과이다.

비가 오고 바람이 불고 새잎이 돋고 잎이 떨어지는 당연한 자연 변화를 아이들은 신기해한다. 숲에서 일어나는 작은 변화를 경험하고 느끼는 그 자체가 아이들에게는 '알고 싶다'는 지적 욕구의 동기로 작용한다.

③ 스스로 판단하고 결정하는 가운데 성취감을 느끼고 자립심이 생긴다.

숲 유치원에서는 아이들에게 충분한 자유놀이 시간을 주며 숲에 널려 있는 자연 소재들을 이용하여 자신이 상상하는 놀이를 구체화해 가고 그 과정에서 많은 시행착오를 겪도록 한다. 아이들은 스스로 선택하고 결정한 일에 대한 결과는 자신이 받아들여야 한다는 것을 자연스럽게 익힌다.

숲에서의 활동은 정해진 규칙이랄 것이 없기에 시행착오를 반복하기 마련이지만, 그로 말미암아 아이들의 판단 능력은 상대적으로 향상된다. 그리고 시행착오를 거쳐 완성된 결과를 통해 진정한 성취감을 맛보게 된다. 성취감은 인간 감정 가운데 가장 강렬한 것으로서 자신감을 키우는 길이다. '나는 할 수 있다'는 자신감은 자립심을 키우는 바탕이다.

④ 충분한 활동으로 건강한 육체와 강한 정신력, 창의력을 키운다.

도시에는 아이들이 놀 수 있는 공간이 거의 없다. 실내에서 많은 시간을 보내며 폐쇄된 공간에서 생활하는 아이들은 성격이 폐쇄적이고 공격적으로 바뀌고 신체 저항력도 떨어져 질병에 걸릴 확률이 높아진다. 반면 자연환경에서 생활하는 아이들은 건강한 육체와 강인한 정신력을 지니게 된다. 숲에서 아이들이 가지고 노는 장난감은 그 기능과 놀이법이 정해진 제품이 아니라 아이들 스스로 기능과 역할을 부여해야 하는 자연물이다. 이러한 숲에서 아이들은 자연물을 가지고 놀이를 함으로써 풍부한 감성과 창의력을 키운다.

⑤ 긍정적인 사고와 존재감을 키울 수 있다.

숲에서 활동하면서 아이들은 즐거워하고 행복해 한다. 비오는 날은 비가 와서 행복하고, 눈이 오는 날은 눈이 와서 행복하다. 궂은 날이 활동을 하기에 좋지 않다는 것은 어른들의 생각일 뿐이며, 손에 흙이 묻으면 더럽다고 여기는 것 또한 어른들의 편견이다. 자연의 질서에 따르며 자연을 있는 그대로 받아들이는 숲 유치원 아이들은 다양한 경험을 통해 자아를 발견하고 무한한 존재감을 형성해 간다.

⑥ 기타 숲 유치원은 특히 다음과 같은 성향을 가진 아이들에게 필요하다.

- 결벽증이 있다.
- 사회성이 부족하다.
- 감기에 자주 걸리고 몸이 허약하다.
- 스스로 노는 법을 모르고 누군가에게 의지한다.
- 자연과의 접촉 부족으로 자연을 이해하지 못한다.
- 언어 표현 능력이 부족하다.
- 신체 균형 및 조절 감각 능력이 떨어진다.

(2) 숲 유치원의 교육적 효과

자연에서 놀면서 자라고 배우는 숲 유치원 아이들은 흙먼지를 뒤집어쓰기도 하고 갑자기 쏟아지는 굵은 빗줄기를 맞기도 한다. 떨어진 낙엽을 주워 나무에 다시 붙이기도 하고 새록새록 돋아나는 새싹을 쓰다듬기도 한다. 자연변화를 오감으로 느끼며 삶의 지혜를 스스로 익히는 것은 곧 실제 사실을 보고, 느끼고, 관찰하며 자연과의 교류를 통해 다양한 삶의 형태를 이해하고 자기주장과 감정을 조절하는 능력 등을 키워 가는 것이다. 이러한 숲 유치원의 인성적 측면과 전인교육적 측면의 효과를 살펴보면 다음과 같다(숲 유치원 국제세미나 자료집, 2012).

첫째, 아이들의 감성 및 정서적 안정감이 발달한다.

숲에서 뛰어놀고 배우는 아이들은 가까이에서 자연을 접하게 된다. 새소리를 듣고, 흙길을 걷고, 낙엽 위에 누워 보고, 꽃향기를 맡는다. 숲에 가면 누가 이야기하지 않아도 설명하지 않아도 숲이 주는 생명의 충만함으로 인해 아름다움을 배우기 전에 '느끼게 '된다. 내적, 외적인 변화에 대한 감수성이 길러지며 정서적 안정감을 얻게 되는 것이다.

둘째, 자기 인식과 자립심, 신뢰감을 갖는다.

자유놀이를 할 때도 어떤 활동을 할 것인지 아닌지를 결정하는 것은 스스로에게 달려 있다. 자신의 능력과 한계를 생각하고 도전과 모험을 시도하는 과정에서 자신이 행동을 결정하는 주체임을 인식하고 자기 자신에 대해 알아간다. 스스로 무언가를 해냈다는 것, 배웠다는 것은 아이들에게 무한한 기쁨과 자립심, 신뢰감을 가져다 준다. 놀이를 하는 과정에서도 자신의 생각과 의견을 말하고 규칙을 만들면서 또래들과의 관계 속에 있는 '나'를 발견하고, 즐겁게 놀이를 하면서 자신의 결정이나 능력에 대한 신뢰감이 생기게 된다.

셋째, 긍정적인 태도와 사회성이 발달한다.

공간적 제한이 없는 환경에서 억제되었던 욕구들, 부정적 감정 등을 마음껏 발산하고 자유롭게 활동하면 신체발달은 물론 내적인 평안과 긍정적인 태도를 갖게 되고, 긍정적인 태도는 또래들과의 관계에서 서로의 의견이나 생각들을 잘 받아들일 수 있게 한다. 놀이를 만들고 노는 과정에서 협조하고 양보하는 사회적 상호작용이 활발히 이루어지므로 언어적 표현력과 함께 사회성이 발달하게 된다.

넷째, 타인에 대한 배려와 존중을 배운다.

나무와 풀, 곤충과 새들이 살아가는 모습을 보면서 자연을 구성하는 생명체들이 고유한 존재이며 각자의 역할에 따른 유기적 관계를 맺고 있음을 이해하여 또래들을 존중하고 배려하는 마음과 태도를 배운다.

다섯째, 잠재능력, 상상력과 창의성이 발달한다.

숲에는 놀이 방법이 정해져 있는 놀잇감은 거의 없다. 단순한 형태의 자연 놀잇감으로 아이들은 상상력을 발휘하여 잠재된 능력과 재주를 불어넣는다. 놀이의 가능성과 활동성을 최대화하면서 새로운 것을 만들어 낸다.

이 외에도 사물이나 현상에 대한 호기심, 관심과 흥미를 지속하는 집중력, 경이로움, 몰입의 기쁨 등 긍정적인 정서를 느끼고 감동받게 된다. 이러한 정서는 지적인 학습활동을 하거나 필요한 능력을 습득할 때 지적 욕구의 동기로 작용한다.

4) 숲 유치원의 하루일과

숲 유치원은 전형적인 숲 유치원과 통합적인 숲 유치원으로 나눌 수 있으며, 전형적인 숲 유치원은 자연에서 매일 오전 내내 교육이 이루어지며 숲 유치원마다 저마다의 교육적 구상과 특징을 갖고 운영되고 있다. 통합적인 숲 유치원은 일반 유치원에서 숲 반이나 숲 그룹을 구성하여 운영하는 경우와 숲 유치원과 일반 유치원의 프로그램을 연계하여 운영하는 경우, 그리고 숲의 날을 정하여 운영되는 경우 등 다양하다.

첫째, 기존의 유치원이나 어린이집에서 1주일이나 한 달에 한두 번 정도 인근의 산으로 가서 길을 따라 산책하거나 숲을 체험하는 형태이다.

둘째, 유아교육기관의 유아들이 숲을 방문해 숲 해설가와 함께 숲 체험을 하고 있는 산림 관련기관에서 진행되고 있는 숲 속 체험교육의 형태이다.

셋째, 매일반 형태의 숲 유치원이다. 월요일부터 금요일까지 매일 독일의 전형적인 숲 유치원의 형식으로 운영된다(이명환, 2007).

아울러 숲 유치원이 독일 등 유럽지역에서 활성화되어 전세계적으로 확산되고 있는 추세를 감안해 볼 때 우리나라도 빠른 속도로 숲 유치원 교육이 정착되어 가고 있는 과정에 있다. 그러므로 숲 유치원 교육의 국민적 관심과 성장과 지속 가능한 유아교육 분야로 자리를 굳히기 위해서는, 현재 제도권 밖에 있는 한국형 숲 유치원이 활성화되고 정착될 수 있도록 법률적 입안 등 제도적 장치 마련을 위한 관계기관의 적극적인 관심과 노력이 뒷받침되어야 하는 과제를 남겨 놓고 있다.

(1) 우리나라 숲 프로그램 운영의 예

2011년 5월 W유치원의 프로그램 참관을 토대로 기록한 내용으로 유치원 숲반은 4년 전부터 텃밭 활동과 숲 프로그램을 주 1회 이상 진행해 오다 2011년부터는 매일 숲 활동을 하는 시범반을 운영하고 있다.

주요 활동은 아이들 걸음으로 20분 정도 소요되는 유치원 근처의 궁산에서 이루어지고 있었으며, 프로그램에 따라 버스를 타고 개화산과 강서 생태습지공원으로 이동한다고 한다.

아이들의 일과는 명상 활동과 주제별 숲 체험 활동, 자유놀이 등으로 이루어지며 일일 활동시간은 3~3시간 반 운영하며 점심은 유치원으로 돌아가 먹는 형태이다. 현재 숲반은 만 3~4세의 아이로 구성되어 있으며, 주 담임 2명과 기타 보조교사가 담당하고 있고, 이 외의 반은 매주 목요일을 숲Day로 지정하고 전교생이 숲 활동을 한다.

가. 숲 프로그램의 운영목적

① 온몸의 감각으로 자연과 만난다.

② 자연을 발견하고 자연으로부터 배운다.

③ 감각의 경험을 심화해 간다.

④ 자연과 놀이를 통해 하나가 된다.

나. 숲 프로그램의 주간 활동 내용

숲 유치원 주간 프로그램	
요일별	활동 내용
월요일	산책 명상 활동
화요일	오감을 통한 숲 체험 활동
수요일	지역사회 탐방, 생태 텃밭 활동
목요일	오감을 통한 숲 체험 활동
금요일	현장 체험 활동, 텃밭 활동

다. 숲 활동 시 준비물

① 교사 준비물

비상약품상자, 동화책, 휴지, 휴대전화, 비상연락처, 모종삽/줄, 생태 교재 · 교구, 식수용 물, 휴대용 도감, 아이들이 갈아입을 여분의 옷, 그림도구

② 유아 준비물

물, 도시락 통에 간식준비, 젖은 손수건, 날씨에 맞는 옷차림(긴 바지와 모자, 긴팔옷, 운동화) 어린이용 배낭

라. 숲에서 규칙지키기

① 숲 속 정거장은 앞의 아이가 뒤의 아이를 기다리는 지점으로 개인마다 발달이

다르고 체력이 다르므로 만든 일종의 휴식공간이다. 이때 선생님은 뒤의 아이를 기다리면서 아이와 상호작용을 할 수 있다.

② 작은 선생님은 유아들이 앞과 뒤쪽에서 친구들이 잘 따라올 수 있도록 교사를 도와 지도하는 역할을 한다.

③ 자유놀이시는 교사의 눈에 보일 정도의 장소나 불러도 들릴 정도의 위치까지만 가서 놀이를 한다.

④ 간식 전 손을 깨끗이 한다.

⑤ 집에서 가지고 온 간식만 먹는다.

⑥ 각자의 배낭은 유아 자신이 꾸리고 본인이 늘 메고 다닌다.

⑦ 쓰레기는 버려서는 안 되며 봉지에 싸서 가져오거나 배낭에 담아 온다.

⑧ 소변은 숲에서 대변은 반드시 구멍을 파고 해결하고 흙을 덮어야 한다.

⑨ 선생님이 호루라기를 불면 즉시 모인다.

⑩ 모든 동식물을 꼭 필요한 만큼만 사용한다.

마. 하루 활동

► 등원(9:00)

숲 유치원의 하루는 유치원에 등원 후 숲으로 이동한다.

► 숲으로 이동하기(9:00~9:30)

각자 등원시간이 달라 다 같이 모인 후 숲으로 이동한다.

이동과정에서 이웃분들과의 상호작용으로 인간관계에 대한 확립을 심어 주고 서로 이동하는 과정 자연을 감상하고 느끼며 이야기하며 활동장소로 이동한다.

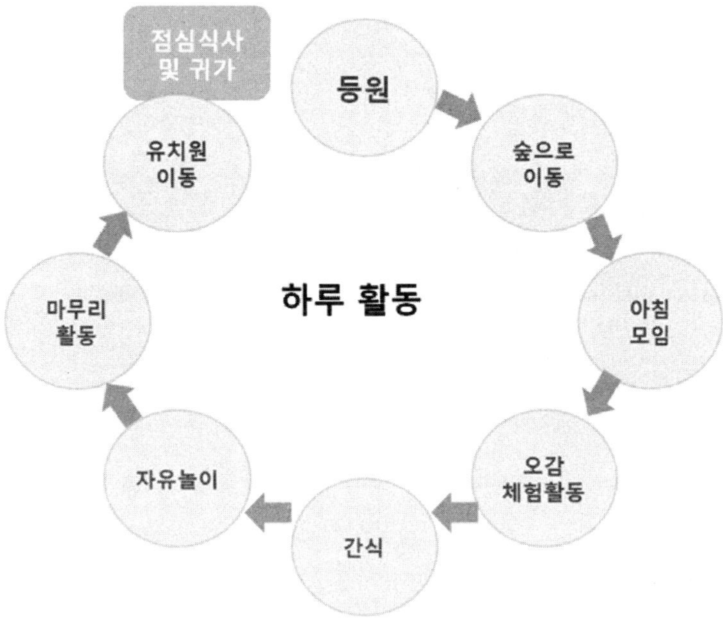

►아침모임 갖기(9: 30~09:40)

숲과의 인사와 출석 확인을 한다. 아이들은 방문자로서 숲에 대한 존중심을 갖도록 한다. 최대한 자연훼손을 하지 않도록 한다.

생일축하하기

► 오감체험 활동하기(09:40~10:30)

자연물을 통해 유아가 나름대로의 의미를 부여하고 또래간의 의사소통이 활발해지고 서로 규칙을 정하며 놀 수 있다. 숲반은 혼합연령을 하는데 동생은 언니의 놀이를 모방하고 나름대로 확장시키고 놀이를 만들어 자심감과 성취감을 느낄 수 있다.

교사는 주제에 따라 구성놀이나 도형놀이, 계절변화에 따른 관찰을 할 수 있도록 해 준다.

하지만 유아들의 흥미와 관심에 초점을 맞추고 주제는 유연성 있게 바꿀 수 있어야 한다.

자연의 소리, 햇빛 ,색, 모양 등 오감으로 체험하기

► 동화 듣기

앉아서 동화듣기

동화듣고 동화 내용에 따른 게임하기

►간식 먹기(10:30~11:00)

►자유놀이 활동하기(11:00~12:30)

목공놀이, 연극 활동, 구덩이파기, 인디언집 만들기 등 자유와 해방감을 갖고 유아들은 자연 속에서 놀이 재료와 놀이방법 등을 만들어 가며 창의적, 상상놀이를 마음껏 펼친다. 교사 개입과 놀잇감은 없거나 최소화한다.

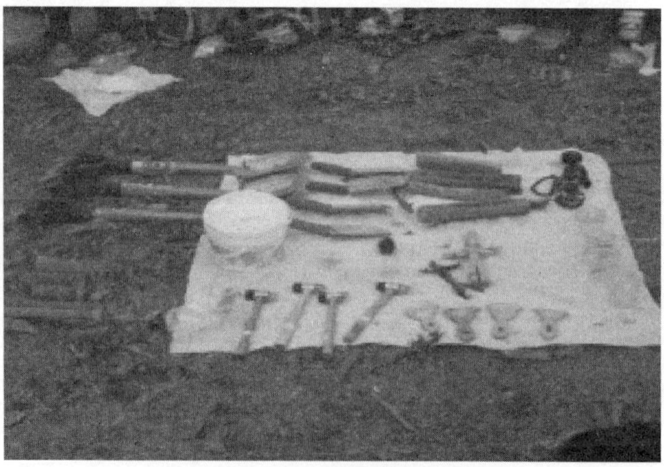

자유놀이 도구 꺼내기

숲에서 자유놀이하기

► 마무리활동 및 유치원으로 이동하기

숲 활동이 끝난 후 유치원으로 모인 후 점심식사 및 귀가한다.

(2) 독일 – 프라이브르크 숲 유치원의 일과

► Am 07:30 등원

부모님이 숲 유치원 입구 약속 장소(미팅 포인트)까지 유아를 데리고 함께 등원한다. 숲 유치원 유아들은 오전 7시30분, 오전 8시30분에 선택 등원을 한다.

► Am 07:30 아침모임

등원 후에 숲 유치원으로 바로 올라가는 것이 아니라 부모와 떨어지게 하기 위해 부모가 보이지 않는 정도까지 가다가 숲 놀이터에 모여 동그란 원을 만들어 아침 모임을 갖는다.

둥글게 모여서서 율동과 원무를 한다. 한 아이가 창의적인 동작을 하면 곡조에 맞추어 모든 아이들이 그 동작을 따라 한다. 이름을 불러 주는 아이가 다음 차례가 된다. 모든 아이에게 차례가 돌아가도록 하기 때문에 비교적 많은 시간이 걸린다. 출석체크도 자연스럽게 이루어진다.

►Am 08:30 바우바겐(Bauwagen)이 있는 장소로 이동

숲 유치원이 있는 장소로 서서히 이동한다. 가는 동안은 천천히 걸으면서 주위를 살피고, 아이들이 관심 있는 것을 발견하면 곧 교사와 이야기를 나누기도 한다. 나무를 베어 놓은 더미가 있으면 그 곳에 올라가 놀다가 다시 가고 어떤 아이들은 그 나무를 들고 유원장이 있는 곳까지 간다.

►Am 09:00 바우바겐(Bauwagen)이 있는 장소에 도착

바우바겐, 즉 공사를 위한 중요한 자재를 싣고 다니는 렉카차와 같은 것이 있다. 바우바겐 안에는 긴 테이블과 의자를 배치하여 그림그리기, 동화읽기, 손끝놀이 등의 다양한 활동을 할 수 있게 한다.

〈컨테이너 박스를 이용한 바우바겐, 등원 후 유아들이 개인 소지품을 정리하거나 유치원 교재 · 교구를 두는 공간으로 악천후에는 실내 활동을 위한 교실로 사용함〉

►Am 09:00 이야기 나누기 시간

나무토막을 둥그렇게 놓고 그 곳에 걸터앉아 이야기를 나누기를 진행한다. 그

날의 주제에 따라 이야기를 나누는 일반 유치원의 활동과 유사하다. 생일을 맞은 유아가 있을 때는 이 시간에 생일파티를 하기도 한다. 부모가 케이크를 준비해 주면 교사는 유아에게 선물을 주고 유아들은 노래를 불러 준다.

►Am 09:20 간식

간식은 집에서 준비해 온다. 보통 음료수, 과일, 샌드위치 등을 싸 온다. 먹기 전에 물수건으로 손을 씻거나 준비된 물이 있으면 손을 씻는다.

►Am 09:30 자유놀이 활동 또는 프로젝트 활동

숲의 스테이션(5개)을 돌면서 계절이나 자연 관련 공동 활동을 하는 시간이다.

유아들은 교사와 함께 숲 유치원의 다섯 개 지점(물가, 산 입구, 들판 등)으로 이동하면서 활동을 한다. 교육활동은 계절별로 숲에서 만날 수 있는 것의 변화를 탐색·관찰하는 활동을 중심으로 이루어진다. 활동은 오랜 기간에 걸쳐 이루어지며 예를 들면 동물의 집을 만들어 보는 활동을 할 경우 매일 같은 시간에 작업을 진행하여 여러 날에 걸쳐 활동이 완성되도록 한다.

자유롭게 주변 자연물과 지형지물을 이용한 놀이를 한다. 어린 유아들의 경우에는 놀이 영역을 지정해서 너무 멀리 가지 않도록 하고, 조금 더 큰 어린이들은 영역을 한정하지 않지만 보통의 경우에는 유아들이 시작 지점으로 스스로 돌아온다고 한다.

►Am 11:40 서클활동 및 동화

한권의 동화책을 조금씩 여러 번에 나눠 듣거나, 그림동화를 감상(교사가 동화를 구연할 때는 긴 책을 3개월에 걸쳐 조금씩 읽어 주는 경우도 있고, 한 권의 동화 책을 읽어 주기도 한다. 동화는 그림을 보여주지 않고 유아들이 내용에 따라 상상을 할 수 있도록 여지를 남겨 주는 방법으로 구연을 하는 경우가 많다)

►Pm 12:00 귀가 준비(개인 물품을 챙기고 옷 입기)

어린 유아부터 이름을 부르면 컨테이너 안에 있는 개인 물품을 챙기고 귀가 준비를 한다.

귀가 준비는 교사가 돕기도 하지만 대부분 유아들이 스스로 하거나, 형들이 동생들을 챙겨 주는 식으로 한다. 귀가 준비를 마친 후 둥글게 원을 만들어 일과 마무리 이야기 나누기를 한다.

►Pm 12:30 귀가

숲 유치원 입구 정거장까지 함께 내려가 부모님과 귀가 한다. 입구 중간중간으로 가는 길에는 쉬는 지점이 있어 먼저 간 유아들은 뒤따라오는 유아들을 기다려 준다. 주차장까지 걸어간 후 부모님을 만나 귀가한다.

(3) 외국 숲 유치원과 우리나라 숲 유치원의 운영형태에 있어서의 차이점

독일이나 스위스의 경우 숲 유치원에서의 운영형태를 보면 유아들이 매일 등원을 숲이라는 공간으로 해서 숲이라는 공간에서 하루의 일상으로 보내고 숲에서 집으로 부모가 데리고 가는 형태를 보이고 있다. 그러나 우리나라에서는 독일이나 스위스에서처럼 매일 숲으로 등원해서 하루일과가 이루어지는 전형적인 숲 유치원은 아직 없다. 단지 우리나라에서는 자연친화 교육에 대한 긍정적인 효과를 인식하

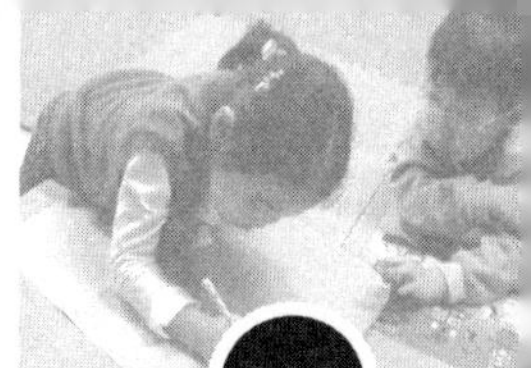

여 숲 속에서의 체험교육을 하려는 시도가 진행되고 있다.

즉, 현재 우리나라에서 시행되고 있는 숲 속 체험은 주로 기존의 유치원이나 어린이집에서 특별프로그램이나 행사적인 차원에서 1주일이나 한 달에 한 번 정도 숲으로 이동하여 숲 속을 체험하거나 숲 해설가에 의해 숲에 대한 지식을 얻게 되는 것으로 진행되고 있다.

독일이나 스위스의 숲 유치원에서의 교육은 체험교육과 더불어 일상생활이 함께 이루어지고 있다. 그러나 우리나라의 경우 숲 속에서의 체험이 끝나면 다시 유치원이나 어린이집으로 돌아가는 형태로 교육이 형해지기에 숲에서 체험한 소재나 주제가 실내에서의 활동에 있어 연관이 적어 숲에서의 활동한 내용이 실내에서의 추후 확장 활동으로 진행되기가 어려운 현실이다.

또한 우리나라에서는 숲 유치원이라는 개념이 유치원 연령의 유아들이 기존의 유치원이나 어린이집을 다니면서 정기적으로 숲 속에 와서 체험교육을 받는 '숲 속 유치원', '숲 체험교육' 개념으로 인식되어져 있다. 독일이나 스위스의 경우에도 우리나라와 비슷하게 기존 유치원의 유아들이 숲으로 산책을 와서 체험하는 '숲 산책그룹', '숲 놀이그룹'도 다소 있으나 점차로 기존의 유치원을 벗어나 지붕도 벽도 문도 없는 숲이라는 공간에서 모든 교육활동이 이루어지는 온전한 '숲 유치원' 형태로 전환되어 운영되는 추세이다.

이러한 관점에서 우리나라에서도 일회성의 '숲 체험'이나 '숲 산책' 활동의 형태에서 매일매일 숲에서 활동이 이루어지는 진정한 교육적 의미의 '숲 유치원'의 설립과 운영이 시급히 필요한 시점이다.

Memo

영유아교육과정의 구성

제 4 장

1. 유아교육의 목적 및 목표

1) 유아교육의 목적 및 목표의 설정이해

교육목적과 교육목표는 흔히 아무런 의심 없이 혼용되고 있다. 하지만 목적과 목표는 추상성과 일반성, 포괄성에 따라 차이가 있으므로 구분할 필요가 있다. 교육목적(aim)은 교육의 개념 속에 내재하는 원리 혹은 원칙에 해당하는 포괄적이고 대체적인 교육의 기본적인 방향 제시로 넓고 포괄적으로 사용되며 보다 추상적인 성격을 띤다. 반면 목표(goals)는 교육의 대전제인 교육목적을 실현 또는 달성하고자 하는 구체적인 교육의 방향을 제시해 주는 행동적 지표로 구체적인 내용으로 세부적인 성격을 띤다. 즉, 교육목적은 교육이 나아가야 할 궁극적인 방향, 도달점 혹은 지향점이라면 교육목표는 도달점에 다다르기 위한 세부적인 지침이다.

교육목적과 목표는 교육의 지향점, 교육의 철학을 반영하며, 내용선정, 학습경험의 조직과 방법 등과 같은 교육과정 전개에 있어서 결정의 기준이 된다. 김종서(1983)는 교육과정 구성 요소를 교육목적 및 목표는 무엇인가? 목적과 목표를 달성하기 위하여 어떤 교육적 경험을 선정하고 조직하는가? 교육적 경험은 어떠한 과정으로 운영하는가? 목적의 성취 정도를 어떻게 평가하는가? 의 네 가지 사고체계를 통해 제시한 바 있다.

이에 따라 목표가 구성체계의 첫 번째 단계라고 하기보다는 오히려 의도했던 것과 우연히 얻어진 것을 종합적으로 정리하는 마지막 단계로서의 의미가 더 강할 수도 있다. 이러한 목적과 목표를 설정하는데 근원이 되는 것은 주로 철학, 유아의 발달과 학습에 관한 이론, 사회적 가치와 문화의 요구, 유아교육전문가의 견해 등을 고려하여 교육목표를 설정해야 한다.

2) 영유아 교육목표 설정의 원리

(1) 영유아교육과정의 목적과 목표는 철학, 심리학, 사회학적 기초를 반영한다.

가. 우리나라 헌법에 명시되어 있는 국가이념, 즉 민주주의 철학을 바탕으로 하여야 한다.

영유아 교육의 목적은 교육기본법에 기초하여 설정된다. 홍익인간 정신 이념(교육기본법 제2조) 아래 인격을 도야하고 민주시민 자질이 되도록 하고자 하는 기본법의 교육목적은, 즉 유치원 교육목적에서 유치원 교육은 유아에게 알맞은 교육환경을 제공하여 유아를 교육하고 심신의 조화로운 발달을 돕는 것으로 설정되고 있다. 표준보육과정은 보육목적에서 영유아의 전인적인 성장과 발달을 돕고 민주시민으로서의 자질을 길러 영유아가 심신이 건강하고 조화로운 사회구성원으로 자랄 수 있도록 하는데 있다. 그에 따라 목표는 각각 5개항, 6개항으로 진술되어 있다.

나. 유아교육에 기초하는 이념을 고려하여 목표를 설정하여야 한다.

인간을 백지라고 보고 가르치는 대로 받아들이는 존재로 보는 행동주의 심리학과 경험론적 혹은 객관론적 인식론을 가진 입장에서는 교육목적과 목표를 읽고 쓰고 셈하기 등 지식과 개념을 순서대로 열거하고 연령에 맞게 설정하게 된다. 또한 인간의 특성을 가르친다고 배워지는 것이 아니고 태어날 때 이미 갖고 있는 바가 시간이 흐름에 따라 그리고 영유아의 능동적 활동에 의해 성숙해 간다는 입장, 즉 합리론 혹은 주관적 인식론과 성숙주의 심리학적 관점을 가지면 '행복' '전인으로서의 성장' 등의 교육목적을 설정하게 된다. 인간을 기본 능력을 타고 나기도 하지만 적절한 교육이나 동양의 상호교섭이론에 기초한다면 교육목적은 '발달', '지적 · 도덕적 자율성', '자율적 능력과 태도' 등의 목적 설정을 하게 된다. 모든 교육은 그 추구하고자 하는 방향을 정하는 교육관에 부합되도록 설정되어야 한다.

(2) 유아교육법, 국가수준의 유치원 교육과정, 유아교육기관의 목적 및 목표 그리고 교사의 수업목표는 서로 연계되어 설정해야 한다.

유아교육법에 명시되는 유치원 교육목적, 국가수준의 교육과정의 목표 단위 유치원이나 어린이집의 교육과정의 목적 및 목표, 교사의 수업목표가 서로 연계되도록 설정해야 한다.

국가수준의 교육과정은 해당 국가의 모든 영유아와 교사, 기관이 공통적으로 지향할 기준을 제시하는 것이다. 따라서 단위 영유아교육기관이 특수한 교육관을 따르더라도 기본적으로 국가의 공통기준을 연계하여 목표 설정을 하여야 한다.

(3) 영유아 교육목표는 학습자들에게 현재와 미래의 삶에 가치롭게 설정한다.

현실의 흥미와 미래 삶에의 기여라는 두 측면이 만나도록 교육목적을 설정하여야 한다.

(4) 영유아 교육목표는 사전 계획과 함께 융통성 있게 설정한다.

교육 계획은 변경될 것이 분명하더라도 교육행위 이전에 준비하는 교사의 주요 역할로 사전 계획이 철저해야 한다. 특히 놀이중심 영유아 교실에서는 수업목표의 계획은 개방적, 발현적 교육에 저해요인이 될 것이므로 사전 계획을 안해야 된다는 생각은 적절치 않다. 영유아와 상호작용하며 창조적 전개를 적극적으로 하기 위해서는 보다 더 광범위하게 영유아의 전개를 예측하고 교사가 도울 수 있는 점을 준비하는 계획이 필요하다.

(5) 영유아교육 목표는 수정 적용되어야 한다.

국가수준이건 단위 유치원이나 어린이집이건 한 번 설정된 교육목표를 절대 고치지 않는 것이 전통을 지키는 것이라는 생각은 옳지 않다. 더구나 수업목표, 활동목표인 경우는 더욱 그러하다. 교육활동을 전개하는 중간과 종료 후 각 차원에서의 목표 수정이 필요하면 목표를 수정해 가야 한다. 교육현장에 적용하는 과정에서 발견되는 문제점이 반영되어 수정될 수 있어야 한다. 실제적인 교육환경과 유아의 특성에 따라 여러 가지 다른 상황이 일어날 수 있으므로 유동적으로 운영되어야 할 것이다.

(6) 개개인의 능력과 수준에 맞게 설정한다.

영유아 교육대상은 유치원 만 3~5세, 어린이집 출생~만 5세이며 발달 속도가 빠르게 일어나는 시기다. 연령과 영유아 개인별 차이를 고려한 목표가 설정되어야 한다. 교육활동 과정에서 관찰을 통해 영유아 개인의 장단기 목표 설정과 활동목표를 설정해 교육에 반영하여야 한다(문미옥, 2008).

3) 영유아 교육목표 진술방법

(1) 영유아 교육목표는 교육의 이념, 목적 등에 따라 진술한다.

교육의 목적은 교육과정을 구성하는 철학적 · 이론적 관점을 반영하는 것으로 장기목표의 성격으로 자율성, 창조적인 사고능력 등 포괄적이고, 추상적이며 이상적인 행동적 용어의 서술로 표현되어지고 있으나, 그와는 반대로 교수-학습활동과 연계하여 이루어지는 단위 유치원의 수업목표는 단기목표 성격으로 특수하고 구체적인 것으로 유아들이 무엇을 요구하는가에 대답할 수 있는 명료한 행동결과를 추구하는 형태로서 매일매일 진행되는 교육활동과 연결되어 교수계획을 반영한 것이며, 매주, 매일의 특별한 내용을 서술할 수 있는 것으로 구체적이고 정확하게 진술되어야 교사가 무엇을 어떻게 해야 할지 이해하고 교육을 하게 된다.

(2) 영유아 교육목표는 영유아 관점에서 진술되어야 한다.

아동을 학습의 주체자로 보고 아동이 스스로 지식을 구성하고 성장 · 발달해 가는 의도라 할 수 있다. 예를 들어 '우체국 방문을 통해 우체국에서 하는 일을 알게 한다. '윷놀이에 사용할 말판을 만들게 한다.' 성인중심의 목표 진술이다.

이러한 진술은 영유아중심으로 '우체국 방문을 통해 우체국에서 하는 일을 안다', '윷놀이에 사용할 말판을 만든다.'로 진술하는 것이 바람직하다.

(3) 영유아 교육목표는 과정 중심어로 진술하여야 한다.

교육목표 진술에서 과정어 중심으로 진술하는 것과 성취어 중심으로 진술하는 것에 따른 논란은 관점에 따라 차이는 있다. 그러나 유 · 초 · 중학교의 교육목표는 과정어 중심으로, 고등학교의 교육목표는 성취어 중심으로 진술하는 것이 타당하다는 입장이 대체적이다(박순경 외, 2006). 그렇다고 하여 모든 진술을 과정 중심어로 해야 한다는 것은 아니며, 성취어 중심으로 진술해야 하는 경우도 있다. 가능한 과정중심으로 진술하는 것이 바람직하다는 것이다. 예를 들면, 과정중심의 진술이 좋은 경우 '다른 사람의 말을 이해하고 자기 생각을 말로 표현할 수 있는 기능을 가지게 한다.' 보다는 '생각과 느낌을 창의적으로 표현하는 경험을 가진다.'로 진술하는 것이 바람직하다.

(4) 영역별 활동 목표는 전인적인 발달을 고려하여 진술한다.

영유아가 어떤 사람으로 성장해야 할 것인가에 대한 가치판단을 하고 그를 위한 목적 및 목표가 잘 설정되었는지? 그를 위한 활동이 잘 진행되고 있는지를 점검하고 계획을 수정하는 반성적인 순환과정이 이루어져야 하며, 전 영역별 활동에 따른 지식, 기술, 태도 등의 목표달성이 이루어지도록 계획한다. 예를 들면 지식관련 목표 진술은 '신체 각 부분의 명칭을 안다.' '가족구성원을 안다.' '글자의 기초가 되는 모양을 구분한다.' 등이며, 기술관련 목표 진술의 예는 '글자의 형태를 보고 긁적거린다.' '주변의 간단한 새로운 도구와 기계를 활용한다.' '신체의 무게중심을 이동하며 신체의 평형을 유지한다.' 등이며, 태도관련 목표 진술은 '놀잇감을 안전하게 탐색한다.' '손과 이를 바르게 닦는다.' '다른 사람 이야기를 주의 깊게 듣는다.' 등으로 진술한다.

2. 유아교육 내용의 선정 및 조직

학습내용은 지식, 아이디어, 개념, 기능, 가치, 과정 등으로 매우 다양한데 , 이러한 내용이 교육적 의의를 지니며 지식으로 번역되어야 하고, 지식으로 표현된 내용이 교육과정 관점에 따라 생활위주, 학문위주, 인간위주 등으로 번역되어야 하며, 학습자의 발달단계에 맞게 번역되어야 한다. 이처럼 일반내용이 교육적 의미를 지닌 내용으로 번역된 것을 교육내용이라고 하며, 이 교육내용을 학습자 측면에서 보면 학습내용이다. 한편 교육내용에 반드시 따르게 되는 학습자의 활동 및 교사의 활동은 그 내용을 학습자가 효과적으로 학습, 정착, 내면화되게 하는 활동이다. 이러한 교육적 활동이 학습자의 활동에 강조점을 두면 학습활동이라고 말하고, 교사의 역할에 강조점을 두면 교수활동이라고 하며, 양자의 역할에 모두 강조를 두면 교수－학습활동으로 표현된다.

1) 학습내용 선정

교육과정의 목표는 학습내용의 선정과 밀접한 연관성을 갖는다. 즉, 교육목표와 일관성이 있는 내용을 선정하여야 한다. 유아교육에 있어서 교육내용은 유아교육과정의 유형에 따라 차이가 있을 수밖에 없다. 예를 들어, 성숙론적 입장에서는 유아 중심적이고 개방적인 환경과 분위기에서 유아 스스로 선택한 활동을 통해 자연스럽게 바람직한 인격이 형성된다고 보고 있으므로 교육내용은 유아들 주변의 모든 인적, 물적 환경과 유아들 각자의 생활 그 자체가 되며, 매우 광범위하다. 환경 입장에서는 학교에서의 성공이나 사회에서의 적응에 필수적인 기능과 태도를 주된 목표로 함에 따라 교육내용은 3R'S를 중심으로 교사가 선정하거나, 이미 교과서에 제시되어 있다. 상호작용론적 입장에서는 유아와 주변 환경과의 상호작용에 의해 유아의 전인적 성장 · 발달을 도와 주는데 그 교육목표를 두고 있으므로 교육내용은 학습 주체자인 유아와 그 주변의 모든 인적, 물적 환경이 그 범위가 된다.

슈바르츠와 로빈슨에 의한「유아교육과정 설계」저서에서 제시한 교육내용의 여섯 가지 유형을 설명하면 다음과 같다.

(1) 학습내용 및 학습활동 선정의 준거

가. 사실축적(Fact accumulation)

유아가 경험하고 관찰하는 세부적인 사실이 중요시된다.

① 크기, 색, 모양, 질감, 농도, 온도, 무게 등 물리적 속성의 명칭들
② 동물의 이름과 동물의 울음소리, 원산지, 특성 등
③ 악기의 이름
④ 다양한 형태의 사물구분
⑤ 달력 읽기
⑥ 매일의 날씨 관찰과 표현
⑦ 견학 후 견학한 사실 요약
⑧ 역사적 사실을 강조하는 내용(휴일, 민속일)
⑨ 이야기를 읽어 주고 이야기의 사실들을 말해 보는 활동 등이 있다.

나. 기술 축적(Skill accumulation)

기본생활습관을 비롯하여 생활하는데 반복 연습이 강조되는 놀이식의 연습, 게임 등을 통한 기술습득을 중요시하며, 실제로 기술 축적은 반복과 연습의 원리가 작용하는데 이를 위하여 자발적인 놀이식의 연습이나 게임을 진행하는 방식이 효과적이라고 하겠다. 그러나 교사 주도의 형식적인 기술 훈련이 강화될 우려도 있다. 기술 축적의 내용은 다음과 같은 것이 있다.

- 일상 생활기술－옷 입기, 신발 끈매기, 단추끼우기, 책상닦기, 정리 정돈하기, 물따르기 등
- 학습활동을 위한 기술－읽기, 쓰기, 셈하기
- 신체-운동기능－가위질하기, 연필 쓰기, 뛰기, 던지기, 구르기 등

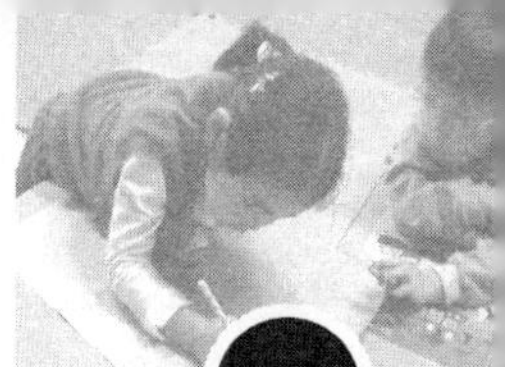

다. 주제중심

유아의 다양한 생활경험, 지역사회의 사건, 여러 가지 흥미로운 정보거리 및 그 외 사회적으로 전달되는 지식 등의 내용들을 그 내용의 논리와 유아의 심리적 발달 양식에 적합한 차원에서 통합적으로 구성한 주제(단원, 토픽, 프로젝트)들을 교육내용으로 본다. 예를 들어 "동물"이라는 주제는 개, 고양이, 금붕어, 개미, 나비 등 주변에서 자주 볼 수 있는 동물들에 대해 유아들이 흥미와 호기심을 가지고 동물원 견학하기, 개인적 경험 나누기, 블록으로 동물 농장 꾸미기, 다양한 자료로 동물 그리기, 동물 울음소리 나타내기, 몸으로 동물 흉내내기 등 여러 가지 활동들을 통해 동물에 관련된 개념들을 형성하고, 동물에 대한 유아의 개별적 흥미와 사랑하고 보호하는 태도를 기를 수 있도록 접근한다. 따라서 한 가지 주제는 주제에 내포된 다양한 지식, 그 지식의 탐구 과정, 사회적 기술, 표현력, 창의력, 가치 등이 포괄될 수 있어야 한다. 주제중심의 교육내용 선정이 제대로 이루어지기 위해서는 유아들과의 주제 선정을 위한 합의 과정이 필요하며, 주제에 따라서는 유아들이 선정하는 경우, 교사가 제안하는 경우 등이 함께 허용되어야 한다.

라. 구조적 학문

다양한 지식들로서 하위구조는 개념이라 할 수 있다. 주요개념(Key concept)을 중요시 하게 된다. 주요 개념을 중심으로 내용을 조직한다는 것은 유아 발달 수준과 내용 선정의 협응을 의미하며, 이러한 접근 방식의 효율성 여부는 조직된 교육내용을 수행할 수 있는 적절한 유아－교수－학습방법에 달려 있다.

마. 통합적 접근방법

인간중심의 성숙한 자아개념과 사회적 관계를 발달시키기 위해 지식보다 기본능력이나 태도 행동 등에 가치를 두며, 유아의 흥미와 문제들 그리고 계획하지 않았던 사건들을 통해 수업을 진행하게 되므로 교수요목에 의한 수업, 구조화된 계획적 수업이라기보다 비교적 비형식적인 수업 형태를 취한다. 여기서는 보다 성숙한 자아개념과 개인적, 사회적 관계를 발달시키기 위해 내용과 활동들을 선정, 계획하게 된다.

(2) 유아교육과정 유형별 학습내용 · 학습활동의 선정

가. 성숙론적 유아교육과정의 학습내용 · 학습활동 선정

성숙론적 유아교육과정에서는 유아를 자발적으로 성장하는 존재로 보고 바람직한 인격의 형성에 필요한 덕목들을 교육목표로 설정하고 있다. 이 교육과정은 아동중심적이고 개방적인 환경이나 분위기 속에서 아동 스스로 선택한 활동을 하는 과정에서 자연스럽게 바람직한 인격이 형성되어진다고 보고 있다. 결국 이 유형의 유아교육과정에서는 학습내용 및 학습활동 그 자체를 목적시할 뿐만 아니라 그것의 결과보다는 과정을 중요시하는 내재적 과정 중심주의적 입장을 채택하고 있다.

교사가 유아들에게 어떤 내용을 가르치거나 학습하도록 강요하는 것이 아니라 비구조화된 환경을 마련해 줌으로써 유아들이 그들의 흥미나 요구 및 발달수준에 따라 자발적으로 활동하면서 배우도록 하고 있다. 따라서 이 유형의 유아교육과정에서 학습내용 및 학습활동의 선정 자원은 유아들 주변의 모든 인적 · 물적 환경과 유아들 각자의 생활 그 자체로서 매우 광범위하다. 결국 이 교육과정에서는 학습내용과 학습활동 중에서 학습내용보다는 학습활동에 강조를 두게 되므로 학습활동이 주요 선정 자원이 된다.

성숙론적 유아교육과정의 활동으로 개방교육 프로그램을 예로 들면 학습내용 · 학습활동은 적목놀이, 의사소통. 언어영역, 미술영역, 음악영역, 역할 및 극놀이 영역, 과학영역, 수학영역, 실외놀이 영역, 사회과학 영역, 물 · 모래놀이 영역, 목공놀이 영역으로서 12개 영역으로 구분되어 있다.

유아교육 시설의 실내 · 외 공간을 흥미놀이 영역으로 구분하였으며, 각 영역에서 제안하고 있는 활동들은 학습활동이나 학습자료의 성격으로 '지도'라는 활동에서 유아들은 적목을 이용하여 도로, 길, 가게, 나무, 교회 등을 만들어 하나의 지도를 구성해 보는 활동을 제안하고 있다.

이 프로그램에서는 혼합연령 학급편성, 통합적 일과운영, 흥미영역별 실내 · 외 환경구성 등을 통해 여러 연령의 유아들이 실내 · 외의 여러 흥미영역에서 다양한 교재 · 교구를 가지고 자발적으로 다양한 학습활동을 하도록 하고 있다. 따라서 그 학습활동들은 교사의 지도에 의해서가 아니라 유아들이 스스로 선택한 활동들

로서 주로 개별 활동이나 소집단 활동의 특성을 지니게 된다.

나. 환경론적 유아교육과정에서의 학습내용 · 학습활동 선정

환경론적 유아교육과정에서는 학교에서의 성공이나 사회에서의 적응에 필수적인 기능과 태도를 주된 교육목표로 삼고 있으므로 학습내용 및 학습활동도 어떤 결과를 위한 수단으로 보는 도구주의적 입장을 취하고 있다. 예컨대, 초등학교 1학년에서의 성공을 위해 읽기, 쓰기, 셈하기 등을 목표로 하는 프로그램에서는 교사가 제시하는 어휘, 기능 및 태도를 반복적인 연습을 통해 학습하도록 한다. 이러한 유형의 영유아교육과정에서 학습내용 및 학습활동은 아동의 흥미나 요구와 관계없이 교사가 선정하거나 이미 교과서에 제시되어 있다. 따라서 이 교육과정에서는 학습활동보다는 학습내용이 주축을 이루고 있다.

다. 상호작용론적 유아교육과정에서의 학습내용 · 학습활동 선정

상호작용론적 유아교육과정에서는 유아와 주변 환경과의 상호작용에 의해 유아의 전인적 성장 · 발달을 도와주는 데 교육목표를 두고 있다. 이 유아교육과정에서 학습내용 및 학습활동은 학습자와 주변 환경과의 상호작용을 강조함으로써 학습자가 능동적 · 주도적으로 행하여 보고 그 결과에 대한 반응을 인지하게 되므로 학습 주체자인 유아와 그 주변의 모든 인적 · 물적 환경이 그 선정의 범위가 된다. 따라서 학습자가 학습하게 되는 대상들의 대부분이 이 범위에서 추출되는 것이다. 또한 학습활동은 선정된 학습내용에 필수적으로 결부되는 것으로서 학습자가 학습내용을 인지하고 내면화하도록 하는 역할을 수행하는 것이다.

결론적으로 성숙론적 유아교육과정에서는 유아들 주변의 모든 인적 · 물적 환경과 유아들 각자의 생활 그 자체를 학습내용 · 학습활동의 자원으로 하고 있으나 학습내용보다는 학습활동에 강조를 둔다. 반면, 환경론적 유아교육과정에서는 학교나 사회에서의 성공과 적응에 필요한 기초적인 정보, 사실, 기능, 태도 등 결과로서의 지식과 사회 · 문화적 가치관의 주된 학습내용 및 학습활동의 자원으로 삼고 있으며 학습활동보다는 학습내용에 강조를 둔다. 그리고 상호작용론적 유아교육과정에서 학습내용 및 학습활동은 학습주체자인 유아와 주변의 모든 인적 · 물적 환경으로서 학습내용과 학습활동 양자에 강조를 둔다. 이런 점에서 볼 때 상호작용론적 유아교육과정에서는 내용이 없는 학습활동, 활동이 없는 학습내용은 존재할 수 없다는 입장을 취하고 있다.

2) 학습내용 조직

Tyler(1949)는 교육내용의 조직 원칙을 논리적 원칙, 발달적 원칙, 심리적 원칙의 세 가지로 구분한 바 있다. 논리적 조직이란 교육내용들이 서로 논리적으로 관련된 것으로, 예를 들어 가까운 데서 먼 곳으로, 쉬운데서 어려운 데로, 단순한 데서 복잡한 데로, 역사에서의 연대순으로 내용들이 조직되는 원칙을 말한다.

발달적 조직이란 유아가 자람에 따라서 점점 고도화되고 복잡해지며, 가치적인 해석과 응용으로 옮아갈 수 있도록 조직하는 원칙을 말한다.

심리적 조직이란 유아의 마음 속에서 교육내용이 학습되어져 가는 과정, 즉 문제해결의 심리적 과정을 의미한다.

듀이는 논리적 조직을 학습의 결과로서 심리적 조직을 학습 과정으로 해석하면서 교육내용의 논리적 조직보다는 심리적 조직 원칙에 더욱 강조를 두었다.

유아교육에 적합한 형태로 교육내용을 조직하기 위한 방법으로는 동심원적 조직, 나선형적 조직, 통합적 조직 방법이 있다.

(1) 학습내용 · 학습활동의 조직 방법

가. 동심원적 조직

동심원적 접근 방법은 교육내용들을 조직함에 있어서 유아에게 가장 직접적이고 구체적이며, 밀접한 내용으로부터 시작하여 점차 간접적이고 추상적인 내용으로 확대시켜 가는 방법을 말한다. 나에서 가정생활→지역사회→국가→세계 여러 나라라는 내용으로 확대시킬 수 있다.

유아의 경험 범위가 제한되고 자기중심적인 사고 경향이 있다는 점에서 동심원적 접근 방법에 의해 교육내용을 조직하는 것은 유아교육에 도움이 된다.

나. 나선형적 조직

나선형적 접근방법은 교육내용을 나선형으로 계열화시켜 반복해서 제시하도록 조직하는 방법을 말한다. 즉, 동일한 내용을 어린 연령 단계에서는 직접적이고 구체적인 활동으로 제시하고 다음에는 그림이나 영상적인 활동 등 조금 높은 단계로 확대하여 제시하며, 점차 상징적이며 추상적인 수준으로 반복 제시하는 것이다.

다. 통합적 조직

통합적 접근방법은 다양한 영역의 내용, 개념 등을 통합된 전체 경험으로 제공할 수 있도록 조직하는 방법을 말한다. 이 방법은 유아들에게 의미가 있는 상황 속에서 개념을 제시하지 않고 분리된 내용으로 가르친다면 유아들이 개념을 이해하기가 어렵다는 것을 기본 가정으로 하고 있다.

브라운, 캐츠와 차드 등 현대 유아교육자들은 공통적으로 유아의 조화로운 발달을 위해 의미 있는 학습 경험은 유아에게 흥미 있는 주제, 단원, 프로젝트를 중심으로 조직할 것을 강조하였다.

우리나라 국가수준의 유치원 교육과정도 이러한 통합적 조직을 지향하고 있으며, 이에 근거하여 유치원에서는 생활 주제를 중심으로 유아들의 의미 있는 경험내용을 조직한 것을 볼 수 있다.

라. 종적 조직과 횡적 조직

일반적으로 학습내용·학습활동의 조직문제는 대체로 종적 조직과 횡적 조직으로 구분하여 논의하는데 종적 조직에서는 계속성과 계열성이 유지되어야 하며, 횡적 조직에서는 통합성과 논리적 순서가 고려되어야 한다. 다시 말해서 종적 조직은 먼저 학습해야 할 것과 나중에 학습해야 할 것의 시간적 순서를 정하는 것이고, 횡적 조직은 초등학교 1학년의 국어, 산수, 사회, 자연 등 여러 교과목 간에 어떤 관련성을 맺도록 할 것인가를 고려하는 것을 말한다.

학습내용·학습활동의 조직에 있어서 범위(scope)와 계열성(sequence)을 중요한 요소로 고려해야 하는데, 범위는 학습내용·학습활동의 깊이를 의미하는 것으로 종적 조직과 관계된다. 일반적으로 학습내용·학습활동을 조직할 때 학습자의 연령이나 발달수준이 낮을수록 폭은 넓고 깊이는 얕게 해야 하며, 연령이나 발달수준이 높을수록 폭은 좁고 깊이는 깊게 해야 한다.

마. 심리적 조직과 논리적 조직

심리적 조직은 학습자의 신체적 · 정신적 발달과정에 따른 심리적 특성을 고려하여 학습내용 · 학습활동을 조직하는 것이고, 논리적 조직은 학습내용이나 활동 자체의 구조적 특성을 고려하여 조직하는 것을 말한다.

심리적 조직은 주로 발달이론가들이 중시하는 것으로서 학습은 아동의 발달적 단계나 순서에 따라 이루어지므로 학습내용이나 학습활동의 조직에서 이 점을 고려해야 한다는 것이다. 한편, 논리적 조직은 교과중심 이론가나 학문중심 이론가들이 중시하는 것으로서 지식의 구조와 위계를 파악하여 그 특성에 맞춰 학습내용이나 활동을 조직하는 것이다.

심리적 조직은 발달적 순서에 의한 것이고, 논리적 조직은 내용순서에 의한 것이다. 예를 들면, 기하학의 경우 유아들은 먼저 동그라미, 네모, 세모 등과 같은 기하도형을 알고 난 후에 선분, 공간관계, 방향, 각 등의 개념을 점차적으로 이해하게 된다. 그러나 교과의 논리에 의하면 기하도형은 점, 선분, 이차원 공간(삼각형, 사각형, 오각형, 원), 삼차원 공간(입방체)의 순서로 전개된다. 여기서 내용의 논리적 순서에 의하면, 기하학에 관련된 학습내용 및 활동을 조직할 때 점→선분→개 · 폐곡선→평면→입방체의 순서로 조직해야 한다. 그러나 실제로 유아들은 그러한 내용 순서와는 반대되는 순서로 학습한다.

역사적으로 기하학은 유클리트 기하학→투영 기하학→위상 기하학의 순서로 발전되어 왔으나 실제로 아동들은 그 발전 순서와는 반대로 위상 기하학→투영 기하학→유클리트 기하학의 순서로 기하학의 개념을 이해한다. 이렇게 볼 때 교육과정 구성에서 학습내용과 학습활동의 조직은 내용순서보다 발달적 순서가 우선적으로 고려되어야 한다.

바. 내용중심 조직과 과정중심 조직

내용중심 조직은 학습내용에 강조를 두는 것으로서 사실, 개념, 기능, 교과, 학문 구조 등 과 같이 결과로서의 지식 습득에 주안점을 두는 교사중심의 교수방법을 취하는 입장이다. 반면 과정중심 조직은 학습내용보다는 학습활동에 강조를 두는 것으로서 관찰, 실험, 탐구능력, 문제해결 능력 등의 배양에 주안점을 두는 아동중심의 학습방법을 취하는 입장이다.

3. 영유아의 발달특성과 교수 - 학습방법

영유아를 담당하는 교사들은 자신이 담당하고 있는 영유아의 개별적인 특징과 경험, 유아가 살고 있는 사회 · 문화적 상황에 대한 지식에 기초하여 적절한 개입 전략을 가져야만 한다(Bredekamp & Copple, 1997). 영유아교육기관에서는 다른 각급 학교에서와 달리 일정하게 정해진 시간표에 의해서 엄격하게 하루 일과가 진행되기보다는 영유아들과의 생활 속에서 꾸준한 상호작용을 통하여 융통성 있게 일과가 진행되어야 하므로 교수-학습 면에서 교사의 전문성과 자율성, 융통성이 더욱 요구되는 것이 큰 특징이라고 할 수 있다.

영유아교육기관의 교사들은 각기 독특한 발달 특성을 지닌 다양한 연령층의 대상과 함께 한다는 점과 연령이 어리면 어릴수록 감각이 모두 열려 있어 오히려 외부의 자극에 무척 민감하다는 점을 고려하여 어떠한 교수방법을 왜, 언제, 어떻게 사용할 것인가에 대해 적극적으로 고민하고 심사숙고할 필요가 있다. 또한 수업을 전개해 나가는 데 있어서 가장 효과적인 방법이 무엇이냐 하는 것은 획일적으로 결정될 수 없는 부분이므로 교사 스스로가 자신과 자신이 맡고 있는 영유아들의 특성에 맞추어 꾸준히 찾아나가는 일이 요구된다.

영유아를 효과적으로 가르치기 위해서는 영유아의 독특한 발달적 특성과 요구에 맞게 교육목표 및 내용을 구성하여 교육계획을 수립하고 지도하는 것이 필요하다. 영유아의 현재 발달 수준을 강화하고 다음 단계로 진전될 수 있도록 가장 효율적인 유아 중심적 접근과 발달에 적합한 실제를 적용하는 것이다.

듀이(Dewey)의 사상에 영향을 받은 영유아중심교육(child centered education)은 교사나 교과서 중심이 아니라 영유아 자신의 요구나 자발성, 흥미가 반영되어 영유아 중심이 되는 교육을 말한다. 교육내용이나 교수방법이 영유아의 입장에서 접근될 때 훨씬 효과적이고 의미가 있다(위영희 외 5인, 2008).

1) 영유아교육을 위한 아동중심 접근방법(Lindon, 2003)

(1) 아동으로 하여금 아동기를 충분히 즐기도록 한다.

(2) 아동을 위한 아동의 보호, 한 개인으로서의 아동에 대한 존중과 적극적 배려를 한다.

(3) 지나친 보호에 의해 억압되거나 각 아동의 복지와 안전을 확실히 해야 한다.

(4) 아동들의 충분한 발달을 지지하기 위하여 충분한 학습 기회를 제공한다.

(5) 아동이 학습하는 것이 무엇인지 정확히 알고 도움을 제공할 수 있도록 관찰한다.

(6) 아동을 억압하는 부적절한 언어나 행동을 하지 않는다.

(7) 아동들이 성장하도록 책임 있는 행동을 한다.

2) 영유아의 발달에 적합한 실제(DAP : Developmentally Appropriate Practice) 방법(NAEYC, 1995)

연령과 개인적인 적합성 및 문화적인 적합성을 의미한다.

(1) 연령적 적합성이란 영유아는 연령적으로 다른 나이 많은 영유아나 성인과는 신체적, 정서적, 사회적 학습욕구가 다르기 때문에 영유아기의 발달적 특성을 고려해야 함을 말한다.

(2) 개인적 적합성이란 영유아의 개별적인 차이가 교수－학습과정에서 중시되어야 함을 말하는데 영유아는 같은 연령이라도 발달 속도, 욕구, 관심, 기질 그리고 경험에 있어서 많은 차이가 있음을 말한다.

(3) 문화적 적합성이란 영유아를 위한 교육에서 개개인의 영유아는 자신이 속한 문화적 집단, 인종, 지역사회, 사회계층, 또는 종교 등의 집단의 문화적 특성에 따라 학습의 욕구가 다르기 때문에 이들의 문화적 요구나 특성을 고려해야 질 좋은 교육이 이루어질 수 있음을 의미한다.

3) 영유아(3세 미만)의 발달적 특성을 고려한 교수-학습방법

탐색과 놀이가 교수-학습의 방법과 교수과정의 매개체로 중요하다(이영자 외, 2006).

(1) 탐색과 놀이는 영아의 내재적 동기 유발에 의한 행동적 특성이므로, 이러한 발달적 특성은 학습의 극대화를 높이는 교육적 매개체로 작용한다.

(2) 탐색과 놀이는 순차적 과정으로 이루어지며, 영아의 물리적 · 사회적 · 논리적 지식 구성이 순차적으로 이루어지는 학습과정의 순서와 단계에 유용하게 작용한다. 탐색과 놀이는 과거에 획득한 발달을 반영하고, 현재 진행되는 발달을 조성하고 촉진하여 준다.

(3) 탐색과 놀이는 사회 문화적이며 인지적 교수-학습적 맥락을 제공하여 성인 의존적인 사회문화를 학습하는 기회를 제공하면서, 동시에 영아 스스로 학습할 수 있는 학습도구로서의 역할을 제공한다.

(4) 탐색과 놀이는 결과보다는 과정에 중점을 두어, 영아의 적극적이며 활발한 시도를 증진하는 효율적인 교수-학습의 본질적 특성을 갖고 있다.

4. 영유아 교육평가

1) 평가의 의의 및 필요성

평가는 교육의 성과와 유아에 대한 영향을 중심으로 하여야 한다. 즉, 교육목표, 교육과정, 생활지도계획, 지도의 결과, 교사의 활동, 교육운영, 교육시설과 설비 등 전 영역에 걸쳐서 평가하는데 의의가 있다. 교육평가는 평가 그 자체에 목적이 있는 것이 아니고, 교육의 개선과 진보 방향을 결정하는데 의의가 있다. 평가는 교육의 결과나 효과에만 중점을 두어서는 안 되고 그 과정을 중요시하는데 의의가 있다. 결론적으로 올바른 평가는 그 자체에 의미가 있는 것이 아니고, 다음에 올 새로운 활동에 대하여 원동력이 되어야 한다.

교육부의 유치원 교육과정 해설 자료에 의하면 유아교육에서의 평가는 첫째, 유아교육과정의 5개 영역의 교육내용이 통합적으로 편성되고 운영되는지, 둘째, 유아의 흥미와 활동 특성에 적합하게 교수-학습방법이 이루어지는지, 셋째, 활동 주제의 관련성, 유아들의 발달 특성, 흥미영역 등을 고려하여 교육환경이나 활동 자료가 제공되는지, 넷째, 매년 교육과정 운영 평가를 하며, 그 결과를 다음 학년도의 교육과정 편성 · 운영에 반영하는지 그 효율성을 알아보기 위하여 반드시 필요한 교육의 과정으로 밝히고 있다.

따라서 평가가 크게는 유아교육기관의 질적 개선을 위해 필수적인 작업이며, 작게는 유아의 전인적인 성장 · 발달을 위한 실증적이고 과학적인 자료와 정보를 수집하는 작업으로서의 의미가 크다고 하겠다. 최근 유아교육의 직접 개선이라는 대명제 아래 추진되고 있는 유아교육기관 평가 인증제도의 실시 검토나 시범 유아교육기관의 선정과 같은 여러 가지 조치와 계획은 앞으로 유아교육 분야의 질적 향상을 위해 매우 고무적인 일이다. 유아교육에서의 평과에 대한 강조는 결국 유아교육 활동의 평가를 통해 유아교육의 효과를 증진시키고, 유아교육 프로그램 및 유아교육 환경의 질적 개선을 도모하려는 적극적 의지의 표현으로 보이기 때문이다.

교육평가의 필요성을 정리하면 다음과 같다.

(1) 유아 평가는 유아들에게 점수나 등급을 매겨 우수한 유아와 열등한 유아를 구분 · 선발하는데 있는 것이 아니라 유아 개개인의 전인적 성장 · 발달을 도와 주는데 그 필요성이 강조되어야 한다.

(2) 유아교육의 목표가 제대로 성취되었는지의 여부를 밝혀 유아교육 활동의 전반적인 과정을 개선하기 위해서는 그 유아교육의 전반적인 과정에 대한 평가가 필수적이다.

(3) 유아교육기관에 자녀를 보내고 있는 부모들은 자신들의 투자와 노력에 대한 효과를 알고 싶어한다. 기관에서는 유아교육의 효과에 대한 실증적이고 과학적인 증거를 수집 · 정리하여 그 결과를 부모들에게 알려 줄 필요가 있으므로 평가가 요청된다.

2) 유아교육평가의 개념

평가의 개념은 고전적으로 교육과정 및 수업의 프로그램에 의하여 교육목표가 어느 정도 달성되었는가를 밝히는 과정이라는 개념에서 한 걸음 더 나아가 교육적인 의사결정의 과정과 관련시켜 개념화한 사람은 Cronbach이다. Chronbach는 교육평가를 교육 프로그램에 관한 의사결정을 내리기 위하여 정보를 수집하고 사용하는 과정이라고 정의하였다. 황정규는 교육평가의 개념을 “교수프로그램에 대한 의사결정을 하기 위하여 학습자의 행동 변화 및 학습과정에 관한 정보를 수집하고 이용하여 교육적 의사결정을 내리는 데 도움을 주거나 혹은 의사결정을 하는 과정 바로 그 자체”라고 하였다.

이영석, 박재환, 김경중은 유아교육평가를 “유아들의 전인적 성장 · 발달을 조력하기 위한 교육과정이나 프로그램이 어느 정도 실현되었고 달성되었는지를 알아보는 과정”으로 정의하고 있다.

이러한 교육평가의 개념을 토대로 유아교육 현장과 관련하여 정리하면 유아교육기관에서 유아의 전인적인 성장과 발달을 돕기 위해 이루어지는 모든 유아교육활동의 과정과 결과에 대한 가치판단의 과정을 뜻한다고 볼 수 있다.

3) 유아교육평가의 목적 및 기능

(1) 유아교육평가의 목적

유아교육평가의 목적은 한 마디로 유아의 전인적 성장 · 발달을 돕기 위한 활동들의 효율성을 알아보는 것이라고 할 수 있다. 유아교육평가는 유아교육과 관련된 모든 활동을 대상으로 있는 사실을 그대로 파악 · 기술해야 하며, 유아들의 전인적 성장과 발달에 도움을 주기 위한 유아교육 프로그램 전체의 효율성을 밝히는데 목적을 두고 있으나, 궁극적으로 유아교육에 참여하는 모든 사람들, 즉 유아, 부모, 교사, 유아교육기관 종사자, 기타 관계자 등에 도움을 주고 유아 개개인의 발달 수준 및 행동 변화를 평가하는 데 그 목적이 있다.

결국 유아교육평가란 광의의 의미로 유아의 전인적 성장 · 발달을 돕기 위해 이루어지는 모든 유아교육 활동들의 효율성을 알아보는 것이라고 할 수 있으며, 협의의 의미로 유아교육 활동 중에서 유아의 행동 변화와 유아교육 과정에 대한 자료를 수정하여 유아를 올바르게 지도하고 합리적인 의사결정을 내리는데 도움을 받는 것이라고 할 수 있다.

(2) 유아교육평가의 기능

가. 유아교육 목표의 달성도를 파악하는 기능

평가의 주된 기능은 일정한 유아교육 목표를 정해 놓고 그 목표의 달성을 위해 여러 자지 유아교육 활동을 전개해서 얻어진 유아교육 성과를 평가하는데 있다. 즉 유아교육 목표의 달성도에 관한 증거와 정보를 수집하는 데 일차적인 관심이 있다는 것이다.

나. 유아교육 활동의 개선방안을 모색하는 기능

유아 개개인의 개인차에 따른 학업성취의 결과를 분석하고 이 결과를 토대로 후속학습을 계획하여 유아 학습 활동의 개선방안을 모색하는 데 있다.

다. 유아의 이해를 위한 기초 자료를 수집하는 기능

유아의 생활지도와 학습지도에 있어서 기초가 되는 자료를 제공해 준다. 지능검사, 발달 선별검사, 학습준비도 검사, 사회성숙도 검사, 성격검사, 가정환경 검사 등의 각종 검사나 관찰을 통하여 일반아와 특수아의 판별이나 지진아 및 정신지체아를 조기에 발견하게 되고, 일반 유아의 성장과 발달 이해 및 효율적인 유아 행동 지도를 위한 기초 자료를 수집하여 유아를 보다 잘 이해하게 된다.

라. 부모에게 필요한 이해 자료를 제공하는 기능

부모들은 자녀들을 유아교육기관에 보낸 후 자기의 자녀에 대하여 유아교육의 성과에 대하여 알고 싶어한다. 따라서 각 유아에 대한 평가 결과를 부모에게 통보하여, 부모는 유아에 대한 이해를 높이고, 가정에서도 유아의 능력에 맞는 지도를 실시함으로써 유아교육의 효과를 증대시킬 수 있다.

마. 유아를 지도하는 교사의 교수법을 개선하는 기능

유아를 지도하는 교사의 교수법은 과제의 특성이나 유아의 수준에 따라 적절히 강구되어야 하는데, 장기간 교사직을 수행하다 보면 자기의 틀에 맞는 교수법으로 고정되어 버리는 경향이 농후하다. 그러나 객관적이고 타당한 유아교육평가의 결과를 통해 교사의 교수법을 개선하게 하는 반성의 자료를 얻을 수 있다.

바. 유아의 학습동기를 유발하는 기능

표정, 칭찬, 접촉 등을 체계적으로 사용하면 유아의 학습동기를 유발시킬 수 있다. 표정이란 유아에게 관심을 표현한다든지 마주 보며 웃어 준다든지 하는 방법이고, 칭찬은 참 잘했어요, 수고했어요, 좋은 생각이에요 등의 방법을 활용할 수 있다. 접촉은 꼭 안아 준다든지 꼭 잡는 등의 피부 접촉을 통하여 표현하는 방법이다.

사. 제반 유아교육 활동에 관한 효과를 파악하는 기능

최근에 관심을 끌고 있는 프로그램 평가로서 여기에는 교직원의 자질과 배치, 유아교육기관의 시설 및 환경, 제도 및 운영의 전반에 걸친 평가가 포함된다.

4) 유아교육평가의 방법

(1) 관찰법

관찰법이란 관찰을 통해 일련의 정보를 수집하는 측정방법으로서, 관찰은 특정 현상에 대한 객관적 자료를 수집하기 위한 절차로써, 흔히 일상적인 상태에서 진행되는 자연스러운 인간의 행동을 직접 관찰하여 기록하는 절차를 의미한다.

가. 관찰법의 유형

① 자연적 관찰과 통제적 관찰

자연적 관찰이란 관찰 장면을 조작하거나 인위적으로 특별한 자극을 주는 일없이 자연적인 상태에서 있는 그대로를 관찰하는 방법이다. 통제적 관찰이란 관찰의 시간, 장면, 그 행동을 발생시킨 상황이나 조건을 인위적으로 조작해서 같은 행동을 보다 정확하고 엄밀한 조건 아래서 관찰하는 방법이다.

② 참여관찰과 비참여관찰

참여관찰이란 관찰대상자나 그들의 행동에 대해서 아무런 통제를 가하지 않고 관찰자가 관찰대상과 현장에서 함께 생활하면서 자연스런 행동을 관찰하는 방법으로 일반적인 유아교육 현장에서 유아교사들이 관찰자이자 교사의 역할을 하게 되는 경우가 이에 해당된다. 참여관찰은 자연스러운 상황에서 심층적이고 포괄적인 연구를 할 수 있다는 점과 평소에는 관찰할 수 없는 특수한 행동에 대한 관찰자료를 수집할 수 있다는 장점이 있다. 반면에 관찰자에게 많은 인내와 용기가 필요하며, 감정적 요인에 영향을 받기 쉽고, 경우에 따라서는 관찰대상이 관찰자를 의식한 나머지 일상생활과는 다른 독특한 행동을 할 우려가 있다는 단점이 있다.

유아교육 현장에서는 한 유아를 대상으로 보조교사가 없는 상황에서 몇 십분씩 관찰하기는 불가능하다. 그러나 하루 중 교사가 관찰하기에 가장 적합한 시간, 즉 자유놀이 시간을 이용하여 많게는 4~5명에서 적게는 1~2명을 관찰하는 것은 어렵지 않다. 교사는 항상 필기구를 가지고 다니면서 관찰이 필요한 경우 즉시 관찰내용을 기록할 수 있다.

비참여관찰이란 관찰자가 관찰장면에는 임하지만 관찰대상의 활동에 참여함이 없이 관찰하는 것을 말하며, 대부분의 관찰은 비참여관찰로 이루어진다. 이와 같은 관찰의 장점은 상대적으로 객관성을 확보할 확률이 크고 조직적이고 계획적으로 할 수 있다는 것이지만, 반면에 심층적인 자료를 얻기가 어렵고 관찰이 피상적으로 되기 쉬운 단점이 있다.

나. 관찰법의 종류

① 표본기록법

표본기록법은 지속적 관찰기록법이라 하는데 이는 행동의 일화를 가장 자세하고 완전하게 표현하는 관찰방법이다. 즉 관찰자가 관찰대상이나 장면을 미리 정해 놓고 그 장면에서 일어나는 유아의 행동과 상황을 모두 집중적으로 기술한다. 따라서 표본기록법은 현장에서 관찰할 때 어떤 부분만을 선택하는 것이 아니라 전체를 기록하는 것이라고 할 수 있다.

표본기록법은 서술 형식의 기록이라는 점에서 일기식 기술법과 유사하지만 제한된 시간과 상황하에서 연속적인 행동을 관찰하고 자세하게 기록한다는 면에서 차이가 있다. 또한 자세한 기록을 위해서는 비디오 카메라를 이용하여 관찰대상 유아들의 활동장면이나 그 장면에서 일어나는 유아들의 상황을 자세히 촬영하여 사용할 수 있다.

표본기록법은 어떤 행동에 대한 해석이나 평가를 하려고 하는 것이 아니며 관찰대상 유아들의 행동이나 언어를 자세하고 객관적으로 기록함으로써 관찰대상 유아의 발달을 여러 측면에서 볼 수 있도록 하는데 있다. 따라서 표본기록법은 교사가 어떤 유아가 가지고 있는 문제행동을 해결한다거나 혹은 학기 초에 새로 유아들을 알려고 할 때 도움이 많이 된다.

② 일화기록법

일화기록법은 개인의 특성을 이해하기 위하여 그 개인이 나타낸 구체적인 행동사례나 어떤 사건에 관련된 관찰기록을 상세히 기록하는 방법으로 직접적인 관찰방법 중에서 유아교육 현장에서 가장 실시하기 쉬운 방법이다.

일화기록은 사건이나 행동을 기술함에 있어서 마치 사진을 보는 것과 같이 사실적으로 묘사하는 글이라 하여 글로 묘사된 사진이라고 표현하기도 한다. 또 일기식 기술법과 마찬가지로 일화기록법은 서술적이지만 동일 대상에 초점을 맞출 필요가 없고 새로운 특성이나 사건을 강조해야만 하는 것이 아니라는 점에서 다르다고 하겠다. 즉 관찰자에게 의미 있다고 생각되는 것이면 어느 것이나 그때 그때 기록하거나 행동이 일어난 후에 기록해도 된다.

③ 시간표집법과 사건표집법

시간표집법은 미리 선정된 관찰대상의 행동들을 정해진 시간 동안 일정 간격을 두며 반복적으로 관찰하는 방법이다. 즉, 시간표집은 정해진 관찰기간 동안 계속 관찰하는 것이 아니라 일정한 시간 간격으로 잠시 행동을 관찰하여 그 결과를 기록하는 방법이다.

이는 특정한 행동 특성이 일정 기간 동안에 얼마나 발생하는가를 양적으로 알아보기 위해서 사용하는 이 방법은 행동을 표집하여 관찰하므로 서술적인 관찰처럼 풍부한 정보를 제공하지 못하고 행동이나 사건에 대한 연속적인 기록도 되지 못하지만, 아주 다양한 상황 속에서 비교적 짧은 시간 내에 많은 관찰대상자를 관찰할 수 있어 널리 활용되고 있다.

이러한 시간표집의 방법은 빈번하게 발생하는 행동, 적어도 15분에 한번 정도는 나타나는 행동에만 사용하는 것이 적당하다. 따라서 관찰하려는 행동이 비교적 빈번하게 일어나는 행동인지를 관찰계획 전에 알아둘 필요가 있고 이에 관한 정보가 없을 때는 예비 관찰을 통해서 자료를 수집해야 한다.

사건표집법은 단순히 어떤 행동의 발생 유무만을 관찰하기보다는 행동이나 사건이 발생하기를 기다렸다가 관심을 갖고 있는 행동이나 사건이 일어나면 일정한 형식에 따라 행동의 순서를 자세히 기술하는 방법이다. 즉, 이 방법은 시간표집법과는 달리 관찰의 단위가 시간이 아니라 어떤 행동이나 사건 자체에 있다. 따라서 사건표집법에서는 특정한 행동이나 사건이 생길 때만 관찰하며 필요하면 사건 이전의 상황도 기술할 수 있다. 사건표집법 관찰의 목적은 어떤 행동이 일어난 원인이 무엇인지를 알아내는데 있다.

④ 체크리스트법

체크리스트법은 행동목록법이라고도 하며 교사나 관찰자가 단순히 어떤 기술이나 행동 혹은 발달 특성이 나타나는지를 알아보고 싶을 때 쓰이는 관찰방법으로 사전에 관찰자가 관찰할 행동 특성에 대한 항목을 선정해 두고, 이 행동 특성의 출현 여부에 초점을 두어 체크한다. 관찰하려는 대상이 인간의 행동이 아닌 자료나 환경 등일 때 일반적으로 행동목록이라기보다는 체크리스트라고 부른다. 체크리스트로 일반화하여 사용할 때는 관찰보조 도구로서 뿐만 아니라 질문지나 면접 등 조사연구에서도 널리 사용된다.

체크리스트는 단순한 행동의 리스트로 중요하게 생각하는 행동의 유무를 확인하기 위한 것으로 이는 어떤 형식이든지 사전에 미리 나타날 행동을 알 수 있고 행동의 출현 빈도나 질적 특성에 관한 자료가 주요 관심사가 아닐 때 사용된다. 이러한 관찰방법을 사용하면 관찰시간이 절약되고 유아의 행동을 쉽고 간편하게 관찰할 수 있다는 이점이 있지만 그 행동의 빈도나 지속시간, 특성 등에 대한 정보를 설명해 주지 못하는 단점이 있다. 이러한 체크리스트법은 유아교육 현장에서는 자유선택활동의 평가에 많이 사용되고 있다.

⑤ 평정척도법

평정척도법은 사람이 지니고 있는 어떤 특성이나 특질 혹은 성격을 미리 정해진 범주에 따라 평가할 때 사용되는 관찰의 보조도구다. 이는 관찰자가 사전에 관찰하려는 활동 영역에 대해서 미리 알고 있을 때 사용된다. 그러나 이 방법은 어떤 행동의 출현 유무를 표시하는데 그치지 않고 행동의 질적인 특성을 몇 등급으로 구분해서 알고자 할 때 유용하게 사용된다. 따라서 평정척도법은 특정 행동의 출현 유무만을 표시하는 체크리스트의 한계점을 보완한 것이라 할 수 있다. 이 방법은 종종 인성, 사회적 적응, 신체발달을 평가하는데 사용되며 계속되는 행동을 관찰하면서 평가할 수도 있지만, 대개 행동이 끝난 후 시간이 흐른 다음에 하거나 아동이 없을 때 기록한다.

평정척도법은 개개 유아의 특징에 대하여 다른 유아와 비교하여 그 정도를 3단계, 5단계, 7단계 등으로 평정하며, 그리고 척도의 표시도 언어, 숫자, 그림 등 여러 형태로 나타낸다. 이렇게 모인 자료는 일정기간이 지난 후 유아의 전체적인 발달 평가에 유용하게 쓰인다. 또한 평정척도를 작성시 관찰자가 관찰하지 못한 문항에 대해서 이를 무리하게 평가하도록 하기보다는 판단을 보류할 수 있도록 척도의 한편에 관찰 못함이라는 칸을 만들어 두도록 한다. 이렇게 함으로써 관찰자가 관찰기간을 더 연장할 수도 있고 문항 자체가 관찰 불가능한 것인지 다시 검토해 볼 수도 있다.

또 어린 유아를 대상으로 평정척도법을 사용할 경우 5단계 척도보다 2단계에 걸친 4점 평정으로 바꾸는 것이 더 효과적일 수도 있다.

(2) 조사법

조사 자료의 수집이란 유아를 평가하는데 있어서 직접 관찰이 불가능하거나 관찰이 곤란한 현상을 기술하고자 자료를 수집할 때 유용한 방법이라고 할 수 있다.

가. 질문지법

질문지법은 어떤 문제나 사물에 간한 필요한 사항을 알아보기 위하여 만든 일련의 문항들을 체계적으로 조직 · 작성하여 평가 대상자의 반응, 주로 객관적인 사실이나 주관적인 의견 및 태도 등을 파악하는 방법이다.

나. 면접법

면접법은 언어적 표현이 가능한 유아나 부모 또는 교사로부터 직접 만나서 언어적인 반응을 통하여 여러 가지 자료를 수집하는 방법이다. 특히 면접법은 인지적 영역뿐만 아니라 유아나 부모의 태도, 흥미, 인성 등에 관한 정보를 얻는데 더 많이 활용되고 있다.

이러한 면접법은 관찰법과는 달리 연구대상과의 직접적인 상호작용을 통해 자료를 수집하는 방법으로 다른 평가방법에 비하여 대단히 융통성이 있어 여러 가지 귀중한 자료를 수집할 수 있으나 한편 고도의 기술과 훈련이 필요한 평가방법이라고 할 수 있다.

다. 교사제작 검사법

유아교육 현장에서 교사들이 유아의 전 발달 영역을 측정 · 평가할 수 있는 도구가 다양하게 개발되어 있지 않으므로 평가의 목적에 따라 교사들이 직접 제작하여 사용해야 하는 경우가 많다.

라. 표준화 검사법

표준화 검사는 누가 사용하더라도 검사의 실시와 채점, 그리고 결과의 해석이 동일하도록 모든 절차와 방법을 일정하게 만들어 놓은 검사로써, 개인이 지니고 있는 신체적, 심리적 특성의 지로가 양을 측정할 목적으로 일정한 조건하에 특정한 문제나 작업을 부과하여 피검사자가 나타내는 반응을 체계적으로 관찰하는 절차를 말한다.

표준화 검사의 결과는 유아의 삶의 방향을 변화시킬 수 있을 만큼 결정적이다. 적절한 시기에 유아가 지닌 발달상의 문제를 발견하여 진단하고 치료한다면, 그 유아는 정상적인 발달을 이룰 수 있을 것이다. 하지만 표준화 검사에 대한 이해가 불충분하고 검사를 남용하거나 오용한다면 개인에게도 적절하지 않을 뿐 아니라 사회적으로도 부작용을 일으킬 수 있다. 그러나 최근의 발전된 검사 이론과 기술적인 증진은 검사에 대한 긍정적인 견해를 뒷받침하고 있다.

표준화 검사의 특징을 요약하면 다음과 같다.

- 검사내용, 검사 실시 조건, 채점과정 및 해석이 표준화되어 있다.
- 특정한 어느 시점에서 한 개인의 반응을 표본하여 그 점수가 신뢰성이 높고 또한 측정하려고 하는 정의된 속성에 대한 타당성이 높다.
- 인간의 행동 특성에 대하여 보는 관점은 행동 특성은 항구적이고 안정성이 있다고 보고 있다.
- 측정결과 활용에 있어서는 선발 분류, 예언, 실험, 자격부여, 평점, 진단, 배치, 진급 등을 위해 개인과 집단을 분류하고 판단하는 특징을 가지고 있다.

(3) 포트폴리오법

포트폴리오(portfolio)란 자신이 쓰거나 만든 작품을 지속적이면서도 체계적으로 모아 둔 개인별 작품집 혹은 서류철을 이용한 평가 방법이라 할 수 있다. 이 평가 방법은 단편적인 영역에 대해 일회적으로 평가하지 않고 유아 개개인의 변화·발달과정을 종합적으로 평가하기 위해 전체적이면서도 지속적으로 평가하는 것을 강조하는 것으로 수행평가의 대표적인 방법 중의 하나로 각광받고 있다.

포트폴리오 평가는 유아들의 성장과 학습 진전을 고찰하는 상보적인 접근으로 이들은 참 평가, 평가와 수업의 통합가능성, 학습과정과 고차위계사고 기술의 평가, 그리고 교수-학습과정에서 교사와 유아의 상호작용을 평가하는 협동적 접근을 나타낸다. 즉 이러한 포트폴리오 평가 방식은 교수-학습과정에 역동적으로 적용시킴으로써 종래의 평가에서 기하기 어려운 다양한 교육효과를 얻을 수 있다.

가. 포트폴리오의 특성 및 목적

① 포트폴리오의 특성

(가) 포트폴리오는 학습에 평가와 교수를 연결시킨다.

(나) 자신의 평가와 자신의 목표 설정으로 인하여 유아들의 참여를 높인다.

(다) 포트폴리오는 유동적이고 적응성이 있다.

(라) 포트폴리오는 유아의 발달과 학습에 대한 많은 자료를 제공하며, 향상, 노력 및 성취 초점을 맞춘다.

(마) 유아들의 개인차를 고려하고 다양한 능력에 초점을 맞춘다.

(바) 유아들은 부모, 가족구성원 및 교사와 협력하여 포트폴리오 항목들을 선정하고 자료를 수집하며 반영하는데 참여가 가능하다.

(사) 포트폴리오 평가 자료는 1년에 걸쳐 지속적으로 체계적으로 수집된다.

② 포트폴리오 평가의 목적

(가) 교수활동과 평가를 통합할 수 있도록 돕는다.

(나) 유아의 진보, 발달과 교실활동에 대한 본질적인 정보를 제공한다.

(다) 유아들이 자신의 작업을 평가하는 과정에 참여를 통해 수동적 학습자에서 능동적 학습자로 변화시킨다.

(라) 유아에게 다음 단계의 학습활동을 안내한다.

(마) 유아의 전체적인 발달의 질을 평가하는 기초를 제공해 준다.

(바) 유아의 성장에 대한 부모와 다른 교사 및 행정가의 이해를 촉진하는 수단을 제공해 준다.

나. 포트폴리오의 종류

① 개인 포트폴리오

개인 포트폴리오란 교사가 이미 가지고 있는 유아 개개인 및 부모에 대한 신상정보, 의료기록 등과 같은 아이들에 관한 다양하게 기록된 보고서로서 여기에는 일화기록, 부모와의 면담 노트 등이 포함된다.

② 학습 포트폴리오

학습 포트폴리오는 가장 광범위한 것으로 유아와 교사들이 빈번하게 사용하는 것을 말하는데 최근의 작업 견본, 아이들의 학습일지 등을 포함한다.

③ 회람 · 인수 포트폴리오

회람 · 인수 포트폴리오는 이미 완성된 것을 다시 보는 것으로 유아들과 교사들이 과거 작업을 돌아보고 새로운 계획을 발견할 수 있게 한다는 이점을 가지고

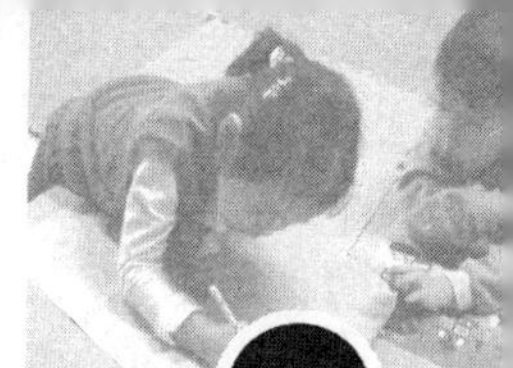

있다. 최종적으로 이것을 교사, 유아 또는 부모가 후임 교사에게 인계할 수도 있다.

다. 포트폴리오의 장점 및 단점

① 장점

(가) 유아들이 자신의 작품을 선택하고 이전작품에 대해 반성해 봄으로써 자신의 진보를 확인할 수 있으므로 자랑스러움을 느끼고 성취감을 갖게 된다.

(나) 유아의 진보에 대한 구체적인 증거를 제시하고 부모들이 유아들의 작품을 좀더 잘 이해하고 감상하게 해 주므로 교사－부모협의회에서도 유용하게 사용될 수 있다.

(다) 유아의 자기 평가 및 타인 평가 기술이 발달한다.

(라) 유아들을 지신의 진보에 좀더 관여시키고 책임지도록 도움으로써 학습에 대한 유아중심 접근과 일치한다.

(마) 유아의 학습정보를 다양하게 제공하므로 교사가 유아의 능력을 평가하는데 필요한 명확하고도 다양한 증거자료를 제공한다.

② 단점

(가) 포트폴리오는 계속적으로 수집하고 정리하는데 시간과 노력이 많이 든다.

(나) 포트폴리오는 타당성 있는 사정도구라기보다는 감상적인 기억들을 담은 상자가 될 수 있다.

(다) 포트폴리오 자료를 정리할 수 있는 충분한 파일 공간의 확보가 필요하다.

(라) 기록보관에만 치중하다 보면 유아의 학습과정이 한쪽으로 치우칠 수 있다.

(마) 평가의 타당도와 신뢰도가 결여된 정보들이 축적될 수 있다.

(바) 포트폴리오 수집의 준거가 불분명할 수 있다.

5) 평가 결과의 활용

유아교육 현장에서 다양하게 수집된 평가 결과를 기록하고 정리해 둠으로써 여러 가지 면에서 효과적으로 활용할 수 있다.

첫째, 평가의 결과물은 교사가 유아의 성장 · 발달을 이해하는데 좋은 자료가 된다.

교사는 이를 세밀히 검토한 후에 개별적인 유아교육 계획의 수립에 활용하며, 유아의 건전한 성장 발육을 도모하는데 도움을 줄 수 있도록 활용한다. 전문가의 도움이 필요한 유아들을 조기에 발견하여 전문가에게 의뢰 · 조치할 수 있는 기초 자료로 제공될 수 있다.

둘째, 평가의 기록은 부모들과의 면담자료로 활용하거나 가정통신문으로 사용하도록 한다.

평가 결과물을 부모에게 알리거나 관계 기관에 알리는 것은 유아교육에 대한 주위의 관심을 환기시키는 좋은 방법이 된다. 특히 교사는 유아에 대한 자신의 평가와 그와 같은 견해를 갖게 된 구체적 증거자료를 제시하고, 이러한 평가에 기초하여 효과적인 지도방법의 대안을 부모와 함께 모색할 수도 있다.

셋째, 유아교육 프로그램의 운영에 관한 평가 결과와 교사의 자기 평가 결과는 유아교육기관의 운영에 대한 중요한 지침이 되며, 교사가 질적으로 향상된 역할을 수행하는데 도움을 주는 방향으로 활용될 수 있다.

넷째, 장기적이고 종단적인 평가 결과의 기록과 보관 및 활용을 위하여 전산화 작업이 필요하다.

재원하고 있는 유아가 많은 경우 길게는 4～5년에 걸친 유아의 발달 상황의 추적을 고려해 볼 때 자료의 전산화 작업은 필수적이라고 볼 수 있다.

일과 운영 및 교사의 역할

제 5 장

1. 영아를 위한 일과 운영 및 교사의 역할
2. 유아를 위한 일과 운영 및 교사의 역할

1. 영아를 위한 일과 운영 및 교사의 역할

영아 교사는 '돌보는 사람'이다. 영아들은 하루하루의 일상적 돌봄 속에서 탐색과 놀이를 하며 나날이 발달해 나간다. 교육은 바람직한 돌봄과 분리할 수 없으며 바람직한 돌봄 속에서만 교육이 일어난다는 확신을 가지고 영아들과 보내는 일과의 다양한 상황 속에서 영아들과 끊임없이 상호작용을 해야 한다.

영아를 위한 일과의 모든 순간들은 교육적 가치가 크다. 영아들의 경험과 관심사를 중심으로 이루어지는 주제 중심의 통합적인 활동은 놀이와 일상적 양육 속에서 드러난다. 유능한 교사라면 자신이 세웠던 계획을 포기하고 영아들의 관심사나 행동에 따라 융통성 있게 활동을 변화시킬 수 있어야 한다.

0세아의 교사는 영아의 등원을 맞이하는 것으로 하루 일과를 시작하여 수유 및 이유, 낮잠 및 휴식, 기저귀 갈기 등의 일상적 양육, 자유롭게 탐색하기, 실내·외 놀이하기, 산책하기 등의 활동을 운영하며 1, 2세아의 교사는 영아의 등원 맞이하기로 시작하여 신발과 옷 벗기, 손씻기와 양치하기 등의 자조활동, 간식과 식사하기, 기저귀 갈기와 대소변 가리기, 낮잠과 휴식하기 등의 일상적 양육, 자유롭게 탐색하기, 놀이하기, 실외놀이하기, 산책하기 등의 교육적 활동, 영아의 귀가 후의 가정에서의 생활을 지원하는 부모와의 협력에 이르기까지 다양한 활동 속에서 끊임없이 상호작용을 해야 한다.

각각의 활동에 따라 요구되는 교사의 상호작용이 다르지만 영아의 발달을 촉진하고자 하는 목적에 부합되는 일과운영을 중심으로 교사의 역할을 살펴보면 다음과 같다(보건복지가족부, 2005).

1) 등원 및 맞이하기

보육시설에서의 하루 일과는 영아가 보육시설에 도착하면서부터 시작된다. 교사는 등원 시간 전에 미리 보육실을 점검하고 그날의 보육활동 자료(교사용과 영아용 모두)를 준비한다. 영아를 맞이할 때는 반갑고 밝은 표정으로 대해 하루를 즐겁게 시작하도록 한다. 또한 짧은 시간이라도 영아의 보호자로부터 그 전날 저녁에 있었던 특별한 사건이나 영아의 건강 상태, 기분, 수면과 아침 수유(식사) 등에 대해 정보를 듣는다. 그리고 보호자와 필요한 정보를 교환하여 하루 일과의 지도에 참고하도록 한다.

(1) 영아 등원시 교사가 준비해야 할 사항

가) 부모에게 전달할 내용이나 메모를 교실이나 현관 입구에 붙여 둔다.
나) 부모들이 영아를 데려온 시각, 다양한 개별 정보를 기록할 수 있도록 기록 용지(일일보고서)를 준비한다.
다) 투약 의뢰서 용지를 준비한다.
라) 하루 일과에 대한 그림 시간표를 교실 앞에 걸어 둔다.

(2) 영아의 등원시 교사가 해야 할 행동

가) 부모와 영아를 반갑게 맞이하며 인사한다.
나) 부모와 영아에 대한 정보를 간단히 나눈다.
다) 영아의 개인용품을 개인 사물함에 정리한다.
라) 영아와 함께 개인 사물함에 신발, 옷, 개인용품을 넣도록 지도한다.
마) 영아의 기분, 건강 상태, 투약 시간, 중간 귀가 여부 등을 확인한다.
바) 각 반 보육실 또는 통합 보육실에서 영아가 하고 싶은 놀이를 시작하도록 한다.
사) 아침을 먹지 않은 영아에게는 수유나 아침 식사 여부를 확인하여 수유 또는 아침 식사를 제공하고, 아침 잠이 부족한 영아를 위해 조용히 잘 수 있는 공간을 마련한다.
아) 부모와 분리되어 놀이를 시작할 수 있도록 심리적 안정감을 느낄 수 있는 분위기를 조성한다.

2) 수유 및 이유(0세아)

영아는 신체적인 성장이 빠르고, 매우 왕성하게 에너지를 소비한다. 따라서 영양학적으로 균형이 맞고 질이 좋은 음식을 먹어야 보육시설에서의 하루를 잘 보낼 수 있게 된다. 영아의 개별적 욕구에 따라 수유하며, 영아의 발달에 따라 적절한 이유식을 제공한다.

교사는 수유와 이유식 시간이 단순히 음식을 먹는 시간이라기보다는 영아가 다양한 음식을 접해 보고, 자신의 음식 선호를 넓혀 갈 기회가 되도록 상호작용을 해야 한다.

교사는 수유를 하고 이유식을 영아들에게 제공할 때 다음과 같은 역할을 수행해야 한다.

(1) 12개월 이전 영아의 경우 보육시설에서 분유를 3~4회 먹게 되는데, 영아가 먹게 되는 분유의 종류, 양, 횟수 및 먹는 간격 등 개인적 사항을 고려하여 수유할 수 있도록 한다.

(2) 수유할 때는 젖을 먹이듯이 영아를 안아 심리적 안정감을 주고 눈을 맞추면서 언어적 상호작용을 하며 수유한다. 수유를 마치면 교사의 한쪽 어깨에 영아의 머리가 오도록 하고 등을 가볍게 두드려 트림을 시킨다.

(3) 이유식은 영아의 월령, 가정 내에서의 이유식 정도, 유동식과 고형식에 대한 선호 등의 개인적 취향, 알레르기 반응, 영양의 균형 등을 고려하여 여러 가지 맛을 경험할 수 있도록 한다. 처음 이유식을 시작하는 영아의 경우 맛보기의 개별 활동을 통해 이유식으로 자연스럽게 유도할 수 있다.

(4) 가정에서 가져온 이유식이나 모유 등은 영아의 이름을 써서 냉장고에 보관한다.

(5) 수유 및 식사 후에는 먹은 양, 시간 등을 일일보고서에 기록하여 귀가시 부모가 참고할 수 있도록 한다.

(6) 식사를 할 수 있는 고정된 영역을 구성하여 안정되게 식사를 할 수 있도록 배려한다.

(7) 식사 후 손과 얼굴을 씻기고 영아용 칫솔로 이를 닦아 준다.

(8) 이닦기와 손씻기가 끝난 후에 휴식 시간과 낮잠 시간으로 활동이 전이되도록 한다.

3) 간식 및 점심(1, 2세아)

간식은 오전과 오후에 두 차례 제공해야 하며, 오전 7시경쯤 오는 영아들의 경우에는 아침까지도 제공해야 한다. 간식과 점심시간은 영양학적인 측면의 고려뿐 아니라 영아의 식습관과 위생개념이 형성되도록 배려해야 한다. 학기 초에는 스스로 음식을 먹고 정리하는 것이 잘 안 될 수 있으나 점차 일년을 지내면서 먹기 전에 교사가 지시하지 않아도 스스로 손을 닦고, 먹기 싫은 음식도 조금씩 시도해 보고, 음식을 입에 물고 말을 하지 않으며, 다 먹은 후 자신의 자리와 그릇 등을 정리할 수 있게 될 것이다. 교사는 되도록 단체로 같이 점심을 먹는 것에 중점을 두기보다 개별 영아의 식습관이 무엇인지를 알고 이를 배려해 주어 안정된 분위기를 조성하도록 한다. 이러한 분위기 조성이 이루어졌다면 식습관과 식사예절을 지도하는 기회를 좀 더 제공한다.

교사는 이 시간이 단순히 음식을 먹는 시간이라기보다는 영아가 다양한 음식을 천천히 접해 보고 자신의 음식 선호를 넓혀 가며, 영양적으로 균형있는 음식을 선택할 수 있는 기회를 제공해 주어야 한다. 이러한 지식이 이후의 생활에 있어서도 바른 식습관을 발달시키고, 영양과 식품에 대한 올바른 지식을 배워 건강한 신체를 스스로 유지할 수 있는 가장 중요한 기초를 형성하게 될 것이다.

교사는 간식과 점심을 영아들에게 제공할 때 다음과 같은 점을 고려하여 준비한다.

(1) 영아들이 다양한 식품의 종류와 이름에 관심을 갖도록 식품의 형태, 맛, 색을 살려서 음식을 경험하도록 한다.

(2) 영아가 건강한 신체를 유지하기 위해서는 우리 몸이 필요로 하는 음식물을 선택하여 골고루, 적당히 먹어야 한다는 점을 이해시키고 실천하도록 강조한다.

(3) 영아가 바른 식습관을 익히도록 한다. 바른 식습관이란 식생활과 관계되는 여러 가지 습관이나 태도를 형성하는 것으로서 음식의 선호 넓히기, 음식물을 소중히 하기, 음식과 관계되는 위생습관 형성하기, 식사예절 형성하기 등이 포함된다.

따라서 영아가 음식을 골고루 먹기, 새로운 음식 먹어 보기, 식사 전후에 손씻기, 밥과 반찬 골고루 먹기, 꼭꼭 씹어 먹기 등을 실천하도록 영아의 개별 차이를 고려하여 단계적으로 도와 준다.

교사는 간식시간과 점심시간에 다음과 같은 역할을 수행해야 한다.

① 간식이나 점심을 준비하기 전에 손, 탁자, 책상 등을 깨끗하게 닦도록 한다.
② 영아의 식사량을 파악하여 배식해 준다.
③ 영아들이 조용하게 대화를 나누며 기분 좋게 음식을 먹을 수 있도록 조용한 음악을 들려주어 안정된 분위기를 주고, 교사도 다른 영아들의 식습관 등을 관찰한다.
④ 영아들 곁에 앉아 함께 개별적인 이야기를 나누면서 즐거운 식사 분위기를 형성한다.
⑤ 편식을 하지 않도록 지도하고 식사예절을 지키도록 지도한다.
⑥ 식사가 끝난 후에 영아들이 사용할 양치 도구를 준비하고 양치를 지도한다.
⑦ 식습관과 식사예절에 관한 내용을 자연스럽게 일상생활에서 지도한다.

4) 낮잠 및 휴식

교사는 영아들이 낮잠 뿐 아니라 하루 중 중간 중간에 개별적 휴식을 취하도록 공간을 마련해 주어야 한다. 낮잠과 휴식은 오전의 활동으로 인해 쌓인 피로를 풀게 하고 활기차게 오후 보육활동에 참여하게 하고 면역력을 높여 준다. 또한 영아가 잠을 자는 동안 뇌세포는 쉬게 되고 기억을 재정비하며 이 과정에서 영아의 기억력이 강화되기도 한다. 영아의 편안한 휴식을 위해 교사가 해야 하는 일은 다음과 같다.

(1) 영아는 월령에 따른 발달 차와 수면에 대한 개인차가 크기 때문에 영아가 개별적으로 잠드는 것을 도와 주고, 낮잠을 자거나 휴식을 취하고자 할 때는 서로 방해하지 않도록 수면실을 따로 구성할 필요가 있다. 잠이 깬 영아는 다른 영아를 방해하지 않고 조용한 놀이를 하도록 미리 준비한다.

(2) 영아의 잠자기 전의 버릇, 잠들기까지 걸리는 시간, 잠버릇 등의 수면습관을

미리 염두에 두어 편하게 잘 수 있도록 돕고, 잠을 잘 때에도 지속적으로 주의를 해야 한다.

(3) 잠투정이 심한 영아는 부드럽게 안아 주고, 침착해지도록 낮은 목소리로 자장가를 불러 주거나 등을 토닥거려 다른 영아를 방해하지 않고 잠을 청할 수 있도록 도와 주어야 한다.

(4) 매트와 이불, 베개 등을 개별적으로 준비하고 잠자는 시간이 안락한 시간이 되도록 하며 영아들의 정서적 안정감을 위해 개인 담요, 베개, 인형 등의 개인적인 물건을 허용한다.

(5) 커튼을 내리거나 조용한 음악을 틀어 주는 등 영아들이 편안하게 쉴 수 있는 환경을 조성한다.

(6) 미리 편안하고 정적인 그림책을 준비하여 잠자기 전에 읽어 주고 좋은 꿈꾸며 자라고 인사를 한다.

(7) 먼저 깬 영아들은 놀라지 않도록 달래 주고, 기저귀를 갈아 준다. 그 후 잠자는 영아에게 방해가 되지 않도록 조용히 다른 영역으로 데리고 가서 책을 읽어 주거나 조용한 놀이를 함께 한다.

(8) 교사는 영아가 잠에서 깨어 일어나면 서둘러 뭔가 하려고 하기보다 자신의 에너지를 다시 회복할 때까지 기다려 준다. 영아들이 낮잠을 자는 시간 동안에 적어도 한 명의 교사는 잠자는 영아들의 상태나 자세들을 계속 살펴보아야 한다.

5) 기저귀 갈기와 배변훈련(0세, 1세아)

기저귀 갈기는 영아 보육에서 건강과 위생에 관련된 일상생활로서 하루에도 여러 번 반복되며, 배변훈련은 영아 보육의 중요한 일과로서 영아의 정서 발달과 관련된 매우 중요한 일과다.

(1) 기저귀 갈기

가) 기저귀를 가는 일정한 장소를 정해 놓고 위생적으로 관리한다.

나) 기저귀를 가는 장소 근처에 영아가 흥미를 가질 수 있는 그림이나 모빌을 달아주고 기저귀를 갈 때는 영아의 손에 장난감을 쥐어 주면 좋다.

다) 월령이 낮을수록 수시로 기저귀를 갈아 주고, 기저귀를 가는 동안 영아와 눈을 맞추며 이야기를 해 주고 노래를 불러 주면 기저귀 갈기가 놀이처럼 유아에게 즐거운 경험이 될 수 있다.

라) 기저귀, 물휴지, 발진 크림 등 기저귀 가는 데 필요한 모든 준비물은 쉽게 사용할 수 있도록 가까이 준비한다. 기저귀를 가는 동안 물품을 가지러 다른 곳에 가면 절대 안 된다.

마) 기저귀 갈기 전후에 교사는 반드시 손을 씻고, 영아의 배변 상태를 보고 건강 상태를 점검한다. 기저귀를 갈 때 가급적 물로 깨끗하게 씻어 주어 청결하게 하고 유아가 쾌적함을 느낄 수 있도록 한다.

바) 개개인의 시간표에 맞추어 수시로 기저귀를 점검해 주고 수유 이후, 낮잠을 자기 전에 반드시 기저귀를 갈아 주어야 한다.

사) 영아의 건강 상태가 좋지 않은 경우는 물론이고 평상시에도 기저귀를 간 횟수와 대변의 상태 등을 기록하여 귀가시 부모에게 알려 준다.

(2) 배변훈련하기

대소변 가리기를 해야 하는 영아들은 변기 사용에 대한 두려움을 없애고 변기에 대해 익숙해지도록 한다. 예를 들어 의자에 앉아 보듯이 변기에 앉아보기도 하는데 처음에는 옷을 입은 채로 앉았다가 옷을 벗고 앉아 본다. 인형을 변기에 앉혀 보기도 하고, 옷을 벗어 아래로 내리기, 변기에 앉기, 용변 보기, 일어나기, 옷 입기, 물 내리기 등의 순서를 재현해 본다. 평균적으로 대소변 가리기는 소변보다 대변을 더 빨리 가리고, 야간 대변 가리기, 주간 대변 가리기, 주간 소변 가리기, 야간 소변 가리기의 순서로 이루어지는데, 남아가 여아에 비해 더 오래 걸리며 대개 훈련에 걸리는 시간은 약 3개월이므로 여유를 가지고 접근한다. 강압적인 훈련이 되어 스트레스를 받지 않도록 주의한다. 배변에 대해 조금의 관심을 가지기 시작하는 것에도 칭찬을 해 주며 시도에 대해 격려해 주어 자신감을 갖도록 한다.

6) 화장실 가기(2세아)

대부분의 영아들이 만 2세가 지나면서 대소변을 가리게 된다. 기저귀를 차지 않고 보육시설에서 하루일과를 보내는 것이 가능하기는 하지만 자주 실수할 수 있으므로 교사의 따뜻하고 너그러운 태도가 요구된다. 영아가 배변 의사를 표현하고 시도하는 것에 대해 격려해 주고 자신감을 갖도록 한다. 다음은 영아가 대소변을 가리고 화장실을 갈 때 교사가 주의해야 할 사항이다.

(1) 영아의 배변은 하루일과 중 수시로 일어나며 개별적인 배려와 주의가 필요하고 정리 정돈, 식사, 낮잠 후에는 화장실 가는 시간을 갖게 하여 자연스럽게 대·소변 가리기를 도와 주도록 한다.

(2) 대소변 가리기는 시간이 많이 걸리고 놀이에 열중하면 실수도 많이 하므로 화장실 가는 시간을 알려주도록 한다.

(3) 화장실에서 용변 보기, 손씻기 순서 그림 자료를 벽에 붙여 주어 영아들에게 스스로 화장실 가기, 옷 벗고 입기, 배변 후 물 내리기, 손씻기 등을 안내해 준다.

(4) 영아가 대소변 실수를 하였을 때 영아가 편안함을 느끼도록 배려하면서 닦아 주고, 여벌옷을 갈아입히도록 한다.

(5) 평상시 특히 영아의 건강 상태가 좋지 않은 경우에는 대변의 횟수와 상태 등을 부모에게 알려 준다.

7) 실내놀이

교사는 영아의 발달적 수준에 적합한 자료가 충분하고 잘 정리된 환경을 구성하며 영아에게 탐색의 기회를 충분히 주도록 한다. 영아가 선택한 놀잇감과 놀이 방법을 최대한 인정하며, 영아의 놀이에 참여한다. 놀이를 격려하고 촉진하기 위해서는 놀이가 일방적으로 이루어지기보다는 영아의 반응을 수용하고 확장하여 양방적이며 적극적인 상호작용 속에서 이루어지도록 해야 한다.

교사는 관찰을 통해 영아의 놀이 수준을 파악하고 나면, 영아의 관심을 활용하여 보다 다양하고 심화된 놀이로 확장되도록 다양한 전략을 시도한다. 익숙한 경험에서 출발한 놀이가 보다 다양하고 통합적인 놀이로 확장될 수 있도록 한다.

(1) 신체 및 움직임, 의사소통 및 사회관계, 탐색 및 표현의 놀이 활동이 하루일과 중에 골고루 이루어지도록 한다.

(2) 1세아의 경우 신체 · 움직임, 감각 · 탐색, 창의적 표현, 역할 · 쌓기, 언어의 놀이 활동이 하루일과 중에 골고루 이루어지도록 한다.

(3) 2세아의 경우 신체, 쌓기, 역할, 언어, 창의적 표현, 탐색 · 조작의 놀이 활동이 하루일과 중에 골고루 이루어지도록 한다.

(4) 개별적인 놀이를 할 수 있도록 계획하고 영아가 활동에 능동적으로 참여할 수 있도록 준비해 준다.

(5) 같은 놀잇감을 여러 개 구비해 놓고 월령에 따른 적합한 활동을 준비하여 일대일로 상호작용할 수 있도록 한다.

(6) 교사는 늘 관찰하여 놀이를 잘 할 수 있도록 격려해 주고, 놀잇감이 영아의 움직임에 방해가 되지 않도록 해야 한다.

8) 실외놀이와 나들이

영아들은 실내에서 뿐 아니라 햇볕과 바람, 흙이 있는 실외에서 하루 중 한 시간 이상은 지내야 한다. 특히 우리나라는 사계절이 뚜렷하고 아주 덥지도, 춥지도 않아 실외는 영아들에게 매우 좋은 놀이장소가 된다. 특히 실외에서는 실내에서 할 수 없는 복합놀이 기구를 이용한 전신 활용의 대근육 활동이나 물 · 모래놀이, 자전거타기, 뛰어다니기, 동 · 식물 관찰하고 기르기 등 매우 다양한 경험이 가능하다. 실외의 개방된 공간에서 자유롭게 지낼 때에 영아는 실내에서의 긴장감을 풀고 하루를 즐겁게 보낼 수 있다. 하루 종일 어린이집에서 생활하는 영아에게 실외활동은 신체적인 발달과 심리적인 발산의 기회가 되며 동시에 주변 자연환경을 탐색하고 느낄 수 있는 경험을 준다. 이동 능력이 없는 영아도 신체 건강을 위한 외기욕이 진행되어야 하며 외기욕시 유모차나 평상 등을 이용할 수 있다. 실외 자유선택활동은 실내에서 이루어지는 자유선택활동과 동일한 교육적 의미를 지니고 있다고 볼 수 있다. 실외놀이를 더욱 의미 있게 하기 위한 교사의 역할은 다음과 같다.

(1) 안전한 환경 제공

가) 놀이기구 및 놀이터 주변에 위험 요소가 있는지 정기적으로 점검한다.
나) 실외놀이가 길어지거나 지나치게 날씨가 더운 경우를 고려하여 영아들이 휴식할 수 있는 공간을 제공한다.
다) 구급약과 물휴지 등을 항상 비치한다.

(2) 시간의 계획

가) 바깥 온도나 날씨 변화, 영아들의 건강 상태에 따라 실외놀이를 하는 시간을 융통성 있게 조정한다.
나) 실내 활동과 연계하여 균형이 이루어지도록 한다.

(3) 다양한 활동의 제공

가) 오르기, 걷기, 뛰기 등과 같이 다양한 신체의 움직임이 가능하도록 다양한 놀잇감이나 놀이기구를 준비한다.
나) 자연환경을 직접 탐색하고 관찰하는 경험을 제공한다.
다) 동화 듣기, 간식 먹기 등의 정적인 활동도 실외놀이 영역에서 경험할 수 있도록 배려한다.
라) 실내에서 활동하기에 부담스러운 물을 이용한 활동을 제공하여 공간에 제약을 받지 않고 놀이에 집중할 수 있도록 한다.

9) 귀가지도 및 가정과의 연계

귀가 시간은 교사와 부모가 하루일과에 대한 정보와 의견을 나누는 시간이며, 영아에게는 부모와 다시 만나는 시간이다. 교사의 생기 있는 표정과 온화한 목소리는 부모에게 영아와 교사의 상호작용에 대한 신뢰감을 가져다 준다. 하루를 지낸 영아들이 안전하게 귀가할 수 있도록 교사는 다음과 같은 역할을 한다.

(1) 개별 영아들이 하루의 일과를 조용히 정리하고 즐거운 마음으로 부모님을 만날 수 있도록 정서적인 지지를 해 준다.

(2) 귀가 전 영아의 소지품(우유, 우유병, 기저귀, 갈아입은 옷)을 집에 가져갈 수 있도록 정리하고 귀가할 수 있는 준비를 한다. 교사는 영아가 보육시설에서 지내는 동안의 심리적 상태, 수유와 이유식 섭취, 잠든 시각 및 수면시간, 배변 여부 및 상태 등에 대해 일일보고서에 자세히 기입한다.

(3) 영아의 얼굴과 손을 깨끗이 씻어 주고, 옷도 갈아입혀 주며, 부모와 만나기 전까지 안전하게 지낼 수 있도록 돌본다.

(4) 귀가시 부모와 만나 영아의 상태, 하루 동안 지낸 일 등에 대해 이야기를 나누고, 부모를 만나지 못할 경우에는 부모가 일일보고서를 통해 영아의 하루일과에 대한 정보를 얻을 수 있도록 한다.

(5) 영아와 헤어질 때 간단한 스킨십과 인사로 친밀감을 유지하고 다음날 기쁜 마음으로 만날 것을 약속한다.

(6) 영아가 약속된 보호자와 함께 귀가하는지를 반드시 확인한다.

2. 유아를 위한 일과 운영 및 교사의 역할

교사들은 각 개별 유아들의 가정생활, 행동 특성, 현재의 발달 기분, 흥미, 사전경험, 기질 등을 미리 알고 이에 기초하여 유아들과 상호작용 수준이나 방식을 결정하여야 한다. 주간 교육계획이 작성되어 있다 하더라도 개별 유아의 건강이나 심리상태, 그날의 날씨, 특별 행사, 교실분위기 등에 따라서 일과를 융통적으로 운영해야 할 것이다. 예를 들면 3~4일 계속 비가 오다가 날씨가 맑아져서 햇빛이 비추는 날에는 주간 계획안 보다 실외자유놀이를 10~20분 정도 앞당겨 실시하거나 더 지속한다.

교사는 유아가 유아교육기관에 등원에서 하원하기까지 다양한 종류의 경험을 할 수 있도록 항상 염두에 두고 지도하여야 한다. 즉 교육적 활동과 일상적 양육, 조용하며 정적인 활동과 동적 활동, 개별 활동과 대 · 소집단 활동, 교사주도 활동과 아동-교사, 아동－아동, 아동－교수 상호작용이 강조된 활동, 활동에 대한 적극적인 참여와 개인적인 휴식, 그리고 실내활동과 실외활동 등이 골고루 포함되고 이러한 활동들이 서로 균형을 이루도록 하여야 한다. 또한 배경음악이 흐르는 조용한 시간과 노래를 직접 부르는 경험, 음악에 맞추어 몸을 움직이는 활동, 다른 친구들이 들려주는 노래를 듣는 시간 등 음악이라는 하나의 활동에 대해서도 다양한 경험을 하도록 한다.

교사는 하루일과를 진행하기 전에 편안하며 안전한 물리적 환경을 마련하고 자료나 경험이 풍부할 수 있도록 다양하고 발달에 적합한 교육환경을 미리 준비해 두어야 한다. 또한 교사는 각 흥미영역의 공간을 확보하고 다른 활동에 의해 현재의 개별이나 소집단 활동이 방해받지 않도록 한다.

교사는 전체 교육실의 활동 진행 상황을 수시로 체크하여 유아가 주로 어느 영역에서 어떤 수준으로 활동을 하는지, 어떤 것을 어려워하는지, 어떤 것에 더 많은 흥미를 나타내는지, 지난 시간 보다 더 증진된 부분은 어떤 점이 있는지, 또래에 대한 흥미는 어느 정도 보이는지 등을 관찰하여야 한다. 따라서 교사는 한 흥미영역에 오래 머물지 말고 각 흥미영역을 고루 돌아다니며 미리 관찰한 정보에 기초하여 개별적으로 유아에게 반응을 하고 이들의 경험을 촉진시키도록 노력하여야 한다.

하루일과에 따른 교사의 역할을 등원 및 맞이하기, 실내 자유선택활동, 정리정돈 및 전이활동, 대 · 소집단활동, 실외 자유선택활동, 점심 및 낮잠, 귀가지도 및 가정과의 연계로 나누어 살펴보면 다음과 같다.

> 교육활동의 운영은 유아의 흥미 및 요구를 고려하여 융통성 있게 운영되는데 대체로 유아가 등원하는 시간부터 시작하여 일과계획, 자유선택활동, 대 · 소집단활동, 평가 등으로 이루어진다.

1) 도착 및 간단한 신체검사

유아교육기관에서의 하루 생활의 시작은 유아가 유아교육기관에 도착하면서부터 자연스럽게 시작되는 것이다. 교사는 유아들이 유아교육기관에 도착하기 전에 유아교육기관의 실내·외에 있는 모든 시설과 환경을 재점검하고 유아들이 오기 시작하면 마당이나 현관에서 유아들을 맞이한다. 등원하는 유아들을 맞이할 때에는 각 유아에게 이름을 불러 주면서 개별적으로 관심을 보이며 오늘 하루를 즐겁게 지낼 수 있도록 서로 인사하고, 옷을 걸고, 신발을 잘 정리할 수 있게 도와 준다.

유치원에 들어설 때 눈, 코, 귀, 입 등을 살펴보고 열이 있는지 상처가 있는지 건강상태와 심리상태를 간단히 알아볼 수 있다. 등원한 유아는 실내·외에서 자유롭게 놀도록 한다. 모든 놀잇감이 정리되는지 교사는 늘 살펴야 할 것이다.

2) 자유선택활동

자유선택활동 시간은 활동 영역별로 구성된 실내·외 환경에서 유아의 흥미, 요구, 발달수준에 맞는 놀이나 활동을 소집단 또는 개별적으로 자유롭게 선택하여 참여하는 하루의 주된 교수활동 시간이다. 이 시간의 활동은 계획하기는 개인별 자유선택활동 계획표나 교사가 준비한 계획안에 하고 싶은 활동을 활동 영역별로 계획하고, 실행하고, 끝나기 직전 계획의 실행 여부를 계획표에 표시한다.

이때 선택－활동－평가의 주기를 지키는 것은 유아에게 선택의 기회를 보다 풍부하게 해 줌으로써 의사결정 능력을 기르고 자발적인 활동을 통하여 보다 즐겁고 적극적으로 활동하도록 돕고 책임감과 효율적인 시간 사용방법을 배우는 좋은 기회가 된다.

자유선택활동 시간은 각 흥미영역이 준비된 교육환경 속에서 유아가 선택한 활동을 함으로써 유아 스스로가 무엇인가 배워 나가며, 유아들 간의 상호작용, 교사와의 상호작용을 통해서 유아들이 여러 가지의 경험을 나누어 갖는 소중하고 중요한 기회가 되는 전인적 발달을 이루는 시간이다.

(1) 자유선택활동 시간의 교육적 의의

가. 유아들의 능동적 학습이 이루어지는 시간이다.

유아들이 스스로 구체적인 사물을 직접 다루어 봄으로써 효율적인 학습이 이루어지게 된다. 교사가 주도하는 대집단 활동과는 달리 이 시간에는 유아들이 개별적인 흥미와 요구에 따라 자발적으로 놀이에 참여하게 되고 이러한 놀이 경험이 유아의 성장을 촉진시킨다.

나. 개별학습이 이루어지는 시간이다.

유아교육기관의 활동은 크게 교사가 주도하는 집단 활동과 유아가 중심이 되는 자유선택활동 시간으로 구분할 수 있다. 교사가 주도하는 집단 활동에서 교사는 대집단이나 소집단의 유아를 이끌어 가는 입장에 있기 때문에 유아 개개인에게 적절한 교육적 배려를 할 수 없는 경우가 많다. 그러나 자유선택활동 시간에는 유아들이 개별적으로 놀이에 참여하기 때문에 교사는 유아들과 긴밀한 상호작용을 하면서 개인차에 따른 지도를 할 수 있다.

다. 통합교육이 이루어지는 시간이다.

언어, 소꿉, 적목, 미술, 음률, 과학, 조작 등 여러 가지 흥미영역이 구성되어 있어서 학습해야 할 하나의 개념을 각 영역의 놀이 경험을 통하여 반복·통합하여 습득할 수 있다. 또한 지적 학습뿐만 아니라 정서발달, 신체발달, 사회성 발달, 언어발달 등 모든 영역의 발달이 통합적으로 이루어질 수 있다.

라. 인간관계를 학습하는 시간이다.

유아－유아, 유아－교사의 상호작용이 긴밀하게 일어난다. 허용적이고 자유로운 분위기에서 놀이를 하면서 친구나 성인과의 바람직한 인간관계를 체험하고 배울 수 있게 된다.

마. 유아들에게 기쁨을 주는 시간이다.

대부분의 유아들은 하루일과 중 이 시간을 가장 즐거운 시간으로 인식한다. 유아 개개인의 자유와 흥미가 존중되는 가운데 풍부하고 다양한 놀이를 할 수 있는 시간이기 때문이다. 그러나 이 시간에 느끼는 기쁨과 즐거움은 학급 어린이 전체가 느끼는 기쁨이어야 한다. 어떤 유아의 기쁨이 다른 유아를 분노하게 하거나 슬프게 해서는 안 된다. 그러기 위해서는 질서의 테두리 안에서 친구들과 더불어 자유를 누릴 수 있는 시간이 되어야 한다.

(2) 자유선택활동 시간의 목적

가) 유아들은 자신이 원하는 활동을 스스로 선택하여 끝까지 완성해 봄으로써 자율성을 기르며, 의사결정 능력을 발달시킬 수 있고, 이에 따르는 책임감을 형성할 수 있다.

나) 주제와 관련된 활동이 이루어진다. 주제에 따라 계획된 활동을 집단을 만들어 하기도 하고, 집단에 협조하기도 하며, 개인별로 이루어질 수 있다.

다) 주제와 관계없이 개인적 흥미에 의한 활동이 이루어짐으로써 집중력이 길러지고 즐거움을 맛보게 되어 정서적으로 안정감을 얻는다. 교사는 주제와 관계없이 개인의 흥 미와 욕구에 의한 개별로 활동의 계획을 도와 주고 활동 방법을 제안하거나 활동에 참여할 수 있다.

라) 각 활동영역에 비치된 활동안내 카드에 의한 활동이 이루어진다. 이때 활동을 위한 교구를 자유롭게 사용한다.

마) 유아-유아, 유아-교사의 상호작용의 기회를 많이 가짐으로써 사회적 문제를 해결한다. 즉, 자유롭게 다른 유아와 이야기함으로써 기쁨을 주고받을 수 있고, 자신의 의사를 표현하게 되며, 자유로운 분위기에서 놀이의 규칙을 지키기 위해 기다리고 다른 유아와 협동하고 양보하는 과정을 통해 다른 사람의 입장을 이해하게 되어 자기 통제 능력을 발달시킬 수 있다.

바) 토론의 기회를 갖는다. 자유선택활동 시간이 끝나면 활동에 대한 평가를 한다. 활동 결과를 다른 유아에게 보여주며 동기, 과정 등을 들려주고 활동 영역에서 일어났던 문제 상황, 재미있었던 일 등에 대해 이야기를 나눔으로

써 발표력을 증진시키고 또 다른 학습동기를 유발하는 기회를 갖게 된다.

(3) 자유선택활동 시간 중 교사의 역할

가) 교사는 유아의 놀이를 자세히 관찰한다. 유아가 어떤 영역에서 어떤 자료를 선택하여 어떻게 가지고 노는지를 잘 관찰해야 한다. 놀이방법, 놀이내용, 인간관계, 문제행동, 문제해결 방법 등을 관찰·기록하며 필요한 도움을 제공한다.

나) 교사는 교실 전체에 항상 관심을 갖고 특별히 스스로 놀이 계획을 못하거나, 무엇을 해야 할지 결정을 못하거나 새로운 계획을 시도하는 유아에게 도움을 주어야 한다.

다) 교사는 유아의 놀이를 서술하거나 설명하거나, 질문을 통하여 유아의 놀이를 촉진시켜 준다.

라) 유아들 간에 일어나는 문제나 갈등에 대해서는 유아 스스로가 규칙을 세우고 해결하도록 도와 준다. 폭력적인 유아, 물건을 마구 던지는 유아, 때를 가리지 않고 소리 지르는 유아, 교구를 함부로 다루는 유아들에게는 자신의 행동이 다른 유아들에게 미치는 영향을 알려 주고 깨닫도록 지도하는 것을 잊어서는 안 된다.

마) 다양한 역할을 남녀 모두 함께 해 볼 수 있는 기회를 갖도록 활동에 어떤 제약도 가해서는 안 된다.

바) 교사는 유아들의 자유선택활동 시간의 전체의 그림을 항상 머릿속에 간직하고 적절하게 대처한다. 이러한 교사의 면밀한 도움으로 진행된 자유선택활동으로 유아들 스스로 활동을 선택하며, 자료와 교구를 탐색하고, 상상놀이에 몰두할 수 있으며, 교구 나누어 쓰기 등의 사회 규칙을 익히며, 함께 놀이를 하는 동안 협동심을 기르는 등 사회적 문제를 해결해 가는 기회를 얻게 된다.

사) 교사는 유아에게 새로운 자료 및 아이디어를 제공하거나, 유아가 자신의 놀이를 표상할 수 있도록 도와 줌으로써 놀이를 확장시켜 줄 수 있다.

3) 정리 정돈

정리 정돈은 개별적인 것과 전체적인 것으로 나눌 수 있다. 개별적인 정리 정돈은 유치원 규칙에 따라 정리 정돈하는 것을 말한다. 유아들이 하던 놀이를 끝내고 다른 놀이로 전이하려 할 때에 앞서 했던 놀이의 교구와 앉았던 자리를 정돈하여 다른 친구가 그 놀이를 불편 없이 할 수 있게 하는 것을 예로 들 수 있다. 전체적인 정리 정돈은 모든 유아가 동시에 함께 참여하는 것을 말하며, 이것은 보통 실내·외 자유선택활동을 끝낸 후에 이루어지게 된다.

교사는 유아들의 분류 능력을 길러 주고, 정리 정돈을 쉽게 할 수 있도록 각 물건들이 놓이는 곳에 그 물건의 그림 또는 사진을 붙여 자리를 표시해 준다.

자유선택활동 시간이 끝나기 5분 전쯤 교사는 치울 것이 많은 영역인 미술영역, 쌓기놀이 영역, 역할놀이 영역, 모래놀이 영역 등으로 가서 미리 알려, 새로운 놀이를 시작하지 않도록 하고 진행 중인 것은 서둘러서 마무리짓게 한다. 정리 정돈 시간임을 알려주어 약 10분 동안 각자 자기가 놀았던 것을 치우게 한다.

가지고 놀던 놀이기구를 제자리에 갖다 놓고 자기가 어질러 놓은 것은 자기가 치우는 책임감을 훈련해야 한다. 비와 걸레질을 하는 방법도 가르친다. 이러한 비품들도 사용한 후에는 반드시 제자리에 갖다 놓도록 한다. 정리 정돈하는데 유아들의 힘으로는 할 수 없는 일들은 교사나 다른 유아들이 해 준다.

4) 전이활동 및 주의집중

전이활동은 하루일과를 진행하는 중에 한 활동이 끝난 후 다음 활동으로 이어주는 중요한 활동이다. 대체로 매우 짧은 시간이기 때문에 중요하게 여기지 않을 수 있으나, 문제행동이나 소란이 일어날 가능성이 많다.

(1) 전이활동에서의 교사의 역할

가) 유아들에게 활동이 바뀐다는 것을 미리 알려 준다. 유아들에게 정리 정돈시

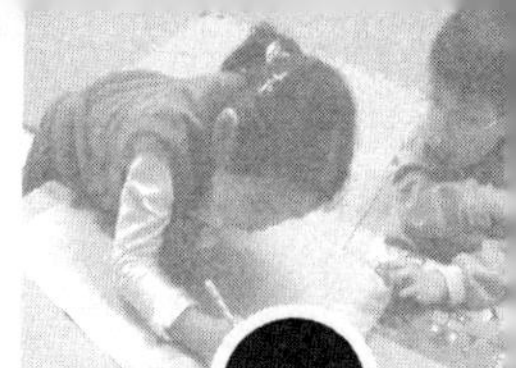

간에 앞서 알려 준다. : “얘들아, 지금은 퍼즐을 한 번 더 할 수 있는 시간이야.” 혹은 “지금 하고 있는 작업을 끝마치도록 하자. 새로 시작할 사람은 오늘은 못하겠다.”

나) 유아들에게 한 장소에서 다른 장소로, 한 활동에서 다른 활동으로 전이되는 방법을 알려 준다.

다) 전이 시간이 중요한 활동으로 느끼도록 한다. 전이활동 시간을 너무 급하게 서두르거나 길지 않도록 계획한다. 가능할 때는 언제든지 유아들이 특별히 참여한 활동이나 과제를 완성할 수 있는 여분의 시간을 허락하는 융통성을 부여한다. 만약 여러 유아들이 자유선택활동 시간 내내 “도시”를 건설하였고 그것을 완성할 시간이 필요하다면, 여분의 시간을 그들에게 허락하도록 한다.

라) 전이활동 시간에 유아들이 무엇을 해야 하는지에 대해 명확하게 알려 준다. 전이 시간 동안 유아들이 무엇을 해야 하는지 명확한 지시를 하고 그 시간대가 유아에게 적합한지 확인한다. 유아들이 스스로 무엇을 할 것인지를 예견할 수 있도록 매일 순서가 비슷한 일과 운영을 행한다.

마) 모든 유아들이 동시에 어떤 것을 하도록 기대하기보다는 개인차를 고려해야 한다. 모든 유아들이 하나의 집단처럼 한 활동에서 다른 활동으로 움직이는 것은 피하도록 노력한다. 예를 들면 간식시간에 간식을 먼저 먹은 유아에게 책을 읽게 할 수 있다.

바) 대집단 활동이 끝난 후 다음 활동으로 연결하기 위해서는 소집단으로 나누어 보낸다.

사) 유아들이 대집단으로 모여서 또는 줄을 서서, 아무것도 하지 않고 기다려야 하는 시간이 생기지 않도록 세밀한 계획을 한다.

(2) 전이 주의집중을 위한 활동

전이 시간을 통하여 자연스럽게 다음 활동을 할 수 있도록 돕고 유아들이 집단으로 모이는 시간차를 이용하거나 주의 집중시키기 위해 여러 가지 간단한 활동을 한다. 이 때의 활동으로 손유희 뿐만 아니라 노래부르기, 악기 소리 듣고 지시대로 하기, 관찰력 게임, 동작 따라 하기 등이다.

가) 어떤 사물의 특징적인 것의 행동이나 사물의 활동에 대한 제스처를 하면 다른 친구들이 그 동작이 의도하는 뜻을 알아맞추게 한다. 예를 들면 식물원이나 소풍을 다녀온 후에 자신이 본 것을 말을 대신하여 행동이나 동작으로 표현하게 하는 것이다.
나) 상상여행을 한다. 자신이 가고 싶은 곳이나 본 것, 느낀 것에 관해 이야기한다. 예를 들어 나는 그 곳에서 옥수수와 복숭아를 보았다(상점, 공항, 농장, 산, 바다 등).
다) 관찰력을 동원해서 알아맞추기를 한다. 눈을 가리거나 감거나 또는 친구가 눈을 가려 주거나 해서 교실 안의 사물의 이름만 듣고도 그것이 있는 위치를 알아맞추는 놀이다.
라) 수수께끼를 낸다. 유아가 수수께끼를 내어 교사가 대답할 수도 있고, 그 반대로 할 수도 있으며 혹은 교사와 유아 누구든지 교대로 문제를 내고 답하는 방법으로 진행한다.
마) 교사가 제시하는 말에 적합한 여러 가지 사물의 이름을 유아들에게 말하게 한다. 긴 것, 짧은 것, 찬 것, 더운 것, 매운 것, 달콤한 것, 신 것 등 음식의 맛이나 색상이나 모형이나 감각으로 느낄 수 있는 말을 듣고 연상되는 것들을 정확한 언어로 표현하게 한다.
바) 반대개념을 표현하는 다양한 방법을 활용한다.
사) 수세기 놀이를 한다. 실내에 있는 것(창문, 의자, 책상, 친구들, 네모난 것, 둥근 것 등)
아) 상황에 적절한 짧은 동시를 교사가 읊어 준다.
자) 일과 진행을 하면서 유아들이 해야 할 행동을 함께 해 본다.

5) 집단활동

(1) 이야기 나누기 시간

유아들과 교사가 함께 모여 친구의 결석을 조사하고 하루의 생활을 계획하고 평가하는 시간으로, 특히 계절의 변화, 연중행사, 자연과학, 사회과학 등 단원에 대한 이야기를 나눔으로써 지식과 흥미의 범위를 넓혀 주고, 과학적인 생활태도를 길러 주며, 알고 있는 지식을 서로 나눔으로써 지적 발달을 돕는다. 또한 새 소식이나 경험한 것을 다른 사람 앞에 나와서 이야기하고, 다른 사람의 이야기를 듣는 기회를 가짐으로써 남의 이야기를 조용히 듣는 태도를 배우고 다른 유아들의 생활을 이해하고 배우며 생각한 것, 본 것, 느낀 것 등을 다른 사람 앞에서 말로 표현할 수 있는 능력을 기르며 언어발달을 돕는다.

가. 이야기 나누기 시간의 활동내용

① 자유선택이나 일과 운영을 위한 계획 세우기

교사는 각 학습 영역과 그날 하루에 진행될 활동을 소개하고 유아들과 같이 활동계획을 세운다.

② 주말 발표하기

주말을 지낸 유아들의 경험을 이야기함으로써 발표력을 길러 줄 수 있다. 그러나 유아들은 자기가 경험한 것을 조직적으로 시간적 배열을 하여 이야기할 수 있는 사고발달이 미성숙하므로, 교사가 상황에 따라서 적당한 질문을 해주어 조리 있게 이야기하도록 유도할 수 있다.

③ 새로운 소식이나 새로운 물건 소개하기

유아들이 집에서 가져온 물건을 친구들에게 보여주거나 집에서 일어난 일들에 대해 이야기해 주는 시간이다. 이 활동은 유아들에게 집단 앞에서 이야기할 수 있는 기회를 주며, 유아들은 논리적인 순서로 토론을 발전시킬 수 있도록 격려된다. 이러한 과정 속에서 유아들은 듣는 법을 배우고, 상대방의 질문에 대답하는 법을 배우게 된다. 새 소식으로는 자신과 가정의 변화를 포함하여 친구들의 변화나 유아교육기관의 변화뿐만 아니라 매스컴을 통하여 보도되는 국가와 세계의 변화되는 소식인 전쟁, 파업, 데모, 지진 등의 이야기와 유아들이 현재 들었던 사건 등도 훌륭한 내용이 될 수 있다.

④ 주제선정과 주제 전개 토의하기

주제선정과 주제 전개를 위한 질문목록과 조사방법을 토의한다. 하나의 주제가 끝나게 되면 다음의 주제를 위해 토의를 거쳐 주제를 선정하고 주제를 전개해 나가기 위해 알고 싶은 개념이나 어휘, 질문거리들을 만들어 나간다.

⑤ 이야기 꾸미기 또는 자신의 작품 발표하기

이 활동은 대체로 그림을 보여주고 그 그림에 대하여 생각하는 것을 유아들이 자유롭게 이야기를 꾸며 보는 것이다. 그림을 순서대로 놓고 이야기를 꾸며 보거나 자기의 작품을 설명함으로써 발표력을 길러 주고, 다른 유아의 생각과 작품을 음미할 기회를 제공한다.

이야기를 꾸며 볼 때는 유아들이 자유롭고 창의적인 상상을 할 수 있도록 격려하며, 제시하는 그림의 주제는 우리의 일상생활에서 흔히 경험하는 것으로 선택한다. 처음에는 간단한 한두 장의 그림에서 차츰 복잡한 여러 장의 그림으로 발전한다.

나. 이야기 나누기 시간의 효율적 지도방법

① 이야기 나누기 시간이 매일 있어야 하는 것은 아니다.
② 집단의 크기는 주제에 따라 소집단 또는 대집단으로 구성한다.
③ 유아의 배열은 유아-교사, 유아-유아가 서로 마주 볼 수 있는 원의 형태가 바람직하며, 반원형으로 유아들이 앉게 되는 경우 교사는 문이 보이는 곳에 벽을 등쪽으로 하고 앉아서 유아들이 교사에게 집중하도록 한다.
④ 유아의 연령과 시기, 내용 주의 집중에 따라 5~25분 정도로 계획하여 유아가 흥미를 잃기 전에 끝마친다.
⑤ 모든 유아들이 골고루 참여할 수 있도록 한다.
⑥ 주제에 따라 유아들이 알고 있는 것이나 경험한 것을 먼저 발표할 수 있도록 하며, 다양한 실물이나 시청각 자료를 이용하여 설명식이 아닌 토의식 상호 의견교환식으로 이야기를 진행한다.
⑦ 교사가 유아의 질문에 대한 정확한 답을 모를 경우에는 솔직하게 인정한 후 유아들도 함께 알아오게 하며 다음날 다시 정확하게 이야기한다.
⑧ 이야기 나누기 시간에 사용하였던 자료들은 그 종류에 따라 유아들이 자유선택활동 시간에 개별적으로 재구성해 볼 수 있도록 교실영역에 제시해 준다.
⑨ 유아들의 주의를 집중시킬 수 있는 다양한 기술을 사용한다.

⑩ 문제해결에 관련된 주제를 다룰 때는 수렴적 질문과 확산적 질문을 적절히 사용한다.

⑪ 질문한 후에 반드시 생각할 수 있는 시간을 준다.

(2) 게임

게임은 흔히 놀이와 혼돈하여 쓰여지는 경우가 많다. 게임과 놀이는 둘 다 즐거움이 있는 지적 · 신체적 활동이지만 차이점은 게임이 집단 구성원, 일정한 규칙, 승부욕을 가진다는 것이다. Piaget, Smilansky, Sutton-Smith에 따르면 놀이가 게임보다 더 포괄적이며 게임은 놀이의 일부분으로 본다.

가. 게임의 정의 및 기준

① 그룹게임의 정의

Kamii는 그룹게임을 정의하는데 있어, 어린이들이 성취해야 할 이미 정해진 클라이맥스가 있으며, 놀이자들이 상호 의존적, 협력적이면서도 상대방과 반대되는 역할을 해야 하며, 규칙에 따라 놀이한다. 게임에서 경쟁적 요소를 제외한 이유는 게임에서 경쟁은 중요한 요소이기는 하지만, 이기는 것만이 전부는 아니기 때문이다. 게임에서 이기려고만 하는 노력보다, 어린이가 최선을 다했을 때 얻을 수 있는 사회 · 도덕적 측면과 인지적 측면의 이익에 대해 관심을 갖는 것이 특히 중요하다고 보기 때문이다. 그룹게임의 정의에는 달성해야 할 목표가 있는 놀이, 두 명 이상의 어린이가 함께 할 수 있는 놀이, 자신과 상대방이 서로 반대되는 역할을 하는 놀이, 규칙을 따라 하는 놀이라 정의한다. 다른 사람과 같이 춤추기나 노래 부르는 것과 같은 활동은 상반되는 역할이 없기 때문에 그룹 게임에서 제외된다.

② 그룹게임의 기준

(가) 어린이들이 게임의 방법을 이해할 수 있어야 하고 재미있어야 한다. 게임 내용이 어린이의 발달 수준, 즉 추상적이고 형식적 발달 단계가 아닌 실제적 경험 수준에 적합해야 한다.

(나) 어린이 스스로 성공을 판단할 수 있어야 한다. 어린이 자신이 원하는 결과를 얻었을 때, 어린이는 자연히 자신의 노력에 대해 성취감을 갖게 된다.

(다) 모든 놀이자들이 적극적으로 게임에 참여할 수 있어야 한다. 놀이하는 모든 어린이들이 적극적으로 게임에 참여한다면, 이것은 그 게임이 어린이의 발달 수준에 적합하다는 것을 의미한다.

③ 그룹게임의 종류

(가) 목적물 맞히기 게임

이 게임에서 놀이자는 어떤 물체를 표적으로 정하고 이를 맞힌다. 대부분의 목적물을 맞힐 때 떨어뜨리기, 던지기, 굴리기, 밀기, 차기, 불기 등의 방법을 이용할 수 있다. 이 게임의 대표적인 예로 과녁 맞히기, 고리 던지기, 비석치기, 볼링, 자치기 등을 들 수 있다.

(나) 경주

경주 중에서 가장 단순한 형태는 똑같은 시기에 출발하여 빨리 목표점까지 다다르도록 하는 놀이다. 경기에는 여러 형태가 있는데 크게 3가지 종류로 분류할 수 있다

- 여러 가지 과업을 주는 형태로 숟가락 위에 공을 올려놓고 달리거나, 머리에 책을 얹고 달리는 것과 같은 경주다.
- 시간, 공간과 밀접한 관계를 갖는 경주다. 예를 들어 의자 뺏기와 같은 경기는 음악이 멈출 때 어떤 의자에 앉을 것인가를 결정할 수 있어야 한다.
- 릴레이로서 팀을 이루어 똑같은 행동을 교대로 하는 것이다. 경주의 예로는 불어서 나르기, 자리 바꾸기, 다리 묶고 달리기, 굴렁쇠 놀이 등이 있다.

(다) 쫓기게임

한 어린이는 다른 어린이를 잡으려고 하고 그 어린이는 잡히지 않으려고 피하는 종류의 게임이다. 쫓기게임은 다음과 같이 분류할 수 있다.

- 술래가 다른 모든 어린이들을 쫓고, 다른 어린이들은 모두 도망가는 형태다. 치기놀이에서 술래는 한 어린이를 쫓다가 갑자기 예상 밖의 어린이를 칠 수도 있다. 이러한 놀라움이 탈중심화를 도와 주며, 모든 놀이자는 끊임없이 누가

술래이고, 누가 아닌지를 기억해야 하므로 사물을 범주화해 볼 수 있도록 하며, 공간개념 형성에도 도움이 된다.

- 수건돌리기와 같이 앉아 있는 어린이들 중 술래를 쫓아올 한 어린이를 술래가 선택하는 형태다. 문제해결을 도모해 볼 수 있는 기회를 제공한다.
- 고양이와 쥐 같은 게임으로, 술래가 특정 어린이를 쫓고, 그 외 다른 어린이들은 술래를 막는 형태다. 쫓기게임의 대표적인 예로는 고양이와 쥐, 꼬리잡기, 색깔 찾기, 치기놀이, 수건 돌리기 등이 있다.

(라) 숨기기 게임

숨기기 게임은 물체를 숨기는 어린이가, 술래가 생각해 낼 수 없는 장소에 물체를 숨기는 놀이다. 물체뿐만 아니라 자기 자신을 숨기는 경우도 있다.

대표적인 예로서는 숨바꼭질, 동전 숨기기, 보물찾기, 강아지 먹이 찾기 등이 있다. 숨기기 게임은 어린이들에게 크기에 대한 관계를 생각해 볼 수 있는 기회를 준다. 어린이들은 어떤 물체를 숨기기에 그 공간이 충분한지 아닌지를 생각해 보아야 한다.

(마) 알아맞히기 게임

물체를 볼 수는 없지만 손으로 만져 봄으로써 얻는 촉각적인 단서를 통해 추측하는 만져서 알아맞히는 비밀주머니가 대표적이다. 다른 형태는 청각적인 단서를 활용하여 추측하는 놀이로 눈을 감은 어린이는 소리를 듣고 누구인지 어디서 나는 소리인지를 추측하게 된다. 또 다른 종류로는 시각적인 단서를 활용하여 추측하는 보고 알아맞히기로 움직이는 동작을 보고 알아맞히는 팬터마임 등이 있다. 언어적인 단서를 통하여 추측하는 알아맞히기도 있는데 경찰관놀이와 물건 찾기 놀이가 포함된다.

(바) 언어적 지시게임

유아들에게는 단순하고 직선적인 술래의 지시에 따라 움직이는 게임도 흥미가 있다. 대표적인 언어적 지시게임의 예로는 사이몬 가라사대, 코코코, 무궁화 꽃이 피었습니다가 있으며 둘이 함께 할 수 있는 마주 대기 게임도 있다.

(사) 카드게임

카드게임에는 그림카드 찾기, 비슷하거나 똑같은 것끼리 짝짓기, 순서대로 배열하기, 비교하기, 집합 분배게임(합해서 5만들기), 수나 모양에 따라 카드 맞추기 등이 있다.

(아) 판을 이용한 게임

일정한 길을 따라 말을 움직이는 게임은 주사위나 회전판을 이용하여 나타난 숫자만큼 말을 진행시키는 놀이다. 우리나라의 전통놀이 중 보통 실내에서 하는 놀이로는 윷놀이가 판을 이용한 게임에 속하며, 실외놀이로는 땅따먹기, 돌 차기가 이에 속한다.

나. 신체게임

① 원게임(자유대형 게임)

학기 초에는 적은 인원수가 원으로 둘러앉아서 할 수 있고 지시가 적은 원게임을 제시한다. 어린 유아일수록 편에 대한 의식이 없을 뿐만 아니라 편게임은 한 번에 많은 지시를 듣고 기억하여 실행하도록 요구하기 때문에 무리가 따르기도 한다. 누구나 다 성취감, 자신감을 가질 수 있도록 쉬운 원게임이나 자유대형의 게임을 하면서 차차 난이도를 준다. 유아가 자유대형으로 또는 원으로 둘러앉아 하는 게임을 여러 종류 해 보면서 게임에는 어떤 규칙이 있고, 정해진 규칙은 지켜야 함을 알게 한 후에 편게임을 제시한다.

② 편게임

(가) 자기 자리에서 출발하는 게임

편 의식이 생기도록 자기 자리에서 출발하여 자기 편이 앉아 있는 자리를 한 바퀴 돌아와 다음 친구에게 이어가는 게임을 여러 번 하여 자기편에 대한 인식을 갖게 한다. 만 3세는 물론 만 4세 유아들도 1학기에는 편 의식이 없으므로 편게임은 거의 하지 않는다. 4세 반은 거의 릴레이식이 아닌 둘이 동시에 출발하는 편게임을 한다. 만 5세 유아들이 편게임을 할 때도 자기편에 대한 인식을 가질 수 있도록 자기 자리에서 출발하는 자기편이 앉아 있는 자리를 한 바퀴 돌아와 다음 친구에게 이어가는 게임을 여러 번 한 다음에 중심선에서 출발하는 편게임을 실시한다.

(나) 출발선에서 출발하는 게임

게임의 방법과 규칙은 교사가 준비한 것에 유아들의 토의 결과로 수정하고 첨가하여 간략하고 정확하게 말해 준다. 이해가 쉽게 되지 않는 부분이 있을 때에는 유아들 중 몇 명에게 먼저 해 보게 한다. 교사가 시범을 보여주는 것보다 유아들에게 직접해 보게 하면 유아들 수준에서 받아들인 정도와 이해되지 않은 부분을 정확하게 알 수 있어서 다시 바르게 알려 줄 수 있는 기회가 된다. 편게임이 익숙해지게 되면, 교사가 게임 자료를 제시하고 유아들이 게임의 방법과 규칙을 만들어 보는 기회를 주는 것이 바람직하다.

③ 편게임의 지도 방법

(가) 게임을 하기 전에 출발선과 반환점을 준비한다.

(나) 교사는 신호 악기(트라이앵글이나 탬버린)를 준비하여 양편의 출발선 가운데 의자를 놓고 앉는다.

(다) 유아들을 게임 대형으로 앉힌 다음 서로 잘 볼 수 있도록 일정한 간격을 두고 마주 보게 한다. 게임의 종류에 따라 설 때도 있다. 남녀의 수를 안배하여 두 편으로 나눈다. 편으로 나눌 때 남자편과 여자편으로 나누지 않는 것이 좋다.

(라) 양편의 수를 알아본다. 처음에는 마주 보고 있는 친구와 악수하는 짝짓기 활동을 여러 번 한 다음, 수를 함께 세어 비교해 보고 양편의 수가 같지 않을 때는 같게 하는 방법을 생각해 보고 의논하여 그대로 한다.

(마) 준비물을 보여주고 어떻게 게임을 할 수 있을지 유아들의 생각을 들어본다. 유아가 제시한 방법으로 게임을 할 수도 있다. 게임에 대한 규칙을 다시 간단명료하게 설명해 준다.

(바) 교사의 개입이 필요할 때는 게임을 하는 도중에 응원하는 유아들의 태도나 게임하는 유아의 태도에 대해 언급할 수 있다. 예를 들어 유아들이 지나치게

흥분하였을 때는 잠시 중단시켜 감정을 조절할 수 있는 기회를 준다.

(사) 평가를 할 때는 게임이 목적하는 사항을 준거로 한다. 빨리 끝난 것보다는 규칙을 얼마나 잘 지켰는지에 점수를 먼저 주도록 한 약속을 이행해야 한다.

(아) 이긴편에게는 진편에서 박수를 보내고, 진편에게도 수고했다는 의미의 박수를 이긴편에서 진편에게 보내는 방법으로 유아들이 지나치게 승부에 집착하지 않도록 도와 준다.

(자) 게임에 사용했던 준비물을 몇 유아에게 치워 줄 것을 부탁한다. 자기가 앉았던 의자를 제자리에 치우고 다음 활동의 준비를 한다.

게임 활동의 참여를 거부하는 유아에게는 처음부터 참여를 강요하지 않으며 교사는 유아가 참여하려 하지 않는 원인을 알아내고 해결하는 방안을 모색한다. 교사는 이해와 끈기를 갖고 계속 유아를 자극하고 격려하여 차츰 참여할 수 있도록 한다.

(3) 음률 활동

가. 음악 듣기

음악 듣기는 주로 자유선택활동 시간, 간식시간, 작업시간 등에 배경음악으로 고전음악에서부터 가곡, 민요, 동요에 이르기까지 다양하게 계절과 주제에 맞는 것을 택하여 들려주는 방법을 통하여 이루어진다. 이는 음악을 호흡하는 것처럼 생활화하여 유아들이 음악을 즐길 수 있게 하고자 함으로써 느낌과 내용에 관한 것을 굳이 묻지 않는다. 또한 음악 듣기를 위하여 단일 활동으로 적절한 음악을 선택하여 음악 감상시간을 갖기도 한다. 음악을 듣고 감상하며 느낌을 이야기해 본 후에 후속 활동으로 느낌을 그림, 율동 등으로 표현해 볼 수 있다.

유아들의 활동 속에는 어느 곳에서나 많은 소리를 듣게 되므로 듣는 기능을 발달시키는 기회는 무궁무진하다. 단지 교사의 무관심 속에서 각 소리를 무심히 넘겨 버린다면 유아들의 듣는 기능은 무력해 질 수밖에 없다.

나. 노래 부르기

노래 부르기는 항상 즐거워야 한다. 이 시간은 의도적으로 교육활동계획에 포함시켜 단일 활동으로 전개하기도 하지만 시간을 일정하게 정해서 하는 것보다 유아

들이 몇 명 모였을 때와 장소에 적합하게 부르는 것이 바람직하다. 노래시간을 정할 때는 활동량이 많은 운동이나 체조, 율동을 한 후에는 안 된다. 유아들이 숨이 차서 노래를 부르기가 힘들기 때문이다. 오랫동안 앉아서 일을 하고 난 후에는 노래시간을 넣지 않는다. 이상의 조건을 제외하고는 아무 때나 노래를 부를 수 있으나 노래시간의 길이는 5~15분 정도가 적절하다.

① 노래지도를 위하여 노래를 선택할 때의 유의점

(가) 유아의 노래 내용은 유아의 경험을 토대로 한 것이어야 한다. 생활경험과 관련을 가진 것이어야 흥미를 가질 수 있다. 내용은 반드시 단순한 노래여야 한다.

(나) 곡조도 없고 너무 단조로운 것이면 흥미가 일어나지 않는다. 율동적이고 박자와 리듬이 분명해야 한다. 강한 리듬을 가진 것을 선택한다.

(다) 유아에게 적절한 음역의 노래를 선택한다.

(라) 반복이나 산울림 부분이 있는 것이나 대화체로 된 부분이 있으면 더 좋다.

(마) 짧은 노래가 바람직하다. 너무 길면 유아들이 가사 외우는 것을 어려워한다.

② 새 노래지도 방법

(가) 사전지도

㉮ 그림이나 실물을 평면적으로 제시하고 주위 환경을 조성하여 가사의 내용을 이해시킨다.

㉯ 음향기기, 피아노나 악기를 통해서, 육성 등을 통해서 충분히 들려준다.

(나) 노래지도 시간

㉮ 노래와 가사를 더욱 잘 이해시키기 위해 노랫말을 동화식, 수수께끼, 연상하기 등으로 이야기를 들려준다.

㉯ 이런 이야기가 있는 노래가 있다고 소개한 후 교사가 정확하게 노래를 불러준다.

㉰ 어떤 이야기가 있었는지 말해 본다. 노랫말을 이야기한 후에는 노래를 부르기

전에 각자의 몸으로 표현시키는 기회를 주는 것이 좋다.

㉣ 가사를 흥미롭게 반복하여 익힌다.

㉤ 선율과 가사를 전달한다.

㉥ 여러 가지 방법으로 다시 들려준다.

㉦ 노래와 관련된 그림이나 융판 자료, 실물 등을 이용하여 노랫말을 다시 들려준다.

㉧ 반주는 넣지 않고 멜로디만 들려준다.

㉨ 곡을 라라라나 유아들이 원하는 대로(루루루 등) 2~3회 불러 멜로디를 익히게 한다.

㉩ 악기 소리에 맞추어 노랫말을 넣어서 노래를 부르되 처음에는 교사와 앞뒤 부분으로 나누어 불러 보고 다음에는 바꾸어 불러 본다.

㉪ 전체를 한두 번 불러 본다. 새 노래는 그날 완전히 배워서 부를 수 있게 하는 것이 아니라 여러 날 동안 반복해서 부름으로써 전체를 자연히 익히게 한다. 새 노래도 지루하게 여러 번 부르기보다는 유아들이 아쉽게 여길 때 끝내도록 한다.

㉫ 정확한 것과 정확하지 못한 것을 들려주고, 유아가 정확한 것을 찾을 수 있도록 유도한다(음정, 박자, 발음, 표현 등).

㉬ 더욱 흥미롭게 발전시키며, 유아가 즐기도록 도우며, 완전한 것을 목표로 하거나 강요하지 않는다. 새 노래도 5번 이상 부르면 싫증을 낼 수 있다. 그러므로 새 노래는 매일매일 교사와의 상호작용이 있을 때마다 되풀이하여 불러서 자연스럽게 새 노래를 모두 익히도록 하는 것이 이상적인 지도방법이다.

(다) 사후지도

휴식시간, 간식시간, 자유선택활동 시간 등을 통해서 계속해서 들려준다.

③ 노래를 부를 때의 유의점

㉮ 유아들이 노래 부르기를 원하면 일정한 규정은 없으나 환경에 따라 적절히 앉아서 노래를 부르도록 한다. 반원형으로 바닥에 앉아도 되고, 의자에 앉아

도 된다. 때로는 자연스럽게 앉아서 하는 것이 더 흥미롭고 효과도 있다. 노래를 부를 때는 그 노래에 적절한 악기를 유아들이 볼 수 있는 자리에 놓는다. 큰 악기인 피아노는 1년에 한두 번은 그 위치를 바꾸어 유아들에게 환경의 변화에 순응할 수 있도록 한다.

㉯ 곡조에 맞춰 노래를 할 때는 손뼉으로 박자를 맞추어 보는 것도 좋다. 그러나 유아들에게 혼돈의 여지가 있을 때는 안 하는 것이 좋다.

㉰ 교사는 할 수 있는 대로 아름다운 음성을 낼 수 있도록 노력하게 해야 한다. 씩씩하게, 크게, 힘차게 혹은 용기 있게 등이 말은 노래의 내용에 따라 필요한 것이 아니면 음악시간에는 사용할 필요가 없다.

㉱ 느린 노래와 빠른 노래, 조용한 노래와 활동적인 노래 간에 균형을 이루도록 한다.

㉲ 유아들의 흥미를 창의적인 노래로 표현할 수 있는 기회를 주도록 해야 한다. 만약에 유아들이 반응이 없다면 노래 내용을 모르기 때문일 수도 있으므로 창의적인 표현이 나오도록 경험과 지식을 주도록 한다.

㉳ 큰 소리로 노래하거나 곡조를 반복하지 못하는 아동에 대해 지나친 관심을 갖지 않는다. 짧은 시간이기 때문에 그리고 잔소리를 닫는다는 것은 노래시간과는 전혀 다른 싫은 시간이 되기 때문이다. 유아교육기관의 노래시간은 유아들의 흥미를 중심으로 하는 것이 초점이 되어야 한다. 교사의 인내심과 민감성에 의해 또 연습을 통해 용기를 갖게 되어 바른 노래를 부르게 된다.

㉴ 새 노래를 가르칠 때는 단계적인 지도가 필요하다. 노래의 말이나 곡조를 소개하기 전에 그 내용을 이야기로 해 주는 것도 좋은 방법이다. 또 악기로 곡을 가르치는 것보다는 교사의 음성으로 노래를 들려주는 것이 친밀감을 가질 수 있어 좋다. 또 악기의 반주가 필요할 때는 어디까지나 교사의 음성을 돕는 것이어야 한다. 특히 노래를 지도하면서 피아노를 칠 때 처음에는 반주는 넣지 말고 멜로디만 쳐서 복잡성을 피하도록 한다. 한 번에 노래 전체를 가르치는 것이 아니므로 노래에 중점을 두어야지 잘못한 것을 부각시키면 즐거운 시간이 될 수 없다.

다. 악기 다루기

악기를 다루는 방법은 유아들에게 처음부터 가르치는 것이 아니라 유아교육기관의 생활에서 교사가 신호악기로 활용하여 자연스러운 만남이 되게 하는 것이 효과가 있다. 교사는 활동의 전이시에 악기를 사용하면서 소리의 독특함을 알려 주기도 하고, 악기의 소리도 취급하는 방법에 따라 달라진다는 것을 여러 가지 방법으로 들려준다. 교사는 다른 악기를 사용할 때마다 그 악기의 이름과 사용방법을 정확히 설명해 주고 그 악기의 이름과 사용법을 익히도록 음률영역을 만들어 놓아 주어 유아들이 자유롭게 해 보게 한다. 유아들은 자유선택활동 시간에 음률영역에서 자연스럽게 두들겨 보고 흔들어 본 것을 토대로 몇 명이 노래를 부르며 간단히 악기 연주를 하기도 한다.

다양한 소리와 리듬에 대한 좋은 경험들로 인한 청각구별의 훈련은 학습의 다른 영역에 절대적 가치를 초래할 수 있는데 악기놀이는 음악에 대한 듣는 기회를 제공하여 정확하게 듣는 힘을 기른다.

악기놀이는 각각 다른 악기가 다른 소리들을 내면서 박자를 맞추는 활동이다. 그러므로 여러 악기의 소리가 다른 소리들을 내면서 박자를 맞추는 활동이다. 그러므로 여러 악기의 소리가 균형, 즉 조화를 이루도록 해야 한다. 한 악기의 소리가 두드러지게 크게 나면 조화가 깨어진다는 것을 유아들이 깨닫도록 기회를 준다.

소리의 크기와 음색의 차이 등 리듬악기들에 대한 자발적인 경험을 장려하지만 유아들은 음악이 역동성을 느낄 수 있도록 지도되어야 한다. 유아들은 음악적인 요소들을 표현할 수 있다.

유아들과 함께 사용할 수 있는 악기는 타악기와 리듬악기로 나눌 수 있는데 유아들과 함께 만들어 사용할 수 있는 종류가 많다. 악기놀이는 생일축하 때에도 유아들이 생일을 맞은 친구를 축하해 주는 활동으로 활용하기도 하고, 만 5세반에서는 2학기에 한 반을 두 집단 정도로 나누어 각종 악기를 합주해 보는 경험도 갖는다.

악기놀이 이외에도 악기들은 전이 · 주의집중 시간에 많이 활용된다. 여러 가지 악기가 소개되고 제시된 후 유아들이 눈을 감고 악기의 소리를 듣고 어떤 악기의 소리인지 알아맞추는 활동은 그 좋은 예다. 처음에는 한 가지 소리를 내고 무슨 소리인지 알아맞추고 후에는 두 가지, 세 가지 악기 소리를 동시에 내고 어떤 악기들의 소리였는지를 알아맞추게 한다.

라. 음악 감상

유아교육기관의 프로그램에 따라 차이가 있긴 하지만, 적어도 1주일에 두 번 정도 음악 감상이 아니라도 음악과 관련된 소리감상 시간을 갖는 것이 바람직하다. 이 때는 감상이 완전히 끝날 때까지 조용히 듣는 태도를 갖도록 장려되어져야 한다.

① 유아 음악 감상의 내용

(가) 녹음테이프, 또는 음반을 통한 고전음악이나 동요, 민요, 전통음악

(나) 동화극, 음악극

(다) 성인들의 악기연주는 부모나 유아들의 가족 중에서 바이올린, 피아노, 가야금, 피리 등 악기를 다룰 수 있는 성인을 초청하여 들어볼 수 있다.

(라) 자연의 소리와 사람이 만들어 내는 소리

(마) 효과음

(바) 녹음된 유아들의 노래나 악기 연주

② 음악 감상시 유의점

(가) 듣는 활동 자체로 분명한 목적이 수반되어져야 한다. 이는 듣기의 중요성을 이해하는데 도움이 된다.

(나) 음악을 듣고 난 후에는 반드시 반응하도록 기회를 주어야 한다. 즉 유아들에게 음악을 들려주는 것은 유아들이 표현적인 예술 활동을 할 수 있도록 자극한다.

(다) 음악 감상곡은 너무 길이가 길지 않고 유아에게 적절해야 한다. 음의 높낮음이나 리듬 분위기도 다양한 음악적 요소를 고려하여 선택한다. 특히 짧고도 묘사적이며, 유아가 좋아할 음악을 선택한다. 유아들과 함께 음악 감상을 할 수 있는 곡은 페르시아 시장, 개와 휘파람, 뻐꾹 왈츠, 피터와 늑대, 물래방아, 숲 속의 대장간 등이다.

(라) 음악 감상은 시간의 여유를 갖고 편안히 진행되어져야 한다.

③ 음악 감상 지도방법

(가) 음악 감상하기에 적절하게 좌석을 정하여 앉는다. 좌석배치는 음악 감상이 끝난 후의 활동의 종류에 따라서 결정한다. 예를 들어 교사가 음악 감상이 끝난 후 내용을 표현해 보는 율동을 계획했다면 넓은 공간을 준비하고 앉는다.

(나) 음악 감상 준비가 된 후에 음악을 들려준다. 유아들의 음악 감상곡은 될 수 있는 한 박자감이나 음의 강약이 분명한 곡을 택한다. 음악 속에 내포하고 있는 악기의 소리를 구별해 낼 수 있도록 처음 감상할 때보다는 그 수준을 점점 높여 주도록 한다. 각 악기의 소리를 정확하게 잘 듣게 될 때 음악 감상은 효력을 발생한다.

(다) 듣고 난 후에는 무슨 생각이 나는지 유아들의 느낌을 이야기하게 하고 때로는 느낌보다 음악 속에 들어 있는 소리를 이야기해 보게 한다.

(라) 서로의 이야기가 끝나면 유아들의 의견을 모아 제목도 붙여 본다.

(마) 음악 감상의 곡에 따라 감상으로 끝날 때도 있으나 각자의 언어표현 대신 몸으로 표현해 볼 수 있는 창작 율동시간을 가질 수도 있고 그림으로 표현해 볼 수도 있다.

(바) 여럿이 함께 같은 시간에 음악 감상을 할 때 필요한 사회적 습관을 올바르게 길러 주어야 한다. 어린 유아들이라 해도 단체적으로 음악을 들을 때 소란을 피운다든지, 기침을 조심하지 않고 소리내어 하거나 옆의 사람과 소곤소곤 이야기를 하는 것은 안 된다는 것을 이 시기에 이미 알려 주어야 한다. 음악 소리를 듣는데 방해가 되지 않도록 조용히 하려면 어떻게 하는 것이 바람직한 태도인지를 알도록 지도한다.

(사) 음악 감상이 끝난 곡은 자유선택활동 시간에 들려주어도 좋다. 곡목을 칠판에 써 놓아 곡목과 음악을 병행하여 익히게 해주는 방법도 좋은 방법이 될 수 있다.

(4) 동화 및 동시감상

동화는 유아에게 심미감과 상상력을 길러 주고 언어 발달 및 도덕적 의식을 촉진시킬 수 있다. 또한 먼 나라나 우주 등 가보지 못한 곳에 대해 신비스런 느낌을 간직하여 아름다운 심성을 길러 줄 수 있다. 또한 대집단 활동을 통해 동화를 들음으로써 다른 사람의 말을 주의 깊게 듣고 이야기 내용을 이해하는 경험을 하게 된다.

리듬감을 통해 감각적인 즐거움을 경험하고 정서 발달과 시적인 감성을 길러 주기 위해 동시 및 동요를 감상하는 경험을 갖도록 한다. 가끔 동시를 창작해 보는 활동을 통해 창의적인 표현력을 길러 줄 수 있다. 동화의 전달매체로는 일반적으로 구연동화나 그림동화, 인형극, 그림책 등을 활용한다.

가. 동화지도 방법

① 이야기의 내용을 완전히 이해하여 구연할 수 있도록 연습을 충분히 한다.
② 구체적인 제스처를 생각해 보고 시간을 정한다.
③ 간단한 소품을 활용하여 유아가 말이나 행동에 참여하도록 한다.
④ 그림동화, TV동화 등은 화면이 유아의 눈높이와 같도록 한다.
⑤ 융판동화는 융판을 교사의 오른쪽에 두고 들려주며, 융판의 중앙에 등장인물이 위치하도록 한다.
⑥ 교사는 유아의 표정이나 반응을 살펴가며 동화를 들려주고, 동화를 듣는 과정에서 나오는 유아의 질문은 적절히 처리한다.
⑦ 동화의 내용은 간단하고 뚜렷한 주제, 친숙한 사건의 전개, 풍부한 대화, 그리고 쉽게 기억되도록 꾸며진 것으로 생활 주제와 일치하여야 한다. 시간은 20분 미만이 좋다.

나. 동시짓기 및 감상 지도방법

① 동시의 선택은 자연 현상, 유머가 담겨 있는 것으로 리듬이 있는 것이 좋다.
② 동시의 내용을 쉽게 이해할 수 있도록 내용을 그림이나 글씨로 나타내어 들려준다.

③ 유아들에게 동시를 따라 할 수 있는 기회를 제공하여, 동시의 운율과 분위기를 이해할 수 있도록 한다.
④ 동시와 관련된 경험이나 동시를 듣고 난 후에 느낌에 대해 이야기할 수 있는 기회를 제공한다.
⑤ 유아들에게 들려준 동시 자료는 언어 영역에 놓아 두어 수시로 감상할 수 있게 한다.

(5) 동극

① 동극에 적절한 동화를 선택해야 한다. 동극에 사용하는 동화는 등장인물의 행동이 단순하면서도 반복되는 것이 좋다.
② 동화를 들려준 후 동화의 내용이 어떤 순서로 전개되었는지 함께 이야기한다.
③ 동극에 필요한 소품을 함께 만든다.
④ 역할을 맡은 유아는 대사와 동작을 곁들여 표현해 보게 한다.

(6) 작업

작업의 중점이 기능이 아니라 창의적 구성력과 조직력, 창조적 자기표현에 있다는 것을 염두에 둔다. 유아의 신체적 · 정서적 · 지적 성숙도를 정확하게 파악하여 유아의 흥미와 발달수준에 알맞은 활동을 선택 · 표현하는 기회가 되도록 한다. 같은 유아일지라도 각각의 발달 정도와 흥미, 기능의 수준도 다르므로 서너 가지 정도의 활동을 선택할 수 있는 준비를 한다.

작업의 내용을 선택할 때 유아의 흥미와 욕구가 중요하다. 즉 유아가 필요하다고 느끼고 친밀감을 갖고 다룰 수 있는 교재나 자료를 가지고 활동할 때 창의적 활동이 가능하다. 누구든지 작업 중 문제가 생기면 교사나 친구에게 도움을 구하는 태도를 길러 주도록 지도한다.

가. 작업지도시 유의해야 할 사항

① 일에 대한 풍부한 지식을 주어야 한다.

② 일에 대한 풍부한 지식과 기초적인 경험과 재료를 제공한 후에는 유아들이 그 일을 잘할 수 있도록 지도해 주어야 한다.

③ 유아들이 작업을 전개하는 과정에서 융통성 있는 생각을 하도록 배려한다.

④ 유아에게 선택이 가능한 작업의 종류와 내용, 방법을 구체적으로 알도록 다양한 방법을 안내한다. 이때 소개할 것은 작업의 기능이 아니라 창의적 구성력과 조직력, 창조적 자기표현에 있다는 것을 염두에 두어야 한다.

⑤ 각 유아들의 작업이 다르기 때문에 교사는 각 유아들의 작업의 종류, 자료의 선택, 진행 과정, 작업에 임하는 태도 등을 기록해 두어야 한다.

⑥ 각 유아의 특징에 따라 개별지도가 필요하다. 성격상 느린 유아, 성급한 유아, 시작은 하나 돌아다니는 유아, 남의 일에 참견을 하고 다니는 유아, 하던 일이 잘 안 될 때 자료를 모두 꾸겨 버리는 유아, 다른 유아의 작품을 못 쓰게 만들어 버리는 유아, 자기주장만 강하게 내세우는 유아 등을 적절하게 지도해야 한다. 교사가 모두 해 주는 것이 아니라 유아들이 자발적으로 해 보겠다는 흥미를 자극한다.

⑦ 작업의 혼잡을 피하기 위해서 다양한 전개방법과 다양한 작업의 종류를 준비하고, 설명이 끝났을 때는 작업을 하도록 한꺼번에 보내지 말도록 작업의 종류 혹은 자료의 종류, 작업의 순서에 따라 소집단으로 나누어 활동하게 한다.

⑧ 작업시간에 사용하는 모든 기구와 자료들을 정리하여 두는 장을 준비하여 교사의 지시나 도움 없이 자유롭게 활용하는데 불편함이 없이 정리 정돈되어 있도록 유념해서 준비한다.

6) 간식 및 점심

간식시간은 조용한 활동 시간 후에 갖는 것이 좋은데, 이 시간의 운영방법은 연령과 시기에 따라 다소 차이가 있다. 간식은 일반적으로 점심식사에 지장을 주지 않는 음식의 종류와 양을 준비하고 시간을 고려한다. 시간은 10시부터 11시 사이에 각각의 유아가 원하는 때에 스스로 준비하여 먹고 자신이 먹은 것을 치우는 방법인 자유운영 방식과 매일 10시 30분을 전후로 하여 한반 원아가 모두 같은 시간에 시작하여 20분 정도 간식시간을 가지는 방법이 있다.

(1) 식사시간의 운영

식단을 꾸며 적당한 시간에 편안하고 즐거운 분위기 속에서 먹을 수 있도록 배려해야 한다.

가) 유아들의 식사량을 고려하여 한꺼번에 많이 주지 말고 먹고 싶으면 더 먹도록 한다.
나) 잘 먹지 않는 음식을 줄 때에는 조금씩 먹어 보게 한다.
다) 축하일과 생일을 위한 특별 식단을 계획한다.
라) 같은 음식을 계속 주지 않도록 한다.
마) 유아들이 좋아하는 방식으로 음식을 주도록 한다. 일반적으로 유아들은 같은 재료라도 여러 가지 방식으로 만들어진 음식, 향긋한 야채, 과일 주스, 너무 뜨겁거나 너무 차지 않은 음식, 느낌이 좋은 음식 등을 좋아한다.
바) 신체적 · 정서적으로 안락하고 조용한 분위기를 조성해 준다.
사) 교사의 식습관이나 행동이 모델이 될 수 있도록 한다.
아) 유아들에게 알맞은 식사도구를 사용하도록 한다.
자) 음식을 줄 때는 너무 오래 기다리지 않도록 한다.
차) 식사 전에는 조용한 시간을 갖도록 한다.
카) 식사시간은 즐겁게 유지할 수 있도록 한다.

(2) 점심지도

가) 냅킨을 도우미가 바르게 접어 놓는다.
나) 수저 · 포크(젓가락; 4-5세)로 냅킨 위에 바르게 올려놓는다.
다) 손을 깨끗이 씻고 방석을 자리에 놓는다.
라) 줄을 바르게 서서 식판을 받아 자리에 앉는다.
마) 선생님과 함께 기도를 드린다.
바) 기도 후 유아들은 '선생님 먼저 드세요', '친구들아 맛있게 먹자', '맛있게 먹겠습니다'를 한다.

자) 선생님께서 먼저 수저를 들은 후 식사를 시작한다.
차) 음악을 들으며 맛있게 식사한다.
카) 식사를 다한 유아는 냅킨과 식판을 스스로 정리한다.
타) 어머니들이 써서 가방에 넣어 둔 사랑의 편지를 각자 유아에게 읽어 준다.

7) 휴식 및 낮잠

활동을 열심히 하고 난 유아들에게 피로와 긴장을 풀어 다음 시간의 활동을 준비하도록 하는 시간이다. 유아는 쉬어야 할지를 스스로 판단하지 못하고 활동에 열중하다 보면 휴식시간을 잊는 경우가 있다. 대개 하루일과 시간이 3~4시간인 경우에는 동적인 시간과 정적인 시간의 균형잡힌 운영을 통해 휴식시간을 대신할 수도 있다. 유치원에 따라 다르지만 보통 휴식시간은 하루의 프로그램의 중간에 두는 것이 적절하다. 간식 후에 쉬게 하고 또 과격한 활동을 한 후에도 적용된다. 휴식시간은 간식시간과 마찬가지로 일정한 시간에 하는 것이 좋다. 초기에는 5분 정도로 시작하여 8분, 10분으로 연장하되 20분까지도 가능하다. 반일제 프로그램의 경우 평상시에는 동적인 활동과 정적인 활동의 안배로 휴식시간을 대신하지만, 더운 여름에는 간식 또는 동적인 활동을 한 뒤 15~20분 정도 쉬도록 한다. 종일제 프로그램에서는 낮잠을 자게 하는데, 낮잠 자는 시간은 연령이나 유아에 따라 융통성 있게 조절한다. 대체로 3세 유아는 점심 식사 후 1~2시간 정도, 4, 5세 유아는 30분~1시간 정도가 적당하다.

휴식영역이나 낮잠을 위한 별도의 방이 없을 경우에는 교실의 책상이나 장을 옮겨 장소를 넓게 마련한다. 낮잠을 자기 전에 미리 화장실에 다녀오게 함으로써 유아들이 중간에 왔다 갔다 하는 일이 없도록 한다. 휴식시간이나 낮잠시간 직후에는 잠시 정적인 활동을 하는 것이 바람직하며, 낮잠을 자고 일어나자마자 귀가하는 일은 없도록 한다. 잠이 안든 유아는 잠자는 친구를 방해하지 말고 누워서 쉬도록 하고 낮잠을 강하게 거부하는 유아는 교실에서 따로 쉬게 한다.

8) 평가 및 귀가

하루의 일과를 끝내면서 집으로 돌아가기 전에 반 유아 전체가 모여 앉는 시간을 가져 하루일과에 대한 평가와 귀가지도를 할 수 있다. 하루일과에 대한 평가는 반드시 매일 해야만 하는 것은 아니며 꼭 이 시간에만 평가를 하는 것도 아니다. 각 활동시간마다 필요할 때는 언제든지 평가를 하고 이 시간에는 하루 전체를 뒤돌아보는 시간으로서의 평가시간이 되도록 한다. 일과 평가시간은 필요에 따라 5~10분 갖는다. 하루를 지내는 동안에 가장 재미있었던 것은 무엇이며 속상했던 일이 있었던 사람은 무슨 일로 왜 그랬었는지 이야기해 본다.

일과 평가 후 귀가지도시에는 특별한 전달사항이나 귀가시 안전 등에 관한 이야기를 할 수도 있고 때에 따라서는 다음 날의 활동을 소개하여 다음 날 도착하는 대로 활동을 시작할 수 있도록 하기도 한다.

하루일과가 끝나 귀가할 때는 소집단으로 나누어 내보내며 화장실을 다녀와 자기 장 앞에서 옷을 바로 입도록 지도한다. 통신문이나 작품, 도시락 등의 소지품이 있을 때는 잊지 않고 가지고 갈 수 있도록 도와 준다. 교사는 곧 밖으로 나와서 어떤 유아가 누구와 어떻게 귀가하는지 잘 확인하고 보호자에게 인계하여야 한다. 특별한 일이 있었던 유아의 경우 부모님이 데리러 오셨으면 부모님께 그날 있었던 상황에 대해 자세히 설명한다. 그렇지 않을 경우 전화로 직접 자세히 알린다.

실 제 편

제2부

교육활동의 계획안 작성

제 6 장

1. 통합적 교육과정의 계획 과정
2. 교육활동 계획안 작성

교육활동 계획안은 주제(단원)를 중심으로 연간 또는 월별로 수립하고 다시 주별, 일별, 시간대별로 작성하는 것이 일반적이다. 그러나 계획안은 융통성 있게 수정 계획되어야 한다. 선정된 주제마다 신축성 있게 길어지기도, 짧아지기도 하므로 월 단위, 주 단위로 끊어 계획안을 작성하기가 어려울 경우 추정기간을 설정하여 계획안을 작성한다.

연간(월)교육계획안→주간교육계획안→일일교육계획안→단위교육활동계획안은 연계를 가지고 작성한다.

1. 통합적 교육과정의 계획 과정

1) 주제의 선정

주제는 영어로 Theme라고 표현한다. 주제와 유사한 의미를 갖는 용어는 단원(unit), 제재(topic), 문제(problem), 과(lesson) 등이 있다. 주제란 유아교육과정을 구성하고 있는 학습내용 및 학습활동들을 어떤 형태의 부류나 묶음으로 나타내는 것을 말한다.

유아교육과정 구성에서도 주제, 제재, 단원 등이 활용된다. 유아교육과정에서 주제선정은 교과영역의 한계를 탈피하고 유아들의 학습경험들을 순서지울 뿐만 아니라 통일성을 갖게 한다. 유아교육과정에서 학습내용 · 학습활동을 조직할 때 내용의 논리적 순서와 발달의 심리적 순서를 조화 · 연결시키는 데는 교과별 접근보다 주제별 접근이 훨씬 더 쉬우며 교육의 효율성을 높일 수 있다. 주제의 선정과 활용은 유아교육과정을 통합하는 노력의 일환이다.

유아교육과정에서의 주제접근은 교과의 내용이나 지식의 유형에 근거를 둔 내용주제보다 유아들의 생활이나 경험에 바탕을 둔 생활주제가 훨씬 더 유용하다. 유아교육과정 구성에서 이러한 생활주제는 지역사회의 주요 행사나 사건, 휴일과 명절, 종교행사, 계절적 특성, 사회적 당면과제, 유아교육기관의 연간계획과 행사 등이 그 주요 자원이 될 수 있다. 이러한 주제들을 중심으로 개발된 활동들은 여러 교과영역과 발달영역을 통합시킬 수 있으며, 개념 및 기능의 발달에도 도움이 된다. 유아교육과정 구성에서 주제 또는 생활주제의 도입은 통합교육과정의 성격을 갖는다.

주제선정 방법은 학교 상황에 따라 다양한 사람들에 의해 아주 다양한 방식으로 이루어진다. 즉, 교사 개인, 학교, 교육위원회가 주제를 선정할 수도 있고, 교사가 팀을 이루어 계획할 수도 있으며, 또는 유아가 주제를 선정하고 교사가 유아들과의 토의를 통해 주제의 범위를 정하기도 한다.

주제를 선정할 때 교사는 먼저 유아교육기관에서의 하루일과를 관찰하여 현재 유아들의 흥미와 관심이 무엇인지 알고 그것에 기초해서 주제를 선정해야만 유아의 내적 동기를 유발하여 학습의 효율성을 높일 수 있다. 주제는 다양한 곳으로부터 선정될 수 있으나, 가장 바람직한 것은 프로그램에 적합해야 하고 유아나 가족에게도 적합해야 한다. 주제의 내용은 유아, 가족의 흥미, 지역사회, 프로그램과 교사의 가치, 문화적 가치, 지리적 조건, 기후 등 교육과정에 영향을 미치는 요소들을 반영해야 한다.

교사나 교육기관은 다양한 기준에 근거하여 주제를 선정할 수 있다. 이러한 기준으로는 유아들의 생활과 주제와의 관련성, 자료와 시설의 이용 가능성, 그리고 학교와 지역사회 안에 있는 자원에의 접근 가능성 등이 포함된다. 브라운이 제시한 주제 선택방법을 소개하면 다음과 같다.

(1) 적절한 주제 선택방법

① 주제가 유아의 발달능력과 연령에 적절한가?
② 유아가 그 주제에 흥미를 보이는가?
③ 주제가 유아의 생활과 관련이 있는가?
④ 주제가 지역사회의 문화와 사회의 가치를 고려하는가?
⑤ 주제가 여러 가지 교과들과 관련되어질 수 있으며 깊이 있고 장기적인 학습이 될 수 있는 가능성이 있는가?
⑥ 주제가 가정이나 다른 곳에서 다루어지기보다는 유아교육기관에서 다루어지는 것이 장점이 있는가?

⑦ 주제가 유아에게 유용한 것이며 알아야 할 가치가 있는가?

위에 제시한 선택방법은 주제를 선정하고 전개하는데 반드시 고려해야 할 원리라고 할 수 있다.

(2) 주제선정의 자원

① 자연환경 및 생활 : 산, 들, 강, 바다, 하늘, 우주, 동물, 식물, 건강, 영양, 위생, 안전, 생활습관 등
② 사회구조 및 기관 : 나, 또래, 가족, 이웃, 학교, 지역사회, 우리나라, 다른 나라, 농촌, 어촌, 도시, 교통기관, 보도기관, 행정기관, 지역행사 등
③ 사회적 당면과제 : 인권존중, 인간성 및 도덕성 회복, 남녀평등, 환경오염, 자연보호, 전쟁과 평화, 교통문제, 공공질서 등
④ 기념일과 휴일 : 식목일, 삼일절, 어린이날, 어버이날, 스승의 날, 현충일, 개천절, 한글날 등
⑤ 명절과 전통문화 : 설날, 단오, 추석, 동지, 전통예절과 풍습 등
⑥ 계절 : 봄, 여름, 가을, 겨울 등
⑦ 행사 : 입학식, 소풍, 방학, 졸업식, 발표회, 운동회 등
⑧ 종교행사 : 석가탄신일, 부활절, 추수감사절, 성탄절 등

위의 자원들 중에서 어떤 내용들을 선정하느냐에 따라 유아교육과정의 방향이나 성격이 결정된다. 즉, 종교 단체에서 운영하는 기관은 종교 행사에 관련된 주제들이 많은 비중을 차지하게 된다.

2) 주제의 전개

유아교육과정에서 선정된 주제의 유형은 생활경험을 중심으로 생활주제가 주류를 이루며, 특히 유아들의 흥미나 요구가 보다 합리적이고 중요한 주제선정의 준거라고 할 수 있다.

유아교육과정에서 선정된 생활주제는 그 전개의 시기와 기간을 정해서 적절히 구성해야 한다. 구성하는 방법에는 그 전개의 시기와 기간을 사전에 정해 두는 경우와 대체적으로 윤곽만 정해 두고 융통성 있게 조정하도록 하는 경우의 두 가지 방법이 있다. 즉, 선정된 주제들을 월별, 주별로 전개의 시기와 기간을 사전에 결정해 두는 방법이 있다. 그러나 다른 많은 유아교육과정에서는 선정된 주제의 전개시기와 기간을 고정시키기보다는 유아들의 특성, 흥미, 요구, 발달순서, 날씨 변화, 유치원 내 · 외의 행사 등에 맞추어 융통성 있게 조정 · 배분해야 한다. 즉, 주제의 도입이나 전개시기를 틀에 맞추어 월, 주, 일별로 고정시키지 않고 어떤 주제가 어떤 시기에 가장 적합한가를 예상하여 계획하는 것이다.

(1) 주제망 구성

교사는 선정된 주제에 대해 본인이 지닌 일반적인 지식 및 유아의 경험, 지식, 기술 등을 포함하여 주제망을 구성한다. 먼저 주제에 대해 유아들과 브레인스토밍을 하여 관련된 단어들을 적는다. 단어의 개념에 따른 공통점과 차이점에 따라 비슷한 개념으로 유목화한다. 마지막 유목화한 기준에 따라 공통된 제목을 붙이고 방사선 모양으로 단어를 적어 나간다.

주제망 구성은 월안, 주안, 일안의 주제를 연계성을 갖고 계획하는데 도움이 된다.

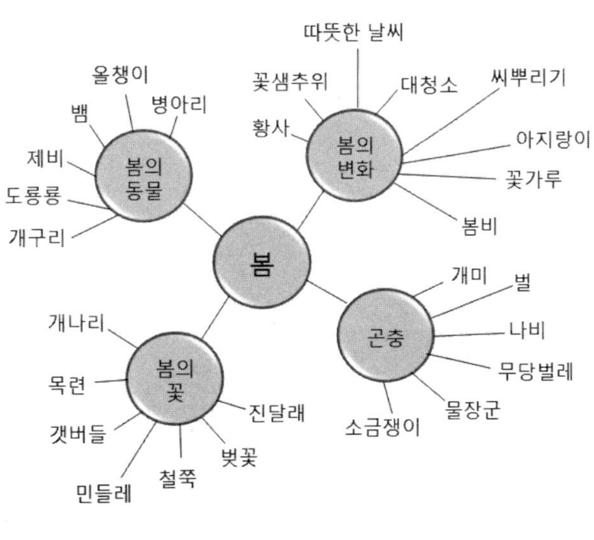

〈그림 6-1〉 월 주제망 구성의 예

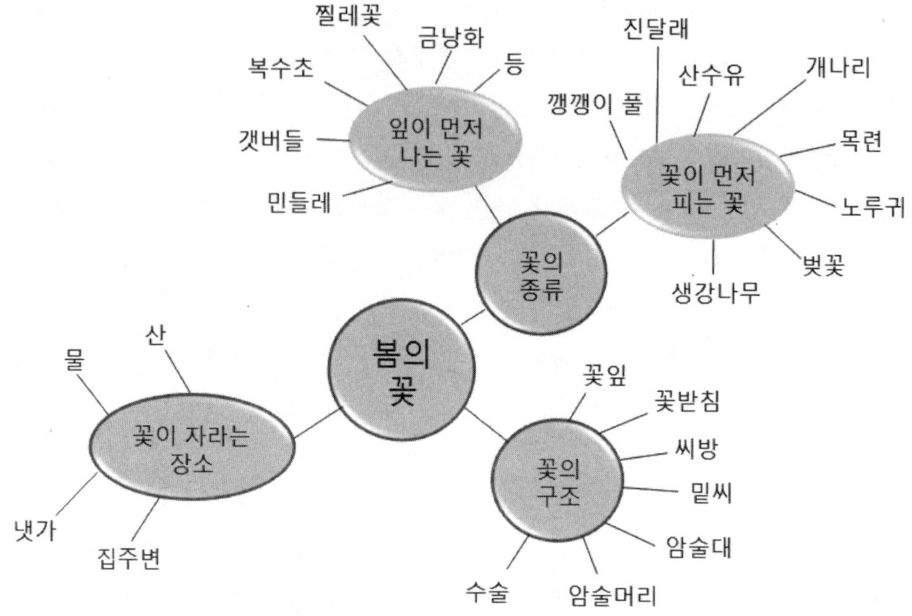

〈그림 6-2〉 **주 주제망 구성의 예**

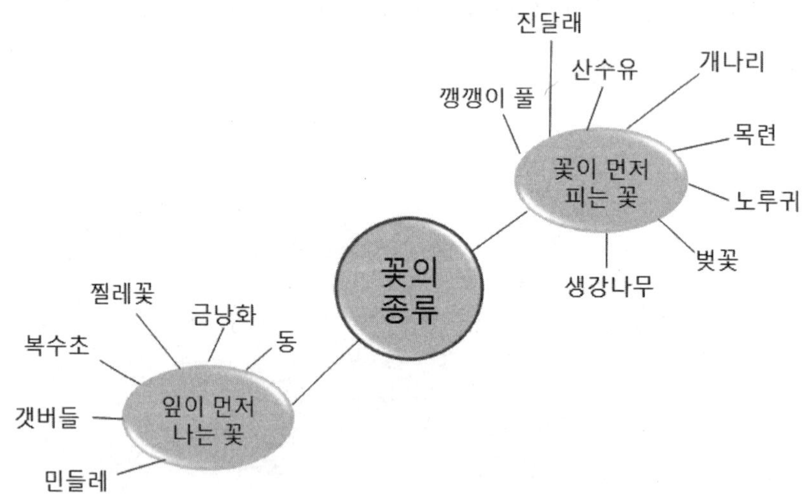

〈그림 6-3〉 **일일 주제망 구성의 예**

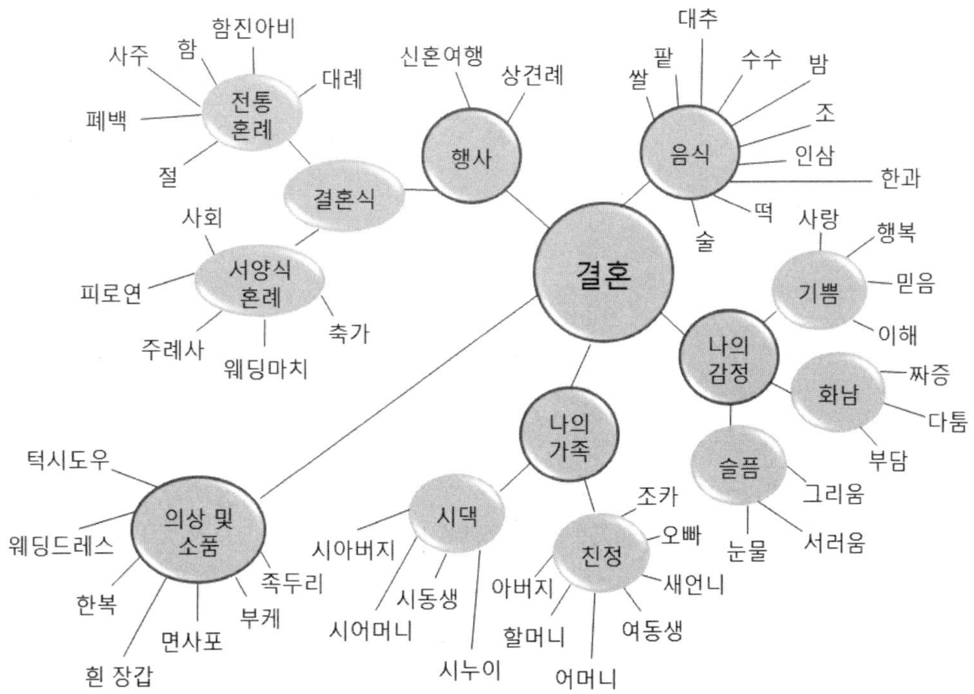

〈그림 6-4〉 **결혼 주제망 구성의 예**

(2) 개념망 구성

개념망은 전체 학습 영역 내에 포함되어야 할 개념을 규정하고 이 개념들을 가장 일반적이고 포괄적인 개념들로부터 특정한 개념들로 이루어지도록 위계적으로 배열을 조직하는 것이다(Copple, 1997). 교사가 선정된 주제에 대한 내용을 위계에 따라 배열하고 관계있는 개념끼리 연결하여 그 관계를 진술하면서 주제에 대한 개념을 더욱 확장시킬 수 있다.

개념망을 구성할 때는 선정된 주제에 대한 활동을 하는 과정에서 유아들이 형성할 수 있는 지식, 기술 및 태도에 대한 측면이 포함되어야 한다.

개념망 구성은 주제와 관련된 월간 교육계획안의 목표, 주간 계획안의 목표를 진술하는데 도움이 된다.

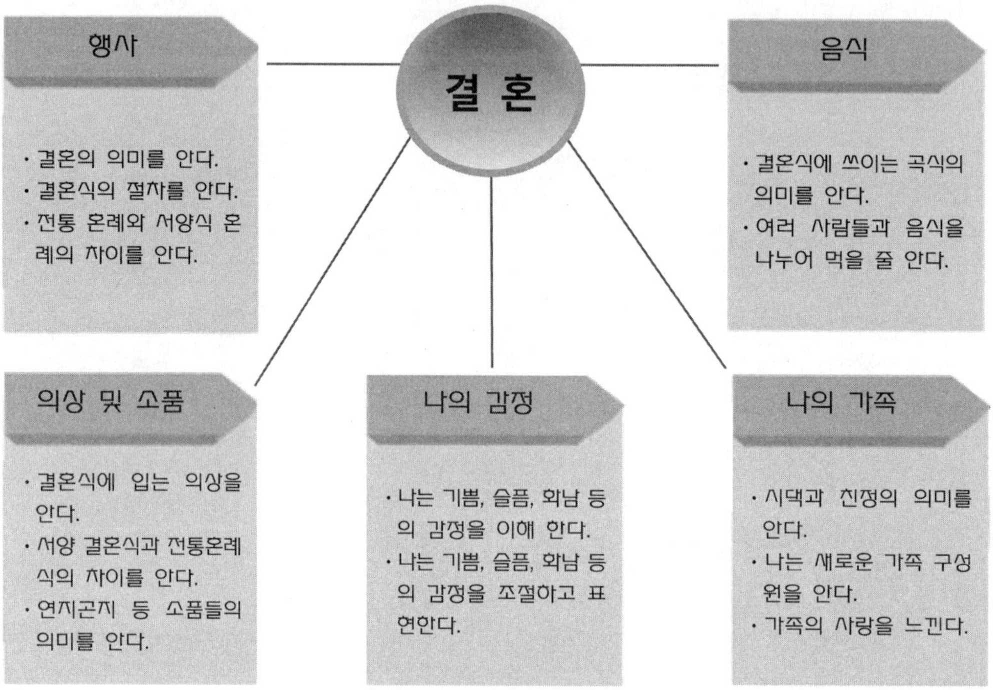

〈그림 6-5〉 **결혼을 주제로 한 개념망 구성 예**

(3) 생활영역의 내용 구성

주제에 대한 주요 개념이 결정되면 그 개념에 내포된 교육과정 생활영역별 내용을 파악해야 하는데, 그 이유는 국가수준의 교육과정은 교육내용에 대한 전국 공통적, 일반적 기준이며, 이 기준에는 유치원에서 편성 · 운영해야 할 교육과정의 목표, 내용, 방법, 평가, 운영 등에 관한 국가수준의 기준 및 기본지침이 제시되어 있기 때문이다(교육부, 1998).

결혼을 주제로 전개된 하위 개념인 '나의 가족'에 대한 2007 개정 유치원교육과정 생활영역별 내용 구성은 다음과 같다.

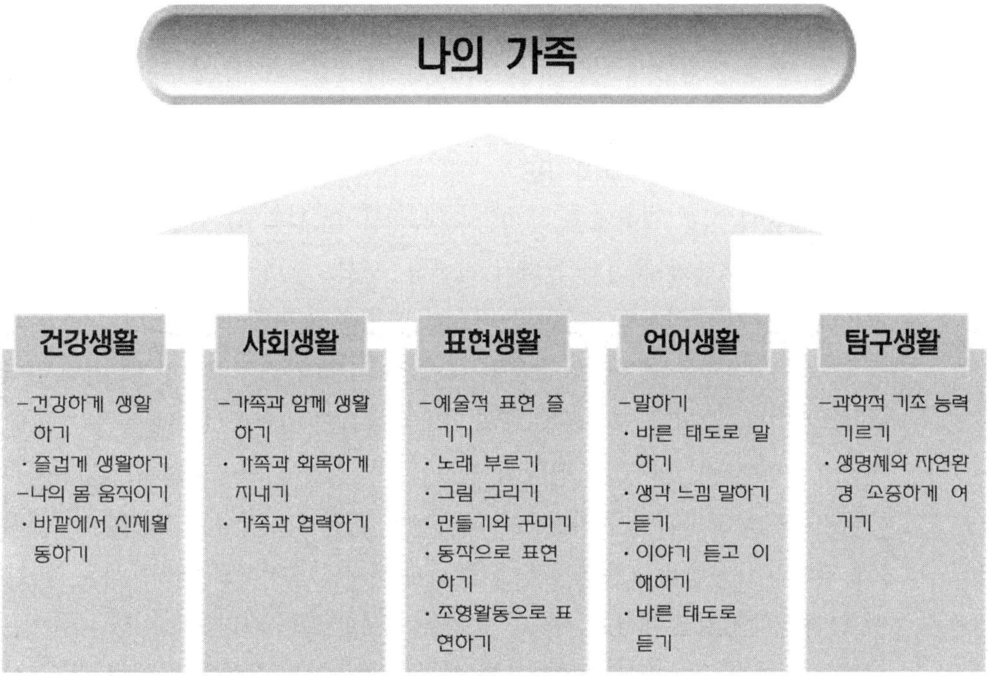

〈그림 6-6〉 **나의 가족을 주제로 한 생활영역의 내용과 하위내용 구성의 예**

2. 교육활동 계획안 작성

유아교육기관에서 유아교육과정을 운영하기 위하여, 교육계획을 수립하는 일은 매우 중요하다. 다양하고 포괄적인 활동을 계획하기 위해 유아교육의 목표, 학습활동의 원리, 연령에 따른 발달 특징, 유아의 각 개인에 따른 학습능력을 고려하여 보다 통합적인 활동이 이루어지도록 영역별 활동 간에 상호적인 연계성이 이루어져야 한다.

학습활동 계획에는 다음과 같은 점을 고려하여야 한다.

첫째, 유아교육기관의 목표, 둘째, 학습활동의 연계성 및 활동의 균형, 셋째, 발달 수준별 특성, 넷째, 유아 개개인의 수준과 특별한 요구, 단원 또는 주제계획,

그리고 다섯째, 시설과 자료의 사용을 고려하여야 한다.

활동계획을 기간별로 나누어 보면, 연간계획, 월간계획, 주간계획으로 나누어질 수 있다. 매일의 일과 활동은 단원 또는 주제의 목표 달성에 공헌해야 하고, 단원 또는 주제는 유아교육기관의 전반적인 목적 달성에 공헌해야 한다.

교사의 전문성은 교육활동 계획안 작성에서 잘 길러진다. 교육활동 계획안이 교사 자신의 역량과 유아의 발달적 적합성, 사회 · 문화적 상황 등을 통합적으로 고려해서 실제로 실천할 수 있는 내용과 방법을 계획해 놓은 것이기 때문이다. 잘 작성된 교육활동 계획안은 교사가 교실에서 교육활동을 운영할 때 안내자 역할을 할 것이다. 그러나 교육활동 계획안이 유아들의 발현적 교육활동을 가로막고, 전적으로 교사중심의 교육 운영이 되도록 하는 것이 되어서는 안 된다.

국가수준의 교육과정을 바탕으로 교육활동 계획안을 작성하고자 할 때, 교사는 5개 영역의 내용들을 교육과정 내용 체계에 제시된 순서대로 계획해서는 안 된다. 각 영역별로 제시된 내용은 지도의 순서를 명시한 것이 아니므로 어떤 내용이든지 어느 시기에나 유아들이 활동하도록 제공할 것인가는 유아들의 이해 정도, 선행 경험과의 관련성, 유아교육기관의 상황 등에 따라 달라진다. 또, 같은 내용이라도 유아들의 흥미가 지속되거나 유아들이 쉽게 이해하지 못할 경우 여러 번 반복해서 다룰 수도 있다.

유아교육기관에서의 교수－학습이 통합성을 유지하면서도 유아의 개별성을 최대한 고려할 수 있도록 교육활동 계획을 세워야 한다.

교육활동 계획안은 주제(단원)를 중심으로 먼저 연간 또는 월별로 수립하고 다시 주별, 일별, 시간대별로 작성하는 것이 일반적이다. 그러나 교육활동 계획안대로만 교실에서 수행되기는 어려운 것이며, 주제마다 월 단위, 주 단위로 끊기가 곤란한 경우는 추정 기간을 설정하여 주제의 전개 방식에 따라 계획안을 작성한다.

교육부에서 발간한 유치원 교육 활동지도 자료는 교육활동 계획안을 작성하는데 안내 자료가 되고 있다. 이 자료에서는 교육활동 계획안을 생활주제를 중심으로 작성되었으며, 생활주제는 몇 개의 주제와 소주제로 나누어 전개할 수 있고, 또는 관련된 주제를 생활주제로 통합하여 운영할 수도 있음을 설명하고 있다.

1) 장기계획안

(1) 연(월)간 계획안

장기계획은 선정된 장기목표에 적합한 교육내용의 제반 활동을 의미하는 것이다. 일년 동안 진행되는 교육내용을 여러 활동으로 관련지어 학습과정으로 이루어지도록 연간 및 월간으로 계획하는 것이다. 연간계획 및 월간계획은 융통성 있게 계획하며, 월간계획은 치밀하게 계획하기보다는 한 달 전에 미리 안으로 계획한다.

연간 교육계획은 유아의 연령, 발달수준, 요구하는 문제를 기초로 하여 지역사회의 실정에 맞아야 하며, 유아교육기관의 특성과 시설과 재료의 사용, 계절의 변화 등을 참고로 1년 동안의 교육계획이 짜여져야 한다.

연간 교육활동계획은 교육과정의 주요개념이 생활주제들로 이루어지는데 대체로 생활주제는 월간 교육활동계획의 교육내용이 된다.

교육부가 제시한 생활주제는 유치원, 나, 친구, 봄, 여름, 가을, 겨울, 동물, 교통기관, 도구와 기계, 가족, 이웃과 고장, 건강한 몸과 마음, 환경, 지구와 우주, 우리나라, 다른 나라 등이다. 이러한 생활주제는 유아들의 발달수준에 맞고 경험 가능한 것이며, 국가수준의 유치원 교육과정의 교육내용들을 통합해서 전개시킬 수 있는 것이다. 그러나 유아의 요구, 흥미, 유아교육기관 및 지역사회의 실정에 따라 새로운 생활주제들을 첨가할 수도 있고, 이미 제시된 생활주제들을 삭제 또는 변형할 수도 있다.

연간 계획은 주제나 단원에 따라서 시간의 범위기준을 잡으며, 공휴일, 행사, 견학, 연구수업, 부모회, 각 활동 영역의 내용이 고루 포함되었는가 등을 고려하여 유치원 개원 후에 학기 초와 학기 말을 구분지어 연간 계획안을 구성해야 한다. 연간 계획이 구성되었을 때 월간 계획안은 비조직적이라도 세부적으로 짜여져야 한다. 연간 교육계획시 다음과 같은 점을 고려해야 한다.

가) 연간 교육계획에 따라 교육과정을 진행하면서 단원이 끝날 때마다, 그리고 행사가 끝날 때마다 구체적인 평가를 하면서 기록에 남겨 두었다가 다음의 계획에 참고자료로 사용한다.

나) 신학년이 시작되기 전에 전 연도 연간 교육계획안과 그에 관한 평가를 놓고 전체 교사의 건설적인 의견을 들으면서 신학년도의 연간계획을 작성한다. 달력을 펼쳐 놓고, 행사의 계획은 월, 일까지 구체적으로 결정하는 것이 좋다.

다) 연간 교육계획이 작성되면 교사와 부모들에게 배부하여 유아교육기관의 계획을 알린다. 이는 부모들이 기관의 행사에 많이 참여할 수 있게 하기 위한 사전 안내라고 할 수 있다. 교사들은 이것을 참고하여 주간 교육계획, 일일 교육계획으로 연관지어 교육계획안을 작성하게 된다.

라) 교육계획안으로서의 월간 교육계획안을 따로 작성할 필요는 없고 유아들의 유아교육기관에서의 생활에 도움이 되도록 부모들에게 매월 또는 매주 교육계획안을 보내게 된다. 연간 교육계획안을 기초하여 매달의 교육계획을 세우며 교사회에서 작성된다.

(2) 월간 계획안

월간 교육계획은 연간 교육계획과 계열성과 연계성이 유지되도록 작성하며 연간 교육계획에 제시된 생활주제와 관련하여 어떤 내용을 다룰 것인지 주제를 선정한다. 월간 교육계획에는 기관의 행사 일정 및 견학, 유아의 생일, 공휴일, 계절적인 특별한 활동을 구체적으로 결정한다.

월간 교육계획의 목적은 주간 교육계획시에 교사가 중요한 일정을 상기할 수 있도록 돕고 견학이나 외부에서 이루어지는 특별한 행사에 대해 장소 섭외 및 버스 대여 등을 위해서 미리 계획을 세우는 데 도움이 된다. 월간 교육계획은 전월 둘째 주 금요일 경에 다음 달의 교육계획안을 작성하며 가정과의 연계성 있는 교육과 협조를 위해 월말에 가정으로 배부한다.

2) 단기계획안

단기계획은 주간 교육계획, 일일 교육계획, 단위 활동계획으로 연결되어지며 상호연관성을 갖고 진행되며, 일일 교육계획에 따라서 혹은 시간 지도계획에 따라서 활동 영역별로 분류되어 교육이 이루어져야 한다.

또한 이 단기계획은 유아의 흥미와 요구에 따라 수시로 수정, 보완되어야 하며, 많은 경험을 제공함으로써 기대하는 경험 이상의 것을 확장시켜 줄 수 있어야 한다.

활동계획은 교사와 유아, 유아와 유아의 건전한 인간관계 속에서 지속되어야 하며, 유아들이 선택한 활동과 교사가 지시하는 활동 사이에서 균형 있는 계획안이 이루어져야 한다.

(1) 주간 교육계획안

주제 전개를 위해 1주간의 활동계획을 세우는데 모든 영역의 내용이 포함되고 연계성을 가지고 계획되어야 한다. 주간계획은 집단 프로젝트, 소집단 교육활동, 개별 상호작용과 프로젝트 활동들을 포함하는 모든 활동을 반영한다. 특히, 유아교육에서 계획되는 활동의 연계성과 활동을 미리 점검해 보는 일은 일과계획과 연관시켜 이루어져야 한다.

활동계획은 목표, 활동내용, 자료와 준비물, 활동방법 등이 구체적으로 제시되어야 한다. 정해진 계획안이라 하더라도 융통성 있게 변화시켜 교육목적에 도달할 수 있어야 한다.

주간계획은 생활의 주제와 유아의 흥미, 담임교사의 판단 등에 따라 같은 연령이라도 각 반이 조금씩 다르게 수립할 수 있다.

유아교육기관의 실정이나 지역 여건에 따라 얼마든지 융통성 있게 계획할 수 있다.

주간 교육계획안의 작성 방법은 다음과 같다.

가) 한 주간에 들어 있는 특정한 모든 활동들이 구체적으로 계획되어야 한다.

나) 지난주의 교육계획안의 평가를 끝낸 후에 다음 주의 주간계획을 작성한다. 왜냐하면 전 주간의 계획 중에 못다 한 활동이 있을 때는 그것을 이번 주에 보충할 것인지 아니면 끝낼 것인지를 결정한 후에야 다음 주의 할 일을 결정할 수 있는 것이다.

다) 생활의 주제, 유아의 요구, 흥미, 교사의 흥미에 따라 작성한다.

라) 교육내용은 활동의 내용, 자료와 준비물 등 좀 더 세분화된 내용으로 계획

한다.

마) 교사회를 통하여 작성된 계획안의 모든 준비는 전주에 완료한다.

바) 일단 정해진 주안일지라도 때로는 융통성 있게, 새롭게 유아 활동에 적절하게 구성하면서 진행되어져야 한다.

사) 주간 활동계획은 신체, 사회, 인지, 정서, 언어의 5개 영역의 원만한 발달을 기초로 하여 구체적인 활동에 의해 건강, 사회, 표현, 언어, 탐구생활영역 모두를 통합적으로 제시되어야 한다.

(2) 일일 교육계획안

일일계획은 하루에 진행되는 학습활동으로서 유아의 발달적 특성을 고려하여 구성되어야 한다. 효과적인 하루의 계획이란 어떠한 활동을 유아에게 제공할 것인가 하는 문제가 그 중요 요소가 된다.

일일 학습계획은 유치원이나 어린이집에 머무는 시간 동안의 활동에 대한 계획으로 3~4시간, 종일반으로 짤 수 있다. 유아의 하루 활동 계획안은 유아의 개인적 특성을 고려하여 융통성 있게 구상되어야 하며 기본적으로 교육기관의 목적 내에서 집단이나 개인의 흥미 · 요구를 반영하여 교사가 계획한 활동과 유아들이 선택하는 활동과의 균형이 이루어지도록 계획되어져야 한다. 또한 활동시간과 휴식시간, 영역 간 활동적인 활동과 조용한 활동이 균형이 이루어지도록 계획하되 날씨의 변화나 유아의 흥미 · 요구 등을 고려하여 계획한다.

일일 운영계획에 있어서 고려해야 할 사항은 다음과 같다.

가) 일일 교육계획은 연간, 주간 교육계획을 근간으로 주제를 연관지어 일관성 있고 안정감 있게 세밀하고 구체적으로 구성한다.

나) 주간 교육계획안에 기초하여 작성되며 유아들의 흥미나 요구, 우발적인 사건 등을 반영하여 계획을 수정할 수 있어야 한다.

다) 일일계획에 유동성과 융통성은 배려하나 가능한 한 계획대로 그 주일 내에 수행한다. 그러나 지연되어 그 주에 못한 것은 그 단원이 진행되는 동안에 하도록 한다.

라) 교사는 일일 교육계획시 시설의 종류, 프로그램 유형과 목표, 하루의 수업시간, 학급당 유아와 교사의 수 및 연령분포, 실시시기, 고정 환경, 교사의

능력 등을 고려한다.

마) 하루일과를 계획할 때에는 간식, 배변, 휴식 등 유아의 신체적인 욕구나 리듬을 반영해 주어야 한다.

바) 구체적으로 계획한 활동을 위한 교구, 교재, 자료 등을 준비한다.

사) 구체적으로 계획된 활동의 제시방법, 전개방법, 진행순서, 마무리, 평가 등을 계획한다(교수매체, 좌석배치, 환경구성, 동기유발, 주의집중, 다음 활동에의 전이방법 등).

아) 하루일과를 계획할 때에는 동적 활동과 정적 활동, 실내활동과 실외활동, 개별활동과 대·소집단활동, 교사선택활동과 유아선택활동 등을 골고루 계획한다.

(3) 단위 교육활동 교육계획안

단위 교육활동 계획은 하루일과 내에서 이루어지는 각각의 활동에 대한 구체적 계획이다.

단위 교육활동 계획은 활동명, 활동목표, 활동형태, 활동집단, 자료, 절차, 사후활동, 유의사항, 평가 등에 대한 구체적 내용을 포함한다. 단위 교육활동계획에서 활동목표는 유아의 연령, 학습 정도, 발달 수준을 고려하여 상세하게 기술한다. 또한 활동이 언제, 어디서, 누가, 어떤 방식으로 진행되는지 구체적으로 제시하며 평가를 통해 활동계획이 유아에게 적절했는지, 계획대로 잘 진행되었는지, 잘 진행되지 못했다면 이후의 계획에서 고려할 사항은 무엇인지 등에 대해 구체적으로 평가 기록하여 다음 활동에 반영한다.

❏ 단위 활동계획안 ❏

수원여자대학 06학번 정용화 영아프로그램 수업활동 자료

<table>
<tr><td>활 동 명</td><td colspan="4">훌라후프 파도놀이</td></tr>
<tr><td>활동 목표</td><td colspan="4">· 기구를 이용한 신체 놀이를 경험한다.
· 대근육을 조절하여 놀잇감을 움직여 본다.</td></tr>
<tr><td>관련 영역</td><td colspan="2">신체 운동 영역</td><td>활동 유형</td><td>신체 활동</td></tr>
<tr><td>교육과정
관련요소</td><td colspan="4">(신체운동〉신체활동 참여〉기구를 이용하여 신체활동 시도하기)
(신체운동〉신체조절과 기본운동〉대근육 조절하기)</td></tr>
<tr><td>대상 연령</td><td colspan="2">만 0세</td><td>교수자료</td><td>훌라후프 놀잇감</td></tr>
<tr><td>교구 제작</td><td colspan="4">훌라후프 놀잇감 만들기

· 필요한 준비물 : 훌라후프, 노끈, 가위

· 제작방법
① 노끈을 적당한 길이로 자른다.
② 자른 끈을 훌라후프에 단다.
③ 노끈을 손으로 잘게 찢는다.

· 활동에 앞서 훌라후프를 끈으로 묶어 천장에 연결하여 매달아 놓도록 한다.</td></tr>
<tr><td>활동 내용</td><td>(I 수준)</td><td colspan="3">1. 천정에 고정한 훌라후프를 흔들어 보이며 영아의 흥미를 유발한다.
"어, 이게 뭐지?"<br>"살랑 살랑 움직이네."</td></tr>
</table>

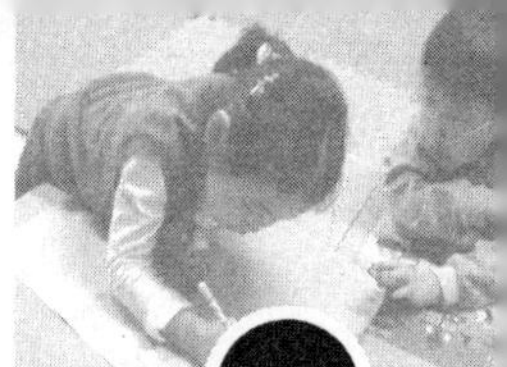

		2. 영아와 함께 훌라후프 안으로 들어가 본다. "선생님이랑 같이 들어가 볼까?" "(노끈을 흔들며) 흔들흔들 움직이네." 3. 교사가 훌라후프 안이나 밖에서 영아를 불러 주어 영아가 자유롭게 훌라후프를 지나가 볼 수 있도록 한다. "(노끈을 젖히며) ○○가 어디 있지?"
	(Ⅱ수준)	1. 천정에 고정한 훌라후프를 영아가 자유롭게 탐색하도록 한다. "○○가 만져본 이게 뭘까?" "선생님이 흔들어 볼까? 흔들흔들." "선생님이 흔드니까, 물처럼 흔들거리네." 2. 교사가 끈이 달린 훌라후프 안으로 들어가 본다. "선생님이 여기로 들어가 봐야지." "짠! 선생님이 들어왔네. ○○야 안녕." "○○도 들어와 볼래?" 3. 자유롭게 훌라후프 안으로 들어가며 놀이하는 영아에게 반응해 준다. "어. 우리 ○○가 어디로 갔지?" "여기 있었구나." "○○가 흔드니까. 끈이 흔들흔들 흔들리네."
지도상 유의점	영아와 충분한 상호작용으로 영아의 이름을 불러주었을 때 영아가 안정감과 즐거움을 느낄 수 있을 때에 활동을 시작하도록 한다. 공중에 매달아 놓은 교구이기 때문에 영아 혼자서는 위험할 수 있으므로 교사가 곁에서 잘 지켜보고 함께 놀이하도록 한다. 또한 활동 진행시 여러 명의 영아가 함께 활동을 하게 되면 공간적인 제약이 있으며 교구의 특성상 노끈으로 앞이 가려질 수도 있는 상황이 생길 수 있기 때문에 가급적이면 개인별로 상호작용을 해 주는 것이 좋을 것 같다. 간혹 영아가 새로운 놀잇감에 대하여 부피가 크기 때문에 거부반응이나 놀이하기를 꺼려한다면 충분한 재료의 탐색과 관찰할 수 있는 시간을 두도록 하는 것이 바람직하다.	
활동 평가	1. 영아들이 훌라후프 놀잇감에 흥미를 가졌는가? 2. 만 0세의 영아들에게 탐색과 놀이참여에 흥미를 가지도록 잘 이야기 하였는가? 3. 영아들이 스스로 기구에 대하여 신체활동을 시도했는가?	
확장 활동	먼저 노끈과 후프에 대하여 충분하게 재료를 탐색할 수 있는 기회를 갖도록 한다. 처음 활동으로 교구를 매달아 놓은 상태에서 활동을 진행하였으면 확장할 수 있는 활동으로 후프를 세워 놓고 후프를 통과하는 활동을 진행하여 볼 수 있으며 노끈의 색상이 다양하기 때문에 여러 가지 색의 노끈으로 교구제작을 시도하여 다양한 색채감을 느껴보도록 할 수도 있다.	

❏ 단위활동 후 평가서 ❏

수원여자대학 06학번 정용화 영아프로그램 수업활동 자료

<table>
<tr><td>활동 명</td><td colspan="3">훌라후프 파도놀이</td></tr>
<tr><td>활동 목표</td><td colspan="3">▪ 기구를 이용한 신체 놀이를 경험한다.
▪ 대근육을 조절하여 놀잇감을 움직여 본다.</td></tr>
<tr><td>관련 영역</td><td>신체 운동 영역</td><td>활동 유형</td><td>신체 활동</td></tr>
<tr><td>교육과정 관련요소</td><td colspan="3">(신체운동〉신체활동 참여〉기구를 이용하여 신체활동 시도하기)
(신체운동〉신체조절과 기본운동〉대근육 조절하기)</td></tr>
<tr><td>대상 연령</td><td>만 0세</td><td>교수자료</td><td>훌라후프 놀잇감</td></tr>
<tr><td>활동 내용</td><td>(I 수준)
(II 수준)</td><td colspan="2">1. 천정에 고정한 훌라후프를 흔들어 보이며 영아의 흥미를 유발한다. 훌라후프를 영아가 자유롭게 탐색하도록 한다.
"어, 이게 뭐지?"<br>"살랑 살랑 움직이네
"○○가 만져본 이게 뭘까?"<br>"선생님이 흔들어 볼까? 흔들흔들."
"선생님이 흔드니까, 물처럼 흔들거리네."
→ 평가 : 도입에 있어서 교구의 색채도 워낙 눈에 띄는 파란색이었고 후프의 지름의 크기가 있기 때문에 교구의 부피만으로도 영아의 이목이 집중되었다. 자연스럽게 교구에 대한 흥미가 유도 되었고 매다는 과정에서 영아의 몸을 후프로 통과시키는 등의 자연스러운 놀잇감으로서의 접근을 하도록 하였다.

2. 영아와 함께 훌라후프 안으로 들어가 본다. 교사가 끈이 달린 훌라후프 안으로 들어가 본다.
"선생님이랑 같이 들어가 볼까?"<br>"(노끈을 흔들며) 흔들흔들 움직이네."
</td></tr>
</table>

<table>
<tr><td></td><td></td><td>"선생님이 여기로 들어가 봐야지."
"짠! 선생님이 들어왔네. ○○야 안녕."
"○○도 들어와 볼래?"

3. 교사가 훌라후프 안이나 밖에서 영아를 불러 주어 영아가 자유롭게 훌라후프를 지나가 볼 수 있도록 한다. 자유롭게 훌라후프 안으로 들어가며 놀이하는 영아에게 반응해 준다.
"(노끈을 젖히며) ○○가 어디 있지?"<br>"어. 우리 ○○가 어디로 갔지?"

"여기 있었구나."
"○○가 흔드니까. 끈이 흔들흔들 흔들리네."

→ **평가** : 활동 전개에 있어 나와 영아와의 충분하게 친숙해질 시간과 그에 따르는 관계가 형성되기는 힘든 수업이었기 때문에 전개하는 단계에서 지도교사의 도움을 많이 필요로 하였다.</td></tr>
<tr><td>지도상 유의점</td><td colspan="2">영아와 충분한 상호작용으로 영아의 이름을 불러 주었을 때 영아가 안정감과 즐거움을 느낄 수 있을 때에 활동을 시작하도록 한다. 공중에 매달아 놓은 교구이기 때문에 영아 혼자서는 위험할 수 있으므로 교사가 곁에서 잘 지켜보고 함께 놀이하도록 한다. 또한 활동 진행시 여러 명의 영아가 함께 활동을 하게 되면 공간적인 제약이 있으며 교구의 특성상 노끈으로 앞이 가려질 수도 있는 상황이 생길 수 있기 때문에 가급적이면 개인별로 상호작용을 해 주는 것이 좋을 것 같다. 간혹 영아가 새로운 놀잇감에 대하여 부피가 크기 때문에 거부반응이나 놀이하기를 꺼려한다면 충분한 재료의 탐색과 관찰할 수 있는 시간을 두도록 하는 것이 바람직하다.</td></tr>
<tr><td>활동 평가</td><td colspan="2">1. 영아들이 훌라후프 놀잇감에 흥미를 가졌는가?
→ **평가** : 놀잇감에 대한 흥미는 영아들이 처음 교구를 보았을 때부터 신기해하며 다가오려 했던 것을 고려해 보았을 때 충분히 흥미를 가지도록 유도할 수 있었던 것 같다.
2. 만 0세의 영아들에게 탐색과 놀이참여에 흥미를 가지도록 잘 이야기 하였는가?</td></tr>
</table>

	→ **평가** : 활동을 진행하며 영아들과 충분한 상호작용을 사전에 하지 못한 상태였기 때문에 다소 격양되지 않은 차분한 목소리로 언어전달을 하려고 노력했다. 노끈을 흔들거나 영아의 이름을 부르며 까꿍놀이를 할 때에는 최대한으로 영아의 이름을 많이 불러주며 영아의 행동을 말로 표현하기 위해 노력했다. 3. 영아들이 스스로 기구에 대하여 신체활동을 시도했는가? → **평가** : 공중에 매달려 있는 기구이기 때문에 영아가 손을 뻗어 놀잇감을 만지려고 시도하는 것을 볼 수 있었다. 또한 교구의 크기가 컸기 때문에 영아의 시선이 가려져 교사의 목소리를 듣고서 교사에게 향하기 위해 걸어가려는 시도와 노끈을 걷히려 시도하는 것을 볼 수 있었다.
확장 활동	먼저 노끈과 후프에 대하여 충분하게 재료를 탐색할 수 있는 기회를 갖도록 한다. 처음 활동으로 교구를 매달아 놓은 상태에서 활동을 진행하였으면 확장할 수 있는 활동으로 후프를 세워 놓고 후프를 통과하는 활동을 진행하여 볼 수 있으며 노끈의 색상이 다양하기 때문에 여러 가지 색의 노끈으로 교구제작을 시도하여 다양한 색채감을 느껴보도록 할 수도 있다. → **평가** : 활동이 마무리된 후 자연스럽게 천장에 있던 훌라후프를 바닥으로 내려놓는 과정에서 영아가 서 있을 때 발부터 머리까지 내렸다 올렸다 하며 놀이하고 세워 놓고 영아가 그 속을 통과하며 하는 활동까지 자연스럽게 이어 할 수 있었다. 다행히도 짧은 영아의 집중시간이나 관심을 고려했을 때 교구에 대한 흥미 때문인지 짧게나마 몇 가지의 신체활동을 더 진행해 볼 수 있었다.

유치원 중심의 교육계획안 작성사례

제 7 장

유치원 중심의 교육계획안 작성사례

사례	생활주제 (9월)	주제 (2주)	소주제 (수 · 목요일)	단위활동 유형
1	우리나라	우리나라 놀이와 예술	우리나라의 노래와 춤 경험하기	동화
2	우리나라	우리나라 놀이와 예술	우리나라의 노래와 춤 경험하기	음악 -새노래
3	우리나라	우리나라 놀이와 예술	우리나라의 옛 그림 감상하기	이야기 나누기

1. 연간 교육계획안 작성사례

월	주	생활주제	주 제
3	1	유치원과 친구	입학식
	2		유치원에서의 환경과 하루
	3		유치원에서의 친구
	4		함께 만드는 유치원
4	1	봄	봄의 날씨 알고 풍경 즐기기
	2		따뜻한 봄 지내기
	3	나와 가족	나의 몸과 마음
	4		소중한 나
5	1		소중한 가족
	2		가족의 생활과 문화
	3	우리동네	우리 동네의 모습과 생활
	4		우리 동네 사람들
	5		우리 동네 전통과 문화
6	1	건강과 안전	즐거운 운동과 휴식
	2		깨끗한 나와 환경
	3		맛있는 음식과 건강
	4		안전한 놀이와 생활
7	1	여름	여름 날씨 알고 더운 여름나기
	2		여름 풍경 즐기기
	3	동식물과 자연	궁금한 동식물
	4		동식물과 우리의 생활
8	4		자연과 더불어 사는 우리

월	주	생활주제	주 제
9	1	우리나라	우리나라 사람들의 생활
	2		우리나라 놀이와 예술
	3		우리나라 역사
	4		우리나라의 자랑거리
10	1	세계 여러 나라	세계 여러 나라 사람들의 생활과 교류
	2		세계의 자연, 사회현상과 문화유산
	3	가을	가을 날씨 알고 가을 풍경 즐기기
	4		풍성한 가을 지내기
	5	교통기관	교통기관의 종류와 변천과정
11	1		고마운 교통기관
	2		교통통신과 교통생활
	3	환경과 생활	물 · 흙과 우리생활
	4		바람(공기)과 우리생활
12	1		빛 · 소리와 우리생활
1	2	생활도구	다양한 생활도구와 움직이는 힘
	3		생활도구로서의 미디어
	3		미래의 생활도구
	4	겨울	겨울 날씨 알고 겨울 풍경 즐기기
	5		추운 겨울 나기
2	1	형님반에 가요	즐거웠던 유치원 생활
	2		형님반에 가기 위한 준비
	3		선생님과 친구들아 안녕

2. 월간 교육계획안(9월) 작성사례

생활주제		우리나라			
목 표		- 우리나라 사람들의 의식주와 생활도구에 대해 관심을 갖고 경험한다. - 우리나라 전통놀이와 그림, 노래, 춤에 관심을 갖는다. - 우리나라의 역사에 대하여 관심을 가지고 자랑거리를 안다. - 우리나라 상징과 문화재를 알고 자긍심을 갖는다.			
월 주		9월 1주	9월 2주	9월 3주	9월 4주
주 제 / 활동내용		우리나라 사람들의 생활	우리나라 놀이와 예술	우리나라의 역사	우리나라의 자랑거리
자유선택활동	쌓기 놀이영역	· 나무 적목, 전통소품을 이용하여 우리나라 집 구성하기	· 전통놀이 체험장 구성하기 · 여러 가지 블록으로 탈춤 공연장 구성하기	· 이순신 장군과 거북선	· 수원화성을 만들어 봐요. · 서울을 둘러싼 4대문
	역할 놀이영역	· 장터놀이	· 전통놀이 어린이 박물관 · 탈춤 한마당	· 우리나라 왕이 되어 보아요.	· 이순신 장군
	언어 영역	· 한복 수수께끼 · 쌀은 어떻게 만들어질까요? · 문살의 이름을 지어 주세요.	· 탈 이름 빙고 게임 · 민화 이야기 꾸미기	· 고구려 벽화 이야기 꾸미기 · 우리말 북한말	· 한글카드 (자음, 모음) · '국보', '보물' 이야기 사전 · '이순신'에게 감사 편지 쓰기
	수·조작 영역	· 한복 입히기 · 문양패턴 만들기 · 김치를 만들어요. · 우리나라 집 빙고 · 한옥 꾸미기	· 윷놀이 · 탈 퍼즐 맞추기 · 민화를 찾아라	· 우리나라를 세운 단군 할아버지 · 고구려 벽화 속 동물 퍼즐 · 신라 고분을 탐험해요 · 무엇이 떠오르나요? · 한라산에서 백두산까지 · 우리나라 지도 만들기	· 태극기를 달아요. · 태극기, 무궁화 퍼즐 · 문화재 기억하기 게임 · 문화재 바느질 활동

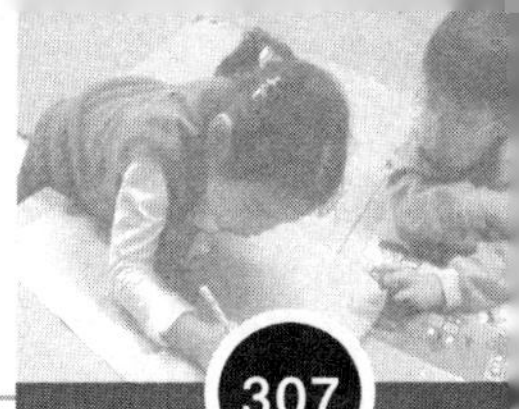

	과학 영역	· 어떤 옷감을 사용할까? · 옷감이 되기까지	· 여러 가지 팽이(모양, 크기, 재질) 탐색하기 · 탈의 모양 관찰하기 · 먹물의 신비	· 우리나라 지도 관찰하기 · 전통 물건 관찰하기	· 무궁화 관찰하기 · 우리나라 동전 지폐(모양, 크기, 재질) 탐색하기
	미술 영역	· 노리개를 염색해요. · 한지 물들이기	· 사포 그림 탈 · 민화 그리기	· 우리나라 지도 꾸미기 · 신라시대 금관 만들기	· 한글 디자인 · 이순신 역할놀이 소품 만들기
	음률 영역	· 국악과 국악기 소리를 듣고 표현해요.	· 어린이 아리랑	· 100명의 위인 노래 부르기	· 우리의 노래 아리랑 · 무궁화 노래
대·소집단활동	이야기 나누기	· 한복을 입고 새해 덕담을 해요. · 모, 벼, 쌀 그리고 밥	· 전통놀이 유래 · 파적도 보고 이야기하기 · 김홍도의 풍속화 감상하기	· 우리나라의 과거와 현재의 모습 · 조상님 왜 일본으로 가셨나요? · 북한 음식에 대한 이야기	· 박물관으로 견학을 가요. · 우리나라를 빛낸 사람들 · 세계 속 자랑스러운 한국인
	동화 동시 동극	· 무신 신발을 신었니?(시) · 볏짚 이야기(화) · 볏짚 이야기(극) · 팥죽할멈과 호랑이(화) · 씨실 날실(화)	· 연에 담긴 이야기(화) · 얼씨구나 제기차자(시) · 아무도 모를거야 내가 누군지(화) · 그림 그리는 아이 김홍도(화)	· 박혁거세 이야기(화) · 우리나라 지도(시) · 독도를 지킨 사람 안용복 이야기(화) · 선사시대에는 어떻게 살았을까?(화)	· 아리랑(화) · 세종대왕(화) · 이순신 이야기(화) · 우리나라의 보물(시)
	음악	· 자연의 소리를 담은 전통악기 감상하기 · 인절미와 총각김치	· 탈춤놀이	· 전통악기를 이용한 웅장함의 느낌을 표현해 보기	· 애국가 감상하기 · 우리나라 좋은 나라
	신체	· 실뜨기	· 거북놀이 한마당	· 요리활동을 신체로 표현하기	· 아리랑에 맞추어 춤추기
	게임	· 신기한 옛날 물건	· 8자 놀이	· 알 나르기 게임	· 태극기를 꽂고 돌아와요.
	요리	· 메주 만들기	· 다식 만들기	· 북한음식 노티 만들기	· 인절미 만들기
	미술	· 다기 만들기	· 짚풀 인형 만들기	· 토우 만들기	· 내가 만든 지폐

현장학습 /바깥놀이 활동	· 현장학습-수원 화성박물관 '전통놀이 배우기 한마당' · 줄다리기 · 우리 집에 왜 왔니?	· 현장학습-수원 화성박물관 '전통놀이 배우기' 한마당 · 비석치기 · 얼쑤! 탈춤을 추세 · 꼬꼬 묶는 나무, 풀놀이	· 현장학습-통일 전망대 · 모래놀이, 자연물을 이용한 점토놀이	· 현장학습-화성 박물관 · 무궁화꽃이 피었습니다. · 대문놀이

3. 주간 교육계획안 작성사례

반이름		OO반(만 4세)		시기	9월 2주	
생활주제		우리나라		주제	우리나라 놀이와 예술	
목표		· 우리나라의 전통놀이를 즐긴다. · 우리나라의 옛 그림의 아름다움을 느낀다. · 우리나라의 노래와 춤을 경험한다. · 우리나라 옛 이야기를 경험한다.				
날짜/요일		(월)	(화)	(수)	(목)	(금)
소주제 / 활동		우리나라의 전통놀이 즐기기		우리나라의 노래와 춤 경험하기	우리나라의 옛 그림 감상하기	
자유선택활동	쌓기놀이 영역	전통놀이 체험장 구성하기		여러 가지 블록으로 탈춤 공연장 구성하기		
	역할놀이 영역	전통놀이 어린이 박물관		탈춤 한마당		
	언어 영역			탈 이름 빙고 게임	민화 이야기 꾸미기	
	수·조작 영역	윷놀이		탈 퍼즐 맞추기	민화를 찾아라	
	과학 영역	여러 가지 팽이(모양, 크기, 재질) 탐색하기		탈의 모양 관찰하기	먹물의 신비	

	미술 영역		사포 그림 탈		민화 그리기	
	음률 영역	어린이 아리랑				
대·소집단 활동	이야기 나누기		전통놀이 유래		파적도 보고 이야기하기	김홍도의 풍속화 감상하기
	동화·동시·동극	동화) 연에 담긴 이야기	동시) 얼씨구나 제기차자	동화) 아무도 모를거야 내가 누군지		동화) 그림 그리는 아이 김홍도
	음악			탈춤놀이		
	신체	거북놀이 한마당				
	게임		8자놀이			
	요리				다식 만들기	
	미술		짚풀 인형 만들기			
	현장체험	수원 화성박물관의 '전통놀이 배우기 한마당'				
바깥놀이 활동		비석치기		얼쑤! 탈춤을 추세	꼬꼬 묶는 나무·풀놀이	

4. 일일 교육계획안-① 작성사례

반이름	OO반(만 4세)	시기	수요일	수업 일수	8/16일
생활주제	우리나라	주제	우리나라 놀이와 예술	소주제	우리나라의 노래와 춤 경험하기
목표	· 우리나라의 노래와 춤 - '탈춤'에 관심을 갖는다. · 우리나라의 노래와 춤 - '탈춤'을 경험한다. · 우리나라의 노래와 춤 - '탈춤'을 즐긴다.				

<table>
<tr><td>일과
시간표</td><td colspan="3">09:00 ~ 09:10 등원 및 인사 나누기
09:10 ~ 09:30 오전 간식
09:30 ~ 10:40 자유선택활동
10:40 ~ 11:00 정리 및 자유선택활동 평가
11:00 ~ 11:15 동화
11:15 ~ 12:15 점심 및 조용한 놀이
12:15 ~ 12:30 음악-새노래
12:30 ~ 13:40 바깥놀이
13:40 ~ 14:00 평가 및 귀가지도</td></tr>
<tr><th>시간
/활동명</th><th>활동목표</th><th>활동내용</th><th>자료 및 유의점</th></tr>
<tr><td>09:00-09:10
등원 및
인사나누기</td><td>· 예의바르게 인사를 하는 습관을 기른다.
· 개인 소지품 정리를 스스로 한다.</td><td>· 선생님, 친구들과 반갑게 인사 나눈다.
· 소지품을 개인장에 정리한다.
· 함께 모여 앉아 인사노래를 부른다.
· 오늘 하루 일과를 알아본다.</td><td>㊌ 유아의 건강 상태를 확인한다.
㉶ 일과계획표</td></tr>
<tr><td>09:10-09:30
오전간식</td><td>· 즐겁게 간식을 먹는다.
· 간식을 먹은 후에 스스로 정리한다.</td><td>· 화장실에서 손을 깨끗이 씻고 간식 먹을 준비를 한다.
· 적당량을 덜어 간식을 먹는다.
· 간식을 먹은 후 그릇과 자리를 정리한다.</td><td>㉶ 간식(떡, 식혜), 접시와 컵, 포크, 행주</td></tr>
<tr><td rowspan="2">09:30-10:40
자유선택
활동</td><td>· 하고 싶은 놀이를 계획하고 실행한다.</td><td>· 각자 하고 싶은 놀이를 계획한다.</td><td>㉶ 자유선택활동 계획 · 평가표</td></tr>
<tr><td>· 탈춤 공연장의 모양에 관심을 가진다.
· 블록을 이용하여 공간을 구성한다.</td><td>◆ 활동명 : [쌓기놀이 영역] 여러 가지블록으로 탈춤 공연장 구성하기
◆ 활동방법 :
1. 탈춤 공연장의 모습을 보여준다.
T: 여기는 어디일까요? 무엇을 하는 곳일까요?
2. 탈춤 공연장의 특징을 알아본다.
T: 탈춤 공연장의 모습은 어떤 모양인가요?
T: 특별한 어떤 모양이 있나요?
T: 이곳에서 탈춤을 추려면 어떤 것이 필요할까요?
3. 준비된 재료와 블록을 이용하여 탈춤 공연장을 만들어 본다.
T: 바닥에 무엇을 깔면 좋을까요?
T: 탈춤 공연장의 모습처럼 만들려면 어떤 모양으로 만들면 좋을까?
4. 유아가 탈춤 공연장을 함께 감상하고 사</td><td>㉶ 다양한 블록들, 탈춤 공연장 사진</td></tr>
</table>

		진으로 기록하여 벽면에 붙여 준다. **5. 활동을 평가한다.**	
	· 탈춤에 관심을 갖는다. · 탈춤을 직접 추어 본다.	◆ 활동명 : **[역할놀이 영역]** 탈춤 한마당 ◆ 활동방법 : **1. 자료를 보고 이야기한다.** T: 이 소품은 무엇일까요? 어떻게 사용하는 것일까요? **2. 탈춤을 추려면 무엇이 필요한지 이야기 나눈다.** T: 탈춤을 추려면 무엇이 필요할까요? T: 탈은 어떻게 준비할까요? T: 어떤 악기들이 있으면 좋을까요? **3. 탈, 악기, 한삼 등을 이용하여 자유롭게 춤을 춘다.** T: 팔, 다리를 어떻게 움직일 수 있을까요? T: 어깨치기 춤을 출 수 있나요? **4. 활동을 평가한다.**	[재] 그림 자료(탈춤), 탈, 한삼, 부채, 장구, 소고, 꽹과리 [유] 유아가 신체를 이용하여 자유롭게 표현하도록 격려한다.
	· 여러 가지 탈의 이름을 안다.	◆ 활동명 : **[언어 영역]** 탈 이름 빙고 게임 ◆ 활동방법 : **1. 판에 있는 여러 가지 탈의 이름을 알아본다.** T: 어떤 그림이 있나요? T: 이 탈들의 이름은 무엇일까요? **2. 자료를 보고 이야기한다.** T: 탈 그림판들과 덮개를 가지고 어떤 놀이를 할 수 있을까요? T: 이 게임은 몇 명이 하면 좋을까요? T: 본판을 가진 사람이 부른 탈이 내 판에 있으면 어떻게 표시할까요? **3. 게임을 한다.** <게임방법> ① 4명의 유아가 본판과 게임판을 각각 갖는다. ② 본판을 가진 유아가 탈의 이름을 부르고 덮개를 덮는다. ③ 게임판을 가진 유아 중에서 부른 탈의 그림이 있으면 그 탈처럼 표정을	[재] 게임자료(본판 1개, 게임판 3개, 덮개 39개)

<table>
<tr><td></td><td></td><td>짓고 덮개로 덮는다.
④ 게임판의 탈이 모두 다 덮이면 '빙고' 하고 외친다.
4. 활동을 평가한다.</td><td></td></tr>
<tr><td></td><td>· 소근육 발달을 돕는다.
· 성취감을 느낀다.</td><td>◆ 활동명 : **[수 · 조작 영역]** 탈 퍼즐 맞추기
◆ 활동방법 :
1. 탈에 대한 특성을 수수께끼를 내며 이야기 나눈다.
T: 수수께끼를 듣고 어떤 탈인지 맞혀 보도록 해요.
2. 자료를 보며 이야기한다.
T: 우리가 본 탈과 무엇이 다르나요?
<게임방법>
① 2명의 유아가 그림판을 하나씩 갖는다.
② 각각 16개의 그림 조각을 바닥에 흩어 놓는다.
③ 가위바위보를 하여 이긴 유아가 자신의 판에 조각을 놓는다.
④ 판에 그림이 다 채워지면 게임이 끝난다.
⑤ 퍼즐 맞추기를 완성한 후 어떤 탈인지 이야기 나누어 본다.
3. 활동을 평가한다.</td><td>재 왜장녀 가면, 부네 가면 퍼즐

유 전체 그림을 함께 제시하여 퍼즐 맞추기 활동을 돕는다.</td></tr>
<tr><td></td><td>· 탈의 모양에 관심을 갖는다.
· 다양한 탈의 모양을 비교해 본다.</td><td>◆ 활동명 : **[과학 영역]** 탈의 모양 관찰하기
◆ 활동방법 :
1. 과학 영역에 놓은 여러 가지 모양의 탈을 관찰한다.
T: 탈의 모양을 보아요. 무엇 무엇이 있을까요?
T: 탈의 모양도 사람처럼 각기 다를까요?
T: 눈, 코, 입 등의 모양이 어떤가요?
2. 다양한 방법으로 탈의 모양을 탐색하고 비교해 본다.
T: 탈의 모양은 사람과 다르나요? 어떻게 다른가요?</td><td>재 여러 가지 탈</td></tr>
</table>

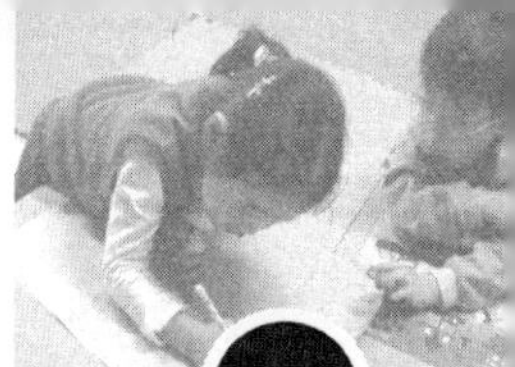

		T: 탈의 모양은 왜 이렇게 여러 가지일까요? **3. 활동을 평가한다.**	
	· 여러 가지 재료를 이용하여 탈을 만들어 본다.	◆ 활동명 : **[미술 영역]** 사포 그림 탈 ◆ 활동방법 : **1. 자료를 보며 이야기한다.** T: 이 종이의 느낌이 어떤가요? T: 여기에 어떻게 그림을 그릴 수 있을까요? T: 다리미는 왜 필요할까요? T: 어떻게 하면 탈의 모양을 잘 나타낼 수 있을까요? **2. 활동을 한다.** <활동방법> ① 사포에 원하는 탈 그림을 크레파스로 그린다. ② 신문 위에 흰 도화지를 놓고 그 위에 사포 그림을 엎어 놓은 후 다리미로 다린다. ③ 흰 도화지 뒤에 두꺼운 도화지를 붙인 후 오린다. ④ 눈 부위를 뚫고 고무줄을 연결한다. **3. 활동을 평가한다.**	[재] 사포, 흰 도화지, 두꺼운 도화지, 크레파스, 고무줄, 다리미, 신문, 여러 가지 탈 [유] 다리미 사용 시 안전에 유의한다.
10:40-11:00 정리 및 자유선택 활동 평가	· 놀이한 후 놀잇감을 스스로 정리한다.	· 정리 음악에 맞추어 놀잇감을 정리한다. · 자유선택활동 계획 · 평가표에 기록한다. · 다함께 모여앉아 자유선택활동을 평가한다. T: 어떤 영역에서 놀이했나요? T: 누구와 함께 놀이했나요? T: 놀이할 때, 어떤 기분이 들었나요?	[재] 자유선택활동 계획 · 평가표, 연필 [유] 유아가 자유선택활동 계획 · 평가표에 기록할 때 교사는 돌아다니며 도움을 준다.
11:00-11:15 동화	· 탈의 다양한 종류에 대해 관심을 갖는다. · 탈의 특징에 따라 이름이 다름을 안다. · 동화를 듣고 자신의 느낌을 표현한다.	◆ 활동명 : **「아무도 모를거야, 내가 누군지」** ◆ 활동방법 : [도입] **1. 동화의 표지를 보며 이야기 나눈다.** T: 동화 표지에 어떤 그림이 있나요? C: 부채요. / 탈이 있어요. T: 부채도 있고요, 탈도 있어요. T: 탈의 표정이 어떤 거 같아요? C: 무섭게 생겼어요. / 재미있어요. / 화내고	

<table>
<tr>
<td></td>
<td></td>
<td>
있는 거 같아요. / 웃고 있어요.
T: 그렇게 생각하는구나.
T: 이 그림을 보면 어떤 제목을 붙여 줄 수 있을까요?
C: 빨간 부채 초록 부채요. / 탈이요.
T: 동화의 제목은 '아무도 모를 거야 내가 누군지'에요.
T: 어떤 내용의 동화인지 잘 들어 보도록 해요.

[전개]
2. 동화를 감상한다.
T: 동화 나와라 뚝딱
C: 동화 나와라 뚝딱
<table>
<tr><td></td><td>"빨리 빨리, 시간 없어."
아빠는 아침마다 소리칩니다.
엄마는 한 손으로 건이의 머리를 빗기고, 한 손으로 계란을 부칩니다.
결국 엄마는 외갓집에 전화를 합니다.
"저희는 요즘 너무너무 바빠요. 한 달만 우리 건이 좀 맡아 주세요."</td></tr>
<tr><td></td><td>열 밤씩 세 번만 자고 온다던 엄마 아빠가 오늘도 오지 않자, 건이는 심술을 잔뜩 부렸어요. 장난이 좀 심했지요?</td></tr>
<tr><td></td><td>이번에는 할머니도 화내실 것 같고, 깔끔한 할아버지가 아시면 정말 혼이 날 것 같아
건이는 숨을 곳을 찾았습니다.
할아버지 방 다락방에 들어간 건이,
어두컴컴한 다락방에는 온갖 잡동사니와 할아버지가 만든 틀이 많았어요.</td></tr>
</table>
</td>
<td>
[재] 실물자료-다양한 종류의 탈, 낱장 동화
[유] 동화장면마다 생동감을 살려 주도록 입체로 제작하여 유아의 흥미를 이끌어 준다.
[유] 동화 속 탈의 특징이 잘 드러날 수 있도록 들려준다.
[유] 유아들이 탈의 이름을 어려워할 수 있으므로, 탈의 특징을 세밀하게 묘사하며 회상활동을 전개해 나간다.
</td>
</tr>
</table>

<table>
<tr><td></td><td></td><td>
<table>
<tr><td></td><td>혹시 귀신이 나올까 무서워하던 건이는
눈이 어둠에 익자 재밌는 생각이 났어요.
"탈을 쓰면 아무도 모를 거야, 내가 누군지."
건이가 무섭게 생긴 네눈박이 탈을 쓰고
부리부리한 눈알을 떼굴떼굴 굴리자,
힐끔거리던 귀신들이
어이쿠, 무서워하고 도망쳤어요.</td></tr>
<tr><td></td><td>붉은 얼굴에 굵은 점이
다다닥,
두툼한 눈썹 아래 왕방울 눈이 떼떼굴,
길다란 주먹코에 썩은 이빨이
듬성듬성한
말뚝이탈을 쓰고,
방귀를 뿡뿡 뀌면서 으스대는
나리님들을 골려 주니, 하하~
재미있습니다.
"아무도 모를 거야, 내가 누군지."</td></tr>
<tr><td></td><td>이번에는 의젓한 양반탈을 골랐어요.
할짝 웃는 실눈은 움푹,
둥그런 주먹코는 불쑥,
턱은 덜걱덜걱 제멋대로
움직이는 양반탈을 쓰고
"공자왈~ 맹자왈~." 점잔을 빼며,
"아무도 모를 거야,
내가 누군지."</td></tr>
</table>
</td><td></td></tr>
</table>

<table>
<tr>
<td></td>
<td></td>
<td>
<table>
<tr><td></td><td>짚으로 싼 머리, 짚신으로 만든 혀,
광목으로 만든 고삐,
짚을 꼬아 만든 뿔.
소탈을 쓴 건이는 놀이에 빠집니다.
"아무도 모를 거야,
내가 누군지."</td></tr>
<tr><td></td><td>초승달 같은 눈썹에 앵두 같은 입술, 연지 곤지 찍은 예쁜 각시탈을 쓰니 엄마 생각이 났어요.
"정말 아무도 모를 거야, 내가 누군지."</td></tr>
<tr><td></td><td>그때 할머니가 건이를 부르는 소리가 들렸어요.
"건이야, 우리 건이 어디 있니?"
건이는 이제 그만 다락방에서 나가고 싶어졌어요.
하지만 그냥 나갈 수는 없지요.
한 번만 더 부르면, 나갈텐데…
건이가 바깥으로 나가려고 살금살금 기어서 다락문을 살짝 열고 바깥을 엿보는데, "하~하~할-머-니! 어, 엄마 아빠! '
건이는 가족의 품으로 달려갔습니다.</td></tr>
</table>
T: 동화 들려주셔서 감사합니다.
C: 감사합니다.

3. 동화를 듣고 난 후, 동화내용에 대해 이야기를 나눈다.
T: 동화를 듣고 어떤 느낌이 들었나요?
C: 나도 탈을 쓰고 싶었어요./ 재미있었어요.
T: 동화 속에서 건이는 할아버지, 할머니한테 혼날까봐 어디로 숨었지요?
C: 다락방에 들어갔어요.
T: 다락방에 들어간 건이는 무엇을 보았나요?
C: 탈들을 보았어요./ 옷이 있었어요./ 항아
</td>
<td></td>
</tr>
</table>

		리요./ 예쁜 꽃병도 있었어요. T: 다락방에서 건이는 어떤 놀이를 하였나요? C: 탈을 쓰고 놀았어요. T: 건이는 여러 가지 탈을 써 보면서 '아무도 모를 거야, 내가 누군지.'라고 말했는데 왜 이렇게 말했을까요? C: 얼굴이 변신을 해서요./ 탈이 얼굴을 가려서요. T: 건이는 각시탈을 쓰고 예쁜 각시가 되어 보기도 하였고, 소탈을 쓰고선 느릿느릿 힘이 센 소가 되어 보기도 하였어요. T: 그럼 양반탈을 쓰면 어떻게 될까요? C: 아빠처럼 무서울 것 같아요./ 공자왈 맹자왈 해요. T: 네눈박이탈을 쓰면 어떻게 될까요? C: 눈이 네 개가 생겨서 여기저기 볼 수 있어요. T: 마지막으로 말뚝이 탈을 쓰면 어떻게 될까요? C: 말뚝이탈은 입이 커서 많은 음식을 먹을 수 있어요. (융판에 그림카드를 붙여 보며 이야기 나눈다.) T: 이렇게 탈은 얼굴을 가리고 다른 사람이 되거나 동물이 되어 흉내를 내 볼 수 있는 도구에요. **4. 동화 속 그림만 보며 동화내용을 회상한다.** T: 이번에는 소리를 듣지 않고 누가 나왔는지 어떤 탈들이 나왔었는지 마음 속으로 생각하면서 그림을 보도록 해요. C: 네. [마무리] **5. 느낌에 관해 이야기를 나눈다.** T: 오늘 선생님이 들려준 동화의 제목이 무엇이었나요?	

		C: '아무도 모를 거야, 내가 누군지.' T: '아무도 모를 거야, 내가 누군지.'라는 동화를 들어 보았는데, 건이는 왜 아무도 모른다고 했을까요? C: 탈을 썼으니까요. T: 왜 탈을 쓰면 아무도 모를까요? C: 탈을 쓰면 내 얼굴이 안 보이니까요./ 그 모습으로 변할 수 있어요. T: 탈을 쓰면 동물도 될 수 있고, 사람도 될 수 있지요. 그래서 부끄럽지 않게 다양한 표현을 해 볼 수 있어요. **6. 다음 활동을 소개한다.** T: 우리 다음 시간에는 선생님이랑 '탈춤놀이' 노래를 함께 배워 볼 거예요. '이 노래에도 탈이 나온데, 어떤 탈이 나오는지 조금 후에 함께 알아봐요. T: 이제 화장실 가서 손씻고 간식 먹으러 모이도록 해요.	
11:15-12:15 점심 및 조용한 놀이	· 바른 자세로 식사를 한다. · 음식을 편식하지 않고 골고루 먹는다.	· 오늘의 점심 식단을 알아본다. · 손을 깨끗이 닦고, 차례대로 음식을 받는다. · 감사인사를 하고, 맛있게 먹는다. · 식사가 끝난 후, 식판과 자기 주변을 정리한다. · 양치컵과 칫솔을 찾아 양치질을 한다.	재 흑미밥, 얼갈이 된장국, 돈육 완자전, 미역줄기볶음, 김치 재 행주, 양치컵, 칫솔
12:15-12:30 음악 -새노래	· 탈춤에 관심을 갖는다. · 음악에 맞추어 노래를 부를 수 있다.	◆ 활동명 : **「탈춤놀이」** ◆ 활동방법 : [도입] **1. 탈을 쓴 손 인형으로 유아들의 흥미를 유발한다.** T: 우리 반에 새로운 친구가 놀러 왔대요. 우리 함께 하나, 둘, 셋 하면 '친구야, 나와라.'하고 불러 볼까요? 하나, 둘, 셋.	재 탈춤 플래시 자료 (교육인적자원부, 우리 몸을 깨우는 영양 체조, 2006),

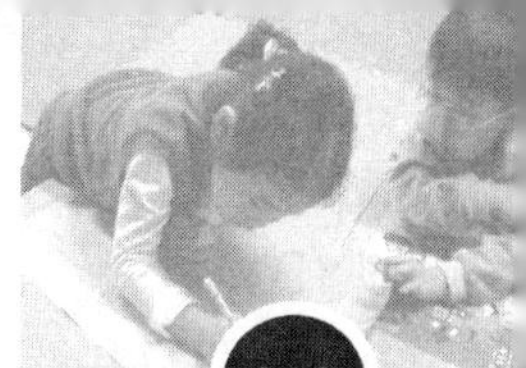

		C: 친구야 나와라. T: (손 인형이 나오며) 얘들아 안녕 만나서 반가워. 나는 '탈돌이'라고 해. C: 안녕 탈돌아./ 우와 탈을 썼어. T: 너희들 내가 쓰고 있는 탈이 어떤 탈인지 아니? C: 뭐지? / 책에서 본 거 같은데, / 무슨 탈이야? T: 이 탈은 우리나라 전통 탈 중 하나인 하회탈이야. 나는 탈을 쓰고 탈춤을 추는 것이 정말 좋아. 그런데 너희들 탈춤이 무엇인지 아니? C: TV에서 봤어/ 엄마랑 민속촌 가서 봤어/ 탈을 쓰고 추는 춤인 거 같아. T: 탈춤은 얼굴에 탈을 쓰고 추는 우리나라 전통춤이야. T: 오늘 선생님과 탈춤과 관련된 "탈춤놀이" 라는 노래를 배운대. 잘 배워서 나와 함께 노래 부르면서 탈춤을 춰 보자. T: 그럼 난 이만 탈춤 추러 가봐야겠다. 선생님이랑 노래 재밌게 배워, 안녕. [전개] **2. 새노래 탈춤놀이를 소개하고 노랫말을 알려 준다.** T: 우리 반에 어떤 친구가 왔다 갔지요? C: 탈돌이요. T: 탈돌이가 오늘 배울 새노래의 제목을 알려 주었는데, 무엇이었죠? C: 뭐였지?/ 탈춤놀이요. T: 그래요. 오늘 배울 노래의 제목은 탈춤놀이예요. 어떤 노래인지 선생님이 노랫말을 이야기로 들려줄게요. **<탈춤놀이 노랫말>** 미운 얼굴 고운 얼굴 탈 하나에 가려 두고 어른아이 한데 어울려 탈춤놀이 하여 보자.	장구와 열채, 가사판, 탈춤놀이 음원

		탈춤판을 벌려 보자 탈춤판을 벌려 보자 탈춤놀이 재미있다 탈춤놀이 재미있다 신명나게 풀어 놓는 탈춤놀이 한마당 **3. 교사가 피아노 반주로만 음과 멜로디를 들려준다.** T: 선생님이 탈춤놀이 노래를 피아노 반주로 들려줄게요. 노랫말을 보면서 멜로디를 들어 보세요. **4. 교사가 피아노 반주에 맞추어 노래를 불러 준다.** T: 이번에는 선생님이 피아노 반주를 하면서 노래를 불러 줄게요. T: 노래 들어 보니, 노래의 느낌이 어때요? C: 신나요./ 어깨가 움직여요./ 자유선택활동 시간에 들어 봤어요. **5. 교사가 한 소절을 부르면 유아가 따라 불러 본다.** T: 이제 선생님과 노래를 불러 볼 건데, 선생님이 한 줄을 부르면 어린이들도 한 줄을 따라서 불러 볼게요. **6. 교사가 두 소절을 부르면 유아가 따라 불러 본다.** T: 선생님이 두 줄을 부르면 어린이들이 두 줄을 따라서 불러 볼게요. **7. 교사와 유아가 노래를 나누어서 불러 본다.** T: 이번에는 선생님과 어린이들이 나누어서 노래를 불러 볼 거예요. 어떻게 나누어서 불러 볼 수 있을까요? C: 색깔별로 불러 보아요. / 반 나눠서 불러요. **8. '탈춤놀이' 노랫말에 맞춰 신체로 표현해 본다.**	

		T: 이번에는 “탈춤판을 벌려 보자”, “탈춤놀이 재미있다” 부분에서, 탈춤을 추는 것처럼 몸으로 움직이면서 노래를 불러 볼 거예요. 어떻게 움직일 수 있을까요? C: 어깨를 움직여요/ 탈춤 추는 것처럼 팔을 움직이고 싶어요./고개를 흔들어요. T: 그럼 어린이들이 자유롭게 움직이면서 노래를 불러 보도록 할게요. T: 선생님 ‘제가 나와서 율동을 하면서 노래 불러 볼래요.’ 하는 어린이가 있나요? 앞으로 나와서 율동하고 싶은 어린이는 손을 들어 주세요. C: (율동을 하고 싶은 어린이는 앞으로 나온다.) T: 노란색 가사 부분에는 손 허리를 하고 불러 볼까요? [마무리] **9. 활동을 평가하고, 다음 활동을 소개한다.** T: 오늘 선생님과 탈춤과 관련된 노래를 배웠어요. 노래의 제목이 무엇이었나요? C: 탈춤놀이요 T: ‘탈춤놀이’ 노래를 듣고, 불러 보았어요. 오늘 활동을 하면서 어떤 생각이 들었나요? C: 신나요./또 부르고 싶어요. T: 혹시 노래를 배우면서 힘들었던 점은 무엇이었나요? C: 노래가 빨라서 숨을 쉬기 힘들었어요./ ‘탈춤놀이 한마당’ 부분 부르기 어려웠어요. T: 그럼, 노래를 배우면서 재밌었던 점은 무엇이었나요? C: 노래하면서 율동해 본 게 재미있었어요. / ‘탈춤판을 벌려 보자’ 부분을 부르는 게 좋았어요./선생님이랑 노래 나눠 불러서 좋았어요. T: 우리 반 어린이들 모두 탈춤놀이 음악에	

		맞추어서, 노래도 율동도 열심히 해 주었어요. T: 오늘 배운 탈춤놀이 CD와 가사판은 어느 영역에 놓아 두면 좋을까요? C: 음률영역이요. T: 그래요. 선생님이 음률영역에 준비해 놓을게요. 이제 점심 먹고 실외놀이터에서 나가서 탈춤놀이 노래에 맞추어 탈춤을 춰 볼게요. T: 우리반 어린이들 모두 화장실에 다녀오세요.	
12:30-13:40 바깥놀이	· 탈춤의 표현방법에 관심을 갖는다. · 한삼에 관심을 가지고 탐색해본다. · 한삼을 끼고 장단에 맞춰 신나게 표현해 본다.	◆ 활동명 : **「얼쑤! 탈춤을 추세」** ◆ 활동방법 : [도입] **1. 한삼을 비밀상자에 넣고, 유아가 촉감을 통해 맞춰 보게 한다.** T: 이 비밀상자 안에는 어떤 물건이 있을까요? **2. 한삼에 대해 이야기를 나눈다.** T: 한삼을 본 적이 있나요? T: 한삼은 어떻게 사용하는 걸까요? [전개] **3. 탈춤을 춰 본다.** - 탈춤 동작을 따라 해 본다. - 음악에 맞춰 표현해 본다. - 유아들이 표현하고 싶은 동작을 마음껏 해 본다. **4. 한삼을 끼고 탈춤을 춰 본다.** T: 한삼을 끼고 탈춤을 춰 보니 어떤가요? **5. 오늘 배운 새노래 '탈춤놀이'에 맞추어 탈춤을 춰 본다.** [마무리] **6. 탈춤을 춰 본 느낌을 나누어 본다.** T: 탈춤을 춰 보니 어떤 느낌이 들었나요? T: 우리의 음악과 춤에 대해 알아보니 어떤가요? T: 어떻게 움직인 것이 재미있었나요?	[자] 한삼, 장구, 탈춤놀이 음원 [유] 탈춤 동영상을 보고 유아들이 탈춤에 대해서 이해할 수 있도록 반복해서 보여 준다. [유] 탈춤의 동작을 정확하게 익히는 것보다 유아들이 마음껏 표현해 볼 수 있도록 격려한다.

		T: 다시 해 보고 싶은 동작은 어떤 것이 있나요?	
13:40-14:00 하루 평가 및 귀가지도	· 자신의 느낌과 생각을 적절하게 표현한다.	[평가 및 귀가지도] · 하루 일과를 회상해 보고 생각과 느낌, 기분을 이야기 나눈다. T: 오늘 유치원에서 어떤 활동을 했었나요? T: 오늘 재미있었던 활동은 무엇이었나요? · 내일의 활동에 대해 알아본다. · 차를 탈 때와 걸을 때의 지켜야 할 안전규칙에 대해 이야기 나눈다. · 선생님과 친구들과 인사를 한 후 귀가한다.	
총평			

일일 교육계획안-② 작성사례

반이름	OO반(만 4세)	시기	목요일	수업 일수	9/17일
생활주제	우리나라	주제	우리나라 놀이와 예술	소주제	우리나라의 옛 그림 감상하기
목표	·우리나라의 옛 그림에 관심을 갖는다. ·우리나라 옛 그림의 아름다움을 느낀다. ·그림을 보고 그림에 대한 느낌을 말할 수 있다.				
일과 시간표	09:00 ~ 09:10 09:10 ~ 09:40 09:40 ~ 10:00 10:00 ~ 10:15 10:15 ~ 11:15 11:15 ~ 11:30	등원 및 인사 나누기 요리 오전 간식 이야기나누기 자유선택활동 정리 및 자유선택활동 평가			

	11:30 ~ 12:30 12:30 ~ 13:40 13:40 ~ 14:00	점심 및 조용한 놀이 바깥놀이 평가 및 귀가지도	
시간 /활동명	활동목표	활동내용	자료 및 유의점
09:00-09:10 등원 및 인사나누기	· 예의바르게 인사를 하는 습관을 기른다. · 개인 소지품 정리를 스스로 한다.	· 선생님, 친구들과 반갑게 인사 나눈다. · 소지품을 개인장에 정리한다. · 함께 모여 앉아 인사노래를 부른다. · 오늘 하루 일과를 알아본다.	유 유아의 건강 상태를 확인한다. 자 일과계획표
09:10-09:40 요리	· 다식의 모양과 색을 관찰한다. · 다식 만들기 과정을 경험한다. · 다식의 맛과 모양을 느낀다.	◆ 활동명 : **「다식 만들기」** ◆ 활동방법 : [도입] **1. 다식의 모양과 색을 관찰해 본다.** T: 이것을 먹어 본 적이 있나요? T: 무엇이라고 부르는지 알고 있나요? T: 무엇으로 만들었을까요? [전개] **2. 다식 만들기에 필요한 재료와 도구를 살펴본다.** T: 다식의 맛을 내는 콩가루와 흑임자 가루예요. 냄새와 색을 살펴보아요. T: (다식판을 보여주며) 이것은 무엇일까요? 어떤 무늬가 보이나요? **3. 다식을 만드는 방법을 순서표를 통해 알아본 후 함께 만들어 본다.** 〈활동방법〉 ① 불을 켜고 물엿과 설탕을 넣어 약한 불로 녹인다. (유아들이 냄비를 만지지 않도록 하고, 대신 유아들의 눈높이에서 볼 수 있는 높이에서 활동한다) ② 물엿과 설탕이 알맞게 녹았으면, 콩가루와 흑임자 가루를 조금씩 넣어 반죽을 한다. (냄비에서 꺼내어 넓은 그릇에 담고, 유아들이 직접 반죽을 할 수 있도록	자 콩가루, 흑임자가루, 꿀, 참기름, 다식판, 냄비, 다식 만들기 순서도 자 다식판에서 다식이 잘 떨어지도록 참기름을 충분히 바르거나 랩을 이용할 수도 있다.

		한다) ③ 다식판에 붓으로 기름을 칠한다. ④ 반죽된 콩가루를 조금씩 떼어내서 다식판에 꼭꼭 눌러 담는다. ⑤ 조금 있다가 다식판에서 살짝 떼어 낸다. T: 콩가루와 흑임자 가루가 꿀을 넣으니 어떻게 변했나요? T: 다식판에 넣은 콩가루 반죽과 흑임자반죽은 어떤 모양이 될까요? [마무리] **5. 활동을 평가한다.** T: 다식 만들기 활동을 해 보니 어떤 기분이 들었나요? 맛은 어땠나요? **6. 사용한 재료 및 도구를 정리한다.** **7. 다음 활동을 소개한다.**	
09:40-10:00 오전간식	· 즐겁게 간식을 먹는다. · 간식을 먹은 후에 스스로 정리한다.	· 화장실에서 손을 깨끗이 씻고 간식 먹을 준비를 한다. · 적당량을 덜어 간식을 먹는다. · 간식을 먹은 후 그릇과 자리를 정리한다.	자 간식(유아가 만든 다식, 둥글레차), 접시와 컵, 포크, 행주
10:00-10:15 이야기 나누기	· 전통 그림에 관심을 가지고 감상한다. · 그림을 보고 그림에 대한 느낌을 말할 수 있다.	◆ 활동명 : **「파적도 보고 이야기하기」** ◆ 활동방법 : [도입] **1. 현대의 그림과 우리나라의 옛 그림을 보고 비교해 본다.** T: 선생님이 그림 2개를 준비해 왔어요. 어떤 그림인지 우리 한 번 같이 볼까요? (피카소의 '파이프를 든 소년', 김홍도의 '무동' 사진을 붙인다.) T: 우리가 그림을 보니, 이 그림들이 조금 달라요. 어떤 점이 다른가요? C: 이건 색이 많고, 저건 색이 많이 없어요. / 이건 사람이 한 명 있고, 다른 것은 사람이 아주 많아요./ 손에 들고 있는 것이 달라요.	자 OHP필름으로 만든 파적도 그림 유 명화 감상 자료는 적어도 A4 크기 이상으로 제시하며 그림이 깨지거나 왜곡되지 않도록 프린트하여 사용한다. 자 이야기 꾸미기 자료(확대한 파적도 그림, 말풍선, 보드마카) 유 교사도 유아와 함께

		T: 다양한 생각을 가지고 있네요. 그런데 다른 점이 한 가지 더 있대요. 이 그림(피카소의 '파이프를 든 소년')은 피카소가 그린 '파이프를 든 소년'이라는 현대 그림이고, 이 그림(김홍도의 '무동')은 김홍도라는 사람이 그린 옛 그림이에요. 오늘은 우리나라의 옛 그림을 보고 이야기를 나눌 거에요. [전개] **2. 그림의 퍼즐을 맞추어 보고, 그림 속에 무엇이 등장했는지 말해 본다.** T: 그림을 보니 비어 있는 곳이 있어요. 선생님이 가져온 상자 속에서 그림의 조각을 찾아 완성시켜 주세요. 앞으로 나와서 그림을 완성시켜 주고 싶은 어린이는 손을 들어 주세요. C: (유아가 나와서 그림퍼즐을 붙인다.) T: 그림이 모두 완성되었네요. 그림 속에는 무엇이 그려져 있나요? C: 병아리/ 고양이/ 닭/ 아줌마와 아저씨요. **3. 유아들과 함께 그림의 제목을 생각해 본다.** T: 병아리, 고양이, 닭, 아줌마, 아저씨가 그려져 있어요. 이 그림의 제목은 무엇일까요? C: 고양이를 잡아라./ 여보, 넘어지지 마요./ 우당탕탕/ 고양아, 이리 와. T: 그렇게 생각하는군요. / 정말 재미있는 생각을 해 주었어요. **4. 그림의 제목과 뜻을 함께 알아본다.** T: 이 그림은 김득신이라는 화가가 그린 '파적도'라는 그림이에요. 왜 '파적도'라고 제목을 지었을까요? C: 아저씨가 들고 있는 막대가 파처럼 생겨서요./ 닭이 날개를 파닥파닥거려서 파적도라고 했어요. T: '파적도'는 조용했다가 갑자기 시끄러워	이야기짓기에 참여하여 이야기 흐름이 잘 구성될 수 있게 돕는다.

		진 것을 보고 그린 그림이에요. 왜 갑자기 시끄러워진 것일까요? C: 고양이가 병아리를 물고 가서요./ 동물이랑 사람들이 여기저기 움직이고 있어서요. T: 그래요. 어린이들이 말한 것처럼 고양이가 병아리를 물고 가서, 시끄러워진 것을 보고 그렸어요. **5. '파적도'에 나오는 음향자료를 듣고, 유아가 '파적'의 의미를 이해할 수 있도록 한다.** T: 선생님이 그림 속 소리를 들려줄게요. 어떤 소리가 들리는지, 어떤 느낌이 드는지 생각해 보세요. C: (음향자료를 듣는다.) T: 그림 속에서 어떤 소리가 들렸나요? C: 고양이 소리요./ 닭소리요./ 병아리소리요. T: 소리를 들으니까 어떤 느낌이 들었어요? C: 너무 시끄러워졌어요. T: 그렇구나, 조용하다가 갑자기 시끄러운 소리가 들렸어요. 어린이들은 갑자기 시끄러워진 것을 경험해 본 적이 있나요? C: 교실에 있는데 갑자기 밖에서 큰 소리가 났어요./ 자고 있는데 동생이 갑자기 울어서 깜짝 놀랐었어요./ 놀러갔는데 폭죽 소리가 났어요. T: 이렇게 많은 경험이 있었군요. **6. 유아와 함께 그림을 자세히 살펴본다.** T: 이 그림 속의 아저씨, 아주머니, 동물들 모두 가만히 있지 않고, 움직이고 있어요. T: 어떻게 움직이고 있나요? C: 아저씨가 넘어지고 있어요./ 아주머니가 아저씨를 잡아 주는 것 같아요. **7. 그림을 보고 그림 속 이야기를 꾸며 본다.** T: 이번에는 우리가 김득신 화가가 되어서 이야기를 만들어 보아요. **7-1) 그림 속 사람들과 동물들이 각각 어떤**	

		말을 하였을지 상상하여, 말하여 본다. T: 아저씨는 넘어지면서 어떻게 말했을까요? C: 우리 병아리 내놔라./ 고양이 너. T: 왜 그렇게 말했을까요? C: 고양이가 병아리를 물고 가서, 아저씨가 고양이를 아내요. T: 그럼 동물들은 어떻게 말했을까요? C: 병아리가 닭을 보면서 '엄마 우리 형 어떻게 해요.' 했을 것 같아요. 7-2) **1)번 활동을 토대로 전체적으로 간략한 이야기를 꾸며 본다.** T: 그림 속 사람들과 동물들이 되어서 말하여 보았어요. 왜 그렇게 말을 하였는지 이야기해 볼까요? C: 고양이가 병아리를 물고 갔어요. /닭이 병아리를 지키려고 꼬꼬댁 했어요. / 아저씨가 고양이를 잡으려고 해요./ 아저씨가 넘어지려고 해요. / 아줌마가 도와주려고 해요. / T: 우리 어린이들이 말한 것을 선생님이 이야기로 들려줄게요. T: '고양이가 병아리를 물고 가서, 닭이 크게 소리치고, 그 소리를 들은 아저씨는 고양이를 잡으려고 했지요. 그런데 그만 넘어지려고 해요. 옆에 있던 아주머니는 아저씨가 넘어지지 않도록 도와 주어요' 라고 함께 이야기를 만들어 보았어요. [마무리] 8. **사후 활동과 다음 활동을 소개하며 마무리한다.** T: 오늘 그림을 보면서 정말 많은 이야기를 나누었어요. 어린이들이 그림을 보고 이렇게 많은 이야기를 나누어 주어서, 김득신 화가도 정말 기분이 좋을 것 같아요. T: 파적도를 보면서 이야기를 나누어 보니 어떤 느낌이 들었나요?	

		C: 그림이 정말 재미있어요. / 그림이 시끄러워요. /그림이 바빠 보여요. T: 이 그림은 언어영역에 가져다 놓을게요. 그리고 선생님이 말풍선과 보드마카를 준비했어요. T: 말풍선, 보드마카를 가지고 어떤 활동을 할 수 있을까요? C: 무슨 말을 하는지 쓰고 싶어요./ 저는 편지를 쓰고 싶어요. T: 그래요. 어린이들이 말풍선에 여러 가지 생각을 적어 주면 좋을 것 같아요. 혹시 생각을 적다가 어려운 것이 있으면, 선생님에게 이야기해 주세요. T: 다음 활동은 자유선택활동시간이에요. 이제 화장실에 다녀오고, 자유롭게 놀이 시작하세요.	
10:15-11:15 자유선택 활동	· 하고 싶은 놀이를 계획하고 실행한다.	· 각자 하고 싶은 놀이를 계획한다.	유 자유선택활동 계획 · 평가표를 확인한다.
	· 블록을 이용하여 공간을 구성한다.	◆ 활동명 : **[쌓기놀이 영역]** 여러 가지 블록으로 탈춤 공연장 구성하기 ◆ 활동방법 : **1. 준비된 재료와 블록을 이용하여 탈춤 공연장을 만들어 본다.** **2. 활동을 평가한다.**	자 다양한 블록들, 탈춤 공연장 사진
	· 탈춤을 직접 추어 본다.	◆ 활동명 : **[역할놀이 영역]** 탈춤 한마당 ◆ 활동방법 : **1. 탈, 악기, 한삼 등을 이용하여 자유롭게 춤을 춘다.** **2. 활동을 평가한다.**	자 그림 자료(탈춤), 탈, 한삼, 부채, 장구, 소고, 꽹과리
	· 민화의 소재와 특징에 대해 자세하게 감상한다. · 언어적 표현력과 창의적 사고를 기른다.	◆ 활동명 : **[언어 영역]** 민화 이야기 꾸미기 ◆ 활동방법 : **1. 이야기 나누기 시간에 살펴본 김득신의 '파적도'를 이용하여 이야기를 꾸며 본다.** T: 아저씨는 어떤 기분인 것 같나요? 아저씨의 표정을 지어 보자. T: 아주머니는 어떤 기분인 것 같니? 아주머니가 되어 말을 해 보자. T: 강아지는 무슨 말을 할까?	자 김득신 '파적도', 민화 이야기 꾸미기 자료 유 유아들이 민화를 보고 다양한 상황들을 창의적으로 상상해 볼 수 있도록 격려한다.

		T: 닭은 무슨 말을 하고 있을까? T: 병아리는 뭐라 말하고 있을까? 2. 이야기가 진행되면 유아의 이야기를 적도록 한다. T: 이 이야기를 적어 볼까요?(글씨를 못 쓰는 경우, 유아가 하는 이야기를 교사가 적어준다.) **3. 유아들이 만든 이야기를 서로 이야기해 본다.** **4. 활동을 평가한다.**	
	· 민화에 대해 안다. · 민화를 알고 우리의 옛 그림에 관심을 갖는다. · 규칙을 지키며 게임에 참여한다.	◆ 활동명 : **[수 · 조작 영역]** 민화를 찾아라 ◆ 활동방법 : **1. 여러 가지 민화 PPT 자료를 유아들과 함께 살펴본다.** T: 이 꽃을 본 적이 있나요? T: 여기에 나오는 이 그림에는 무엇이 있나요? T: 그림을 보니 어떤 느낌이 드나요? **2. 민화 게임판을 보면서 그림에 대해 이야기한다.** T: 어떤 그림이 그려져 있나요? T: 이 그림이 무슨 그림이었나요? **3. 게임 방법에 대해서 이야기 나눈다.** T: 이 자료를 가지고 어떤 게임을 할 수 있을까요? T: 게임 규칙판에는 어떤 방법이 적혀 있나요? T: 친구와 게임할 때 지켜야 할 것은 또 무엇이 있을까요? T: 처음에 어떻게 하는 건가요? 그 다음은 어떻게 하는 건가요? T: 어떻게 해야 게임이 끝나는 건가요? 누가 어떻게 해야 이기는 건가요? **4. 게임을 한다.** T: 어떻게 순서를 정할까요? **5. 게임에 대해서 평가한다.** T: 게임을 해 보니 어땠나요? T: 게임 방법을 어떻게 바꿔 볼 수 있을까요?	재 민화 PPT , 민화 게임판 3장, 민화 그림카드 21장, 게임 규칙판

	· 먹물의 특징을 안다. · 먹물로 그림을 그리는 경험을 한다.	◆ 활동명 : [과학 영역] 먹물의 신비 ◆ 활동방법 : **1. 먹을 이용한 민화를 감상한다.** T: 무엇으로 그렸을까요? T: 흐리게/진하게 그려진 부분을 찾아보아요. T: 먹물로 그림을 그리니 물감을 그렸을 때와 어떤 점이 다르나요? T: 먹물로 그린 그림을 보니 어떤 느낌이 드나요? T: 왜 먹물로 그림을 그렸을까요? **2. 붓에 먹물을 묻히고, 화선지와 일반 종이에 그려본 후 차이점을 알아본다.** T: 먹물을 화선지와 종이에 묻히면 어떻게 될까요? T: 어느 종이에서 먹물이 번졌을까요? 왜 번질까요? **3. 물과 먹물의 양을 조절해서 변화를 관찰해 본다.** T: 물의 양을 어떻게 했을 때 진하게 되었나요? T: 물의 양을 많이 섞으면 먹물의 색은 어떻게 변하나요? **4. 활동지에 진한 먹물과 연한 먹물로 그린 선을 그리고 살펴본다.**	자 먹을 이용한 작품, 먹물, 붓, 화선지, 일반 종이
	· 민화에 관심을 갖는다. · 전통미술도구를 경험한다. · 창의적으로 자신의 생각을 표현한다.	◆ 활동명 : [미술 영역] 민화 그리기 ◆ 활동방법 : **1. 민화를 보며 이야기한다.** T: 여기에 있는 민화는 무엇을 그린 것일까? T: 어떤 민화가 재미있나요? **2. 민화를 그린다면 어떤 민화를 그리고 싶은지 이야기를 나눈다.** T: 민화를 그린다면 어떤 민화를 그리고 싶나요? T: 왜 그런 민속도를 그리고 싶나요? **3. 유아들이 함께 민화를 그린다.** **4. 한지에 먹을 이용하여 민화를 그린 후 색을 칠한다.** **5. 자신이 그린 민화에 제목과 내용을 적어**	자 민화, 한지, 먹, 물감, 붓 유 유아들이 그린 민화에 대하여 이야기를 나누며 서로 공유할 수 있도록 교사가 분위기를 조성한다. 유 유아들이 붓 사용을 어려워하면 붓펜을 활용할 수도 있다.

		준다. T: 이 민화의 제목은 무엇이라 할까요? T: 이 민화에 담긴 이야기를 말해 볼까요?	
11:15-11:30 정리 및 자유선택활동 평가	· 놀이 한 후 놀잇감을 스스로 정리한다.	· 정리 음악에 맞추어 놀잇감을 정리한다. · 자유선택활동 계획· 평가표에 기록한다. · 다함께 모여 앉아 자유선택활동을 평가한다. T: 어떤 영역에서 놀이 했나요? T: 누구와 함께 놀이 했나요? T: 놀이할 때, 어떤 기분이 들었나요?	재 자유선택활동 계획 · 평가표, 연필 유 유아가 자유선택활동 계획 · 평가표에 기록할 때 교사는 돌아다니며 도움을 준다.
11:30-12:30 점심 및 조용한 놀이	· 바른 자세로 식사를 한다. · 음식을 편식하지 않고 골고루 먹는다.	· 오늘의 점심 식단을 알아본다. · 손을 깨끗이 닦고, 차례대로 음식을 받는다. · 감사인사를 하고, 맛있게 먹는다. · 식사가 끝난 후, 식판과 자기 주변을 정리한다. · 양치컵과 칫솔을 찾아 양치질을 한다.	재 보리밥, 소고기 미역국, 생선구이, 시금치 나물, 김치 재 행주, 양치컵, 칫솔
12:30-13:40 바깥놀이	· 나무와 짚(풀)으로 만든 물건에 관심을 가진다. · 나무와 짚(풀)의 다양한 쓰임새에 대해 안다. · 나무와 짚(풀)으로 만들 수 있는 물건과 할 수 있는 놀이를 생각하여 표현해 본다.	◆ 활동명 : **「꼬꼬 묶는 나무 · 풀놀이」** ◆ 활동방법 : [도입] **1. 나무와 짚(풀)으로 만든 물건을 보거나 사용해 본 경험에 대해 이야기 나눈다.** **2. 나무와 짚(풀)으로 만든 취공, 밤쪽지 숟가락, 나뭇가지 동물, 짚고리, 솔방울 목걸이, 솟대 등의 PPT 자료를 제시한다.** T: 이것은 무엇일까요? T: 이것이 바로 우리가 먹는 쌀을 다 털어내고 남은 볏짚이예요. 옛날에는 벼를 거두어 들이면 짚(풀)이 많이 나왔는데 사람들이 짚(풀)을 버리지 않고 이것으로 우리생활에 필요한 여러 부분에 사용했다고 해요. T: 이것으로 만든 물건을 본 적이 있나요? T: 이 물건은 어떻게 사용되었을까요? T: 이 그림에는 짚(풀)이 무엇으로 사용되었나요?	재 짚(풀), 가위, 철끈, 나뭇잎, 나뭇가지, 분무기, 다양한 풀잎, 나무와 풀로 만든 활동사진 PPT , 전통 줄다리기 PPT 유 짚이 마르면 먼지가 생기거나 쉽게 부서지기 때문에 물을 뿌려가며 활동을 진행한다. 유 유아들이 사용하는 짚(풀)에 이물질이 들어가지 않도록 한다.

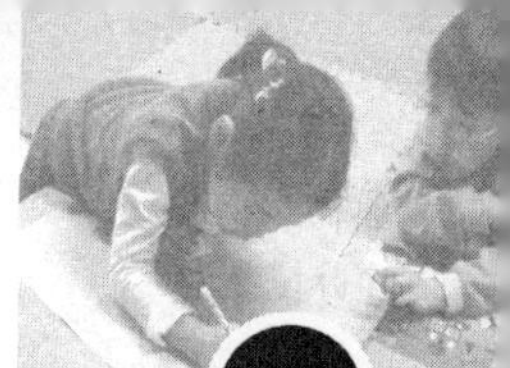

		[전개] **3. 나무와 짚(풀)을 소개해 주며 탐색한다.** T: 어떤 소리가 나나요? T: 손과 발로 만져보면 어떤 느낌인가요? T: 짚(풀) 위에 누워 보자. 어떤 느낌인가요? **4. 나무와 짚(풀)을 이용하여 만들 수 있는 것에 대해 생각해 보고 직접 만들어 본다.** T: 왜 짚으로 이런 것들을 만들었을까요? T: 좋은 점은 무엇일까요? **5. 우리가 만든 나무와 짚(풀) 놀잇감, 새끼줄을 이용하여 놀이한다.** T: 우리가 만든 나무와 짚(풀) 놀잇감, 새끼줄을 이용하여 어떤 놀이를 할 수 있을까요? [마무리] **6. 나무와 짚(풀)으로 만든 놀잇감을 이용하여 놀이한 느낌에 대해 이야기 나눈다.** T: 어떤 놀잇감을 만들었나요? T: 여러 놀잇감을 만들고 새끼도 꼬아봤는데 어땠나요? T: 또 무엇을 만들 수 있을까요? T: 나무와 짚(풀)으로 만든 놀잇감을 가지고 놀이해 보니 어땠나요?	
13:40-14:00 하루 평가 및 귀가지도	· 자신의 느낌과 생각을 적절하게 표현한다.	**[평가 및 귀가지도]** · 하루 일과를 회상해 보고 생각과 느낌, 기분을 이야기 나눈다. T: 오늘 유치원에서 어떤 활동을 했었나요? T: 오늘 재미있었던 활동은 무엇이었나요? · 내일의 활동에 대해 알아본다. · 차를 탈 때와 걸을 때의 지켜야 할 안전규칙에 대해 이야기 나눈다. · 선생님과 친구들과 인사를 한 후 귀가한다.	
총평			

5. 단위 교육계획안-① 작성사례

<table>
<tr><td>생활주제</td><td>우리나라</td><td>주제</td><td>우리나라의
놀이와 예술</td><td>소주제</td><td>우리나라의
노래와 춤 경험하기</td></tr>
<tr><td>대상</td><td>만 4세</td><td>활동유형</td><td>동화</td><td>활동형태</td><td>대집단</td></tr>
<tr><td>활동명</td><td>아무도 모를 거야
내가 누군지</td><td>소요시간</td><td>15분</td><td>수업교사</td><td>OOO</td></tr>
<tr><td>활동목표</td><td colspan="5">· 동화의 내용을 이해하고 바른 태도로 듣는다.
· 동화를 통해 탈의 상징적 의미를 안다.
· 동화를 듣고 다양한 탈의 종류에 대해 관심을 갖는다.</td></tr>
<tr><td>누리과정
관련요소</td><td colspan="5">· 의사소통 : 듣기 - 동요, 동시, 동화 듣고 이해하기
말하기 - 느낌, 생각, 경험 말하기
· 사회관계 : 사회에 관심 갖기 - 우리나라에 관심 갖고 이해하기</td></tr>
<tr><td>창의 · 인성
관련</td><td colspan="5">· 창의성 : 동기적 요소- 호기심 · 흥미
· 인성 : 존중-자신과 전통문화에 대한 존중</td></tr>
<tr><td>활동자료</td><td colspan="5">낱장동화 - '아무도 모를 거야. 내가 누군지'(김향금 저, 이혜리 역 | 보림 | 2006. 04. 06), 동화 봉투, 동화 상자</td></tr>
<tr><td>시간
/단계</td><td colspan="4">교수 · 학습 활동</td><td>자료 및 유의점</td></tr>
<tr><td>도입</td><td colspan="4">1. 동화의 표지를 보며 이야기 나눈다.
T: 동화 표지에 어떤 그림이 있나요?
C: 부채요./ 탈이 있어요.
T: 부채도 있고요, 탈도 있어요.
T: 탈의 표정이 어떤 거 같아요?
C: 무섭게 생겼어요./ 재미있어요. / 화내고 있는 거 같아요. / 웃고 있어요.
T: 그렇게 생각하는구나.
T: 이 그림을 보면 어떤 제목을 붙여 줄 수 있을까요?
C: 빨간 부채 초록 부채요./ 탈이요.
T: 동화의 제목은 '아무도 모를 거야, 내가 누군지'에요.
T: 어떤 내용의 동화인지 잘 들어 보도록 해요.</td><td></td></tr>
<tr><td>전개</td><td colspan="4">2. 동화 『아무도 모를 거야, 내가 누군지』를 감상한다.
T: 동화 나와라 뚝딱</td><td></td></tr>
</table>

	활동 내용		비고
전개	C: 동화 나와라 뚝딱		
	동화 내용		
		김향금 저, 이혜리 역 | 보림 | 2006	* 도서 출처 김향금 저, 이혜리 역 | 보림 | 2006
		"빨리 빨리, 시간 없어." 아빠는 아침마다 소리칩니다. 엄마는 한 손으로 건이의 머리를 빗기고, 한 손으로 계란을 부칩니다. 결국 엄마는 외갓집에 전화를 합니다. "저희는 요즘 너무너무 바빠요. 한 달만 우리 건이 좀 맡아 주세요."	재 입체 낱장동화
		열 밤씩 세 번만 자고 온다던 엄마 아빠가 오늘도 오지 않자, 건이는 심술을 잔뜩 부렸어요. 장난이 좀 심했지요?	유 동화장면마다 생동감을 살려 주도록 입체로 제작하여 유아의 흥미를 이끌어 준다.
		이번에는 할머니도 화내실 것 같고, 깔끔한 할아버지가 아시면 정말 혼이 날 것 같아 건이는 숨을 곳을 찾았습니다. 할아버지 방 다락방에 들어간 건이, 어두 컴컴한 다락방에는 온갖 잡동사니와 할아버지가 만든 틀이 많았어요.	
		혹시 귀신이 나올까 무서워하던 건이는 눈이 어둠에 익자 재밌는 생각이 났어요. "탈을 쓰면 아무도 모를 거야, 내가 누군지." 건이가 무섭게 생긴 네눈박이 탈을 쓰고 부리부리한 눈알을 떼굴떼굴 굴리자, 힐끔거리던 귀신들이 어이쿠, 무서워하고 도망쳤어요.	유 동화 속 탈의 특징이 잘 드러날 수 있도록 들려준다.
		붉은 얼굴에 굵은 점이 다다닥, 두툼한 눈썹 아래 왕방울 눈이 떼떼굴, 길다란 주먹코에 썩은 이빨이 듬성듬성한 말뚝이탈을 쓰고, 방귀를 뿡뿡 뀌면서 으스대는 나리님들을 골려 주니, 하하~ 재미있습니다.	

<table>
<tr><td>전개</td><td>
<table>
<tr><td></td><td>"아무도 모를 거야, 내가 누군지."</td></tr>
<tr><td></td><td>이번에는 의젓한 양반탈을 골랐어요.
할짝 웃는 실눈은 움푹, 둥그런 주먹코는 불쑥,
턱은 덜걱덜걱 제멋대로 움직이는 양반탈을 쓰고
"공자왈~ 맹자왈~." 점잔을 빼며,
"아무도 모를 거야, 내가 누군지."</td></tr>
<tr><td>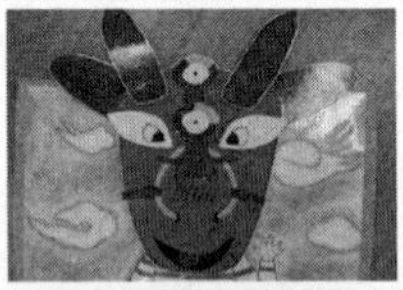</td><td>짚으로 싼 머리, 짚신으로 만든 혀,
광목으로 만든 고삐, 짚을 꼬아 만든 뿔.
소탈을 쓴 건이는 놀이에 빠집니다.
"아무도 모를 거야, 내가 누군지."</td></tr>
<tr><td></td><td>초승달 같은 눈썹에 앵두 같은 입술, 연지 곤지 찍은 예쁜 각시탈을 쓰니
엄마 생각이 났어요.
"정말 아무도 모를 거야, 내가 누군지."</td></tr>
<tr><td></td><td>그때 할머니가 건이를 부르는 소리가 들렸어요.
"건이야, 우리 건이 어디 있니?"
건이는 이제 그만 다락방에서 나가고 싶어졌어요.
하지만 그냥 나갈 수는 없지요.
한 번만 더 부르면, 나갈텐데…
건이가 바깥으로 나가려고 살금살금 기어서 다락문을 살짝 열고 바깥을 엿보는데,
"하~하~할-머-니! 어, 엄마 아빠!"
건이는 가족의 품으로 달려갔습니다.</td></tr>
</table>
T: 동화 들려주셔서 감사합니다.
C: 감사합니다.
3. 동화를 듣고 난 후, 동화내용에 대해 이야기를 나눈다.
T: 동화를 듣고 어떤 느낌이 들었나요?
C: 나도 탈을 쓰고 싶었어요./ 재미있었어요.
T: 동화 속에서 건이는 할아버지, 할머니한테 혼날까봐 어디로 숨었지요?
C: 다락방에 들어갔어요.
T: 다락방에 들어간 건이는 무엇을 보았나요?
C: 탈들을 보았어요./ 옷이 있었어요./ 항아리요./ 예쁜 꽃병도 있었어요.
</td><td></td></tr>
</table>

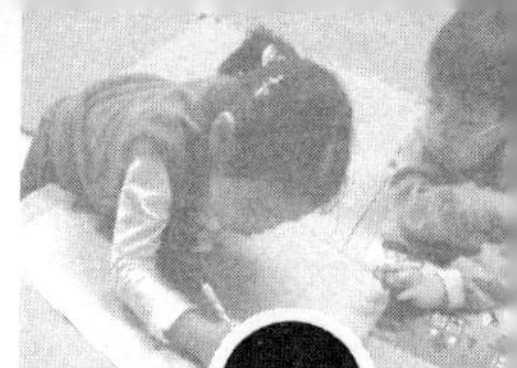

	T: 다락방에서 건이는 어떤 놀이를 하였나요? C: 탈을 쓰고 놀았어요. T: 건이는 여러 가지 탈을 써 보면서 '아무도 모를 거야, 내가 누군지' 라고 말했는데 왜 이렇게 말했을까요? C: 얼굴이 변신을 해서요./ 탈이 얼굴을 가려서요. T: 건이는 각시탈을 쓰고 예쁜 각시가 되어 보기도 하였고, 소탈을 쓰고선 느릿느릿 힘이 센 소가 되어 보기도 하였어요. T: 그럼 양반탈을 쓰면 어떻게 될까요? C: 아빠처럼 무서울 것 같아요./ 공자왈 맹자왈 해요. T: 네눈박이탈을 쓰면 어떻게 될까요? C: 눈이 네 개가 생겨서 여기저기 볼 수 있어요. T: 마지막으로 말뚝이탈을 쓰면 어떻게 될까요? C: 말뚝이탈은 입이 커서 많은 음식을 먹을 수 있어요. (융판에 그림카드를 붙여 보며 이야기 나눈다.) T: 이렇게 탈은 얼굴을 가리고 다른 사람이 되거나 동물이 되어 흉내를 내 볼 수 있는 도구에요. **4. 동화 속 그림만 보며 동화내용을 회상한다.** T: 이번에는 소리를 듣지 않고 누가 나왔는지 어떤 탈들이 나왔었는지 마음 속으로 생각하면서 그림을 보도록 해요. C: 네.	
마무리	**5. 느낌에 관해 이야기를 나눈다.** T: 오늘 선생님이 들려준 동화의 제목이 무엇이었나요? C: '아무도 모를 거야, 내가 누군지.' T: '아무도 모를 거야, 내가 누군지'라는 동화를 들어 보았는데, 건이는 왜 아무도 모른다고 했을까요? C: 탈을 썼으니까요. T: 왜 탈을 쓰면 아무도 모를까요? C: 탈을 쓰면 내 얼굴이 안보이니까요./ 그 모습으로 변할 수 있어요. T: 탈을 쓰면 동물도 될 수 있고, 사람도 될 수 있지요. 그래서 부끄럽지 않게 다양한 표현을 해 볼 수 있어요. **6. 다음 활동을 소개한다.** T: 우리 다음 시간에는 선생님이랑 '탈춤놀이' 노래를 함께 배워 볼 거예요.' 이 노래에도 탈이 나온데, 어떤 탈이 나오는지 조금 후에 함께 알아봐요. T: 이제 화장실 가서 손씻고 점심 먹으러 모이도록 해요.	
활동 평가	1) 동화를 주의 깊게 듣고 내용을 이해하는지 평가한다. 2) 탈의 상징적 의미에 대해 아는지 평가한다. 3) 다양한 종류의 탈에 관심을 보이는지 평가한다.	

확장 활동	1. 다양한 종류의 탈을 만들어 본다. 2. 탈의 특징에 따라 이름을 유아들이 직접 지어 볼 수 있다. 3. 동화 뒷이야기짓기 활동을 전개해 본다.
참고자료	· 만 4세 누리과정 지도서-제8권 '우리나라' · '아무도 모를 거야. 내가 누군지'(김향금 저, 이혜리 역 | 보림 | 2006)

단위 교육계획안-② 작성사례

생활주제	우리나라	주제	우리나라의 놀이와 예술	소주제	우리나라의 노래와 춤 경험하기
대상	만 4세	활동유형	음악-새노래	활동형태	대집단
활동명	탈춤놀이	소요시간	15분	수업교사	○○○
활동목표	· 새노래를 통해 탈춤에 관심을 갖는다. · 음악에 맞추어 노래를 부른다.				
누리과정 관련요소	· 예술경험 : 예술적 표현하기 - 음악으로 표현하기 · 신체운동 · 건강 : 신체 인식하기 - 신체를 인식하고 움직이기				
창의 · 인성 관련	· 창의성 : 동기적 요소 - 호기심 · 흥미 · 인성 : 존중-자신과 전통문화에 대한 존중				
활동자료	탈을 쓴 손 인형, 탈춤놀이(노래: 예쁜 아이들, 작사: 정구성. 작곡: 이성동), 가사판, 키보드, 소고				
시간 /단계	교수 · 학습 활동				자료 및 유의점
도입	**1. 탈을 쓴 손 인형으로 유아들의 흥미를 유발한다.** T: 우리반에 새로운 친구가 놀러왔대요. 우리 함께 하나, 둘, 셋 하면 '친구야, 나와라.'하고 불러 볼까요? 하나, 둘, 셋. C: 친구야 나와라. T: (손 인형이 나오며) 얘들아 안녕 만나서 반가워 나는 '탈돌이'라고 해. C: 안녕 탈돌아./ 우와 탈을 썼어. T: 너희들 내가 쓰고 있는 탈이 어떤 탈인지 아니?				자 탈을 쓴 손 인형 (탈돌이) 유 유아들이 탈춤과 노래에 관심을 가지도록 흥미를 유발한다.

	C: 뭐지? / 책에서 본 거 같은데, / 무슨 탈이야? T: 이 탈은 우리나라 전통 탈 중 하나인 하회탈이야. 나는 탈을 쓰고 탈춤을 추는 것이 정말 좋아. 그런데 너희들 탈춤이 무엇인지 아니? C: TV에서 봤어/ 엄마랑 민속촌 가서 봤어/ 탈을 쓰고 추는 춤인 거 같아. T: 탈춤은 얼굴에 탈을 쓰고 추는 우리나라 전통춤이야. T: 오늘 선생님과 탈춤과 관련된 "탈춤놀이" 라는 노래를 배운대. 잘 배워서 나와 함께 노래 부르면서 탈춤을 춰 보자. T: 그럼 난 이만 탈춤 추러 가봐야겠다. 선생님이랑 노래 재밌게 배워, 안녕.	
전개	**2. 새노래 탈춤놀이를 소개하고 노랫말을 알려 준다.** T: 우리반에 어떤 친구가 왔다 갔지요? C: 탈돌이요. T: 탈돌이가 오늘 배울 새 노래의 제목을 알려주었는데, 무엇이었죠? C: 뭐였지?/ 탈춤놀이요. T: 그래요. 오늘 배울 노래의 제목은 탈춤놀이예요. 어떤 노래인지 선생님이 노랫말을 이야기로 들려줄게요. <탈춤놀이 노랫말> 미운 얼굴 고운 얼굴 탈 하나에 가려 두고 어른아이 한데 어울려 탈춤놀이 하여 보자 탈춤판을 벌려보자 탈춤판을 벌려 보자 탈춤놀이 재미있다 탈춤놀이 재미있다 신명나게 풀어놓는 탈춤놀이 한마당 **3. 교사가 피아노 반주로만 음과 멜로디를 들려준다.** T: 선생님이 탈춤놀이 노래를 피아노 반주로 들려줄게요. 노랫말을 보면서 멜로디를 들어 보세요. **4. 교사가 피아노 반주에 맞추어 노래를 불러 준다.** T: 이번에는 선생님이 피아노 반주를 하면서 노래를 불러 줄게요. T: 노래 들어 보니, 노래의 느낌이 어때요? C: 신나요./ 어깨가 움직여요./ 자유선택활동 시간에 들어 봤어요. **5. 교사가 한 소절을 부르면 유아가 따라 불러 본다.** T: 이제 선생님과 노래를 불러 볼 건데, 선생님이 한 줄을 부르면 어린이들도 한 줄을 따라서 불러 볼게요.	자 키보드, 탈춤놀이 가사판(그림자료) 유 유아들이 다양한 방법으로 노래를 듣고, 불러 보도록 한다.

전개	 **6. 교사와 유아가 노래 전체를 다같이 불러 본다.** T: 어린이들이 노래를 잘 불러 주어서, 이제 노래 전체를 다함께 불러 보도록 할게요. **7. 교사와 유아가 노래를 나누어서 불러 본다.** T: 이번에는 선생님과 어린이들이 나누어서 노래를 불러 볼거예요. 어떻게 나누어서 불러 볼 수 있을까요? C: 색깔별로 불러 보아요. / 반 나눠서 불러요. **8. '탈춤놀이' 노랫말에 맞춰 신체로 표현해 본다.** T: 이번에는 "탈춤판을 벌려 보자", "탈춤놀이 재미있다"의 부분에서, 탈춤을 추는 것처럼 몸으로 움직이면서 노래를 불러 볼 거예요. 어떻게 움직일 수 있을까요? C: 어깨를 움직여요/ 탈춤 추는 것처럼 팔을 움직이고 싶어요./고개를 흔들어요. T: 그럼 어린이들이 자유롭게 움직이면서 노래를 불러보도록	

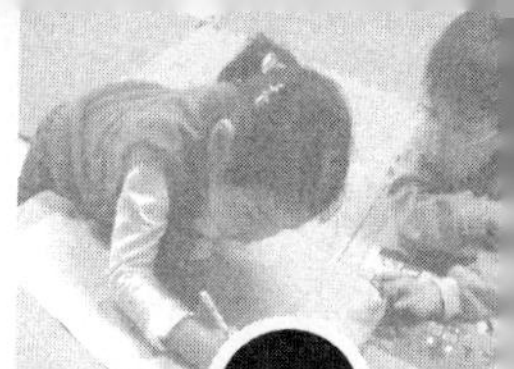

	할게요. T: 선생님 '제가 나와서 율동을 하면서 노래 불러 볼래요.' 하는 어린이가 있나요? 앞으로 나와서 율동하고 싶은 어린이는 손을 들어 주세요. C: (율동을 하고 싶은 어린이는 앞으로 나온다.) T: 노란색 가사 부분에는 손 허리를 하고 불러 볼까요?	
마무리	**9. 활동을 평가하고, 다음 활동을 소개한다.** T: 오늘 선생님과 탈춤과 관련된 노래를 배웠어요. 노래의 제목이 무엇이었나요? C: 탈춤놀이요 T: '탈춤놀이' 노래를 듣고, 불러 보았어요. 오늘 활동을 하면서 어떤 생각이 들었나요? C: 신나요./또 부르고 싶어요. T: 혹시 노래를 배우면서 힘들었던 점은 무엇이었나요? C: 노래가 빨라서 숨을 쉬기 힘들었어요./ '탈춤놀이 한마당' 부분 부르기 어려웠어요. T: 그럼, 노래를 배우면서 재밌었던 점은 무엇이었나요? C: 노래하면서 율동해 본 게 재미있었어요. / '탈춤판을 벌려 보자.' 부분을 부르는 게 좋았어요./선생님이랑 노래 나눠 불러서 좋았어요. T: 우리반 어린이들 모두 탈춤놀이 음악에 맞추어서, 노래도 율동도 열심히 해 주었어요. T: 오늘 배운 탈춤놀이 CD와 가사판은 어느 영역에 놓아 두면 좋을까요? C: 음률영역이요. T: 그래요. 선생님이 음률영역에 준비해 놓을게요. 이제 점심 먹고 실외놀이터에서 나가서 탈춤놀이 노래에 맞추어 탈춤을 춰 볼게요. T: 우리반 어린이들 모두 화장실에 다녀오세요.	유 유아들이 노래를 배우면서 느낌과 생각을 이야기하며 정리한다.
활동 평가	1) 탈춤에 관심을 갖는지 평가한다. 2) 음악에 맞추어 노래를 부르는지 평가한다.	
확장 활동	1. 탈춤을 추어 본다. 2. 노래가 익숙해지면 국악기를 이용하여 연주해 본다.	
참고자료	· 만 4세 누리과정 지도서-제8권 '우리나라' · 탈춤놀이(노래: 예쁜 아이들, 작사: 정구성. 작곡: 이성동) · 네이버 이미지 검색 · 키드키즈 http://www.kidkids.net/ · 꼬망세 http://www.edupre.co.kr/	

단위 교육계획안-③ 작성사례

생활주제	우리나라	주제	우리나라의 놀이와 예술	소주제	우리나라의 옛 그림 감상하기
대상	만 4세	활동유형	이야기나누기	활동형태	대집단
활동명	파적도 보고 이야기하기	소요시간	15분	수업교사	○○○
활동목표	· 전통 그림에 관심을 가지고 감상한다. · 그림을 보고 그림에 대한 느낌을 말할 수 있다.				
누리과정 관련요소	· 예술경험 : 예술 감상하기 - 전통예술 감상하기 · 의사소통 : 말하기 - 느낌, 생각, 경험 말하기				
창의 · 인성 관련	· 창의성 : 인지적 요소 - 문제해결력 · 인성 : 존중 - 자신과 전통문화에 대한 존중				
활동자료	명화 감상 자료(피카소의 '파이프를 든 소년과, 김홍도의 '무동'), 한지상자, 파적도 자료(김득신 그림), 이야기 꾸미기 활동자료, 음향 CD				
시간 /단계	교수 · 학습 활동				자료 및 유의점
도입	**1. 현대의 그림과 우리나라의 옛 그림을 보고 비교해 본다.** T: 선생님이 그림 2개를 준비해 왔어요. 어떤 그림인지 우리 한 번 같이 볼까요? (피카소의 '파이프를 든 소년', 김홍도의 '무동' 사진을 붙인다.) T: 우리가 그림을 보니, 이 그림들이 조금 달라요. 어떤 점이 다른가요? C: 이건 색이 많고, 저건 색이 많이 없어요./ 이건 사람이 한 명 있고, 다른 것은 사람이 아주 많아요./ 손에 들고 있는 것이 달라요. T: 다양한 생각을 가지고 있네요. 그런데 다른 점이 한 가지 더 있대요. 이 그림(피카소의 '파이프를 든 소년')은 피카소가 그린 '파이프를 든 소년'이라는 현대 그림이고, 이 그림(김홍도의 '무동')은 김홍도라는 사람이 그린 옛 그림이에요. 오늘은 우리나라의 옛 그림을 보고 이야기를 나눌 거에요.				재 피카소의 '파이프를 든 소년', 김홍도의 '무동'
	2. 그림의 퍼즐을 맞추어 보고, 그림 속에 무엇이 등장했는지 말해 본다. T: 그림을 보니 비어 있는 곳이 있어요. 선생님이 가져온 상자 속에				재 김득신 '파적도'

전개	서 그림의 조각을 찾아 완성시켜 주세요. 앞으로 나와서 그림을 완성시켜 주고 싶은 어린이는 손을 들어 주세요. C: (유아가 나와서 그림퍼즐을 붙인다.) T: 그림이 모두 완성되었네요. 그림 속에는 무엇이 그려져 있나요? C: 병아리/고양이/닭/아줌마와 아저씨요. **3. 유아들과 함께 그림의 제목을 생각해 본다.** T: 병아리, 고양이, 닭, 아줌마, 아저씨가 그려져 있어요. 이 그림의 제목은 무엇일까요? C: 고양이를 잡아라./ 여보, 넘어지지 마요./ 우당탕탕/ 고양아, 이리 와. T: 그렇게 생각하는군요. / 정말 재미있는 생각을 해 주었어요. **4. 그림의 제목과 뜻을 함께 알아본다.** T: 이 그림은 김득신이라는 화가가 그린 '파적도'라는 그림이에요. 왜 '파적도'라고 제목을 지었을까요? C: 아저씨가 들고 있는 막대가 파처럼 생겨서요./ 닭이 날개를 파닥파닥거려서 파적도라고 했어요. T: '파적도'는 조용했다가 갑자기 시끄러워진 것을 보고 그린 그림이에요. 왜 갑자기 시끄러워진 것일까요? C: 고양이가 병아리를 물고 가서요./ 동물이랑 사람들이 여기저기 움직이고 있어서요. T: 그래요. 어린이들이 말한 것처럼 고양이가 병아리를 물고 가서, 시끄러워진 것을 보고 그렸어요. **5. '파적도'에 나오는 음향자료를 듣고, 유아가 '파적'의 의미를 이해할 수 있도록 한다.** T: 선생님이 그림 속 소리를 들려줄게요. 어떤 소리가 들리는지, 어떤 느낌이 드는지 생각해 보세요. C: (음향자료를 듣는다.) T: 그림 속에서 어떤 소리가 들렸나요? C: 고양이 소리요./ 닭소리요./ 병아리소리요. T: 소리를 들으니까 어떤 느낌이 들었어요? C: 너무 시끄러워졌어요. T: 그렇구나, 조용하다가 갑자기 시끄러운 소리가 들렸어요. 어린이들은 갑자기 시끄러워진 것을 경험해 본 적이 있나요? C: 교실에 있는데 갑자기 밖에서 큰 소리가 났어요./ 자고 있는데 동생이 갑자기 울어서 깜짝 놀랐었어요./ 놀러갔는데 폭죽 소리가 났어요. T: 이렇게 많은 경험이 있었군요.	 [재] 파적도 그림, 음향 CD [유] 명화 감상 자료는 적어도 A4크기 이상으로 제시하며, 그림이 깨지거나 왜곡되지 않도록 프린트하여 사용한다. [유] 교사는 유아와 함께 이야기짓기에 참여하여, 이야기 흐름이 잘 구성될 수 있게 돕는다.

<table>
<tr>
<td>전개</td>
<td>
6. 유아와 함께 그림을 자세히 살펴본다.
T: 이 그림 속의 아저씨, 아주머니, 동물들 모두 가만히 있지 않고, 움직이고 있어요.
T: 어떻게 움직이고 있나요?
C: 아저씨가 넘어지고 있어요./
아주머니가 아저씨를 잡아 주는 것 같아요.
7. 그림을 보고 그림 속 이야기를 꾸며 본다.
T: 이번에는 우리가 김득신 화가가 되어서 이야기를 만들어 보아요.
7-1) 그림 속 사람들과 동물들이 각각 어떤 말을 하였을지 상상하여, 말하여 본다.
T: 아저씨는 넘어지면서 어떻게 말했을까요?
C: 우리 병아리 내놔라./ 고양이 너.
T: 왜 그렇게 말했을까요?
C: 고양이가 병아리를 물고 가서, 아저씨가 고양이를 쫓아내요.
T: 그럼 동물들은 어떻게 말했을까요?
C: 병아리가 닭을 보면서 ‘엄마 우리 형 어떻게 해요.’ 했을 것 같아요.
7-2) 1)번 활동을 토대로 전체적으로 간략한 이야기를 꾸며 본다.
T: 그림 속 사람들과 동물들이 되어서 말하여 보았어요.
왜 그렇게 말을 하였는지 이야기해 볼까요?
C: 고양이가 병아리를 물고 갔어요. /닭이 병아리를 지키려고 꼬꼬댁했어요. / 아저씨가 고양이를 잡으려고 해요. / 아저씨가 넘어지려고 해요. / 아줌마가 도와주려고 해요.
T: 우리 어린이들이 말한 것을 선생님이 이야기로 들려줄게요.
T: ‘고양이가 병아리를 물고 가서, 닭이 크게 소리치고,
그 소리를 들은 아저씨는 고양이를 잡으려고 했지요.
그런데 그만 넘어지려고 해요.
옆에 있던 아주머니는 아저씨가 넘어지지 않도록 도와 주어요.’
라고 함께 이야기를 만들어 보았어요.
<table>
<tr><th colspan="2">명화 소개 - 파적도</th></tr>
<tr><td></td><td>18세기 작. 종이 바탕에 담채. 크기는 22.5×27.1cm이며, 간송미술관에 소장되어 있다. 이 그림은 어느 한적한 농가의 앞뜰에서 일어난 한 순간의 정경을 담은 그림으로 병아리를 물고 달아나는 고양이와 당황하여 날개치는 어미닭, 혼비백산하여 달아</td></tr>
</table>
</td>
<td></td>
</tr>
</table>

<table>
<tr><td>전개</td><td>
<table>
<tr><td></td><td>나는 병아리, 그리고 병아리를 안 빼앗기려 하는 주인 부부의 거의 본능적인 모습 등을 실감나게 그리고 있다. 이러한 점에서 '적막을 깬다.'라는 뜻의 파적도라는 작품명은 그림의 표현을 잘 표현해 준다고 볼 수 있다. 또 구도면에서도 시선을 달아나는 고양이에게 쏠리게 하고, 달아나는 고양이의 시선을 이와 교차시켜 양편의 긴장감을 유발시키고 있는 점 등은 매우 절묘하며, 화면 전체에 흐르는 해학적 분위기의 창출 등은 그의 독자적인 풍속화 세계의 정수를 잘 보여주고 있다. 그의 대표작 가운데 하나이다.
*자료출처: 네이버 지식백과(두산백과)</td></tr>
</table>
<table>
<tr><th colspan="2">작가 소개-김득신</th></tr>
<tr><td></td><td>풍속화가로 널리 알려져 있으며, 이밖에 도석인물 및 산수·영모도 잘 그렸다. 각 분야에 걸쳐 김홍도의 영향을 크게 받았으며, 풍속화의 경우 더욱 두드러진다. 특히, 김홍도의 후기 화풍을 계승하면서 산수를 배경으로 더 삽입시켰다.
또 해학적 분위기와 정서를 좀 더 가미하여 그에 못지않은 역량을 발휘하였다. 그는 풍속화에서 김홍도의 전통을 이은 대표적 화가로 손꼽히고 있을 뿐 아니라, <곽분양행락도>와 같은 공필의 고사도를 남기고 있어 보다 다양한 일면을 보이고 있다. 산수와 영모에서도 서정성 높은 작품을 남겼다.
대표작으로는 <파적도>(간송미술관 소장), <풍속화첩>, <귀시도>, <풍속팔곡병>, <오동폐월도>, <신선도> 등이 있다.</td></tr>
</table>
</td><td></td></tr>
</table>

마무리	**8. 사후 활동과 다음 활동을 소개하며 마무리한다.** T: 오늘 그림을 보면서 정말 많은 이야기를 나누었어요. 어린이들이 그림을 보고 이렇게 많은 이야기를 나누어 주어서, 김득신 화가도 정말 기분이 좋을 것 같아요. T: 파적도를 보면서 이야기를 나누어 보니 어떤 느낌이 들었나요? C: 그림이 정말 재미있어요. / 그림이 시끄러워요. / 그림이 바빠 보여요. T: 이 그림은 언어영역에 가져다 놓을게요. 그리고 선생님이 말풍선과 보드마카를 준비했어요. T: 말풍선, 보드마카를 가지고 어떤 활동을 할 수 있을까요? C: 무슨 말을 하는지 쓰고 싶어요./ 저는 편지를 쓰고 싶어요. T: 그래요. 어린이들이 말풍선에 여러 가지 생각을 적어 주면 좋을 것 같아요. 혹시 생각을 적다가 어려운 것이 있으면, 선생님에게 이야기해 주세요. T: 다음 활동은 자유선택활동 시간이에요. 이제 화장실에 다녀오고, 자유롭게 놀이 시작하세요.	자 '파적도 이야기 꾸미기' 활동자료 유 교사는 유아와 함께 이야기짓기에 참여하여, 이야기 흐름이 잘 구성될 수 있게 돕는다.
활동 평가	1) 전통 그림에 관심을 가지고 감상하는가? 2) 그림을 본 느낌과 그림 속 동물과 사람들의 모습을 말로 표현하는가?	
확장 활동	1) 파적도 그림을 감상한 후 언어영역에서 조용하던 분위기가 갑자기 깨져 버린 상황을 그림으로 그려 'ㅇㅇㅇ의 파적도' 그림을 그려 본다. 2) 파적도 그림을 A4용지에 인쇄하여 각 인물들의 말풍선을 그려 주어 말풍선 채우기를 해 보고, 책으로 엮어 언어 영역에 제시한다. 글쓰기를 어려워하는 유아는 교사가 도와 준다.	
참고자료	· 만 4세 누리과정 지도서-제8권'우리나라' · 개정 6차원 유치원지도서-제5권 동식물과 자연 · 유치원 교육과정 심화 운영을 위한 유아 전통예술교육 프로그램 · 네이버 지식백과(한국민족문화대백과, 한국학중앙연구원) http://navercast.naver.com/ · 네이버 문화원형백과(한국학중앙연구원) http://terms.naver.com/	

6. 교재 · 교구 제작서-① 작성사례

교구명	아무도 모를 거야, 내가 누군지	활동유형	동화
활동목표	·동화의 내용을 이해하고 바른 태도로 듣는다. ·동화를 통해 탈의 상징적 의미를 안다. ·동화를 듣고 다양한 탈의 종류에 대해 관심을 갖는다.		
재료	동화책 - **아무도 모를 거야, 내가 누군지**(김향금 저, 이혜리 역 | 보림 | 2006), 칼, 가위, 풀, 픽사티브, 제본테이프, 우드락 커터기, 펀치, 벨크로테이프, 우드락, 색지, 하드보드지, 투명시트지, 한지, 색연필, 파스텔, 네임펜, 연필, 지우개, 양면테이프, 낚싯줄, 투명테이프 코팅지, 소프트 펠트지, 실, 바늘, 단추, 동화 탈 사진		
제작방법	**동화** ① 4절 흰 도화지에 원본 동화책 - '아무도 모를 거야, 내가 누군지'(김향금 저, 이혜리 역 | 보림 | 2006. 04. 06)를 참고하여 연필로 동화 속 장면의 밑그림을 그린다. ② 파스텔, 색연필로 채색한 후 픽사티브를 뿌린다. ③ 건조시킨 후 ①을 4절 하드보드지 위에 붙인다. ④ ③을 투명시트지로 싼다. ⑤ 동화 속 주인공 - '건이'의 머리 부분에 벨크로테이프를 부착한다. ⑥ 노란색 제본테이프로 ④의 테두리를 감싼다. ⑦ ⑥뒤에 동화 내용을 코팅하여 붙인다.	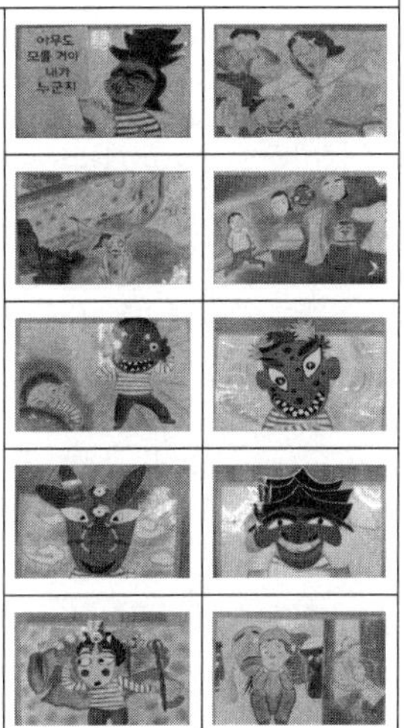	
	탈 ① 4절 흰 도화지에 원본 동화책 - '아무도 모를 거야, 내가 누군지'(김향금 저, 이혜리 역 | 보림 | 2006. 04. 06)를 참고하여 연필로 탈의 밑그림을 그린다. ② ①을 가위로 오린 후, 그 위에 색지를 이용하여 탈을 꾸민다. ③ ②를 코팅한다. ④ 우드락 위에 ③를 양면테이프로 붙인다. ⑤ ③모양에 따라 가장자리에 남은 우드락을 우드락 커터기를 이용하여 자른다.		

<table>
<tr><td></td><td>⑥ ⑤뒤에 벨크로테이프를 붙인다.</td><td></td></tr>
<tr><td></td><td>동화 보관용 봉투
① 소프트 펠트지를 48×59cm로 1장 자른다.
② 소프트 펠트지를 60×59cm로 1장 자른다.
③ ②의 펠트지 위에 ①를 가지런히 놓고 ⊔ 형태로 가장자리를 홈질한다.
④ 바느질하지 않은 윗부분의 ②가 ①위에 오도록 접는다.
⑤ 접힌 ②의 가장자리 중앙에 단추를 단다.</td><td>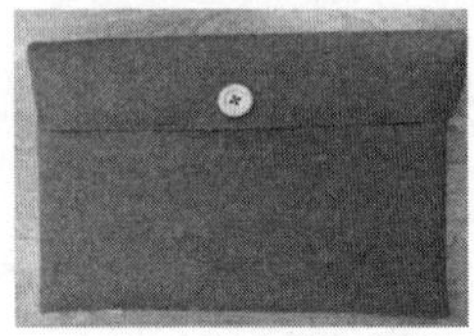</td></tr>
<tr><td></td><td>동화 상자
① 우드락을 50×56.5cm의 크기로 1개 자른다.
② 우드락을 50×6cm의 크기로 2개 자른다.
③ 우드락을 56.5×6cm의 크기로 2개 자른다.
④ ①의 가장자리에 ②→③→②→③ 순서로 세워서 글루건으로 고정한다.
⑤ ④의 겉과 안을 한지로 감싼다.
⑥ 검정색 마스킹 테이프로 상자 테두리를 감싼다.</td><td></td></tr>
<tr><td></td><td>동화 속 탈 그림 카드
① 제작한 탈을 사진 찍는다.
② ①을 프린트하여 탈 모양만 오려 낸다.
③ 코팅한다.
④ ③뒤에 벨크로테이프를 붙인다.</td><td></td></tr>
<tr><td>활동방법</td><td colspan="2">1. 동화의 표지를 보며 이야기 나눈다.
2. 동화를 들려준다.
3. 동화 속 그림만 보며 동화 내용을 회상한다.
4. 동화를 듣고 난 후 동화 내용에 대해 이야기를 나눈다.
5. 활동을 평가한다.</td></tr>
<tr><td>참고자료</td><td colspan="2">· 만 4세 누리과정 지도서-제8권 '우리나라'
· '아무도 모를 거야. 내가 누군지'(김향금 저, 이혜리 역 | 보림 | 2006. 04. 06)</td></tr>
</table>

교재 · 교구 제작서-② 작성사례

<table>
<tr><td>교구명</td><td>'탈춤놀이' 가사판</td><td>활동유형</td><td>음악</td></tr>
<tr><td>활동목표</td><td colspan="3">·탈춤에 관심을 갖는다.
·음악에 맞추어 노래를 부른다.</td></tr>
<tr><td>재료</td><td colspan="3">포스터 물감(갈색, 노란색), 종이 모형 양반탈, 붓, 고무줄, 니스
우드락, 한지, 벨크로테이프, 접착 스프레이, 그림 가사, 양면테이프, 가위, 풀</td></tr>
<tr><td rowspan="2">제작방법</td><td colspan="2">탈
① 포스터 컬러물감 갈색, 노란색 2 : 1비율로 섞는다.
② 종이 모형 양반탈에 ①을 붓으로 칠한다.
③ 그늘진 곳에서 말린다.
④ 마른 탈 위에 검정색 포스터 물감을 이용하여 붓으로 눈썹 부분을 색칠한다.
⑤ 그늘진 곳에서 말린다.
⑥ 말린 탈에 니스를 바른다.
⑦ 탈 뒤에 고무줄을 연결한다.</td><td></td></tr>
<tr><td colspan="2">가사판
① 우드락을 73×42cm로 1개 자른다.
② ①에 접착 스프레이를 뿌린 후 황토색 한지로 감싼다.
③ 가사를 82pt로 프린트하여 29×4cm로 자른다.
④ 우드락을 31×5cm로 1개 자른다.
⑤ ④를 노란색, 빨간색, 파란색 한지로 감싼다.
⑥ ⑤위에 ③을 3cm 간격으로 풀을 이용하여 붙인다.
⑦ 그림 가사가 들어갈 공간에 벨트로테이프를 붙인다.
⑧ 우드락을 78×61cm로 1개 자른다.
⑨ ⑧에 접착 스프레이를 뿌린 후 흰색 한지로 감싼다.
⑩ ⑦을 ⑨위에 양면테이프로 접착한다.
⑪ 그림 가사를 프린트하여 코팅한다.
⑫ ⑪뒤에 벨크로테이프를 붙인다.</td><td></td></tr>
<tr><td>활동방법</td><td colspan="3">1. 탈을 쓴 손 인형으로 새노래 - '탈춤놀이'를 소개한다.
2. 노래 자료를 보며 노랫말을 알아본다.</td></tr>
</table>

	3. 피아노 음에 맞춰 '탈춤놀이' 노래를 들려준다. 4. 피아노 소리에 맞춰 한 가지 소리를 넣어 부르며 음을 익힌다. 5. 노래 자료를 보며 노랫말을 넣어 부른다. 6. 소고의 박자에 맞추어 노래를 부른다. 7. 다양한 방법으로 노래를 불러 본다. 8. 활동을 평가한다.
참고자료	· 만 4세 누리과정 지도서-제8권 '우리나라' · 탈춤놀이(노래: 예쁜 아이들, 작사: 정구성. 작곡: 이성동)

교재 · 교구 제작서-③ 작성사례

교구명	'파적도'를 감상해요.	활동유형	이야기 나누기
활동목표	·전통 그림에 관심을 가지고 감상한다. ·그림을 보고 그림에 대한 느낌을 말할 수 있다.		
재료	그림자료(김득신 '파적도'), 한지상자, 광시트지, 투명시트지, 검은색 색지, 칼, 가위, 칼라네임펜, 벨크로테이프, 우드락, 우드락커터기, 코팅지, A4용지, 자, 색지, 동물소리		
제작방법	**파적도** ① 파적도 글자를 인쇄해서 테두리를 따라 자르고, 우드락에 덧대어 커터기로 오린다. ② 파적도를 무광시트지에 인쇄한다. ③ 파적도 그림의 테두리를 네임펜으로 덧칠한다. ④ ②에서 베틀, 고양이, 닭, 아줌마, 아저씨를 칼로 도려 낸다. ⑤ ④를 우드락 판에 붙인 뒤, 커터기로 오려 낸다. ⑥ 벨크로테이프를 붙인다. ⑦ ⑤위에 3M스프레이 풀을 뿌리고, 검은색 한지를 붙인다. ⑧ 무광시트지에 인쇄된 파적도를 검은색 한지가 부착된 우드락 판에 붙인다. ⑨ 투명 시트지로 싼다. ⑩ 검은색으로 부분에 벨크로테이프를 붙인다.	  	

활동방법	1. 우리나라와 다른 나라의 옛 그림을 보고 비교해 본다. 2. 김득신 '파적도' 그림을 소개한다. 3. 그림을 보며 무엇이 보이는지 이야기한다. 4. 그림의 제목과 작가에 대해 알아본다. 5. 음악자료를 들으며 그림 속 상황을 상상해 꾸며 본다. 6. 활동을 평가한다. 7. 연계 활동을 소개한다.
참고자료	· 만 4세 누리과정 지도서-제8권 '우리나라' · 개정 6차원 유치원 지도서-제5권 동식물과 자연 · 유치원 교육과정 심화 운영을 위한 유아 전통예술교육 프로그램 · 네이버 지식백과(한국민족문화대백과, 한국학중앙연구원) http://navercast.naver.com/ · 네이버 문화원형백과(한국학중앙연구원) http://terms.naver.com/

Memo

참고문헌

강상희(1993). 발도로프 교육학에 관한 연구. 연세대 석사학위논문.

강영욱(2002). 영유아보육정책의 변천에 관한 사적 고찰. 한국행정사학지, 통권 제11호 한국행정사학회. 295.

강혜정(1998). 레지오 에밀리아 접근법에서의 기록의 효과에 대한 연구. 중앙대학교 대학원 석사학위 논문.

곽노의(1997). 독일의 열린 학교. 열린 유아교육연구.

경기도교육청(2008). 영유아 기본학습능력 발달 지원 사업 유치원 교원 연수자료.

김경철 외 3인(2001). 영유아교육과정. 서울 : 학지사.

김규수(1996). 아동중심적 유아교육론. 서울 : 학지사.

김기열, 이영숙(1995). 왜 몬테소리인가?. 서울 : 창지사.

김명희, 신화식, 주은희(2001). 다중지능에 의한 부모-교사의 유아 잠재능력 평가간의 인식비교 연구. 한국아동학회지, 22(4).

김명희, 신화식(2004). 다중지능이론의 교육적 적용-한양여대 부속유치원 프로그램을 중심으로. 한국유아교육현장의 정체성 확립을 위한 노력. 한국유아교육학회 2004 정기총회 및 정기학술대회. 한국유아교육학회, 25-40.

김영희, 유경애(2008). 유아교육과정. 서울 : 동문사.

김성원(2002). 슈타이너의 발도로프 학교교육에 관한연구. 교육학논총.

김성희, 김영자, 송혜순, 이가형, 이해지(2000). 다중이론을 적용한 수업설계-6학년 중심으로. 이화여자대학교 사범대학 부속초등학교.

김수영, 김수임, 송규운, 정정희 (2003). 영유아프로그램 : 이론과 실제. 파주 : 양서원.

김영숙(2005). 우리나라 보육정책의 개선방안에 관한 연구. 경희대학교 행정대학원 석사학위논문.

김영희, 유경애 (2008). 유아교육과정. 서울 : 동문사.

김영호(1999). 레지오에밀리아 접근법의 이론과 실제. 서울 : 학지사.

김은희(1996). 다 상징적 접근에 의한 유아사고과정의 변화, 중앙대학교 박사학위논문.

김은희(1997). 유아교육에서의 레지오 에밀리아 접근법 고찰, 유아교육학 논집.

김정원 외 5인(2006). 보육과정. 서울; 파란마음.

김정원, 김유정, 이정아(2006). 방과 후 아동지도. 경기 : 공동체.

김정일(2003). 발도로프유아교육연구고찰. 이화여대교육연구소.

김종서, 이영덕, 황정규, 이홍우(1983). 교육과정과 교육평가. 서울;교육과학사.

김춘경 외 11인(2004). 유아교육개론. 파주 : 양서원.

김혜경(2008). 영유아그로그램개발과 평가. 서울 : 창지사.

교육부(1993). 유치원교육과정해설(Ⅰ). 서울 : 대한교과서주식회사.

______(1995). 유치원교육활동 지도자료 1-총론.

______(1998). 유치원교육과정해설. 서울 : 대한교과서주식회사.

______(1998). 유치원교육과정, 교육부 고시 제 1998-10호.

______(2000). 유치원교육과정지도자료 총론.

______(2007). 2007년 개정 유치원교육과정, 교육과학기술부.

동덕여자대학교 부속유치원(2000). 일상생활교육 감각교육. 서울 : 다음세대.

류현수, 김주아(2008). 영유아교육프로그램 및 평가 . 서울 : 동문사.

문교부(1969). 유치원교육과정.

______(1979). 유치원교육과정.

______(1981). 유치원교육과정.

______(1987). 유치원교육과정.

문미옥외 5인(2007). 교육부 고시 제7차 유치원 교육과정 총론시안 개발 연구. 유아교육연구, 27(1), 37-72.

문미옥(2008). 영유아교육과정. 서울 : 창지사.

미래유아교육학회 춘계 전국학술대회 자료집(2009). 광주 : 미래유아교육학회.

박순경 외 9인(2006). 초·중등학교 교육과정 총론 개정시안 수정. 보완연구. 한국교육과정 평가원연구보고 CRC2006-4.

방인옥 외 3인(2009). 유아교육과정 제3판. 경기 : 정민사.

보건복지부(2013). 제3차 어린이집 표준보육과정.

서영숙, 서지영(2002). 레지오에밀리아접근법. 서울 : 학지사.

서영숙 외 6인(2007). 보육과정. 경기 : 공동체.

서울교대아동교육연구소(2012). 2012 춘계자연주의 유아교육국제세미나 자료집. 서울 : 도서출판 레인보우북스.

숲 유치원 특집 1편~5편(EBS, 2011 2. 14~18).

신화식(1996). 몬테소리교육의 이론과 실제. 파주 : 양서원.

_____(2005). 유아용 자연이해 지능의 한국적 수행평가도구 개발. 다중지능교육연구, 2(1), 55-74.

_____(2006), 몬테소리 이론의 탐구. 서울 : 학지사.

신화식, 김명희(2006). 다중지능이론에 기초한 유아교육과정;한양여자대학 부속유치원편. 서울 : 학지사.

신화식, 주은희, 이경선, 소현아(2001). 프로젝트 스펙트럼에 기초한 영역별 교수-학습 평가도구 개발-만 4, 5세 유아를 대상으로. 한국교원대학교 부설 교과교육공동연구소.

윤희경 외 6인(2006). 발달에 적합한 영유아교육과정. 파주 : 양서원.

안영주(1996). '레지오 에밀리아 접근법' 고찰, 이화여대 대학원 석사학위논문.

엄태식, 조남숙, 구자옥(2003). 유아교육과정-직무분석을 중심으로. 수원 : 양동사.

엄태식(2005). 유아교육기관중심 자연체험학습프로그램개발;수원여대정책연구과제. 수원 : 지캠프

여성가족부(2007). 보육프로그램 총론. 육아정책개발센터.

오금희(1998). 몬테소리의 유아교육; 사상과 이론. 서울 : 문음사.

오복희(2000). 자연친화적 보육프로그램이 유아의 사회정서발달에 미치는 효과 분석. 우석대학교 교육대학원 석사학위논문.

오혜경, 정소영 (2003). 학령기 장애아동의 양육부담과 가족지원, 서울 : 신정.

이귀윤(1996). 교육과정연구. 파주 : 교육과학사.

이기숙(2000). 유아교육과정(개정판). 경기 : 교문사.

이기숙, 김정원, 이현숙, 전선옥(2008). 영유아교육과정. 경기 : 공동체.

이명환(2007). 독일의 숲유치원. 서울 : 교육아카데미.

이상금(1987). 한국 근대 유치원 교육사. 서울 : 이화여자대학교 출판부.

이소현, 박은혜(2007). 특수아동교육. 서울 : 학지사.

이영만(1996). 통합교육과정. 서울 : 학지사.

이영석, 임명희, 이정화(2003). 현대유아교육과정. 서울 : 형설출판사.

이영숙(2000). 몬테소리, 그 교육의 모든 것. 서울 : 창지사.

이영자, 이종숙, 신은수, 곽향림, 이정욱(2001). 1, 2세 영아프로그램의 계획 및 운영. 서울 : 다음세대.

이영자 외(2006)〉 1, 2세 영아프로그램의 계획 및 운영. 서울 : 다음세대.

이주현(2011). 한국의 숲유치원 운영현황 및 교사교육 요구도 조사. 동국대학교 교육대학원 석사학위논문.

임재택(2005). 생태유아교육개론. 파주 : 양서원.

장애우권익문제연구소(2002). 장애우 복지개론, 서울 : 나눔의 집.

전선옥(1977). 한국유치원 교육과정의 변천. 이화여자대학교 대학원 박사학위 청구논문.

정영수(1995). 열린교육의 탐구. 서울 : 동문사.

정태희(1998). 다중이론에 기초한 교수-학습활동 개발 및 효과분석 : 개인적 지능을 중심으로. 한양대학교 대학원 박사학위논문.

정혜란(2001). 생태중심 유아교육집단의 창의성에 관한 연구. 경남대학교 교육대학원 석사학위 논문.

정혜영(1996). 초등학교 개혁을 위한 모델로서의 발도로프학교에 대한 연구. 공주교대논총.

정희정(2011). 숲유치원. 서울 : 호미출판사.

조옥희(1991). 몬테소리 교육현황에 대한 조사연구 : 대구시내유치원을 중심으로. 한국 Montessori교육학회.

조옥희, 권연자(1998). 3, 4, 5세 유아를 위한 몬테소리 유아교육 서울 : 중앙적성출판사.

조용태, 김성원(2002). 슈타이너의 인지학적 교육과 인간기질에 관한연구. 교육학논총.

조형숙 외 3인(2007). 자연과 친해지고 교감하며 탐구하기. 서울 : 다음세대.

차주희, 채혜선()레지오식프로젝트 활동. 파주 : 양서원.

최국남, 박순이(2003). 교사를 위한 유아교육과정. 서울 : 동문사.

피숙연(1998). M. Montessori 교육사상연구. 성신여자대학교 대학원. 석사학위논문.

한국교육개발원(1981). 유치원 교육과정 개정연구. 연구보고 RR-143.

한진이(1998). 슈타안인너의 발도르프교육, 한국보육시설연합회, 보육정보, 3-4, 12-15.

황해익 외 5인(2008). 영유아프로그램 개발과 평가 경기 : 공동체.

Bredekamp, S., & Copple, C.(1997). Developmentally appropriate practice in early childhood programs(revised ed.). Washington, DC : NAEYC.

Catron, C. E., & Allen, J.(2003). Early childhood curriculum, Upper Saddle River, N. J. : Merrill Prentice-Hall.

Ceci(1990).

Copple, C.(1997). Developmentally appropriate practice in early childhood programs(revised edition). Washington, DC : NAEYC.

Doherty-Derkowski, G.(1995). Quality matters excellence in early childhood programs. Don MIlls, Ontarino : Addison-Wesley Publishers Limited.

Estes, L. S.(2004). Essentials lf child care and early education. Bostom : Pearson Education Inc.

Eisner, E. W.(1994). The educational imagination on the design and evaluation of school programs(3rd ed.). NY : Macmillan.

Feldman, D. H.(1980). Beyond universals in cognitive development. Norwood, W. J. : Ablex.

Fodor, J.(1983). Modularity of mind. Cambridge, Mass. : MIT Bradford Press.

Gardner(1983). Frames of mind : The theory of multiple intelligence. 이경희 역(1993). 마음의 틀. 파주 : 문음사.

Gardner, H.(1993). Multiple Intelligences. 다중지능의 이론과 실제. 김명희, 이경희 역(1997). 파주 : 양서원.

Lindon, J.(2003). Child Care and Early Education. Thomson Learning.

Montessori(1981). The secret of childhood translated by Costlloe. H. J. New York;Ballantine Books, Inc.(Original work published 1966).

________(1995). The absorbent mild. Translated by claude A. Claremont. New York : Buccaneer Books.(Original work published 1949).

NAEYC(1991). Guidelines for Appropriate Curriculum Content Assessment in Programs Serving Children Age 3 Through 8. Young Children, 30, 21-67.

NAEYC & NAECS/SDA(1991). Guidelines for appropriate curriculum content and assessment in programs serving children ages 3 through 8. Young Children, 46(3), 21-38.

NAEYC(1995). 발달에 적합한 유아교육 실제. 강숙현, 최미숙(역). 전남대학교 출판부.

Stemberg, P.(1983). How much gall is too much gall ? A review of frames of mind : The theory of multiple intelligences. Contemporary Education Review, 2, 215-224.

Walters, J., & Gadner, H.(1985). The crystalllizing experience : Discovery of an intellectual gift. In Conceptions of Giftedness, edited by R. Sternberg and J. Davison. New York : Cambridge University Press.

〈참고 사이트〉

http : //www. grimkid. co. kr－그림유치원에서 실행중인 레지오 에밀리아 프로젝트 과정

https : //www. kicce. re. kr 육아정책개발센터

https : //educare. gyeonggi. go. kr 경기보육정보센터

https : //std. kedi. re. kr 국가교육통계정보센터

http : //www. kcac21. or. kr 보육시설 평가인증사무국

http : //www. educare. or. kr 중앙보육정보센터

http : //www. mogef. go. kr 여성가족부

http : //www. seonam. or. kr 서남재단홈페이지

http : //www. kwdi. re. kr 여성정책연구원

http : //www. waldorf. or. kr 슈타이너 교육협회

http : //www. montessori. co. kr

http://www.womennews.co.kr/news/53071

http://jp888.blog.me/120121548280 부산숲유치원

http://www2.korea.kr/newsWeb/

http://www.womennews.co.kr/news/53070 여성신문

http://forestkid.co.kr/sub/association1.html-숲유치원협회

http://woorigom.co.kr/index- 우리곰유치원

http://woorigom.co.kr/우리곰 유치원

출처 - http://blog.naver.com/tgirleunwoo?Redirect=Log&logNo=40101115947

출처 - http://blog.naver.com/tgirleunwoo?Redirect=Log&logNo=40078593576

출처 - http://naver.nanet.go.kr/index.do(국회전자도서관)

http://www.forest.go.kr "숲 유치원이 2013년에 5배로 늘린다"(EBS,2011 10.19일자)

http://forestkid.co.kr 사단법인 한국 숲 유치원 협회

저자 소개

✍ 엄태식

1. 학력 사항

수원여자대학교 간호학 전공 / 강남대학교 유아교육 전공 / 국민대학교 교육대학원 석사(유아교육전공) / 국민대학교 대학원 철학박사(교육심리)

현재 : 수원여자대학 유아교육과 교수
사회실무학부 학부장
유아교육과 학과장
학교기업 아이웰 센터 센터장
경기 인형극장 운영위원

2. 경력사항

경기도립수원병원 간호사
수원여자대학 부설 보육교사 교육원 초대원장
시립평동어린이집 시설장
수원여자대학 위탁 원터 어린이집 원장
수원여자대학 부설 어린이집 원장
상은유치원 자문 및 명예원장
한국방송통신대학 경기지역학습관 유아교육과 외래교수
아동교육정보연구소 소장
수원여자대학 특성화 3영역 아동교육부문 사업단장
시흥시 보육시설 평가위원
영통종합사회 복지관 자문위원
수원시 지방보육위원회 부위원장
아이웰센터 치료상담부 자문위원
아동교육학부 유아교육과 학과장
산들래 자연체험학교 자문교수
농촌체험연구소 소장

3. 저서 및 논문

〈논문〉

문법적 형태, 사물의 친숙도 및 매체의 유형이 유아의 단어의미 이해에 미치는 영향, 박사학위논문.
아동의 성격형성요인에 대한 고찰, 1982.
아동기 놀이활동의 교육적 가치에 대한 고찰, 1983.
유아기 교육에 있어서의 학습이론, 1984.
유아교육프로그램 유형에 따른 교수방법에 관한 고찰, 1985.

유아의 인지양식과 교수방법간의 상호작용이 수개념 학습에 미치는 영향, 석사학위논문.
유아교육 평가, 1987.
사회적 변화에 따른 최근 유아교육의 동향, 1988.
현대사회가 요구하는 유아기의 정서－도덕성교육, 1990.
인간능력개발을 위한 학습방법, 1991.
유아의 언어발달에 관한 연구, 1996.
유아의 의사소통능력발달에 관한 연구, 1994.
문법적 형태, 사물의 친숙도 및 매체의 유형이 유아의 단어의미 이해에 미치는 영향, 박사학위논문, 2001.
아동발달센터구축방안에 대한 연구, 수원여자대학 정책과제, 2001.
사회적 능력발달을 위한 놀이치료 프로그램 개발 및 교사용 지도서개발, 수원여자대학 정책과제, 2002.
인지능력향상을 위한 유아음악치료프로그램 개발 및 교사용지도서개발, 수원여자대학 정책과제, 2002.
유아대상 언어치료프로그램 개발 및 교사용 지도서 개발, 수원여자대학 정책과제, 2003.
유아대상이완치료를 통한 부모－자녀관계 증진을 위한 프로그램개발 및 교사용 지도서 개발, 수원여자대학 정책과제, 2003.
우리아이가 음악을 만들어요! 1, 2, 3권-번역서, 수원여자대학 정책과제, 2003.
다중지능이론에 기초한 유아의 사회적 지능증진 프로그램개발, 수원여자대학 정책과제, 2004.
부모와 함께하는 영유아음악 프로그램개발, 수원여자대학 정책과제, 2004.
컴퓨터를 이용한 유아용 교수매체 제작과 활용을 위한 교수모형개발, 2004.
유아교육기관중심 자연체험학습 프로그램개발, 수원여자대학 정책과제, 2005.
유아교육과 및 아동보육과 기술능력 표준매뉴얼 개발, 2007.
국제유아마사지 강사 자격인증과정 검정문항개발, 2008.

〈저서〉
유아건강교육, 청구출판사, 1992.
유아교육과정, 수원여자대학, 2002.
특수아동의 이해, 태영출판사, 2009.
전문인을 위한 베이비마사지 강의, 도서출판 이유, 2004.
유아교사를 위한 유치원 영어, 도서출판 해란, 2007.
영유아교육과정, 태영출판사, 2010.
영유아언어교육, 태영출판사, 2011.

영유아교육과정 - 개정판

초 판 발 행 2010년 3월 10일
개정2쇄발행 2015년 8월 30일

저 자 엄 태 식
발행인 김 현 태
발행처 태영출판사

주 소 (08301) 서울 구로구 구로동 104-10 동남오피스텔 201호
전 화 02 · 839-3757, 839-3752
팩 스 02 · 837-3754

등 록 2005년 5월 30일 제12-421호
http://www.taeyeongbook.co.kr
E-mail tys2005@hanmail.net
ISBN 978-89-6302-017-4 93370
정 가 18,000원

* 잘못 만들어진 책은 교환해 드립니다.